ELEITORES E CANDIDATOS **NEGROS** EM SÃO PAULO

REFLEXOS DAS ESTRUTURAS DE PODER, DOMINAÇÃO RACIAL E PRIVILÉGIOS NO BRASIL

OSMAR TEIXEIRA GASPAR

ELEITORES E CANDIDATOS NEGROS EM SÃO PAULO

REFLEXOS DAS ESTRUTURAS DE PODER, DOMINAÇÃO RACIAL E PRIVILÉGIOS NO BRASIL

Copyright © 2022 by Editora Letramento
Copyright © 2022 by Osmar Teixeira Gaspar

Diretor Editorial | **Gustavo Abreu**
Diretor Administrativo | **Júnior Gaudereto**
Diretor Financeiro | **Cláudio Macedo**
Logística | **Vinícius Santiago**
Comunicação e Marketing | **Giulia Staar**
Assistente de Marketing | **Carol Pires**
Assistente Editorial | **Matteos Moreno e Sarah Júlia Guerra**
Designer Editorial | **Gustavo Zeferino e Luís Otávio Ferreira**
Imagem da capa | **Vetor criado por rawpixel.com**

CONSELHO EDITORIAL JURÍDICO

Alessandra Mara de Freitas Silva
Alexandre Morais da Rosa
Bruno Miragem
Carlos María Cárcova
Cássio Augusto de Barros Brant
Cristian Kiefer da Silva
Cristiane Dupret
Edson Nakata Jr
Georges Abboud
Henderson Fürst

Henrique Garbellini Carnio
Henrique Júdice Magalhães
Leonardo Isaac Yarochewsky
Lucas Moraes Martins
Luiz Fernando do Vale de Almeida Guilherme
Nuno Miguel Branco de Sá Viana Rebelo
Onofre Alves Batista Júnior
Renata de Lima Rodrigues
Salah H. Khaled Jr
Willis Santiago Guerra Filho.

Todos os direitos reservados. Não é permitida a reprodução desta obra sem aprovação do Grupo Editorial Letramento.

Dados Internacionais de Catalogação na Publicação (CIP) de acordo com ISBD

G249e	Gaspar, Osmar Teixeira
	Eleitores e candidatos negros em São Paulo: reflexos das estruturas de poder, dominação racial e privilégios no Brasil / Osmar Teixeira Gaspar. - Belo Horizonte : Letramento ; Casa do Direito, 2022.
	392 p. ; 15,5cm x 22,5cm.
	Inclui bibliografia e anexo.
	ISBN: 978-85-9530-357-7
	1. Direito. 2. Direito eleitoral. 3. Eleitores. 4. Candidatos. 5. Negros. 6. Dominação racial. 7. Privilégios. 8. Brasil. I. Título.
	CDD 341.28
2020-871	CDU 342.8

Elaborado por Vagner Rodolfo da Silva - CRB-8/9410

Índice para catálogo sistemático:
1. Direito eleitoral 341.28
2. Direito eleitoral 342.8

GRUPO ED. **LETRAMENTO**

Rua Magnólia, 1086 | Bairro Caiçara
Belo Horizonte, Minas Gerais | CEP 30770-020
Telefone 31 3327-5771

CASA DO DIREITO
é o selo jurídico do Grupo Editorial Letramento

editoraletramento.com.br ▲ contato@editoraletramento.com.br ▲ editoracasadodireito.com

Em memória do Dr. Osmar Teixeira Gaspar

Dedicamos a presente publicação em memória do Doutor, militante, pai e amigo, Osmar Teixeira Gaspar.

A sua dedicação e luta pela igualdade de oportunidades para todos os negros e negras, resultou nesta obra literária.

Em razão de sua indignação pela falta de representatividade politica da maior parcela da sociedade brasileira, deu início a pesquisa e tese de doutorado pela Universidade de São Paulo.

Dr. Osmar Teixeira Gaspar, logrou êxito em todos os seus estudos, pesquisas e publicações em vista da grande relevância sociopolítico da sua pesquisa.

A partir da sua tese de doutorado, diversos outros estudos foram elaborados, bem como, projeto de lei para fomentar a efetiva representatividade politica da população negra, servindo até mesmo, como fundamentação jurídica doutrinária pelos Ministros Luís Roberto Barroso e Luiz Edson Fachin do Superior Tribunal Eleitoral, em vista dos dados e informações essêncies para compreender o aspecto estrutural do racismo.

Para nosso contentamento, tivemos o privilégio de ver o brilho nos seus olhos, o sorriso largo e a satisfação de que seus estudos, transformou em parte a realidade injusta sofrida pela população negra.

Certo de que a liberdade está na educação, ensinamento transmitido por seus pais, do menino engraxate ao Doutor em Direitos Humanos aprovado com louvor pela Universidade de São Paulo, buscou por meio dos estudos transformar a realidade desta injusta desigualdade.

Faltam palavras para descrever a emoção da concretização de um sonho que é poder transmitir o seu conhecimento de muitos anos de lutas e glórias por meio desta publicação literária.

Pai, onde o senhor estiver, jamais o seu legado será esquecido!

Com eterna admiração de sua esposa Ana Lúcia e filhos, Alinne, Allan e Alice.

Viva Osmar Teixeira Gaspar!

À memória de meus primeiros mestres: meus queridos pais João Teixeira Gaspar e Cecília (Júlia) Barbosa Gaspar, formados pela universidade da vida, com quem aprendi a grande lição: a liberdade está na educação. À minha prestimosa família, Ana Lucia, Alinne, Allan e Alice de Brito Teixeira Gaspar, aos meus irmãos, à memória de Maria Ignez de Brito, à memória do escravizado Ramiro Barbosa, meu avô.

AGRADECIMENTOS

Agradeço inicialmente ao Professor Doutor Kabengele Munanga por sua exímia competência na orientação, sugestões e correções deste trabalho que sem a sua inestimável colaboração não seria possível realizar e submeter esta Tese de Doutoramento para as indispensáveis considerações da Colenda Banca de Examinadores no âmbito da Faculdade de Direito da Universidade de São Paulo.

À minha família, familiares e amigos, pelo incondicional apoio.

Agradeço muito especialmente ao prezado amigo Adinaldo José de Souza pelo incentivo e auxílio na aproximação com diversos atores importantes para a consecução desta Tese de Doutorado em Direito.

Aos respondentes que dispuseram parte de seu precioso tempo para colaborar pacientemente com o preenchimento dos nossos extensos questionários de pesquisas.

Meu especial muito obrigado à deputada Theodosina do Rosário Ribeiro, em nome de quem peço a devida vênia para saudar e agradecer profundamente a todos os demais parlamentares, candidatos e suplentes, pela inestimável colaboração para com este pesquisador.

Agradeço igualmente à competente Banca de Exame de Qualificação nas pessoas dos Professores Doutores Dennis de Oliveira e Eunice Aparecida de Jesus Prudente que, juntamente com o Orientador desta Tese, apresentaram sugestões muito valiosas para o desenvolvimento deste tema tão caro para todos aqueles que buscam nos Direitos Humanos soluções pacíficas para os conflitos decorrentes das relações humanas nas sociedades modernas.

De igual modo não poderia deixar de agradecer imensamente ao advogado e amigo Elias Rocha, à mestranda Marta Barbosa Nunes, aos pastores Luiz de Jesus, Joilson Felix, ao advogado Ademir José da Silva, de Campinas, meu colega na Comissão da Verdade Sobre a Escravidão Negra na Ordem dos Advogados do Brasil, Seção São Paulo, agradeço pela imensurável colaboração na coleta de dados de nossa pesquisa de campo na capital e no interior do estado de São Paulo. Ao advogado Celso Fontana, pioneiro na pesquisa sobre parlamentares negros na Assembleia Legislativa de São Paulo, que desde o início se colocou para emprestar a sua *expertise* no trânsito e tratativas com parlamentares negros.

Ao engenheiro Ivan Renato de Lima, presidente do Conselho da Comunidade Negra do Estado de São Paulo, que colocou à nossa disposição a Organização que preside e, de igual modo, ao também ex-presidente deste Conselho, o advogado e amigo Antonio Carlos Arruda da Silva que desde o início se disponibilizou a nos auxiliar no contato com os parlamentares respondentes.

Muito obrigado ao Frei David dos Santos, da Educafro, pelas palavras de encorajamento, incentivo e força para superarmos as adversidades deste longo e árduo caminho acadêmico.

Ao professor Ivair Augusto dos Santos, pela prestimosa colaboração, sugestão e cuidado com as questões raciais relevantes para este nosso Trabalho.

Não poderia deixar de agradecer imensamente ao time de expertos formado pelos estatísticos MSc. Daniel de Brito Reis, MSc. José Alberto Dulluca, Professor Doutor Bruno Santos, todos pós-graduados pelo Instituto de Matemática e Estatística da Universidade de São Paulo (IME), ao Professor Doutor Marcel de Toledo Vieira e MSc. Walmir dos Reis Miranda Filho, do Departamento de Estatística e Amostragem da Universidade Federal de Juiz de Fora (UFJF). Sem o inestimável auxílio desses profissionais altamente especializados, os cálculos estatísticos e as amostras estatísticas que demonstram as enormes diferenças de patrimônio entre os candidatos mais ricos (brancos e amarelos) e os mais pobres (pretos e pardos), não conseguiríamos apresentá-los de forma tão contundente para a apreciação desta seleta Banca de Examinadores da presente Tese de Doutorado.

Agradeço imensamente a todos os Professores Doutores da Faculdade de Direito da USP, ao Professor Doutor André Victor Singer do Departamento de Ciência Política da Faculdade de Filosofia, Letras e Ciências Humanas da Universidade de São Paulo (FFLCH USP). Enfim, agradeço todos os professores dos quais tive o privilégio e a honra de ser aluno.

Aos servidores e bibliotecários desta Faculdade de Direito, pela inestimável colaboração.

Agradeço também aos Departamentos de Estatística do Tribunal Superior Eleitoral e do Instituto Brasileiro de Geografia e Estatística (IBGE), aos servidores do Arquivo Público do Estado de São Paulo, dos Acervos Históricos da Assembleia Legislativa e Câmara Municipal de São Paulo.

Aos militantes dos diferentes Movimentos Negros Brasileiros pela incomensurável colaboração por meio de sua inesgotável luta diária para reduzir as diferenças e ampliar a igualdade de direitos entre todos os brasileiros.

A todas as pessoas que de maneira direta ou indireta colaboraram para a realização desta nossa Tese de Doutoramento em Direito, minha profunda gratidão.

"*Ignorastes as nossas súplicas açoitando-nos violentamente, apenas em razão de sermos negros e supostamente diferentes. Resistimos à tua ignomínia e aos teus castigos injustos com o propósito de não desumanizá-lo, pois somos seres completamente iguais em nossa essência humana.*"

(Osmar Teixeira Gaspar)

SIGLAS

EBBD – Elites Brasileiras Brancas Dominantes

FFLCH – Faculdade de Filosofia, Letras e Ciências Humanas

IBGE – Instituto Brasileiro de Geografia e Estatística

IME – Instituto de Matemática e Estatística
da Universidade de São Paulo

IPEA – Instituto de Pesquisa Econômica Aplicada

MD – Minorias Dominantes

MSc – Mestre em Ciências

RJU – Rebeliões Juvenis Urbanas

UFJF – Universidade Federal de Juiz de Fora

USP – Universidade de São Paulo

SUMÁRIO

21   PREFÁCIO

23   INTRODUÇÃO

39   CAPÍTULO 1 O MONOPÓLIO DA REPRESENTAÇÃO PARLAMENTAR NO BRASIL A NATURALIZAÇÃO DA AUSÊNCIA PARLAMENTAR DA POPULAÇÃO NEGRA BRASILEIRA NO LEGISLATIVO – REFLEXOS DO ESCRAVISMO E DO RACISMO COMO COROLÁRIO DAS RESISTÊNCIAS À MOBILIDADE SOCIAL ASCENDENTE DA POPULAÇÃO NEGRA NA SOCIEDADE BRASILEIRA

39   1.1. As dimensões do Legislativo como lócus de hegemonia racial e dominação político-ideológica no Brasil do século XXI

43   1.2. A adaptação dos antigos escravizados à Liberdade

45   1.3. A emergência dos negros senzalinos e os casa-grandinos

49   1.4. Resistências à mobilidade social ascendente dos negros no Brasil

50   1.5. Óbitos artificialmente provocados com o propósito de reduzir o enorme contingente de negros para tornar a população brasileira exclusiva e esteticamente branca

53   1.6. As dimensões de poder concentradas nas mãos das elites brasileiras brancas dominantes

56   1.7. A massa negra como ameaça à estrutura de privilégios e poder dos brancos mais ricos no Brasil

60   1.8. Estruturas de dominação e privilégios controladas pelos brancos mais ricos

62   1.9. O Direito como norma legal de coerção pela aplicação da violência física dos escravizados africanos e seus descendentes brasileiros

67   1.10. A mao de obra escravizada agregou e atribuiu valor aos latifúndios no Brasil

72   1.11. A falta de solidariedade coletiva aos candidatos negros auxilia na preservação do monopólio da representação parlamentar no Brasil

76   1.12. As pautas políticas dos negros brasileiros no Legislativo são geralmente tratadas por parlamentares brancos descompromissados com suas lutas por direitos iguais e justiça social

83	1.13.	A utopia da democracia racial brasileira
87	1.14.	O Bem Comum como justificativa para maior presença de brancos no Legislativo nacional
93	1.15.	A maioria parlamentar branca no Legislativo impõe freios às demandas dos brasileiros negros por históricas reparações sociais pela via legal
97	1.16.	A racialização do voto no Brasil
105	1.17.	A influência neoliberal e a negação dos prejuízos coletivos
116	1.18.	A emergência de múltiplos partidos retirou da população negra brasileira o seu foco a partir da proliferação de candidatos cabos eleitorais negros
127		CAPÍTULO 2 A SUB-REPRESENTAÇÃO PARLAMENTAR DA POPULAÇÃO NEGRA BRASILEIRA PROLIFERAÇÃO DAS CANDIDATURAS POPULARES COMO RESISTÊNCIA POLÍTICA À UTILIDADE DE CANDIDATOS E ELEITORES NEGROS PARA ELEIÇÃO INDIRETA DOS CANDIDATOS MAIS RICOS E BRANCOS
127	2.1.	Os partidos políticos e a utilidade do voto dos eleitores negros brasileiros
128	2.2.	Cotas raciais no Poder Legislativo, uma resistência hegemônica
133	2.3.	A definição do campo ideológico, identidade e foco racial do eleitor negro brasileiro
137	2.4.	A sub-representação parlamentar da população negra brasileira no Legislativo está também diretamente associada a má distribuição das riquezas nacionais e oportunidades iguais
139	2.5.	O temor do aumento demográfico da população negra brasileira e preservação da supremacia racial branca nas dimensões do Legislativo
142	2.6.	"*Partus sequitur ventrem*": o abortamento voluntário das mulheres negras
152	2.7.	Com o crescimento demográfico da população negra brasileira emergem as ameaças e pressões políticas futuras às dimensões controladas pelas classes hegemônicas brasileiras
155	2.8.	Racismo no Brasil, uma abordagem sutilmente proibida aos candidatos negros ou a hipocrisia de uma sociedade que se apoia numa suposta democracia racial para negar a existência do racismo
159	2.9.	A negação do racismo e da questão racial pelos partidos políticos no Brasil
159	2.10.	A suposta democracia racial brasileira se apoia nas desvantagens sociais para justificar as diferenças com base numa questionável meritocracia

161	2.11.	O controle da Administração estatal e da Justiça exclusivamente nas mãos das elites brasileiras brancas dominantes
163	2.12.	A emergência dos juízes de dentro em detrimento dos juízes de fora
167	2.13.	O Poder Legislativo como trincheira política das classes brasileiras dominantes
173	2.14.	O dilema e resistências das elites brasileiras dominantes com vistas ao conceito clássico de democracia e as contradições da democracia brasileira
177	2.15.	Luta da população negra por maior representação legislativa no Brasil do século XXI
179	2.16.	A iniciativa privada serve como freio à mobilidade política ascendente dos candidatos negros e como esteio dos candidatos mais ricos e brancos
180	2.17.	A proliferação de candidaturas negras populares, ao mesmo tempo em que se presta para denunciar o modelo da democracia brasileira excludente, serve também para dividir o eleitorado negro
182	2.18.	Cálculos do quociente eleitoral revelam a utilidade de eleitores e candidatos negros na eleição dos mais ricos e brancos no Brasil
182	2.18.1.	Cálculo do quociente eleitoral
190	2.19.	Certos candidatos mais ricos se tornam dependentes diretos dos resultados insuficientes obtidos por certos candidatos negros para se elegerem parlamentares
193	2.20.	O profundo silêncio dos partidos políticos acerca das candidaturas negras, revela a naturalização da presença de brancos nas dimensões de poder
195		CAPÍTULO 3 – A DEMOCRACIA NO BRASIL GOVERNO DO POVO OU GOVERNO DE MINORIAS DOMINANTES? – CONTRADIÇÕES E DESAFIOS DE UMA DEMOCRACIA INCAPAZ DE AMPLIAR A REPRESENTAÇÃO DOS MAIS POBRES E NEGROS NOS ESPAÇOS DE PODER E TOMADA DE DECISÕES POLÍTICAS, ECONÔMICAS, ADMINISTRATIVAS E JURÍDICAS NO BRASIL CONTEMPORÂNEO
195	3.1.	Desafios da democracia brasileira como destinação de igualdade de direitos para os brasileiros mais pobres e negros
196	3.2.	Da sub-representação legislativa da população negra brasileira decorre a sua delegação forçada a terceiros não legitimados por ela integralmente para tratarem de seus interesses políticos nas Casas Legislativas
199	3.3.	Democratizar a democracia no Brasil, uma necessidade para se ampliar a representatividade legislativa da população negra

201	3.4. A democracia no Brasil erige artifícios para impedir que os mais pobres também possam realizar o bem comum e tomar decisões consuetudinárias em nome das minorias dominantes
203	3.5. Uma definição mínima de democracia segundo Bobbio
205	3.6. Subversões da ordem posta e da democracia no Brasil
208	3.7. A democracia brasileira como lócus da reprodução de hierarquias entre brasileiros
209	3.8. O "jogo político" no Brasil inscreve a democracia como ideologia de dominação política dos mais pobres e negros
212	3.9. As elites brasileiras dominantes se recusam a reconhecer os negros como sujeitos iguais a fim de justificarem a sua ausência dos espaços de poder político
216	3.10. Não reconhecer para dominar
218	3.11. A cidadania como uma prerrogativa
222	3.12. Escravizados em situação análoga a presos políticos da Colônia ao Império
225	3.13. O vertiginoso crescimento demográfico dos brasileiros negros pode ter motivado a negação de reconhecimento de igualdade de direitos
227	3.14. A preservação das diferenças sociais visando preservar privilégios
231	3.15. A democracia brasileira é ardilosamente operada em várias frentes para desestimular e manter os negros longe da estrutura de poder, por meio da realimentação de mecanismos de exclusão social que cooperam para as suas derrotas consecutivas ao Legislativo
234	3.16. Democracia no Brasil: Um jogo político nada democrático e muito previsível
237	3.17. A destinação de supostas igualdades jurídicas para não se reconhecer as imensuráveis diferenças sociais existentes entre brancos e negros no Brasil
241	3.18. As elites brasileiras brancas dominantes erigiram obstáculos artificiais da Colônia ao Império, do Império à República visando pôr freios à autodeterminação dos negros no Brasil
245	3.19. Emerge com a democracia brasileira a necessidade de introduzir mecanismos eugenistas visando mudar a aparência estética de um Brasil muito parecido com a África para um país com aparência estética rigorosamente europeia nos trópicos
254	3.20. Um realinhamento necessário do jogo político no Brasil

256	3.21.	O bem comum como uma prerrogativa de ser realizado exclusivamente por brancos no Brasil
265		**CAPÍTULO 4 - AS DIFERENÇAS SOCIOECONÔMICAS, ESTRUTURAIS E RACIAIS ENTRE OS CANDIDATOS BRANCOS E NEGROS AO LEGISLATIVO - ASSEMBLEIA LEGISLATIVA E CÂMARA MUNICIPAL DE SÃO PAULO VISTAS A PARTIR DE NOSSAS PESQUISAS DE CAMPO**
265	4.1.	Concorrências desleais e desigualdades sociais
268	4.2.	A racialização das urnas no Brasil
269	4.3.	Influências externas, dependência econômica e baixa escolaridade concorrem para a transferência de voto da população negra para candidatos brancos ao Legislativo
271	4.4.	A dependência econômica de certos eleitores negros se transforma em opressão política
277	4.5.	A alocação dos candidatos negros nos partidos políticos
281	4.6.	Apêndice E: Análise de Questionário – Respostas de Ex-candidatos Negros ao Legislativo (Estadual e Municipal)
290	4.7.	Apêndices A e B: Análise dos questionários submetidos aos respondentes eleitores brancos e negros. Gráficos para Eleitores Brancos e Eleitores Negros
312	4.8.	Distribuição étnica dos candidatos a cargo político em São Paulo nas eleições de 2014 por agremiação partidária
318	4.9.	Apêndice C: Gráficos para o Questionário – Negros Evangélicos
327		**CONSIDERAÇÕES FINAIS**
333		**REFERÊNCIAS**
341		**APÊNDICES**
342		APÊNDICE A – Questionário de pesquisa com eleitores negros
354		APÊNDICE B – Questionário de pesquisa com eleitores brancos
367		APÊNDICE C – Questionário de pesquisa com eleitores evangélicos
372		APÊNDICE D – Questionário de pesquisa com parlamentares, ex-parlamentares, suplentes e candidatos derrotados ao Legislativo Estadual e Municipal de São Paulo
375		APÊNDICE F – Questionário de pesquisa com os partidos políticos

384	APÊNDICE F – Questionário de pesquisa com casais inter-raciais (homens negros x mulheres brancas – mulheres negras x homens brancos)
389	APÊNDICE G – Correspondência eletrônica para os partidos políticos
390	NOTAS

PREFÁCIO

Conheci o autor deste livro, Osmar Teixeira Gaspar, no âmbito das atividades da área de Direitos Humanos da Faculdade de Direito da USP. Procurei sempre apoia-lo, desde o seu ingresso acadêmico na área, não só pela sua dedicação aos Direitos Humanos mas também porque o seu foco estava voltado para as especificidades dos problemas que enfrentam em nosso país os brasileiros afrodescendentes: o da afirmação dos princípios da igualdade e da não discriminação, que são o ponto-de-partida da tutela dos direitos humanos. Os direitos humanos tem como perspectiva organizadora à afirmação das leis dos mais fracos que se contrapõem às leis dos mais fortes.

As leis dos mais fortes tem sido na "práxis" da vida brasileira impeditivas e discriminatórias. Não tem assegurado a plenitude do exercício dos direitos dos brasileiros afrodescendentes.

Trata-se da expressão de um dos grandes e graves problemas da arquitetura do nosso país, que mina a efetividade dos "valores supremos de uma sociedade fraterna, pluralista e sem preconceitos" enunciados no preâmbulo da Constituição de 1988, e positivados no seu art. 3, IV que contempla entre os objetivos da República brasileira, "promover o bem de todo, sem preconceitos de origem, raça, sexo, cor, idade e quaisquer outras formas de discriminação."

É nesta moldura ampla que se insere este livro. Tem a sua origem na tese de doutorado de 2017 de Osmar Teixeira Gaspar. Nela teve como orientador o prof. Kabengele Munanga, que honra a USP na sua qualidade de uma das maiores referências no estudo e na análise das matérias relacionadas ao racismo e à discriminação, que são o foco da atenção do Autor.

As fontes que embasam o livro são abrangentes, e incluem pesquisa de campo. Dão substância ao desvendamento das variáveis que concorrem e colaboram para a sub-representação dos brasileiros afrodescendentes da Assembléia Legislativa do Estado de São Paulo e da Câmara Municipal de São Paulo. É o que articula o entrosamento dos quatro capítulos de Eleitores e Candidatos negros em São Paulo – reflexos das estruturas de poder, dominação racial e privilégios no Brasil.

A preocupação acadêmica com a análise e a objetividade dão força ao ânimo de militância do Autor, que é inerente ao empenho axiológico dos que se dedicam ao Direitos Humanos. Não é assim, uma exortação, mas uma legítima e válida insistência em inserir na pauta pública do Brasil o concreto discriminatório da sub-representação parlamentar dos brasileiros afrodescendentes. Trata-se de um desafio abrangente do país na lida com as injustiças de sua arquitetura. Por isso, o desafio não se circunscreve aos que dela tem sido vítimas, mas que cabe à toda a sociedade brasileira no cumprimento do princípio constitucional acima mencionado, de promover o bem de todos sem quaisquer formas de discriminação.

O livro de Osmar Teixeira Gaspar é uma muito oportuna e bem vinda contribuição que desvenda a escala de problemas que examina e que tenho a satisfação de saudar nesta nota de apresentação.

Celso Lafer
São Paulo, fevereiro 2020

INTRODUÇÃO

A nossa proposta de Tese de Doutorado se insere num contexto em que se inscrevem diferentes estudos das Ciências Sociais com o fulcro da abordagem de algumas variáveis que possam de certa forma apontar, ainda que parcialmente, por quais razões a população negra brasileira é sub-representada nas Casas Legislativas no Brasil.

O nosso trabalho levou em conta as contribuições e abordagens sobre os mais diversos motivos que contribuem para a reduzida presença ou completa ausência dos brasileiros negros nas dimensões de poder político no Brasil, já apresentadas por renomados *scholars* como Carmichael e Hamilton (1967) Ramos (1971), Hasenbalg (1979), Gonzalez e Hasenbalg (1982), Valente (1982), Borges Pereira (1982), Azevedo (1987), Adorno (1988), Twine (1989), Nogueira (1992), Holanda (1995), Sodré (2000), Bento (2002), Cloves Pereira (2002), Hofbauer (2003), Fontana (2005), Kinzo e Braga (2007), Munanga (2007), Fanon (2008), Bastide e Fernandes,[1] Chauí (2013), entre outros pesquisadores e importantes trabalhos já realizados sobre esta temática específica, bem como na área dos Direitos Humanos por Lafer (1988) e Comparato.[2] No entanto, diferentemente, através de nossa pesquisa de campo procuramos dar voz a eleitores e candidatos para que estes pudessem nos auxiliar com suas respostas nesta nossa Tese de Doutorado em Direito e apontar possíveis circunstâncias, além das variáveis econômico-financeiras que pudessem ser determinantes para a sub-representação parlamentar dos negros no Brasil contemporâneo.

Não se pretendeu esgotar este assunto de aspectos e entendimentos tão vastos nas Ciências Sociais como na Antropologia, na Sociologia e especialmente no Direito e nos Direitos Humanos, Área de Concentração da presente Tese de Doutoramento.

O presente trabalho ocupou-se também de saber se o longo período de escravização e toda sorte de violência a que foram submetidos os escravizados no Brasil, se o emprego dessa violência tem relação direta com

---

[1] BASTIDE, Roger; FERNANDES, Florestan. *Brancos e Negros em São Paulo.* 4. ed. São Paulo. Editora Global, 2008.

[2] COMPARATO, Fábio Konder. *Afirmação Histórica dos Direitos Humanos.* 2. ed. São Paulo: Editora Saraiva, 2001.

a aparente apatia política de certos setores da população negra brasileira que se acreditando no discurso das classes hegemônicas reproduzido cotidianamente pelos grandes veículos de comunicação de massa no Brasil, segundo o qual "somos todos iguais", se a crença nesse discurso onde a suposta igualdade nem sempre se efetiva integralmente para essa população, contribui acentuadamente para sua desorganização político-partidária, além de direcioná-la silenciosamente para um suicídio político, em razão não apenas de sua sub-representação legislativa, mas principalmente por admitir passivamente que suas demandas políticas não sejam tratadas por parlamentares oriundos de seu próprio meio, porém, geralmente examinadas por alguns parlamentares que podem ter benefícios e privilégios exatamente em razão de sua sub-representação nas dimensões de poder e tomada de decisões políticas.

O escopo de nossas pesquisas está limitado à Assembleia Legislativa do Estado de São Paulo e Câmara Municipal de São Paulo a partir do advento da Constituição de 1988. Examinamos a questão da sub-representação legislativa dos brasileiros descendentes de africanos e brasileiros escravizados por europeus no Brasil, a partir dos resultados obtidos por alguns candidatos negros ao Legislativo nas eleições de 2010, 2012 e 2014.

A metodologia aplicada na presente Tese de Doutorado é analítico-bibliográfica associada à pesquisa de campo realizada com diferentes atores que contribuem de forma direta ou indireta para a preservação da sub-representação legislativa da população negra e a perpetuação do monopólio da representação política concentrado nas mãos das elites brasileiras brancas dominantes nas dimensões da Assembleia Legislativa do Estado de São Paulo e Câmara Municipal de São Paulo.

Os resultados eleitorais obtidos por alguns candidatos negros foram observados por nós nos três níveis do Legislativo a partir do estado e da capital de São Paulo.

Pode-se supor que outro enfoque da sub-representação parlamentar da população negra paulista e paulistana pudesse ser abordado numa Tese de Doutorado visando especialmente apontar também outras possíveis variáveis além daquelas já conhecidas amplamente, como as extremadas dificuldades econômicas, financeiras e estruturais da população negra brasileira.

Considerar as variáveis econômicas, financeiras e estruturais da população negra é importante para se compreender parte de suas dificuldades para conseguir mobilidade social ascendente na sociedade brasileira do século XXI. Contudo, as nossas pesquisas foram realizadas visando apresentar novas variáveis, as quais, de certa forma, também colaboram decididamente para a preservação da sub-representação legislativa dos negros brasileiros, como as enormes diferenças de acumulação de patrimônios entre os candidatos negros e brancos disputantes do mesmo cargo legislativo, por exemplo.

Por outro lado, não obstante já decorridos mais de 128 anos da formal libertação dos escravizados no Brasil, era de se esperar que os brasileiros descendentes de africanos e brasileiros escravizados pudessem desfrutar integralmente da vida nacional como cidadãos em todas as suas instâncias, incluindo-se as dimensões dos Poderes Legislativo como legisladores, Executivo como gestores e especialmente do Poder Judiciário como magistrados.

Após esse longo período de violência a que foram submetidos os escravizados e seus descendentes no Brasil, o quadro social que observamos na contemporaneidade, infelizmente, é muito diferente dos pressupostos globais em que se ancoram os Direitos Humanos, inserindo-se mais precisamente na perspectiva da reprodução de preconceitos raciais abordada por Prudente[3] e do racismo globalizado de Oliveira[4].

Nesta perspectiva, Carvalho[5] parece ter muita razão, pois a cessão integral da cidadania para os negros no Brasil é muito mais que um longo caminho como sugeriu esse autor. A negação da cidadania integral para esses sujeitos negros é também uma forma de preservação da mesma violência de outrora, todavia, como nova forma, porém, muito eficaz para a destinação que se propõe, pois visa nitidamente impor freios à mobilidade social ascendente dos afro-brasileiros.

Portanto, a cidadania para os brasileiros negros, descendentes de escravizados ou não, assume o significado de uma luta diária por reconhecimento social e igualdade de direitos.

Não obstante a Constituição brasileira de 1988 assegurar que brasileiros são iguais em direitos, ainda assim, certos setores mais conservadores da sociedade brasileira ousam desafiá-la a fim de não permitir

---

3 PRUDENTE, Eunice Aparecida de Jesus. *Preconceito Racial e Igualdade Jurídica no Brasil.* São Paulo: Editora Julex, 1989.

4 OLIVEIRA, Dennis. *Globalização e Racismo no Brasil.* Estratégias políticas de combate ao racismo na sociedade capitalista contemporânea. São Paulo: Editora Legítima Defesa - Unegro, 2000

5 CARVALHO, José Murilo. *Cidadania no Brasil, o Longo Caminho.* São Paulo: Editora Civilização Brasileira, 2004.

que estes direitos formalmente assegurados pela Norma constitucional a todos os brasileiros, pudessem alcançar igualmente também os brasileiros mais pobres e negros.

Por este prisma, pode-se observar que a cessão da cidadania no Brasil como um direito, no que diz respeito aos brasileiros negros, essa condição indispensável de sociabilidade é, a um só tempo, parcialmente cerceada e racializada por aqueles que se negam a reconhecê-la como um direito de fruição também dos brasileiros negros. Munanga[6] atribui esse comportamento reprovável reproduzido no cotidiano das relações sociais na sociedade brasileira por parte de alguns brasileiros, geralmente os mais ricos e brancos, ao racismo rigidamente incrustado em nosso meio social. Admite-se a existência do racismo no Brasil, porém, dificilmente se consegue identificar os seus agentes em razão de estes, geralmente, serem socialmente protegidos e também invisibilizados pela sociedade e suas instituições, as quais admitem a sua existência, contudo se negam a apontar os seus autores que se encontram alojados no seu próprio meio.

Nesta perspectiva, Wieviorka[7] leciona que os agentes racistas se ocupam de estigmatizar determinados grupos humanos por seus atributos naturais para posteriormente submetê-los a mecanismos de inferiorização, exclusão social e dominação dos espaços na sociedade. Enquanto Rawls[8] afirma que em uma sociedade de povos razoavelmente justos, as desigualdades de poder, riqueza e desvantagens estruturais de certos grupos sociais devem ser decididas por todos os envolvidos direta ou indiretamente nessa situação, em que os grupos socialmente apartados são facilmente identificados.

O racismo não é objeto central desta Tese de Doutorado, contudo, ao longo deste texto, faremos breves referências a esse fenômeno social brasileiro e lançaremos mão de alguns de seus teóricos, a fim de esclarecer a atuação direta do racismo brasileiro em suas diferentes formas e colaboração para a preservação da sub-representação da população negra nas Casas Legislativas na modernidade.

Portanto, a sub-representação política dos negros no Brasil nas dimensões de poder e tomada de decisões políticas tem a ver também

---

6 MUNANGA, Kabengele (Org.). *História do Negro no Brasil*. O Negro na Sociedade Brasileira. Brasília: Fundação Cultural Palmares – Ministério da Cultura, 2004a.

7 WIEVIORKA, Michel. *Racismo, uma introdução*. São Paulo: Editora Perspectiva, 2007.

8 RAWLS, John. *O Direito dos Povos*. São Paulo: Editora Martins Fontes, 2004.

com a edificação de falsos estereótipos a respeito dos afro-brasileiros. Esses estereótipos são reproduzidos amplamente e com naturalidade pelos grandes veículos de comunicação de massa, nos quais os negros, em larga medida, ocupam posições subalternas nas mídias televisivas ou são reproduzidos como indivíduos supostamente inferiores também pela mídia impressa brasileira, por exemplo.

A reprodução sistematizada da imagem estereotipada dos negros brasileiros pelos grandes veículos de comunicação de massa no Brasil interessa diretamente às elites brasileiras brancas dominantes, as quais se valem também desses pressupostos para naturalizarem ainda mais a ausência de negros dos espaços de poder que dominam isoladamente.

O longo período de escravização de seres humanos no Brasil parece ter contribuído para a constituição de certos paradigmas onde as posições de prestígio, poder e tomada de decisões políticas precisariam estar concentradas nas mãos de brancos, exclusivamente. Visando afastar os negros dos espaços de poder, erigem-se falácias que precisam ser transformadas em supostas verdades, para subjetivamente sugerir que o binômio autoridade e credibilidade seriam atributos exclusivos de brancos, geralmente os mais ricos.

Se durante o escravagismo no Brasil os negros foram aviltados em sua dignidade de seres humanos para que, a partir do emprego da violência física, psíquica e moral, fossem os escravizados obrigados a se submeterem àqueles que se negavam a reconhecê-los como humanos, isto é, aceita-los como iguais, desde então emergem as práticas racistas amplamente naturalizadas.

Desse modo, o racismo assume capital importância para compreendermos parte da imensurável luta dos brasileiros negros por representatividade política nas Assembleias Legislativas e Câmaras Municipais Brasil afora.

Fraser[9] esclarece que a negação de reconhecimento dos grupos socialmente apartados dá origem ao não reconhecimento paritário entre os sujeitos por conta da subordinação de posições sociais hierarquizadoras. Segundo Fraser, esse comportamento decorre em razão de certos grupos, geralmente dominantes, não reconhecerem determinados grupos como seus parceiros ou como seus iguais que, nessa condição mereceriam ser tratados com o devido respeito na sociedade. Assim,

---

9 FRASER, Nancy. Da Redistribuição ao Reconhecimento? Dilemas da justiça numa era "pós-socialista". In: SOUZA, J. (Org.). *Democracia Hoje*. Brasília: Editora Universidade de Brasília, 2001.

grupos dominantes agem não somente para não reconhecer indivíduos de grupos socialmente apartados como seus pares, como agem deliberadamente também para afastá-los, excluí-los de seu meio e naturalmente marginalizá-los.

A sub-representação legislativa da população negra brasileira parece ser também uma questão de desrespeito e desprestígio social amplamente edificado na sociedade brasileira. Essa situação de desrespeito ocorre presumivelmente por conta da origem social desses brasileiros negros socialmente marginalizados.

As subjetividades em que se inscreve a negação de reconhecimento paritário dos brasileiros negros remetem-nos à necessidade de refletirmos se da negação de reconhecimento de igualdade entre brancos e negros no Brasil decorre também a negação de solidariedade coletiva e recusa de destinação de autoestima social por parte dos brasileiros brancos mais ricos para com os brasileiros negros mais pobres, como explica Honneth[10].

A explícita negação de solidariedade coletiva é, sobretudo, uma forma de desrespeito comunitário com o nítido propósito de estabelecer rígidas hierarquias entre os brasileiros brancos mais ricos e negros no Brasil e, a partir dessas hierarquias, determinar rigorosamente quais seriam os espaços tolerados e admitidos à presença dos negros ou não na sociedade brasileira. Da negação de solidariedade coletiva deriva também a negação sutil de solidariedade política coletiva às reivindicações por igualdade de direitos da população negra.

O estabelecimento dessas supostas hierarquias tem como finalidade principal naturalizar a ausência de negros, também na maioria das dimensões das instituições de visibilidade positiva, prestígio social e poder, para permitir que as elites brasileiras brancas dominantes possam justificar a monopolização desses espaços, algumas vezes com a assistência passiva e ampla colaboração também de parte do grupo socialmente vulnerável.

A monopolização artificializada dos espaços de prestígio e poder no Brasil é, de certa forma, um tipo de violência tão severo quanto todas as outras formas de violência que conhecemos, pois, a ocupação dessas dimensões de poder e tomada de decisões políticas, geralmente, são baseadas em formas de desrespeito e afronta aos direitos humanos. Segundo

---

10 HONNETH, Axel. *A Luta por Reconhecimento*. A gramática moral dos conflitos sociais. São Paulo: Editora 34, 2003.

Hélio Santos?[11] essa violência se insere em um círculo vicioso de reprodução da exclusão social naturalizada, senão por todos, ela o é pela maioria que coletivamente se omite diante de situações sociais graves.

Dito de outro modo, a exclusão da população negra das Casas Legislativas e dos espaços de tomada de decisões no Brasil não é responsabilidade exclusivamente dos negros resolverem, sendo também responsabilidade de parte da sociedade que se omite coletivamente diante de situação tão grave do ponto de vista da subtração de direitos desses brasileiros.

Desse modo, a cidadania deixa de ser um direito para ser transformada em uma prerrogativa legalmente não autorizada, como sinalizou Gauer[12]. Segundo essa autora, o deputado cearense Costa Barros ousou classificar os negros brasileiros como "boçais, sem ofício nem benefícios", portanto, "não merecedores desta honrosa prerrogativa" .

Pode-se observar que o pensamento desrespeitoso e desumano externado sobre os negros brasileiros por Costa Barros não é uma dedução individual de um sujeito racista, senão uma ilação coletiva das classes hegemônicas brasileiras visando à preservação de suas propriedades, prestígios e privilégios, pois reconhecer a cidadania como um direito pressupunha igualar os negros em direitos, implicaria igualmente em ter que destinar-lhes solidariedade coletiva. Isto é, autorizá-los a transitar por onde quer que eles desejassem, pois, a cidadania integral pressupõe que os cidadãos tenham não apenas deveres, mas tratamentos iguais, amplos direitos e liberdades.

Possivelmente, por isso, os escravagistas de outrora se ocuparam de tornar os antigos escravizados em indivíduos parcialmente libertos para jamais transformá-los de fato em sujeitos livres, como se pode observar na obra de Carvalho[13].

Subjacente às palavras proferidas por Costa Barros está o pavor coletivo dos brasileiros dos estratos mais ricos e brancos, representado por meio de resistência à destinação da cidadania aos brasileiros negros como um direito inalienável, pois a cidadania integral pressupõe exercer certas funções antes artificialmente reservadas exclusivamente para as elites dominantes.

---

11 SANTOS, Hélio de Souza. *A busca de um caminho para o Brasil*. A trilha do círculo vicioso. São Paulo: Editora SENAC, 2002.

12 GAUER, Ruth M. Chittó. Violência e Medo na Fundação do Estado Nação. *Revista de Ciências Sociais*, Porto Alegre: PUC-RS, 2007.

13 CARVALHO, 2004.

A destinação integral da cidadania para os mais pobres e negros no Brasil subjacentemente poderia representar uma ameaça futura para os poderosos, como relatou Moura[14]. Segundo esse autor, as constantes rebeliões e fugas de escravizados podem ter alertado as classes dominantes brasileiras que para preservarem os seus privilégios de controle isolado dos espaços de poder no Brasil, antes seria indispensável que elas edificassem todo tipo de obstáculos com o propósito de impedir que os negros pudessem, na condição de maioria, não ter mobilidade social ascendente com o propósito de impedi-los de jamais poderem controlar os espaços, até então, rigidamente controlados pelos estratos dominantes.

Pode-se, portanto, a partir da Constituinte de 1823, observar o planejamento de uma verdadeira engenharia de exclusão social fomentada pelo Estado brasileiro, com vistas a afastar os negros brasileiros de todas as dimensões de poder. Ou seja, com a Constituinte de 1823 emerge no Brasil um sistema de exclusão política dos brasileiros negros, cuja proposta, forma de exclusão e negação de direitos políticos, é muito semelhante ao antigo regime do *apartheid* estatuído na República da África do Sul a partir de 1944.

As ofensas racistas proferidas por Costa Barros dão pista das barreiras estruturais que seriam edificadas pela minoria hegemônica para ardilosamente afastar os negros dos espaços de tomada de decisões políticas e poder no Brasil.

Portanto, o intencional apartamento político dos brasileiros negros de seus compatriotas brancos tinha o propósito sutil de permitir que somente estes últimos pudessem estar autorizados a ingressar e controlar a máquina legislativa no Brasil. Trata-se, assim, de se estatuir no Brasil governos exclusivamente de gestores brancos ricos para brancos e negros pobres.

A História do Brasil registra outras formas de violência que podem estar também associadas à sub-representação parlamentar da população negra brasileira, como lecionaram Abdias Nascimento e Elisa Nascimento[15]. Segundo esse autor, o esmagamento das línguas nativas africanas tinha nítidos propósitos político-ideológicos subjetivos, pois visava, antes de qualquer outra possibilidade, impedir que os negros recém-chegados ao Brasil para serem escravizados por europeus pu-

---

14 MOURA, Clovis. *Rebeliões da Senzala*. A questão social no Brasil. São Paulo: Livraria Editora Ciências Humanas, 1981.

15 NASCIMENTO, Abdias; NASCIMENTO, Elisa Larkin. *O Quilombismo*. Petrópolis: Editora Vozes, 1980.

dessem se comunicar entre si e se organizar politicamente para obstaculizar a violência político-racial-ideológica a que eram implacavelmente submetidos.

O emprego da violência física e psíquica, a que foram submetidos os antigos escravizados no Brasil a partir do século XVI, tinha entre outros objetivos também o de inscrevê-los numa pseudopedagogia que não se propunha a ensiná-los senão hierarquizá-los pela força a fim de imobilizá-los socialmente de modo que eles não conseguissem se organizar politicamente e tampouco pudessem ocupar os principais espaços de poder no Brasil.

Conforme leciona Gislene Santos[16], era preciso inventar um novo ser negro, moldado e limitado socialmente, segundo as conveniências políticas das elites brasileiras brancas dominantes.

Se a cidadania pressupõe a participação efetiva na vida pública e integração social, conforme leciona Dallari[17], pode-se observar que a sub-representação política da população negra brasileira nas Casas Legislativas no Brasil impede não apenas a sua participação na vida pública como também dá causa para sua completa desintegração social, o que não deixa de ser similarmente uma forma silenciosa de violência racial coletiva subjetiva que se expressa na composição estética das três instâncias do Legislativo nacional, especialmente quando observamos parte dos respondentes brancos entrevistados por nós, segundo os quais, a cor da pele dos candidatos não é relevante para a escolha de seus candidatos ao Parlamento.

Todavia os resultados das urnas eleitorais e a composição das Casas Legislativas parecem refletir um comportamento amplamente racializado dos votantes. Principalmente quando observamos que as propostas políticas dos candidatos negros são tão genéricas quanto as propostas políticas de seus concorrentes brancos. Neste caso, se for verdade que para parte dos eleitores brancos a cor da pele dos candidatos não assume capital importância para suas escolhas políticas, como explicar então a ampla ausência de parlamentares negros dessas dimensões, senão por conta de uma rigorosa racialização das urnas tanto no estado de São Paulo quanto em sua capital?

---

16 SANTOS, Gislene. *A invenção do ser negro*. Um percurso das ideias que naturalizaram a inferioridade dos negros. São Paulo: Editora Educ; Fapesp, 2002.

17 DALARI, Dalmo de Abreu. *Diretos Humanos e Cidadania*. São Paulo: Editora Moderna, 2004.

Bourdieu[18] leciona que existem outras razões simbólicas subjetivas para a eternização do monopólio da representação parlamentar por brancos no Brasil, como a imposição do mundo social segundo a visão de mundo e interesses de dominação política das elites brasileiras brancas dominantes. No caso em análise, essa visão de mundo dos mais ricos pode deliberadamente não incluir os negros, por exemplo.

Acreditamos que esse engessamento social a partir do emprego da violência física que impôs e impõe severas restrições à mobilidade social ascendente dos afro-brasileiros desde a Colônia aos dias atuais, pode igualmente ter contribuído para o monopólio da representação parlamentar no Brasil abordada no Capítulo I desta Tese, onde a naturalização da ausência de parlamentares negros e negras no Parlamento traz à baila a falta de estima e solidariedade política coletiva de amplos estratos da sociedade brasileira para com os postulantes negros ao Legislativo em suas três esferas.

Ao mesmo tempo em que transforma o Poder Legislativo no Brasil em lócus de hegemonia racial e dominação político-ideológica com amplo auxílio e reflexos tanto do escravismo quanto do racismo brasileiro, onde as classes dominantes daquele período histórico provocaram através da divisão política nuclear do meio social negro, fazendo emergir duas ou mais categorias de negros no Brasil. De um lado, emergem os negros casa-grandinos oriundos da casa-grande e, de outro lado, emergem os negros senzalinos, provenientes das senzalas.

A destinação intencional de pequenos privilégios para os negros casa-grandinos pelas elites dominantes era a forma estrategicamente pensada pelos colonizadores portugueses, erigida com o propósito de provocar uma irrefutável divisão política no interior desses dois grupos de negros igualmente violentados fisicamente, moralmente e socialmente pelos mesmos escravizadores.

Portanto, tanto os negros casa-grandinos quanto os negros senzalinos foram ofendidos em sua dignidade de seres humanos, cuja divisão nuclear proveniente de pequenos privilégios para alguns e amplos prejuízos para a maioria provocará não exclusivamente uma vigorosa desorientação coletiva no seu meio como irá provocar de igual modo uma permanente cisão no campo ideológico da população negra brasileira.

---

18 BORDIEU, Pierre. *O Poder Simbólico*. Rio de Janeiro: Editora Bertrand Russel, 1998.

A provocação dessa cisão política nuclear dos negros brasileiros tem por objetivo não permitir que os negros se unam em torno de uma mesma proposta política, mas se tornem politicamente desorientados e desunidos enquanto grupo socialmente vulnerável frente a múltiplas propostas políticas, geralmente de interesse político das classes dominantes.

Retirar o foco político da população negra brasileira pelas classes hegemônicas visava, entre outros propósitos, não apenas afastar os negros dos espaços de poder e tomada de decisões, mas se propunha a atuar essencialmente para permitir a naturalizada perpetuação exclusivamente dos brasileiros mais ricos e brancos à frente de todas as dimensões de poder como as Casas Legislativas em nosso país, por exemplo.

A retirada de foco político da população negra em torno de uma mesma proposta política irá contribuir significativamente também para a sub-representação parlamentar dos negros brasileiros ainda nos dias atuais.

Os efeitos da sub-representação parlamentar dos negros no Brasil podem ser compreendidos também a partir da divisão nuclear do meio social negro, onde a existência de um pequeno grupo de negros com mobilidade parcial ascendente poderá servir de parâmetro político-ideológico para as classes brasileiras dominantes justificarem o discurso da existência de uma suposta democracia racial no Brasil, a fim de se contraporem às denúncias dos diferentes Movimentos Negros que reclamam por efetiva igualdade de direitos.

A divisão social do meio negro é parte de nossa abordagem no Capítulo II, em que apresentamos algumas das muitas variáveis que auxiliam para a permanente sub-representação parlamentar da população negra brasileira, através da proliferação de candidatos populares negros com reduzido apoio popular, politicamente desestruturados que se avolumam no interior dos partidos políticos no Brasil, com pouca ou nenhuma chance de se elegerem parlamentares, embora sejam, a um só tempo, candidatos úteis aos objetivos eleitorais de alguns partidos políticos e completamente inúteis às aspirações políticas ascendentes da população negra brasileira.

Inicialmente essa proliferação de candidatos negros pobres pode ser observada como forma de denúncia e resistência política ao sistema político que os exclui, passando similarmente pela utilidade com fins eleitorais tanto dos partidos políticos quanto de parte dos candidatos brancos mais ricos.

Essa proliferação de candidaturas populares negras, contudo, num segundo momento, tornar-se-á muito prejudicial para a ampliação da representação parlamentar da população negra que, em razão dessa proliferação, poderá, em geral, mostrar-se desorganizada e politicamente desorientada, aparentemente sem condições de focar objetivamente os seus interesses políticos.

Revela-se a utilidade tanto dos eleitores negros quanto dos candidatos negros pobres aos partidos políticos para a eleição de candidatos brancos incapazes de se elegerem com seus próprios votos; embora esses candidatos sejam ricos, são, nessa perspectiva, candidatos dependentes dos resultados eleitorais negativos dos candidatos negros pobres que, pela metodologia do quociente eleitoral, poderão auxiliar esses candidatos mais ricos e brancos a se elegerem parlamentares, de modo que a proliferação é altamente incentivada, tanto pelos partidos quanto pelos candidatos ricos.

A proliferação de candidaturas populares negras política e economicamente desestruturadas, os resultados eleitorais inexpressivos e poucos votos obtidos por esses candidatos negros pobres, se por um lado esses resultados servem para ampliar ainda mais a sua baixa autoestima, paradoxalmente, por outro lado, seus resultados negativos dão ânimo e esperança a candidatos mais ricos, pois seus poucos votos servem de combustível para outros candidatos política e economicamente bem estruturados. Possivelmente por conta dessa mecânica que inscreve as candidaturas mais pobres como candidaturas auxiliares de candidatos mais ricos e brancos, a maioria dos dirigentes partidos políticos brasileiros impõe severas restrições às cotas raciais no Legislativo para candidatos negros.

O modelo atual de representatividade legislativa, pode se presumir, por conta do elevado custo da disputa eleitoral no Brasil, tem servido mais para limitar o desempenho dos candidatos mais pobres e negros em razão de sua pouca ou reduzida estrutura, a qual não lhes permite ou tampouco lhes confere a possibilidade de terem a mesma mobilidade política de seus concorrentes mais ricos.

Ainda assim, as classes hegemônicas brasileiras insistirão em dizer que o atual modelo de representatividade político é democrático, não obstante as distorções econômicas, sociais e históricas que têm impedido a população negra brasileira, na condição de maioria, de ter maior mobilidade política e social ascendente.

Essas contradições da democracia brasileira serão observadas no Capítulo III, no qual questionaremos, a partir do momento em que a população negra brasileira não está politicamente organizada para também ocupar os espaços de poder e tomada de decisões políticas no Brasil, suas demandas políticas podem ser tratadas ou maltratadas por parlamentares que se opõem às suas lutas por igualdade de toda forma de direitos.

Nesta perspectiva, a democracia brasileira parece se ancorar vigorosamente na teoria schumpeteriana, segundo a qual "cabe às elites dominantes disputarem o voto popular" para jamais admitirem uma onicracia em seu sentido mais amplo e desejável de participação e representação de todos os estratos sociais nos espaços de poder.

Segundo Bobbio[19] a regra da democracia é a regra de decisões coletivas aprovadas pela maioria. Seria interessante apurar que razões éticas são consideradas para se aprovarem leis nas Casas Legislativas no Brasil quando a maioria (negros) não está proporcionalmente representada nestas dimensões?

É certo que as elites brasileiras brancas dominantes se organizaram de modo a não permitir que os negros pudessem subverter a ordem política posta em razão de esta subversão singular representar uma ameaça real à sua estrutura de poder e privilégios. Assim, os estratos sociais mais ricos no Brasil se esforçam para preservar os negros como seus eleitores apenas, jamais admiti-los ou autorizá-los a se inscreverem como *real players*[20].

Ora, a democracia brasileira rigidamente ancorada na teoria schumpeteriana requer para seu perfeito funcionamento certa passividade política dos sujeitos socialmente dominados, de modo especial, a não permitir alternância de poder, o que inscreve a democracia brasileira numa contradição à democracia clássica que pressupõe exatamente alternância de poder como regra basilar para tomada de decisões consuetudinárias.

O jogo político no Brasil controlado exclusivamente pelas elites dominantes tem a capacidade de, a partir da divulgação dos resultados eleitorais, transformar os adversários políticos em aliados políticos onde, em geral, os únicos perdedores continuarão a ser os negros que votam nos candidatos situados no campo ideológico tanto da esquerda quanto da extrema direita.

---

19 BOBBIO, Norberto. *O Futuro da Democracia*. 9. ed. São Paulo: Editora Paz e Terra, 2000.

20 *Players* significado que deriva da Língua Inglesa para jogadores e / ou participantes.

Ou seja, para certos candidatos brancos, não importa o campo ideológico para levarem vantagens políticas sobre os candidatos negros e seus eleitores, pois a derrota das urnas poderá transformar os candidatos brancos derrotados pelas urnas em políticos profissionais nos partidos políticos chamados por Kircheimer[21] de "*Catch-All* Party", isto é, partidos pega tudo. Partidos políticos cujas ideologias são colocadas em segundo lugar, ficando em primeiro plano a sua participação nas dimensões de poder, não importando quais sejam os vencedores ou suas ideologias, se aliados ou adversários, o que importa para esses partidos é unicamente o poder político para poderem participar sempre da divisão dos espaços de poder na sociedade em todas as suas instâncias.

A partir da perspectiva dos partidos políticos "*Catch All Party*", pode-se compreender a importância da proliferação das candidaturas negras populares; ainda que completamente desestruturadas, elas poderão ser ao final do pleito eleitoral de extrema importância e utilidade para esses partidos.

Desse modo, as votações aparentemente inexpressivas obtidas nas urnas por candidatos negros pobres, em razão da aplicação da metodologia do quociente eleitoral para a distribuição das sobras das cadeiras legislativas entre os candidatos, embora tenham tido uma votação expressiva, mesmo assim, não foram capazes de se eleger com seus próprios votos.

Estes são, entretanto, a exemplo dos candidatos negros pobres, inicialmente transformados também em candidatos derrotados pelas urnas para, posteriormente, mesmo na premissa de candidatos derrotados, estes indivíduos poderão paradoxalmente ser transformados em candidatos vitoriosos, pois irão de alguma forma participar efetivamente do jogo político posto, quer na condição de parlamentares ou na condição de ocupantes de cargos comissionados à frente das diferentes instituições do poder constituído por e para os mesmos.

As votações insuficientes dos postulantes negros desestruturados são, entretanto, de grande utilidade tanto para esses candidatos quanto para os partidos "pega tudo". Esses partidos acabam sendo auxiliados pelos postulantes negros mais pobres ao Legislativo para obtenção de mais cadeiras legislativas que, consequentemente, são similarmente

---

21 KIRCHHEIMER, Otto. A transformação dos sistemas partidários da Europa Ocidental. *Revista Brasileira de Ciências Políticas*, n. 7, 1996. Disponível em: <http://www.scielo.br/scielo.php?script=sci_arttext&pid= S0103-33522012000100014>. Acesso em: 05 maio 2015.

utilizadas como permuta para a composição de blocos de maioria ou de oposição ao governo recém-eleito, aumentando assim significativamente o seu poder de pressão política para os blocos parlamentares derrotados ou vencedores nas Casas Legislativas. Ainda assim, a presença de negros em cargos comissionados nas dimensões do Legislativo é quase nula ou geralmente mínima.

Nesta perspectiva, abordamos no Capítulo IV as diferenças estruturais e econômicas que colaboram para o embranquecimento estético e político das dimensões do Poder Legislativo no Brasil, onde os disputantes brancos com formação superior têm patrimônio médio da ordem de R$ 1.000.000,00 (Um milhão de reais), enquanto que seus colegas negros com idêntica formação educacional e profissional têm patrimônio médio da ordem de R$ 233.000,00 (Duzentos e trinta e três mil reais).

As discrepâncias sociais não se inscrevem exclusivamente na ordem econômico-financeira como demonstrou Guimarães[22]. A população negra paulista e paulistana juntas têm um déficit de eleitores muito superior a um milhão de indivíduos que deixam de exercer integralmente a sua cidadania por conta do analfabetismo ou devido ao considerável número de jovens negros encarcerados pelo sistema prisional estatal pelos mais diferentes motivos, entre eles o encarceramento prisional também por motivação política, como ficou demonstrado em Gordon-Reed[23], bem como por pavor das elites brasileiras dominantes com o possível crescimento demográfico da população negra brasileira e, consequentemente, com a ampliação do número de eleitores negros, como demonstrou Carneiro[24].

Em outras palavras, as resistências a maior presença de parlamentares negros nas dimensões do Legislativo decorrem do pavor de as elites brasileiras brancas dominantes se virem obrigadas a cumprir determinadas normas estatuídas pela maioria pela via legal através do próprio modelo legislativo que constituíram para si exclusivamente.

As elites brasileiras brancas dominantes não ignoram que a sua condição de maioria nas dimensões de poder é que, a rigor, tem lhes assegurado o direito e permitido tomar decisões consuetudinárias em

---

22 GUIMARÃES, Antonio Sergio Alfredo. *Classes, Raças e Democracia*. São Paulo: Editora 34, 2012.

23 GORDON-REED, Anette. *The Hemingses of Montecello*. An American Family. Partus Sequitur Ventrem New York USA: W.W. Norton and Company Inc., 2008.

24 CARNEIRO, Sueli. *GAP – Banespa - Censo Demográfico de 1980 suas curiosidades e preocupações*. São Paulo: Geledés /Instituto Ethos, 2002.

nome da maioria que, não estando presente nesses locais, não consegue colocar obstáculos às suas idiossincrasias ou tomar ela própria as suas decisões políticas.

Concorrem ainda para esse déficit eleitoral da população negra paulista e paulistana, além da pobreza extrema de certos indivíduos negros conforme relatado por Pochmann[25] sobre as enormes desigualdades econômicas no Brasil, esse déficit eleitoral é auxiliado também pelo analfabetismo político. Portanto, a pobreza extrema associada ao analfabetismo e ao analfabetismo político, colaboram vigorosamente para ampliação da sub-representação parlamentar da população negra nas dimensões do Poder Legislativo em São Paulo e, por analogia, da sub-representação legislativa dos negros também no Brasil.

---

[25] POCHMANN, Márcio. *Desigualdade Econômica no Brasil*. São Paulo: Editora Ideias e Letras, 2015, p. 15.

CAPÍTULO 1
O MONOPÓLIO DA REPRESENTAÇÃO PARLAMENTAR NO BRASIL
A naturalização da ausência parlamentar da população negra brasileira no Legislativo – Reflexos do Escravismo e do Racismo como corolário das resistências à mobilidade social ascendente da população negra na sociedade brasileira

1.1. AS DIMENSÕES DO LEGISLATIVO COMO LÓCUS DE HEGEMONIA RACIAL E DOMINAÇÃO POLÍTICO-IDEOLÓGICA NO BRASIL DO SÉCULO XXI

A preservação do monopólio de representação parlamentar pelas elites dominantes brancas no Brasil é, antes de qualquer outra coisa, uma forma de dominação racial, ideológica, econômica e especialmente de subordinação política da população negra nas dimensões do Legislativo brasileiro.

O escravismo e o racismo não são partes centrais desta Tese de Doutorado. Contudo, não podemos ignorar os reflexos decorrentes do longo período de escravização de africanos e seus descendentes brasileiros por europeus e os descendentes destes ao longo de mais de três séculos e meio no Brasil, a partir do século XV - 1530 a 13 de maio de 1888.

Desse modo, torna-se indispensável que, para melhor compreensão da sub-representação da população negra nas dimensões do Legislativo brasileiro, ainda que o escravismo e o racismo não sejam objetos centrais de nossas análises, parte dos registros históricos que tratam desses temas, ainda que sejam tratados por nós sem a profundidade necessária, esses assuntos não poderão, entretanto, deixar de ser abordados neste trabalho.

A abordagem tanto do racismo quanto do escravismo nesta pesquisa tem como finalidade robustecer e dar maior consistência aos nossos argumentos, especialmente por estarmos convencidos de que analisar o emprego da violência se torna relevante para compreendermos também as razões e as diferentes situações de resistência, parte delas, erigidas artificialmente pelas elites brasileiras brancas dominantes que, de alguma forma, contribuem de maneira direta ou indireta para a preservação inexorável da sub-representação legislativa da população negra brasileira, a qual pode estar diretamente atrelada ao emprego da violência física como método de controle e preservação da disciplina no interior das grandes fazendas monocultoras no Brasil do século XV, podendo apresentar também significativos reflexos dessa violência de outrora no Brasil do século XXI, como explica o professor Sérgio Adorno.

> Como fortemente demonstrou a literatura especializada, a rigidez disciplinar imposta aos escravos nos interiores da grande fazenda monocultora, fruto da violência nascida das relações escravagistas de produção, respondeu pelo padrão vigente de dominação política na sociedade brasileira pós-colonial. Esse padrão alcançou não apenas as relações entre escravos e seus senhores, mas também as relações entre o resto da população pobre, não proprietária, habitante do campo e das cidades. Para essa parcela da população, o Estado foi quase sempre um grande mistério e uma grande ficção, pois prevaleceu o mandonismo local, a face nua e crua da violência, independentemente de quaisquer abstrações e mediações ideológicas. Em segundo lugar, não ocorreu o mesmo no que concerne às relações entre os supostamente iguais; isto é, entre os diversos grupos de proprietários rurais. Para estes, a questão era outra, uma vez garantida a ordem no interior das grandes unidades produtoras. Tratava-se de exercer o controle sobre o aparelho do Estado a fim de assegurar a livre circulação da riqueza produzida.[26]

Portanto, para analisarmos a sub-representação parlamentar da população negra brasileira nas dimensões do Legislativo, será imprescindível que levemos também em consideração os reflexos produzidos pelas diferentes formas tanto de violência, do racismo quanto do escravismo no Brasil.

Nesta perspectiva e segundo a excelsa lição de Kabengele Munanga[27], o racismo é um poderoso mecanismo político-ideológico de dominação.

Portanto, a partir da lição de Munanga, a preservação do monopólio da representação parlamentar pelas elites brancas dominantes pode ser compreendida também como uma forma de dominação ideológica, econômica e especialmente de subordinação política da população negra brasileira nas dimensões do Poder Legislativo nacional, visando, sobretudo, preservar a hegemonia política das classes dominantes com o propósito de preservar igualmente a hierarquização entre brancos e negros na sociedade brasileira.

O professor Florestan Fernandes, em sua obra *A Integração do Negro A Sociedade de Classes*, aponta que a desagregação do regime escravocrata em nenhum momento se ocupou de estabelecer ou buscar meios na sociedade brasileira que pudessem, com a abolição da escravização de seres humanos no Brasil, reduzir o impacto do *status* da mudança de trabalhadores escravizados para trabalhadores livres, porém, sem

---

26 ADORNO, Sergio. *Os Aprendizes do Poder* – O Bacharelismo Liberal na Política Brasileira. Rio de Janeiro: Editora Paz e Terra, 1988, p. 62.

27 MUNANGA, Kabengele. *Teorias sobre o racismo, discurso e políticas de combate ao racismo*. São Paulo: FFLCH- USP, 2007.

qualquer tipo de assistência, sem lastros, desalojados, sem nenhum tipo de recompensa e doravante na condição de desempregado, ou melhor, na condição primeira de trabalhadores sem teto, sem trabalho e sem direitos, tendo na condição de trabalhadores livres o dever de assumir o seu próprio sustento e o de sua família.

Os beneficiários do sistema escravagista se esforçavam no sentido de convencer os emergentes trabalhadores sem-teto que a sua luta por liberdade, direito e igualdade poderia custar-lhes muito caro, com prejuízos especialmente para a sua família como um todo. Com os beneficiários do escravismo no Brasil emerge ardilosamente uma violência, uma ameaça velada à liberdade dos escravizados.

Sugeriam-lhes sutilmente que a liberdade, ao contrário do que pretendiam, era-lhes prejudicial. Em verdade, as classes dominantes do Império esperavam que os negros, uma vez livres, em face de tantas dificuldades materiais retornassem para suas fazendas ainda mais dependentes do que eles eram na condição de escravizados.

O fim do escravismo no Brasil se, por um lado, trouxe enormes prejuízos para os negros e suas famílias, por outro lado, acarretou também para as elites brasileiras problemas estruturais e financeiros aos quais essas elites não estavam acostumadas, a partir do momento em que a mão de obra escravizada é parcialmente substituída por trabalhadores europeus com alguns direitos reconhecidos, como a realização de pagamentos e benefícios, os quais eram negados aos africanos negros e seus descendentes brasileiros.

O argumento das classes dominantes brasileiras tinha como propósito demovê-los do seu ímpeto na busca incessante da tríade liberdade, direito e igualdade, para depois continuar a explorá-los, doravante, supostamente, sem quaisquer resistências em virtude da emergência das dificuldades em função de seu novo *status* de homens e mulheres livres, porém com o ônus social decorrente dessa nova condição.

Esse quadro que para muitos pode parecer desesperador, do ponto de vista dos antigos escravizados, em razão da inexistência de estruturas mínimas para a sua sobrevivência e de sua família, enquanto que pelo lado dos grandes proprietários rurais esse mesmo quadro parecia-lhes ao mesmo tempo vantajoso e sedutor, pois esperavam que os seus antigos trabalhadores sem direitos e pagamentos, ainda que na situação de extrema dificuldade social e moralmente humilhante, seus antigos escravizados não resistissem à sua nova condição de homens e mulheres livres, porém socialmente desestruturados, e pudessem render-se à sedução dos grandes proprietários de terras para, enfim, poderem retornar à condição de trabalhadores escravizados como única opção de sobrevivência.

Os latifundiários, desse modo, tinham a esperança de que os libertos, em face do novo quadro social com pouca ou nenhuma opção de melhoria de vida a curto prazo, trocassem a liberdade que conquistaram com suas lutas e resistências, pudessem declinar de suas árduas conquistas e se submetessem novamente a seus seculares exploradores em troca de alimentação, de um teto coletivo e insalubre para abrigar a si próprio e suas famílias.

Os latifundiários nutriam esperança de que a emergência dessas novas dificuldades materiais que exigiam dos homens livres uma postura de chefe de família de quem não fora chefe jamais sequer de sua própria vida, fossem essas dificuldades artificializadas pelas classes dominantes, suficientes para demovê-los de suas lutas por direito e liberdade.

Como leciona Florestan Fernandes, os escravizados, por seu turno, não obstante se encontrassem em severas desvantagens estruturais e econômicas, dentro de uma nova ordem competitiva imposta pelo trabalho livre, tinham plena consciência de que a liberdade conquistada é algo que não se negocia e tampouco é possível se lhe atribuir preço.

Os grandes proprietários rurais, antigos senhores de seres humanos escravizados, organizaram-se de modo que estes últimos, ainda que formalmente livres de seus espaços de controle e dominação, permanecessem, de algum modo, ainda atrelados e dependentes de seus antigos senhores.

> onde a produção se mantinha em níveis baixos, os quadros da ordem tradicionalista mantinham-se intocáveis: como os antigos libertos, os ex-escravos tinham de optar, na quase totalidade, entre a reabsorção no sistema de produção em condições substancialmente análogas às anteriores, e a degradação de sua situação econômica, incorporando-se à massa de desocupados, de semiocupados da economia de subsistência do lugar ou de outra região... Assim se explica por que o clamor por medidas compulsórias, que obrigassem o ex-escravo ao trabalho e o "protegessem", promovendo sua adaptação ao estilo de vida emergente, se tinha extinguido com relativa rapidez e sem deixar nenhum fruto ou qualquer vestígio da generosidade. Perdendo sua importância privilegiada como mão de obra exclusiva, ele também perdeu todo o interesse que possuíra para as camadas dominantes. A legislação, os poderes públicos e os círculos politicamente ativos da sociedade mantiveram-se indiferentes e inertes diante de um drama material e moral que sempre fora claramente reconhecido e previsto, largando-se o negro ao penoso destino que ele estava em condições de criar por si e para si mesmo.[28]

---

28 FERNANDES, Florestan. *A Integração do Negro à Sociedade de Classes*. Centro Brasileiro de Pesquisas Educacionais – Instituto Nacional de Estudos Pedagógicos. Rio de Janeiro: MEC, 1964, p. 5-6.

Por esse prisma, pode se observar que para as classes dominantes da época era mais conveniente imputar aos ex-escravizados responsabilidades por suas dificuldades estruturais em face de sua nova realidade numa sociedade que, por razões óbvias de estratificação social, ignora a sua condição de antigos escravizados e os lança à sua própria sorte para, sem receber a mesma formação profissional e oportunidades, competirem em igualdade de condições com trabalhadores europeus inscritos em novas bases contratuais de relações trabalhistas, estas últimas especialmente jamais oferecidas ou sequer admitidas como regra para os antigos escravizados.

1.2. A ADAPTAÇÃO DOS ANTIGOS ESCRAVIZADOS À LIBERDADE

O professor Florestan Fernandes leciona com precisão este estágio da mudança imposta pelo regime de exploração da mão de obra escravizada com o advento de uma nova ordem social competitiva, para a qual, obviamente, os negros na condição de escravizados, não estavam preparados e tampouco tinham conhecimento de seu funcionamento.

E desse modo eles foram obrigados a ingressar num mercado erigido exclusivamente para homens anteriormente já livres, dotados de direitos fundamentais e muito especialmente inscritos e, portanto, aceitos e respeitados na categoria de cidadãos. O que pressupunha gozarem não apenas de liberdade como principalmente terem assegurados os mais elementares direitos, enquanto que os negros foram lançados numa nova ordem econômica competitiva, conforme acentuou Fernandes, como uma massa de deserdados largada a seu próprio destino.

Sem dúvidas a quebra de sua antiga estrutura de trabalho e modo de produção em face desse novo modelo de trabalho no qual a competição a que eles não estavam acostumados implicava em uma redefinição do ser negro pelo branco, isto é, os negros precisariam compreender com rapidez essa nova ordem econômica e social que a um só tempo os excluía e os incluía sem que eles pudessem fazer escolhas.

Se antes para sobreviverem os negros eram dependentes dos latifundiários que exploravam a mão de obra escravizada, passaram a depender doravante desse novo meio de produção. Ao mesmo tempo em que os antigos escravizados perderam a pouca segurança moral e material que poderiam ter no antigo regime, os homens negros e seus filhos passam a depender do trabalho das mulheres negras para sobreviverem.

Extrai-se desse novo cenário a emergência das mulheres negras como mantenedoras de seus "lares", em face das dificuldades de os homens negros livres não encontrarem trabalhos que lhes permitissem prover adequadamente a sua família, acarretando-lhes a alcunha de vagabundos e cachaceiros, uma vez que frente ao ócio forçado pela ordem econômica competitiva, estes tinham nos botequins os poucos momentos de prazer que a nova ordem econômica lhes reservava como um direito.

Revela-se, por parte dos antigos escravizados, a falta de conhecimento bem como a falta do domínio de novas técnicas, certamente em razão das privações de liberdade e confinamento social em decorrência do antigo regime escravocrata no Brasil. Seus antigos tutores, no entanto, precisavam convencê-los que a liberdade que obtiveram com imensuráveis sacrifícios poderia não ter sido sua melhor escolha.

As elites brasileiras dominantes da época, possivelmente prevendo as consequências que poderiam advir com um "exército" de homens sem ocupação trabalhista regular, sutilmente sugeriam aos seus antigos escravizados que a liberdade, nos termos em que eles requeriam, era uma atribuição exclusiva de homens brancos, acostumados a serem naturalmente livres. E, desse modo, as classes hegemônicas brasileiras sugeriam que os negros precisariam ser tutelados. Ou seja, não poderiam agir segundo as suas concepções, mas segundo a concepção e entendimento dos mais ricos e brancos, o que equivale a dizer, serem tutelados por seus antigos exploradores.

É esta mesma linha de suposta incapacidade de o negro ser gestor de seu próprio destino e, portanto, precisaria ser tutelado, que, a rigor, irá nortear as justificativas das elites brasileiras brancas dominantes para fundamentarem a sua maior presença e a total ausência de negros nas dimensões de poder e tomada de decisões políticas no Brasil.

Florestan Fernandes, referindo-se a Antonio Bento esclarece o projeto de "educar o negro" segundo o mundo dos brancos:

> Daí resultou com perniciosa campanha contra as instituições republicanas e as autoridades que as representavam, que em nada auxiliava a integração do negro ao regime de classes. Ao contrário, fomentava atitudes saudosistas, de identificação com a monarquia, e certo desprêzo pelas "leis da República" incapaz de auxiliar o negro a bater-se, desde logo de modo direto, responsável e organizada por seus direitos como cidadãos. A cooperação respeitável e integra que êsse pugilo de idealista dispensou a "raça negra" nem sempre serviu, portanto, à verdadeira causa que deveria observar a atenção dos negros e mulatos: a assimilação, tão rápida quanto fosse possível, das formas sociais de vida que poderiam apressar e garantir sua participação crescente dos direitos e garantias sociais desfrutados pelos brancos.[29]

---

29 FERNANDES, 1964.

1.3. A EMERGÊNCIA DOS NEGROS SENZALINOS E OS CASA-GRANDINOS

A forma como se deu a libertação formal dos escravizados no Brasil pode ter contribuído para que os antigos escravizados não apenas recusassem uma assimilação rápida ao modo de vida e costumes dos mais ricos e brancos, constituindo-se numa forma extensa de resistência à assimilação imediata como sinalizada no texto de Fernandes acima.

Além disso, o processo da abolição da escravatura no Brasil produziu e categorizou os negros dividindo-os inicialmente em dois estratos sociais diferentes e antagônicos. O primeiro tratou de estabelecer diferenças entre os negros oriundos da "casa-grande" e os negros procedentes das senzalas, criando-se com isso uma hierarquia entre os escravizados, não obstante ambos estarem, por conta do regime escravocrata, inscritos na mesma categoria de sujeitos sub-humanizados.

Os primeiros, em razão de se encontrarem mais próximos de seus exploradores e, por isso, imaginando-se diferentes de seus pares, assumem como se fossem seus, parte dos valores e do modo de vida, de agir e pensar dos brancos mais ricos, exploradores dos dois tipos de escravizados tanto os da "casa-grande" quanto dos negros das senzalas. Por essa razão, os negros casa-grandinos passam a desprezar os negros senzalinos, conforme observou Florestan Fernandes, onde os primeiros encarnavam a "moral dos brancos".

Graças à existência dessa aparente hierarquização entre os casa-grandinos e senzalinos, não obstante ambos estarem inscritos no mesmo processo de violência, exploração e negação de seus direitos fundamentais de seres humanos, era do interesse dos exploradores de ambos que ocorresse no interior desses dois grupos a assunção da existência de classes e hierarquias entre ambos, com o propósito de não apenas dividi-los, mas especialmente de enfraquecê-los enquanto grupos de escravizados.

Desse modo, a suposta hierarquização entre os socialmente dominados de mesma origem e condição conseguiu produzir no interior de ambos os grupos a discórdia e desconfiança geradas entre os dois grupos de escravizados por conta de supostas e irrelevantes vantagens materiais destinadas àqueles que permaneciam mais próximos aos exploradores de ambos.

Por conta dessas discórdias e desconfianças produzidas no interior da casa-grande com o propósito de dividi-los, seu efeito deu início ao aparecimento de uma profunda cisão que irá permear parte das relações entre os diferentes grupos de negros do Império à sociedade brasileira contemporânea.

Não obstante serem os casa-grandinos e os senzalinos absolutamente iguais enquanto sujeitos subordinados à exploração dos colonizadores europeus, ambos enfrentam os mesmos obstáculos em suas lutas por mobilidade social ascendente. Acabam, desse modo, sendo unidos pela exclusão social que trata de igualá-los enquanto as hierarquias artificiais tentam desuni-los e afastá-los uns dos outros. A tática de destinação e concessão de privilégios e benefícios apenas para alguns, subjetivamente sempre se ocupou com o propósito de invariavelmente dividir o todo.

Esses questionáveis e supostos *status* entre negros escravizados no Brasil constituíam certamente um componente muito forte para tornar perceptível a divisão que a um só tempo os separava e unia às classes dominantes em torno dessa disputa erigida com nítidos objetivos políticos de não apenas separar os negros, mas principalmente enfraquecê-los em torno do que ambas as "categorias" de escravizados buscavam a qualquer custo: a liberdade do escravismo.

Essa divisão será fundamental para se compreender algumas das razões que levam parte dos negros a não se aglutinar muitas vezes em torno de questões e demandas políticas que são comuns a todos eles enquanto grupo étnico para se fazerem representar nas dimensões de poder, por exemplo.

Por outro lado, existiam negros mais astutos que em razão de terem outra percepção das reais intenções das classes dominantes, não faziam o jogo dos brancos. Isto é, se esforçavam para unir tanto os negros casa-grandinos quanto os negros senzalinos, pois compreendiam que para alcançarem a liberdade, era sensato que não houvesse divisão entre negros, uma vez que todos se encontravam na mesma situação de violência, sem direitos e desrespeitados pela mesma classe dominante, conforme lecionou Florestan Fernandes.

> O negro traquejado e envolvido na torrente da vida social, percebe quando é "diminuído" ou "prejudicado" pelo branco. Conhece o "jogo dos brancos" e não se identifica com êles senão para libertar-se melhor do seu jugo e atingir mais depressa os seus fins. Os outros, tímidos e inexperientes, ficam tolhidos só vendo as coisas "tarde demais" ou preferindo "engolir em sêco". Como mantinham respeito exagerado ou temor pelos brancos, "acham melhor não protestar nem exigir seus sentimentos reais".[30]

Parte dos negros, em face desse comportamento reprovável, era útil às elites e muito prejudicial à luta dos negros por liberdade de fato.

---

30 FERNANDES, 1964, p. 69.

Assim, em razão da divisão intencionalmente provocada no seio dos grupos de escravizados pelas classes dominantes da época do Império, apenas uma pequena, porém valorosa parcela de negros se predispunha, nas palavras de Fernandes, a lutar contra o "conformismo construtivo" que se erigia em oposição aos interesses econômicos, sociais e principalmente políticos da população negra brasileira.

Os escravocratas, entretanto, não ignoravam que para enfraquecer os negros, antes era preciso dividi-los de modo que fossem úteis para a preservação do modelo de democracia implantado no Brasil, o qual tem perenemente assegurado a permanência das elites dominantes em maior número nas dimensões de poder em nosso país.

Portanto, para os escravagistas era indispensável que eles agissem no sentido de impedir que os negros no pós-abolição pudessem se organizar politicamente de modo a ameaçar os seus privilégios e benefícios. E, tampouco, pudessem eles pensar racionalmente numa outra forma de libertação que pudesse levá-los a subverterem a ordem rigidamente imposta pelas classes dominantes brasileiras e tomarem o poder. O enorme "exército de escravizados" sempre representou um temor para as elites brasileiras dominantes.

Portanto, a libertação dos escravizados no Brasil só poderia ocorrer nos moldes e dimensões rigidamente estabelecidos pelos proprietários rurais, somente e quando a libertação atendesse, protegesse e salvaguardasse integralmente os privilégios e benefícios da classe hegemônica. Qualquer outra sugestão ou forma de libertação dos negros escravizados, que não fosse exatamente aquela proposta pelas elites dominantes, seria considerada um acinte, como registram os livros de História.

Nesta perspectiva, torna-se evidente que dividi-los, hierarquizá-los e torná-los aparentemente diferentes era crucial para a classe hegemônica nacional que, por isso mesmo, não desejava permitir que eles se autolibertassem, mas se tornassem libertos segundo suas regras e de modo a preservarem os seus privilégios e benefícios, como acentuou Holanda linhas acima.

Antes, era preciso reforçar no seu próprio meio a sensação de desunião e existência de supostas hierarquias a fim de torná-los desorganizados e politicamente desestimulados. Para as classes dominantes brasileiras, portanto, era preciso dissuadi-los a qualquer custo de ocuparem as instâncias de poder no Brasil.

Afinal, permitir que os negros pudessem se sentir iguais, unidos pelos mesmos problemas sociais e pudessem principalmente estar organizados, poderia representar um imensurável risco político para as elites brasileiras, uma vez que a massa humana de escravizados formava a maioria dos habitantes do Brasil no período do Império.

Pode-se, a partir deste quadro que opõe o negro ao próprio negro, compreender parte das razões por que o Brasil foi um dos últimos países do mundo a abolir a escravização de seres humanos.

Portanto, libertá-los nos moldes dos pressupostos franceses de *"liberté, egalité et fraternité"*, pressupunha elevá-los à categoria de iguais, de cidadãos, o que implicava destinar-lhes direitos e principalmente inscrevê-los como eleitores.

Assim, inscrevê-los nesta última categoria, seria preciso que as classes dominantes estivessem dispostas a correr o risco de serem destituídas dos espaços de poder que sempre controlaram isoladamente.

Nesta perspectiva pode-se observar que as regras de alternância de poder no Brasil foram erigidas para não permitir que os negros pudessem chegar ao poder. Afinal, as classes dominantes não ignoravam os métodos de tortura e outras formas de violência de que faziam uso constantemente para impor a ordem e obediência à massa humana de escravizados ávida por direito e liberdade.

Muitos desses métodos de violência física e simbólica empregados contra a população negra à época do Império, infelizmente, não cessaram com a República de nossos dias. Excetuando-se apenas o emprego da violência física com autorização explícita do Estado, toda forma de violência contra a população dos descendentes de escravizados ainda é persistente em nosso meio social.

A exclusão dos negros dos espaços de poder e tomada de decisões políticas no Brasil, por exemplo, com raríssimas exceções, mantém-se praticamente inalterada. A hierarquização sistematizada de outrora se reproduz no presente com igual eficiência, subordinando socialmente os mais pobres e negros, os quais com nenhuma ou reduzidíssima mobilidade social ascendente, parecem permanecer estáticos em comparação à mobilidade social ascendente de seus compatriotas mais ricos e brancos; não obstante se encontrarem oficialmente livres há mais de 128 anos, têm pouquíssima mobilidade social ascendente.

1.4. RESISTÊNCIAS À MOBILIDADE SOCIAL ASCENDENTE DOS NEGROS NO BRASIL

Muitos podem ter sido os motivos que contribuíram para sua reduzida mobilidade social para o topo da pirâmide. Segundo explicou Florestan Fernandes, os libertos ficavam presos às formas de como os brancos os viam e especialmente como eles pensavam a seu respeito.

Sua pouca organização era fruto da incorporação do parâmetro do modo de agir e pensar dos brancos mais ricos. Desse modo reproduziam-se com facilidade no interior da própria população negra padrões de decoro senhoriais, como, à época, reproduziam-se igualmente os discursos das elites dominantes, reforçando as suas resistências implícitas à libertação dos escravizados, obviamente por conta de seus interesses particulares e financeiros.

Assim, as classes dominantes brasileiras insinuavam que os antigos escravizados não estariam supostamente preparados para a liberdade e implicitamente deixavam transparecer que ser livre era uma prerrogativa exclusivamente de brancos, com nítidos propósitos de negar-lhes o elementar direito à cidadania no qual, geralmente, inscrevem-se as pessoas livres.

Sugeriam que os escravizados deveriam esperar por outra abolição, em razão de eles não estarem preparados para o trabalho livre dentro de uma nova ordem que exigiria que eles fossem competitivos, agora com seus novos colegas de trabalho, trabalhadores europeus pagos pelos grandes proprietários rurais, os mesmos proprietários de terras que se recusavam a pagar pelo trabalho produzido pelos também trabalhadores escravizados negros.

Portanto, os negros, embora formalmente libertos, encontravam-se presos a um sistema que não os valorizava, tampouco os respeitava com a intenção de torná-los úteis ao sistema que os oprimia de todas as formas, a fim de preservar privilégios e benefícios para as classes dominantes.

Os espaços de tomada de decisões políticas no Brasil sempre foram pensados para serem controlados e dominados para a permanência exclusivamente dos estratos mais ricos da sociedade, formado majoritariamente pelos brancos mais ricos.

Neste contexto os antigos escravizados se depararam com uma situação inusitada. Não obstante se encontrarem livres do jugo dos escravagistas, paradoxalmente estavam presos a um novo modo de produção, o qual não desejava inseri-los nem tampouco reconhecê-los como trabalhadores regulares.

Criou-se com a libertação dos escravizados um problema de difícil solução. Seus problemas de mobilidade social ascendente, direitos e igualdade foram transferidos do *status* de *"bondage"*[31] para as cidades, erigindo-se novos paradigmas por conta de uma ruptura entre os que elas almejavam e o que lhes era oferecido dentro de um novo ordenamento de produção competitiva.

Segundo a lição de Florestan Fernandes os antigos escravizados foram, por esse motivo, forçados a se desviarem dessas regras que não lhes ofereciam meios mínimos para sua sobrevivência e assumirem a seu modo novas formas criativas para ultrapassarem as barreiras impostas por uma anomia asfixiante para sobreviverem ao novo ordenamento econômico competitivo que lhes reservava as periferias dos espaços sociais como únicos locais admitidos para sua concentração e exercício de sua limitada liberdade, naturalmente confinados e bastante longe dos espaços de poder.

Os vários estágios da pobreza estrutural do negro no Brasil podem ter sido intensamente planejados, debatidos e aprofundados nos interiores dos palácios imperiais.

1.5. ÓBITOS ARTIFICIALMENTE PROVOCADOS COM O PROPÓSITO DE REDUZIR O ENORME CONTINGENTE DE NEGROS PARA TORNAR A POPULAÇÃO BRASILEIRA EXCLUSIVA E ESTETICAMENTE BRANCA

As teorias de embranquecimento da população brasileira não escapam às metodologias seletivas que visavam à sua pauperização. Como advertiu Samuel Harman Lowrie citado por Florestan Fernandes, os óbitos ainda seriam representativos "como amostra de toda a população"[32].

A anomia estrutural, portanto, extrapolava o conceito de desordem social para inscrever-se como algo extremamente letal para a população negra que ousou lutar por algo de valor imensurável e muito caro, não apenas para os negros, mas principalmente para a espécie humana: a liberdade.

A cessão involuntária da liberdade aos antigos escravizados fez com que as elites brasileiras dominantes ardilosamente lhes destinassem a pobreza como seu exclusivo modo de vida. Seus efeitos e consequências são facilmente perceptíveis na sociedade brasileira ainda nos dias atuais.

---

31 Cativeiro.

32 FERNANDES, 1964, p. 83.

Acreditava-se que a pobreza extrema pudesse ser a causa da morte acentuada dos negros; nas palavras de Alfredo Elias, o seu desaparecimento era fatal, especialmente em razão de os negros não se adaptarem ao planalto de Piratininga. Estimava Elias que em 40 ou no máximo 50 anos, os negros seriam dizimados, não só em razão da pobreza miserável como pelas inúmeras doenças que os acometeriam. Segundo Elias, os negros, em face desta situação patogenética teriam um déficit da ordem de menos cinco mil vidas anuais.

A preciosa lição de Florestan Fernandes, antes de qualquer outro entendimento, nos dá conta de que o fim do regime escravocrata no Brasil fez com que as elites brasileiras brancas dominantes, para porem em prática o seu anseio de tornar a população brasileira formada por indivíduos exclusivamente de descendência europeia, teriam lançado mão da mesma ideologia racista do poligenista Christoph Meiners que, segundo os registros históricos, teria fundamentado o regime político da Alemanha nazista de Adolph Hitler; os anseios dessas elites de tornar totalmente embranquecida a sociedade brasileira a qualquer custo muito se assemelham à teoria de Meiners na Alemanha nazista.

Vê-se a edificação de uma obra maléfica, pensada na eliminação do negro sob todas as formas com a finalidade da predominância do branco em todos os espaços de poder e visibilidade positiva na sociedade brasileira. Para tanto, as classes dominantes brasileiras do Império à República lançam mão de artifícios de uma violência perversa, racista e desumana com o propósito de eliminar os negros da maioria dos espaços sociais, em razão de estes, por sua natureza humana, não poderem atender aos seus interesses particulares de tornar a sociedade brasileira com aparência esteticamente europeia.

A ocorrência da morte maciça de negros em São Paulo no pós-abolição, como informa Florestan Fernandes[33], revela a sórdida metodologia adotada pelas elites brasileiras formadas especialmente pelos grandes proprietários rurais, cuja metodologia consistia em não lhes prestar nenhuma forma de assistência humanitária como, por exemplo, não lhe prestar assistência médica e sanitária mínimas.

A negação de assistências humanitárias mínimas tinha como evidentes propósitos eliminar os brasileiros negros pelo óbito intencionalmente provocado pela falta não apenas de ação humanitária, mas também pela deficiente assistência de saúde pública.

---

33 FERNANDES, 1964.

Portanto, tratava-se de ações deliberadamente criminosas, ainda que se pudesse insinuar que as ocorrências desses óbitos em larga escala fossem de causas naturais.

Imaginava-se, à época, que os negros seriam dizimados ou drasticamente reduzidos a partir da emergência e propagação de doenças coletivas no interior dessa população. Já se sabia naquela época que a pobreza extrema contribui acentuadamente para a ampliação de óbitos entre humanos, cujas causas podem muitas vezes não ser naturais, porém provocadas pelo imensurável estágio de pobreza dos indivíduos acarretada por falta de ação, ou omissão dos poderes públicos constituídos.

Os óbitos eram também decorrentes da falta de ação deliberada do Estado que, controlado pelas elites paulistas brancas dominantes, tudo fazia para ampliar o perecimento dos negros brasileiros, primeiro com o propósito de reduzir os riscos políticos futuros que poderiam representar o enorme contingente de ex-escravizados. Em segundo lugar, tinha-se a intenção de tornar a sociedade brasileira totalmente branca na sua aparência estética.

Tratou-se evidentemente de um crime de lesa-humanidade que, a despeito de seus efeitos funestos, felizmente, as elites paulistas não lograram êxito totalmente, não apenas em função da resistência física e espiritual interposta pelos negros, mas muito especialmente em razão do conhecimento que esse grupo racial tinha de outras formas de resistência e combate ao seu extermínio, como o apoio oferecido pelas religiões de matrizes africanas e a utilização de ervas medicinais para a produção de remédios caseiros pelos Pretos e Pretas Velhas.

Por esse prisma, é bem possível que as práticas racistas produzidas no Brasil, do Império à República, possam não somente ter estimulado e incentivado como ter servido de modelo para outros Estados racistas se utilizarem da mesma metodologia de extermínio humano, calcado num complexo sistema de engenharia de exclusão social. Este sistema de engenharia de exclusão social apesar de sórdido é, contudo, muito eficiente para a consecução que se propunha, ou seja, eliminar o "Outro" através de causas supostamente naturais.

Por isso, com acertado entendimento leciona Munanga que o racismo geralmente só pode ser exercido por aqueles que detêm o poder.

1.6. AS DIMENSÕES DE PODER CONCENTRADAS NAS MÃOS DAS ELITES BRASILEIRAS BRANCAS DOMINANTES

É possível se observar também que o legado deixado para os negros brasileiros, em razão do longo período de escravização de seres humanos por europeus e seus descendentes no Brasil a partir do século XV, continua tendo grande influência sobre a reduzida mobilidade social ascendente dos brasileiros negros mais pobres. Os motivos também continuam sendo os mesmos de outrora; ou seja, alta concentração de renda e preservação dos espaços de poder e tomada de decisões políticas centralizados majoritariamente nas mãos dos brancos mais ricos.

Assim, para as elites brancas economicamente dominantes é crucial que elas tenham total controle das dimensões do Poder Legislativo, espaço onde, em geral, discutem-se e se aprovam leis que poderão preservar integralmente ou não o seu domínio isolado dos espaços de visibilidade positiva, prestígio e poder na sociedade brasileira.

Desta maneira, elas se esforçam para preservar não apenas os espaços que controlam isoladamente, mas, de modo especial, para preservar o modelo que lhes tem permitido estar em maior número nessas dimensões.

Portanto, a preservação desse modelo é que, em extensa medida, assegura às classes dominantes brasileiras o monopólio da representação parlamentar no Brasil por estarem em maior número nos espaços de tomada de decisões políticas. Nesta circunstância, será o mesmo modelo que de igual modo irá também garantir-lhes controlarem isoladamente o aparato estatal de repressão e julgamento.

Dito de outro modo, a polícia e o Judiciário são, em larga medida, as instâncias de poder que farão funcionar com regularidade e perfeição o modelo de preservação e dominação concentrado exclusivamente nas mãos das elites brasileiras dominantes. O ciclo de preservação das estruturas de poder no Brasil, sua funcionalidade se complementa através de leis aprovadas nas dimensões do Legislativo nacional por representantes desses mesmos grupos de brasileiros que controlam todas as instâncias de poder, contando também com o concurso do Executivo que as sanciona e as manda cumprir.

Ou seja, as elites brasileiras brancas dominantes se constituem num corpo ideologicamente definido e sempre pronto para assumir as funções de mando na maioria dos espaços de tomada de decisões políticas e poder na sociedade, com o manifesto propósito de preservar o controle das estruturas que tem permitido e mantido este grupo particularmente à frente das dimensões de visibilidade positiva, prestígio e poder.

Desta maneira, os mais ricos e brancos, de igual modo se esforçam para estarem à frente da maioria das instituições que irão, de forma bastante subjetiva, colaborar e operar o sistema para que as elites brasileiras dominantes, permanecendo à frente das estruturas que controlam, possam manter intactos os seus incomensuráveis privilégios e benefícios em nossa sociedade, como leciona Sérgio Buarque de Holanda, em sua obra *Raízes do Brasil*.

> A democracia no Brasil foi sempre um lamentável mal-entendido. Uma aristocracia rural e semifeudal importou-a e tratou de acomodá-la, onde fosse possível, aos seus direitos ou privilégios, os mesmos privilégios que tinham sido, no Velho Mundo, o alvo da luta da burguesia contra os aristocratas. E assim puderam incorporar à situação tradicional, ao menos como fachada ou decoração externa, alguns lemas que pareciam os mais acertados para a época e eram exaltados nos livros e discursos.[34]

É esse modelo que, constituído por e para elas, tem lhes permitido assegurar uma maioria folgada nesses espaços de poder para tomada de decisões políticas a seu favor no Brasil, com vistas especialmente a protegerem não somente os seus interesses e privilégios, mas, sobretudo, para mantê-los a todo custo inalterados.

Assim, as elites brasileiras brancas dominantes conquistam, na modernidade, igualmente pela via legal e regimental que elas próprias edificaram via Legislativo, *grosso modo*, sem a presença proporcional de outros grupos étnicos como os mais pobres e negros, por exemplo, conseguem, por decisão da maioria que formam nesses espaços de poder e tomada de decisões políticas, simbolicamente, bloquear e colocar efetivamente freios à mobilidade social ascendente destes últimos ou legislarem de modo que a mobilidade social dos descendentes de escravizados seja prejudicada por longos períodos. Desse modo, a democracia no Brasil como sistema de governo da maioria acaba sendo substituída pela plutocracia, um governo de minorias, os mais ricos.

Como leciona o professor Carlos Alfredo Hasenbalg, os negros só eram admitidos nos círculos políticos da classe política baixa e sem voz, portanto, sem poder de decisão em uma sociedade completamente desigual.

> A ironia da história é que os descendentes dos rebeldes escravos brasileiros foram forçados a cair numa armadilha ideológica duradoura em que as formas simbólicas de integração – a "democracia" e o "paraíso" raciais – são fracos substitutos da igualdade econômica e social entre brancos e negros.[35]

---

34 HOLANDA, Sérgio Buarque. *Raízes do Brasil*. São Paulo: Companhia das Letras, 1995, p. 160.

35 HASENBALG, Carlos Alfredo. *Discriminação e Desigualdades Raciais no Brasil*. Belo Horizonte: Editora UFMG, 2005.

A tutela do senhor-de-escravizado[36] estava voltada para tratar os negros de maneira a infantilizá-los perpetuamente, pois nessa condição as elites brasileiras dominantes podiam justificar a necessidade de tutelá-los como consequentemente podiam também justificar a ausência dos negros dos espaços de poder e tomada de decisões políticas, uma vez que a tutela, em geral, pressupõe algum tipo de incapacidade intelectual dos sujeitos tutelados que, por isso mesmo, precisam ter seus direitos preservados por outrem que irá tomar decisões em seu nome ainda que essas decisões sejam contrárias aos interesses dos tutelados supostamente incapazes.

Especificamente no caso em análise, ao contrário da destinação precípua da tutela, esta serviu mais para retirar direitos dos negros e negar igualdade real aos afro-brasileiros, por meio da construção de falácias de paraíso racial ancorado em supostos princípios democráticos.

Hasenbalg esclarece que as formas de adaptação dos negros em ambientes socialmente hostis ocorreram graças às estruturas familiares e de parentesco que forjaram uma consciência de comunidade e pertencimento para a transmissão e preservação das heranças culturais de uma geração para outra para fazer frente à sua desumanização.

Não se pode olvidar que a exploração da mão de obra escravizada no Brasil era muito semelhante a uma produção fabril, uma vez que a produção agrícola ocorria em larga escala e na mesma proporção em que se ampliavam as fortunas dos grandes proprietários rurais. Portanto, os escravizados significavam para os latifundiários um investimento altamente lucrativo, com a diferença que nas produções fabris, em geral, pagam-se salários e garantem-se direitos trabalhistas mínimos, e os escravizados não conheciam essas regalias.

Portanto, como o aumento da produção agrícola estava diretamente atrelado ao aumento da riqueza dos senhores-de-escravizados, o emprego da violência era naturalizado de modo a submeter e transformar um homem livre em um ser escravizado. O emprego da violência física e a objetificação dos escravizados aproximam-se e guardam estreitas semelhanças com a mesma metodologia aplicada para domar

---

36 Escrevemos senhores-de-escravizados hifenizado em face da preservação de certas práticas de violência racial no período escravagista as quais ainda se reproduzem e se mantêm persistentes na modernidade; por acreditarmos existir na sociedade brasileira uma simbiose que estabelece uma ligação continuada nas relações sociais entre escravizados e seus senhores, que acaba de alguma forma sendo reproduzida na sociedade pelos descendentes de exploradores e explorados mesmo após o fim do regime escravagista.

um animal selvagem. Não se enquadrando nesta última categoria, os negros exigiam que fosse respeitada a sua humanidade como explica Fernando Henrique Cardoso citado por Hasenbalg.

> Em seu estudo da escravidão Fernando Henrique Cardoso também acentua a necessidade da violência senhorial para transformar um homem num escravo. Todavia, com o desenvolvimento do trabalho escravo e a transformação do escravo num instrumento inteligente – como no caso de artesãos e domésticos – o escravo negava, com seu comportamento, as representações elaboradas a seu respeito pelo senhor de escravos, revelando, assim, em sua plenitude, a contradição inerente à condição escrava: "(...) ao trabalhar, o escravo negava as representações que tendiam fazer dele o anti-homem e, ao mesmo tempo, permitia que ficasse socialmente evidente a necessidade da coação e da violência para transformar um homem em escravo, em coisa".[37] Outrossim, laços afetivos reais entre senhores e escravos, idealizados nas qualidades de afeição e submissão aos brancos, não apenas preparavam a imagem do negro livre desejada pelos senhores, mas, ao mesmo tempo, obrigavam a uma revisão da representação social do negro, descobrindo no escravo a pessoa humana.[38]

1.7. A MASSA NEGRA COMO AMEAÇA À ESTRUTURA DE PRIVILÉGIOS E PODER DOS BRANCOS MAIS RICOS NO BRASIL

Nota-se que o emprego naturalizado de todas as formas de violência tendiam a reforçar as práticas racistas com o propósito de afastar os negros e mestiços de competirem por posições sociais mais elevadas, as quais, em geral, costumam resultar em maior acesso as posições de prestígio e poder na sociedade, reproduzindo-se assim a rígida estrutura de classes como informa Hasenbalg: "Desta forma as práticas racistas após a abolição são ativadas pelas ameaças reais ou imaginárias feitas pelos negros à estrutura de privilégio dos brancos"[39].

A emergência das práticas racistas continuadas na sociedade brasileira, antes de qualquer coisa, deixa transparecer o temor que a maior presença de negros no Legislativo como parlamentares representa para os mais ricos e brancos.

Conforme a lição de Prager citado por Hasenbalg: "A presença de privilégios indica que através de processos econômicos, culturais, po-

---

37 HASENBALG, 2005, p. 49.

38 Ibidem.

39 Ibidem, p. 84.

líticos e psicológicos os brancos puderam progredir às custas e por causa da presença de negros"[40].

Por isso, as elites brasileiras agirão na maioria das vezes em sincronia, sempre que for preciso para elas manterem os negros completamente paralisados em sua posição social em que se encontram interditados ou colaborarem de forma intencional e decidida para que estes indivíduos possam ter sim mobilidade social, porém, desde que a mobilidade seja ininterrupta e descendente.

Nestas circunstâncias, não se pode deixar de considerar também que as primeiras relações de trabalho entre os colonizadores europeus e africanos escravizados no Brasil foram estabelecidas pela aplicação da violência física, como forma de capitulação e subordinação dos escravizados. Dito de outro modo, o ser negro tornou-se escravizado no Brasil pela força e violência às quais foram submetidos impiedosamente por longo período.

Em outros termos, a presença de privilégios pode indicar que o progresso de alguns brancos pode ser decorrente também, não apenas da presença, mas muitas vezes igualmente da ausência de negros como seus competidores. Portanto, sem a presença do negro como competidor do branco em diferentes momentos na sociedade, estes últimos estabeleceram uma concorrência consigo mesmos, onde os resultados já eram previsíveis e invariáveis e, na maioria das vezes, os resultados lhes eram sempre favoráveis.

Nesse aspecto, há uma estreita relação no comportamento análogo dos escravizados americanos do Norte com os negros escravizados no Brasil a partir do século XV. Para a sobrevivência a uma estrutura abertamente racista e violenta só era possível ultrapassar os limites impostos pelo escravismo a partir do momento em que eles estabelecessem uma indispensável coesão no interior das senzalas e nas grandes propriedades rurais, de modo a produzirem uma cultura própria que não apenas servia para preservar as suas raízes, mas sobretudo para protegê-los enquanto comunidade negra oprimida e violentada em seus direitos fundamentais, como explica Eugene Dominic Genovese em sua obra *Red and Black Marxian Exploration*, citado por Hasenbalg:

> Para sobreviver face a essas condições adversas ao longo dos séculos a comunidade negra teve que desenvolver uma coesão interna e uma cultura própria. A nacionalidade negra tem sua origem em duas fontes: uma comunidade de interesses numa sociedade racista exacerbada; e uma cultura particular que tem sido por si só um mecanismo de sobrevivência, bem

---
[40] HASENBALG, 2005, p. 117.

como de resistência à opressão racista. Ao mesmo tempo, os negros vivem entre brancos e compartilham com estes a cultura nacional americana. Em suma, tanto fazem parte quanto estão apartados da nação americana.[41]

No Brasil, conforme se observa na excelsa lição de Hasenbalg, as elites brasileiras brancas dominantes tinham absoluta compreensão que o imensurável "exército" de africanos e seus descendentes escravizados representavam uma ameaça à sua estrutura de poder e representava principalmente uma ameaça futura pela via legal aos seus privilégios e benefícios decorrentes diretamente destes últimos. Sabiam igualmente que o privilégio de estar à frente das estruturas de poder é uma prerrogativa de poucos que, por esse motivo, podem controlar muitos.

Para tanto, era imprescindível que se produzisse no interior da população negra uma divisão tão vigorosa de modo que esta fosse capaz de torná-los desorganizados e desorientados politicamente a ponto de os negros, não obstante formarem a maioria da população brasileira, não conseguirem, entretanto, em nenhum momento assumir as instâncias de poder no Brasil, como explica o professor Carlos Alfredo Hasenbalg.

> O colonialismo "apertado" de Portugal necessitava que os plantadores brasileiros e os funcionários da Coroa não apenas enfatizassem as divisões étnicas dos escravos africanos e crioulos, mas também manipulassem as divisões étnicas, culturais e raciais entre todas as classes subordinadas, escravas e livres. A sequência dos segmentos étnicos e raciais constituídos pelos bantos, ioruba (Minas, Guinés e Nagôs), hausa e escravos crioulos, negros livres, ameríndios, mulatos livres e outros mestiços correlacionava-se à hierarquia social, passando de trabalhadores rurais até às posições mais privilegiadas na classe baixa urbana. A animosidade e competição entre escravos de nações diferentes eram estimuladas para evitar rebeliões e fugas; mulatos e negros livres eram empregados como capitães do mato e os ameríndios ou caboclos formavam o grosso dos exércitos destinados a combater os quilombos."[42]

Portanto, para as elites brasileiras dominantes, estabelecer uma competição interna entre os próprios negros visando se constituir hierarquias entre sujeitos inscritos nas mesmas escalas de desigualdades estruturais, tornou-se uma operação estratégica bastante semelhante àqueles procedimentos pensados e traçados por comandantes militares num teatro de guerra real, com o propósito de aniquilar totalmente o seu oponente.

---

41 GENOVESE, Eugene Dominic. *Red and Black Marxian Exploration in Southern and Afro-American History*. University of Tennessee Press, 1971 apud HASENBALG, 2005, p. 57.

42 HASENBALG, op. cit., p. 59.

Desse modo, as elites brasileiras dominantes com a perspectiva de os negros no futuro poderem conquistar e controlar em seu lugar as instâncias de poder e tomada de decisões políticas no Brasil, trataram de edificar estratagemas políticos e artifícios com vista a afastá-los dessas dimensões para as preservarem exclusivamente em suas mãos, ainda que para isso fosse preciso que as classes dominantes brasileiras fizessem uso de métodos reprováveis numa perspectiva dos direitos humanos, como por exemplo, atuarem de maneira a colaborar intencionalmente com o perecimento de indivíduos miseráveis, fragilizados e moralmente abatidos em razão da violência a que foram submetidos por séculos.

Portanto, para as elites brasileiras preservar o controle das dimensões de poder na sociedade era crucial para o seu projeto de dominação político-social dos negros. Antes será preciso envolvê-los e convencê-los a participarem de jogo político que a um só tempo não desejava tê-los como reais *players*, porém era essencial que eles concordassem em participar desse jogo de uma aparente democracia particular, à brasileira, a fim de legitimá-lo, onde, em geral, exclusivamente os mais ricos, de maneira direta ou indireta, invariavelmente sempre saem vencedores.

Possivelmente, às lideranças negras de outrora não restaram outras opções senão jogarem o jogo político no pós-abolição com todas as regras já anteriormente implementadas por seus antigos exploradores e opositores às suas aspirações políticas e de mobilidade social ascendente, cujas regras foram elaboradas segundo os seus interesses de classe dominante, portanto, sem a participação, colaboração ou anuência dos negros para com essas regras, as quais podem ter sido elaboradas também com o propósito de tornar a população negra bastante útil à reprodução das ações coordenadas pelas elites dominantes de modo a perpetuar os mais ricos à frente das instâncias de poder no Brasil.

Segundo Hasenbalg, a persistência da manutenção dos negros brasileiros em posições socialmente inferiores no pós-escravismo é decorrente de seu passado na condição de escravizados.

> De fato todas as sociedades anteriormente escravistas do Novo Mundo, herdaram do período escravista, um padrão de estratificação racial e subordinação do negro. A perpetuação da posição social inferior dos negros após o escravismo foi, com frequência, explicada em termos do legado escravista. Por sua vez, a influência do passado escravista nos arranjos raciais atuais foi localizada nas características psicológicas, culturais e sociais do grupo racialmente subordinado, que foram geradas experiências da escravidão e, então, transmitidas de uma geração para outra.[43]

---

43 HASENBALG, 2005, p. 62.

Portanto, as experiências traumáticas às quais os africanos e seus descendentes brasileiros foram submetidos ao servilismo no Brasil por cerca de quatro séculos, os males desse longo período de desumanização e violência se reproduzem com extrema naturalidade no seio de uma sociedade racista que se autodeclara democrática e de direito, não obstante esses males reproduzirem a metodologia que tem permitido às elites brasileiras preservarem não somente as estruturas racialmente edificadas, como as instâncias de poder no Brasil, preservando de modo análogo as suas fortunas, os seus privilégios e benefícios que são também racializados.

1.8. ESTRUTURAS DE DOMINAÇÃO E PRIVILÉGIOS CONTROLADAS PELOS BRANCOS MAIS RICOS

Assim, os afro-brasileiros acabam não conseguindo fazer uma transição para eles poderem ocupar as mesmas posições sociais ocupadas por brancos, em razão da preservação da estrutura de dominação e privilégios controlada pelos brancos como explicou Florestan Fernandes citado por Hasenbalg.

> É impossível saber como as relações raciais brasileiras evoluirão num futuro distante. Parece provável que as tendências dominantes levarão ao estabelecimento de uma autêntica democracia racial. No futuro imediato, contudo, certos eventos repetidos fazem temer pelo sucesso dessas tendências... A concentração de renda, privilégio social e poder nas mãos de uma única raça, a debilidade dos esforços que poderiam ser capazes de corrigir os efeitos necessariamente negativos dessa concentração e o etnocentrismo e atitudes discriminatórias podem facilitar a absorção gradual do paralelismo entre cor e situação social pelo sistema de classes.[44]

A vigorosa opressão a que foram submetidos os escravizados desde o início não tinha certamente por propósito capacitá-los para o trabalho. Ao contrário, o emprego da indelével violência visava, entre outros o imponderável, adestrar seres humanos visando especialmente a aplicação da opressão, estabelecer uma rígida hierarquia entre brancos e negros que permeia pelo afastamento e exclusão dos brasileiros negros da maioria das dimensões de visibilidade positiva, tomada de decisões econômicas, políticas, prestígio e poder na sociedade brasileira desde a Colônia aos nossos dias.

---

[44] FERNANDES, Florestan. *The weight of the past,* p. 292-299 apud HASENBALG, op. cit., p. 82.

Portanto, as relações de trabalho[45] que envolviam europeus e africanos escravizados à época do Brasil Colônia constituíam-se basicamente da dominação de europeus que, pela força, impunham uma subserviência incondicional aos africanos escravizados pelos primeiros, geralmente, por meio da aplicação da violência física a estes últimos.

Nesta perspectiva, se nos for autorizado dizer, diremos que "o primeiro contrato de trabalho coletivo no Brasil" envolvendo escravizadores europeus e seus escravizados africanos, estes últimos na condição de empregados dos primeiros. Essa relação de trabalho não se baseava em regras trabalhistas ou em parâmetros do Direito ou do Direito do Trabalho como conhecemos essas normas na contemporaneidade. Tampouco se exigia do empregador uma contrapartida em forma de pagamento pelo trabalho prestado. Obrigação de fazer e cumprir como conhecemos no escopo jurídico da modernidade cabia apenas aos negros africanos escravizados.

Em outras palavras, pode-se dizer que a massa negra de escravizados africanos compreendia apenas que o "paraíso" era de fato um campo de horrores, de desrespeito e ao mesmo tempo um processo vigoroso e lento de extermínio de seres humanos por outros seres humanos aparentemente desumanizados, onde os gritos de horrores dos escravizados não ultrapassavam os limites das senzalas, numa sociedade que tinha a aplicação da violência física como norma para punir.

Paradoxalmente, o emprego da violência física por europeus tinha como propósito ensinar e corrigir comportamentos absolutamente humanos dos escravizados para, enfim, moldá-los segundo as suas convicções sobre a naturalização da violência como suposta norma pedagógica para atender tanto a suas aspirações político-ideológicas quanto para preservar os seus interesses particulares.

Contudo, não se pode negar que essa relação de trabalho forçado envolvendo escravizadores europeus de um lado e de outro, negros africanos subjugados pelo emprego da violência física, ainda assim, tenham se inaugurado no Brasil as condições precárias das futuras relações trabalhistas onde o desrespeito ao trabalhador parece ser uma norma institucional.

---

45 As relações de trabalho se constituem pela vinculação entre trabalhadores e seus empregadores, em que os primeiros cumprem suas tarefas laborais em troca de pagamento de salários. O escravismo brasileiro, no entanto, produziu e impôs aos escravizados uma relação de trabalho atípica, sem pagamentos e direitos mínimos que, mesmo na condição de dependência e subserviência forçada, as relações de trabalho entre os escravizados e os grandes proprietários de terras no Brasil, nem por isso essas relações trabalhistas deixaram de existir.

Nessa relação de trabalho capenga, os escravizados trabalhavam muito, porém sem receberem jamais pagamentos ou recompensas materiais pelo trabalho produzido equivalentes em espécie ou de nenhuma outra forma de pagamento pelo trabalho realizado.

Tampouco se baseavam essas relações de trabalho na igualdade de tratamento, onde de fato não existia bilateralidade de aplicação da norma, senão uma aplicação unilateral, de modo que somente aqueles estruturalmente aparelhados podiam invocar o Direito como norma regular para si, a fim de poderem justificar o emprego da violência que praticavam com o apoio e fundamento nas regras do próprio Direito que constituíram isoladamente.

1.9. O DIREITO COMO NORMA LEGAL DE COERÇÃO PELA APLICAÇÃO DA VIOLÊNCIA FÍSICA DOS ESCRAVIZADOS AFRICANOS E SEUS DESCENDENTES BRASILEIROS

Desse modo, a aplicação do Direito unilateralmente como norma legal de coerção e subordinação do "Outro", torna-se, antes de tudo uma inaceitável violência. Os indivíduos que foram forçosamente escravizados, os quais não tiveram qualquer participação na sugestão ou formulação das leis e regulamentos que regiam o Direito da época, foram, em larga medida, obrigados a se submeter às ordens as quais certamente eles não conheciam e tampouco com elas concordavam. E, menos ainda, compreendiam os significados das falas proferidas e as ordens emanadas por seus agressores.

Em outros termos, o Direito estabelecido como norma e regra social a ser seguida era exclusivamente estabelecido, pactuado e aceito, à época do Brasil Colônia, exclusivamente entre brancos, e imposto aos escravizados pela coerção como um evidente pedagogismo de hierarquização e subordinação.

Essas regras legais do ponto de vista dos colonizadores eram, contudo, do ponto de vista dos escravizados, a julgar pelas resistências e rebeliões promovidas pelos escravizados, como relatado por Clovis Moura em sua obra *Rebeliões das Senzalas*, estas normas eram injustas, imorais e desumanas.

O Direito como instrumento de regulação, como se sabe, constitui-se de obrigações e deveres entre as partes e de igual modo entre os órgãos que compõem o Poder Judiciário e os jurisdicionados, ficando destarte evidente o papel a ser desempenhado por cada uma das partes. Não ter conhecimento básico de seu funcionamento e obrigar a outrem que se submeta às suas regras e ordens com base nesses fundamentos é também uma forma de violência desumanizadora.

Aliás, como nos informa o professor Antonio Carlos Wolkmer, referindo-se à História do Direito e especialmente quando este assume a função de reproduzir a "cultura jurídica", isto é, compreensão lógica da práxis jurídica que envolve atores como advogados, promotores, procuradores, defensores públicos e juízes, por exemplo, fica engendrado todo um ritual que todos aqueles envolvidos na tradição da cultura jurídica compreendem com certa facilidade.

> com essa preocupação aparece aqui a opção comprometida do jurista-historiador por uma narrativa calcada na compreensão de cultura como instrumental de significações capaz de sublinhar a historicidade das contradições entre alienação/ dependência/exploração/libertação/emancipação, quer no que se refere aos indivíduos, quer no que se refere às instituições sociais. Daí se depreende, igualmente, a significação de cultura jurídica como as representações padronizadas da (i) legalidade na produção de ideias, no comportamento prático e nas instituições de decisão judicial, transmitidas, internalizadas no âmbito de determinada formação social. [46]

Desta maneira, pode-se observar na lição de Nascimento que o emprego da violência física pelos colonizadores portugueses à época do Brasil Colônia tinha por finalidade, e a um só tempo, subordinar os negros por meio de uma pedagogia da violência como método de ensinamento empírico eficiente, de modo que os escravizados desde logo compreendessem bem o papel que lhes estava reservado. E, ao mesmo tempo, era necessário que eles compreendessem igualmente que, dependendo do tom de voz proferido pelo colonizador ou por seus familiares, eles deveriam atendê-los imediatamente, sob pena de serem açoitados por não compreenderem o sentido e principalmente o significado das palavras proferidas, já que, no início, a natural comunicação verbal entre ambos estava prejudicada, em razão das diferenças linguísticas, culturais e especialmente de hábitos e costumes que nessa condição, os separavam.

O emprego da violência física tinha subjetivamente outro propósito: o de estabelecer, pela força, hierarquias entre brancos e negros no Brasil, a fim de subordinar estes últimos e de modo a indicar-lhes desde o início o seu lugar na sociedade brasileira.

Além disso, pode-se observar no antigo Livro I das *Ordenações Afonsinas* que o conhecimento das leis que regiam as relações sociais era um pressuposto legal desde então.

Desse modo, quaisquer que sejam as justificativas para se tentar justificar o emprego da violência regular nas relações sociais da época

---

46 WOLKMER, Antonio Carlos. *História do Direito no Brasil*. 4. ed. Rio de Janeiro: Editora Forense, 2007, p. 4.

como norma, não se pode alegar que os escravizadores europeus não tivessem conhecimento da metodologia utilizada para submeter os negros africanos escravizados e seus descendentes brasileiros a condições desumanas e situações degradantes.

Sabe-se pelos registros históricos que os colonizadores portugueses tinham pressa em recuperar os investimentos que fizeram na aquisição de suas supostas máquinas humanas na África. Possivelmente os colonizadores não estavam preocupados em transferir conhecimento de modo habitual e natural de um novo idioma para outros seres humanos que, não obstante se encontrarem escravizados, preservavam integralmente suas funções cognitivas. Isto é, os escravizados não precisavam ser submetidos à violência e tampouco serem ofendidos em sua dignidade para aprenderem um novo idioma, como se pode observar em teorias da Pedagogia moderna que tratam deste assunto.

O emprego da violência não se inscrevia e tampouco se limitava apenas por conta das dificuldades iniciais que impediam os escravizados de estabelecerem uma interlocução lógica com os europeus. Seu emprego era decorrente muito mais em razão destes últimos não os considerarem como seres humanos, senão por considerá-los como objetos.

Desta maneira, o ensinamento das primeiras palavras do novo idioma pode ter sido transmitido por meio de açoitamentos violentos, uma vez que a interlocução natural entre os colonizadores portugueses e os africanos negros escravizados, segundo registros históricos, a comunicação linguística entre estes dois grupos de seres humanos absolutamente iguais em sua essência humana, era, no início, de extremas dificuldades. Nestas circunstâncias, era indispensável que se fizesse uso da propedêutica como metodologia de ensinamento ao invés dos açoitamentos públicos.

Segundo a magnânima lição de Sergio Buarque de Holanda, podem ser observados os equívocos do emprego da violência como metodologia de educação.

> Nisso, a pedagogia científica da atualidade segue rumos precisamente opostos aos que preconizavam os antigos métodos de educação. Um dos seus adeptos chega a observar, por exemplo, que a obediência, um dos princípios básicos da velha educação, só deve ser estimulada na medida em que possa permitir uma adoção razoável de opiniões e regras que a própria criança reconheça como formuladas por adultos que tenham experiência nos terrenos sociais em que ela ingressa.[47]

---

47 HOLANDA, Sergio Buarque de. *Raízes do Brasil*. 2. ed. São Paulo: Companhia das Letras, 2006, p. 143.

Nota-se que pelos antigos métodos de educação, os negros africanos escravizados por europeus no Brasil não eram tão somente desumanizados, mas eram essencialmente objetificados; ainda que muitos deles não fossem crianças, eram, segundo registros históricos, tratados por seus algozes como se assim fossem.

Neste contexto, a excelsa lição de Abdias do Nascimento, em sua obra antológica *O Quilombismo,* é extremamente relevante para a compreensão deste quadro deplorável da naturalização da violência contra os recém-chegados homens e mulheres de África para serem escravizados por europeus no Brasil do século XV.

Segundo Nascimento, uma das primeiras ações de violência contra africanos praticada por europeus no Brasil foi o esmagamento das línguas nativas africanas com o propósito de impedir que os africanos violentados, ainda que desprovidos de quaisquer ferramentas de defesa e, portanto, completamente vulneráveis à idiossincrasia de seus violentadores, pudessem, mesmo assim, comunicar-se entre si e, desse modo, fizessem aflorar a sua inquestionável natureza humana para, a partir de seu recobrimento, reagirem coletivamente à altura da opressão a que eram injustamente subordinados.

Se por um lado os colonizadores portugueses se ocuparam em construir barreiras linguísticas com o objetivo de assegurar para si e para suas famílias algum tipo de segurança para suas vidas, paradoxalmente, por outro lado, os colonizadores tinham necessidade de se comunicarem racionalmente com aqueles que oprimiam.

As barreiras linguísticas erigidas pelos colonizadores portugueses com o propósito de impedir que os africanos pudessem comunicar-se entre si, possivelmente com o receio de se rebelarem à opressão a que eram submetidos, esses obstáculos podem não ter sido tão eficazes quanto se esperava que fossem, em razão direta daquilo que os escravizadores europeus negavam aos negros africanos escravizados: sua humanidade e capacidade cognitiva para o aprendizado.

Sabe-se que na África diferentes povos, em geral, costumam ter a *expertise* de falar mais de uma língua. Portanto, misturá-los entre si com a finalidade de torná-los incomunicáveis pode não ter sido uma decisão acertada dos colonizadores. Ao contrário, a pretensão de isolá-los rigidamente, pode tê-los unido ainda mais e ter igualmente dado início à resistência perene dos negros africanos e brasileiros desde as senzalas aos dias atuais. Afinal, para os negros da diáspora, os seus opressores sempre foram facilmente identificados.

Portanto, os colonizadores portugueses, por terem pressa na produção de alimento para a sua própria subsistência, precisavam igualmente dar início a um extenso processo de produção agrícola em larga escala, com a finalidade de não somente recuperar os investimentos realizados como especialmente auferir lucros.

Assim, os colonizadores portugueses podem ter abdicado da pedagogia do aprendizado e lançado mão de outra forma de aprendizado, a qual não combina com nenhuma metodologia pedagógica de ensinamento: a violência física explícita, o açoitamento público como suposto método de educação eficiente e rápido de ensinamento e aprendizagem linguística.

O emprego da violência física como metodologia de educação tinha como pano de fundo impor a ordem e obediência a qualquer custo para negar aos recém-chegados escravizados o elementar direito à comunicação entre humanos com o propósito de estes últimos serem publicamente aviltados em sua dignidade.

Comunicação além de ser também um direito humano essencial é, sobretudo, um esforço para superar os obstáculos iniciais das dificuldades de comunicação com seu interlocutor, como explica o professor Muniz Sodré em sua obra *O Monopólio da Fala:*

> Comunicar-se verdadeiramente é tentar superar as barreiras da incomunicação, as restrições do código, e dar curso livre à vivência. E isto só pode ocorrer num espaço de troca dialética entre as diferentes instâncias do processo linguístico – é o que se dá como possibilidade no diálogo (a abertura do imaginário) instaurado pelas práticas artísticas, políticas, psicoterapêuticas, e mesmo científicas. [48]

Ademais, os exploradores europeus capturaram e trouxeram os negros africanos para o Brasil à força, portanto, contra sua vontade e, segundo os registros históricos, com o objetivo de, sob as ordens dos colonizadores, produzirem em larga escala uma agricultura de subsistência para a Colônia.

À época, a presença de africanos escravizados em solo brasileiro tinha por finalidade principal produzir alimentos para o sustento dos colonizadores europeus e braços para a lavoura. Ainda que parte da produção de alimentos servisse também para manter em pé os escravizados, o excedente da produção de alimentos, como também indicam os registros históricos, eram destinados ao Império português (1415-1974) que utilizava parte dessa produção no mercado interno e exportava o excedente para outros países, a fim de ampliar suas divisas e equilibrar sua balança comercial.

---

48 SODRÉ, Muniz. *O Monopólio da Fala*. Petrópolis: Vozes, 1977, p. 50.

1.10. A MÃO DE OBRA ESCRAVIZADA AGREGOU E ATRIBUIU VALOR AOS LATIFÚNDIOS NO BRASIL

De igual modo, pode-se notar que foi a partir do trabalho forçado dos escravizados que se agregou e se atribuiu valor às grandes extensões de terras brasileiras, até então inóspitas, improdutivas e economicamente desvalorizadas, como explica Celso Furtado em sua obra *Formação Econômica do Brasil:*

> A escravidão demonstrou ser, desde o primeiro momento, uma condição de sobrevivência para o colono europeu na nova terra. Como observa um cronista da época, sem escravos os colonos "não se podem sustentar na terra" [GANDAVO *apud* SIMONSEN, 1957, p. 127][49]. Com efeito, para subsistir sem trabalho escravo, seria necessário que os colonos se organizassem em comunidades dedicadas a produzir para autoconsumo, o que só seria possível se a imigração houvesse sido organizada em base totalmente distinta. [50]

Nesta perspectiva é possível afirmar que a exploração da mão de obra escravizada por cerca de quatro séculos foi quem, em larga medida, agregou valor ao patrimônio dos latifundiários, parte dos mais ricos e brancos no Brasil.

Portanto, a exploração do trabalho escravo no Brasil foi fonte não apenas de renda, mas essencialmente de suporte indispensável à sobrevivência dos colonos portugueses como foi especialmente responsável pela concentração de inesgotáveis recursos financeiros e de acumulação de imensuráveis patrimônios, muitos deles decorrentes da exploração da mão de obra escravizada para benefícios e enriquecimento exclusivos de europeus e seus descendentes.

Ainda na perspectiva de Nascimento, a partir do surgimento do "primeiro contrato de trabalho coletivo" entre colonizadores europeus e negros africanos escravizados, suas normas subjacentemente exigiam que houvesse um ou mais sujeitos ordenadores, os quais iriam, em nome e por força do Estado que representavam, impor o seu cumprimento em razão dessas normas terem sido aprovadas, supõe-se, por votação ou por aclamação em assembleias. Ou por terem sido aprovadas por consenso e por costume de determinadas sociedades ou ainda pela vontade e determinação expressa de um soberano, por exemplo.

---

[49] O que está entre colchetes foi acrescentado pelo autor, por fidelidade à citação de Celso Furtado.

[50] FURTADO, Celso. *Formação Econômica do Brasil*. São Paulo: Companhia Editora Nacional, 1980, p. 41.

Portanto, essas normas, pode se presumir que elas foram aprovadas com amplo conhecimento e anuência dos sujeitos brancos autossubordinados que, desse modo, não somente as aceitavam como as reconheciam, em larga medida, como regras legítimas, adequadas e supostamente justas para regularem as relações sociais na sociedade em que viviam.

Em vista disso, os negros africanos recém-chegados ao Brasil se defrontaram com a emergência de tratamentos desumanos, possivelmente fundados em normas jurídicas pactuadas exclusivamente entre os colonizadores europeus, as quais, por essa razão, os escravizados podiam não conhecer completamente ou sequer mesmo conhecê-las parcialmente.

O Direito Internacional, a rigor, salvo em situações excepcionais, não costuma imiscuir-se em Normas do Direito Interno de outros povos ou nações com o propósito de lhes impor ou regular normas de conduta individual, mas, na maioria das vezes quando se imiscui no Direito Interno de outros países ou bloco de países, geralmente o faz para regular, proteger e fazer cumprir os acordos e tratados de comércio bilaterais ou trilaterais formalmente firmados e pactuados entre dois ou mais países.

Sabe-se, por outro lado, conforme nos dão conta os registros históricos, que o grande contingente de escravizados africanos poderia representar em médio prazo, um perigo iminente para os colonizadores europeus que podiam não ignorar essa possibilidade. E ao mesmo tempo reconhecerem também que essa enorme população de escravizados precisava ser rigidamente controlada e totalmente subordinada socialmente, a fim de alcançarem os seus objetivos particulares.

Os africanos escravizados, em larga medida, poderiam representar um enorme risco para os seus negócios, incluindo-se nesta categoria os próprios escravizados e seus descendentes que, nesse escopo, eram desumanizados e tratados sem a menor consideração, como se fossem objetos descartáveis.

Por esse ângulo, pode-se constatar que a aplicação da violência física como metodologia inapropriada de educação de seres humanos, camuflava outros objetivos não declarados como, por exemplo, o desejo de manter os escravizados rigidamente subordinados e engessados por uma estrutura que irá dificultar sua mobilidade social ascendente na sociedade brasileira por longos períodos.

Os obstáculos rigidamente estruturados e propositadamente artificializados pelas elites brasileiras brancas dominantes com nítidos objetivos para impedir a mobilidade social ascendente dos negros no Brasil, serão estes artifícios que irão facilitar e permitir a ocupação dos espaços de prestígio e poder na sociedade brasileira, em maior número, exclusivamente aos brasileiros descendentes de europeus.

Desse modo, o emprego da violência física por europeus contra os negros africanos escravizados, por meio de violentos açoitamentos públicos, pode ter tido outro propósito muito mais extenso e denso do que aquele observado e desumanamente vivenciado à época pelos escravizados e seus descendentes no Brasil.

Nesse aspecto, o emprego da violência física pode, a um só tempo, ter tido também o propósito de subjetivamente deseducá-los para seus direitos humanos fundamentais, e ao mesmo tempo de mal ensinar-lhes através do emprego tanto da violência física quanto da violência psíquica, para que eles jamais em tempo algum reivindicassem igualdade de direitos com os brancos mais ricos. Isto é, para os colonizadores europeus era preciso que os negros escravizados e seus descendentes aprendessem desde seus primeiros dias nos trópicos quais seriam os lugares reservados ao ingresso, autorizadas e toleradas ou não a presença e livre circulação de negros na sociedade brasileira, desde a Colônia aos nossos dias.

O emprego da violência física tinha como propósito estabelecer rígidas hierarquias e se ocupava também de demarcar os territórios autorizados e permitidos à limitada mobilidade e circulação dos negros no Brasil.

De igual modo, era também preciso que os africanos escravizados e seus descendentes brasileiros concordassem com o estigma que lhes era intencionalmente destinado. Era preciso igualmente que eles se reconhecessem e principalmente concordassem com o seu *status* de seres humanos socialmente marginalizados e supostamente inferiores. De modo que os negros socialmente pressionados fossem, a um só tempo, aculturados e assimilados à parte da cultura dominante que por sua vez exigia deles comportamentos regulares de subserviência e obediência sem quaisquer tipos de questionamentos. Exigiam igualmente que eles, ao mesmo tempo, agissem por conta própria para naturalmente se autoconfinarem às margens da sociedade afastando-se resignadamente das disputas pelo poder e da ocupação das dimensões de visibilidade positiva na sociedade.

Assimilar-se à cultura dominante, antes de qualquer outra coisa significava para os negros seguir rigidamente as regras estabelecidas particularmente por brancos, com a finalidade de os negros não se enxergarem como negros, porém, pensarem e agirem na sociedade limitadamente como se eles fossem brancos a partir dos valores erigidos pela cultura branca dominante.

A assimilação só se realiza efetivamente a partir do momento em que ela consegue que os socialmente assimilados cooperem voluntariamente; isto é, por seu livre arbítrio, com a finalidade de atender a uma sistematização difusa, deletéria e imoral configurada a partir de ações coletivas de desrespeito e desprestígio social.

Ainda que parte dos negros possa pensar e agir em certas ocasiões como se fosse branco, os negros não gozam, contudo, em larga medida, de solidariedade coletiva por parte dos estratos mais ricos e brancos da sociedade brasileira. Estes últimos, costumeiramente, destinam-lhes tratamentos de desrespeito, especialmente por não os reconhecerem como seus iguais e muito menos como seus pares, senão por reconhecê-los apenas como agentes da utilidade para a perpetuação dos seus imensuráveis benefícios e privilégios.

Desse modo, é possível se observar que o comportamento coletivo de constante desrespeito social que envolve tanto brancos ricos quanto brancos pobres, age e coopera decididamente para manter os afro-brasileiros afastados das dimensões de poder como as Casas Legislativas, por exemplo, em razão destes estratos subjetivamente se recusarem a emprestar-lhes solidariedade explícita para extinguir as diferentes formas de desigualdades sociais e econômicas.

Afinal, ser branco no Brasil é condição primeira para não ser igual na forma de agir e pensar dos negros ou tampouco se parecer com estes, salvo quando essas desigualdades puderem ser justificadas a partir de premissas epistemológicas com o propósito de se promover a justiça social coletiva e, para tanto, leva-se em consideração especialmente que os indivíduos devem ser aceitos e respeitados segundo as suas diferenças, fatores indispensáveis à sua completa integração dos grupos socialmente apartados na sociedade, como explica o filosofo alemão Axel Honneth.

> O terceiro tipo de desrespeito que eu finalmente gostaria de distinguir diz respeito à depreciação do valor social das formas de autorrealização. Esse padrão de desvalorização dos feitos ou formas específicas de vida resulta em não permitir que os sujeitos em questão se relacionem com as habilidades adquiridas ao longo de suas vidas, em relação à estima social. Essa forma de desrespeito assim corresponde a um relacionamento positivo de reconhecimento, em que se permite aos indivíduos adquirir uma medida de autoestima, que pode ser encontrada na aceitação solidária e no aspecto social das habilidades de um indivíduo e em seu estilo de vida. Dentro desse relacionamento, os indivíduos seriam capazes de encontrar aceitação e encorajamento mútuo de sua individualidade, enquanto indivíduos formados por suas próprias experiências de vida. Mead fornece o seguinte argumento relativo a esse relacionamento de reconhecimento: como sujeitos, em seu

autoentendimento prático, têm de se reassegurar de seus status, de seres autônomos e individualizados, eles devem, além disso, ser capazes de tomar a perspectiva de um "Outro generalizado", que forneça a aprovação intersubjetiva de sua reivindicação para serem considerados como pessoas únicas. Essa autoconfiança ética torna-se possível através de um relacionamento recíproco de reconhecimento, no qual o Ego e o Alter passam a compartilhar os mesmos conjuntos de valores e objetivos, e indicam um ao outro a importância indispensável que suas habilidades e atividades possuem um para o outro, a ponto dessa forma de reconhecimento ter que pressupor a experiência crucial dos deveres e responsabilidades comuns, e de que ela inclua, além do elemento cognitivo relacionado aos assuntos éticos, a dimensão afetiva à solidariedade. A atitude positiva que um sujeito pode tomar em relação a si mesmo, quando reconhecido dessa forma, é a da autoestima: ao se achar estimado por suas qualidades específicas, o sujeito é capaz de se identificar totalmente com seus atributos e realizações específicas.[51]

A partir da lição de Axel Honneth, pode-se compreender que o emprego da violência física transcende a dor física para se inscrever numa injúria moral que por sua vez se inscreve num rol de humilhações físicas muito semelhantes a um estupro ou tortura, por conta de parte de seus pares, os brasileiros brancos descendentes de europeus, não os reconhecerem como parte também de um todo social.

Dito de outro modo, para parte das EBBD[52] é como se os negros não existissem ou pertencessem integralmente à sociedade brasileira. Portanto, desta forma, discriminá-los para afastá-los dos espaços de poder e tomada de decisões políticas que, no Brasil, são a rigor, do minados e monopolizados por maioria branca, a exclusão dos negros dessas dimensões se torna extremamente natural para a parcela dos brasileiros mais ricos descendentes de europeus.

Na realidade, parte das elites brasileiras brancas dominantes age de modo a não reconhecer os negros brasileiros como sujeitos autônomos, livres para não considerá-los sujeitos de plenos direitos. Liberdade para parte dessas elites inscreve-se em uma categoria que não combina integralmente com os brasileiros negros descendentes de escravizados. Na concepção dos antigos escravocratas e seus descendentes, ser livre era um direito exclusivamente deles. Autonomia e liberdade como se sabe, pressupõem reconhecimentos recíprocos nas relações intersubjetivas dos sujeitos.

---

51 HONNETH, Axel. Reconhecimento ou Redistribuição? A mudança de perspectivas na ordem moral da sociedade. In: SOUZA, Jesse; MATTOS, Patrícia (Org.). *Teoria Crítica no Século XXI*. São Paulo: Editora Annablume, 2007, p. 87.

52 EBBD – Elites Brasileiras Brancas Dominantes.

Ao agirem assim, as elites brasileiras brancas dominantes negam aos negros os mesmos direitos que reclamam particularmente para si, a fim de não emprestar-lhes nenhum tipo de solidariedade política, econômica ou jurídica, por exemplo, para igualmente não estender-lhes e tampouco reconhecer-lhes uma igualdade de direitos.

Isto é, não reclamar por sua ausência em nenhuma instância da sociedade brasileira ou por sua maior presença nas dimensões de tomada de decisões consuetudinárias, é também uma forma explícita de violência simbólica muito eficaz, pois esses estratos se beneficiam tanto pela sua ausência quanto por sua diminuta presença nos espaços de poder como as Assembleias Legislativas.

1.11. A FALTA DE SOLIDARIEDADE COLETIVA AOS CANDIDATOS NEGROS AUXILIA NA PRESERVAÇÃO DO MONOPÓLIO DA REPRESENTAÇÃO PARLAMENTAR NO BRASIL

Vê-se pela excelsa lição de Axel Honneth que o afastamento de parlamentares negros das Casas Legislativas no Brasil em paridade com a representação proporcional ao percentual da população negra na sociedade brasileira, sua diminuta presença nesses espaços não ocorre exclusivamente em razão da falta de aportes financeiros suficientes para alavancarem as aspirações políticas dos candidatos negros. Parte de sua ampla ausência é também fruto da falta de solidariedade de um lado por parte dos brancos ricos e pobres, os quais, se supõe, foram mal educados no interior de seus lares para jamais reconhecerem os negros como seus iguais. E, por outro lado, também por falta de apoio integral de parte dos eleitores negros que não tem nítida compreensão do jogo político e da necessidade de sua representação parlamentar nas Casas Legislativas. E, por essa razão, esses eleitores negros acabam sendo induzidos a colaborarem naturalmente com o sistema que age para não permitir maior presença de parlamentares negros nessas dimensões.

Ou seja, grande parte dos eleitores negros, pelos motivos expostos acima, acaba elegendo parlamentares descompromissados com suas causas, contudo, compromissados com as causas daqueles se beneficiam do sistema que os afasta das esferas de poder no Brasil e trabalhará com afinco para mantê-los socialmente estáticos.

Há por trás desse comportamento coletivo de boa parte dos brancos brasileiros que terminantemente se nega a emprestar auxílio político na forma de voto e solidariedade aos brasileiros negros descendentes de escravizados ou não na forma de sua inclusão social, é parte de uma forma de agir e de pensar derivada das antigas formas de agir e de pensar dos colonizadores portugueses à época da escravidão, que se reproduzem na sociedade brasileira ainda no presente, como aliás, já as abordamos em diferentes momentos ao longo de nosso trabalho de doutorado.

Muitos daqueles que ainda hoje se recusam a emprestar solidariedade aos brasileiros negros, o fazem por acreditarem que o disposto na atual Constituição Federal, segundo a qual, brasileiros são iguais em direitos, partem da premissa de que essa Norma constitucional seria suficiente para aplacar as desigualdades sociais. Não compreendem que esta disposição os iguala em direitos e deveres coletivos no plano jurídico, contudo, sendo na prática, muitas vezes, incapaz de igualá-los materialmente em oportunidades para suas realizações individuais na iniciativa privada, por exemplo, em razão de este não ser o escopo de seu principal alcance que é o de reduzir diferenças entre brasileiros pela aplicação da norma legal.

Dito de outro modo, a igualdade proposta pela Carta Magna busca reduzir situações de desigualdade entre brasileiros, limitando-se, portanto, a igualá-los no âmbito jurídico que, a partir da publicação da norma constitucional, todos indistintamente estão obrigados a cumpri-la e a Ela se subordinarem.

Além disso, vários estudos já demonstraram que o fato de os brasileiros serem iguais em direitos não os tornam efetivamente iguais em diferentes situações. Desse modo, as diferenças sociais que envolvem negros e brancos na sociedade brasileira não somente se ampliam como também demonstram que os primeiros não gozam efetivamente de estima social dos segundos que se negam a reconhecê-los como seus iguais e, por isso mesmo, não seriam merecedores de ocupar as mesmas posições sociais ocupadas pelos mais ricos e brancos, ainda que os brasileiros negros estivessem devidamente qualificados para o exercício dessas atribuições.

Trata-se, segundo a lição de Axel Honneth, de uma forma explícita de desrespeito coletivo em razão de os negros brasileiros não serem reconhecidos por parte de seus compatriotas brancos como sujeitos autônomos e livres, autorizados a circularem na sociedade brasileira por onde eles quisessem circular, podendo inclusive representar e tomar decisões consuetudinárias também em nome dos brasileiros brancos.

Nesta perspectiva, a ínfima presença de parlamentares negros nas dimensões do legislativo nacional é, antes de tudo, um reflexo inexorável dessa falta de estima e desrespeito coletivo, a partir do momento em que parte dos brasileiros brancos descendentes de europeus intersubjetivamente assume a postura de não autorizar e, tampouco, reconhecer os negros como seus legítimos representantes no Parlamento; ou a partir do momento em que eles se recusam a aceitar a possibilidade de poderem ser também seus representantes em diferentes esferas de poder no Brasil, não apenas no Legislativo, mas sobretudo no Poder Executivo e principalmente no Judiciário, redutos das classes mais abastadas e com reduzidíssima presença de negros.

A representação política representa a cessão de um direito objetivo, de uma titularidade legítima e, por conseguinte, confere a outrem falar em seu nome ou falar em nome de parte de um grupo ou ainda falar em nome de uma sociedade inteira por meio da representação coletiva em que se inscrevem os diferentes representantes de sociedades republicanas via mandato parlamentar conferido através de um escrutínio complicado e de difícil compreensão para a maioria dos cidadãos.

Por esse ângulo, não é impossível afirmar que parte das resistências impostas pelos brancos brasileiros pobres e ricos resulta na falta de solidariedade explícita destes para com os negros. Os brasileiros brancos, em geral, não estão dispostos a declinar de estar à frente dos espaços de poder e tomada de decisões políticas em razão de, ao contrário de parte dos negros, compreenderem com nitidez as diferentes fases do jogo político, bem como compreendem o funcionamento dos mecanismos que lhes confere a primazia de estarem particularmente, em maior número, à frente das Assembleias Legislativas e Câmaras Municipais no Brasil.

Em sentido oposto, pode-se dizer que boa parte dos negros brasileiros, possivelmente por não compreender em profundidade as extensas e complicadas regras que regem esse jogo político de representação parlamentar, acaba não dando a devida importância à questão de sua própria representação parlamentar, possivelmente por julgar equivocadamente que suas aspirações sociais ocorram exclusivamente no âmbito do Poder Executivo. Antes, porém, seus problemas sociais precisarão entrar na pauta do Legislativo para serem apreciados. Possivelmente também ignoram que suas aspirações se inscrevem na idiossincrasia e tomada de decisão desta última instância, em razão de parte dos negros brasileiros não lhe destinar a devida importância.

É do Legislativo que saem as leis ordinárias, cabendo ao Executivo vetá-las parcial ou integralmente ou, ainda, podendo de plano concordar, aprovando-as integralmente, parcialmente ou não, podendo o Executivo também não concordar com a sua redação, aplicação ou sugerir às

Assembleias Legislativas e Câmaras Municipais que procedam às modificações no corpo da lei, que possam facilitar a ampla compreensão de seus destinatários, de modo que ela cumpra integralmente a sua finalidade.

Portanto, será de igual modo necessário, para permitir a entrada da lei aprovada em vigor, imediatamente após a sanção do Poder Executivo, que esta seja publicada no Diário Oficial do estado ou do município.

Desse modo as pautas políticas da população negra brasileira no âmbito do Legislativo estadual ou municipal, quando se consegue que sejam apreciadas nessas Casas, são, geralmente, examinadas por parlamentares brancos que podem não estar compromissados com suas demandas políticas e, *grosso modo*, esses mesmos parlamentares estão no Legislativo, eleitos muito possivelmente com a contribuição significativa de votos que lhes foram também atribuídos pela população negra de forma direta ou mesmo de forma indireta da aplicação metodológica do quociente eleitoral.

Não obstante esses parlamentares se beneficiarem de votos oriundos também da população negra brasileira, eles não deixam transparecer explicitamente que estão no Parlamento para trabalharem e atenderem às demandas políticas de outros estratos da sociedade brasileira como os não negros, por exemplo. Por isso, nem sempre se solidarizam com as demandas políticas da população negra brasileira, cujas pautas são geralmente reclamando por efetiva igualdade de direitos e reparações. Pautas com as quais o parlamentar pode muitas vezes não concordar e, também por isso, pode apresentar a seus pares que com ele geralmente se alinham politicamente um relatório contrário aos interesses da maioria postulante.

A recusa no atendimento às demandas dessa população ocorre muitas vezes em razão direta dos benefícios e privilégios que sua ampla ausência propicia para certos legisladores.

Sua representação parlamentar insuficiente para aprovar as suas próprias demandas e reivindicações por igualdade de direitos visando reduzir as acentuadas diferenças sociais no Legislativo, via de regra, suas aspirações não prosperam no interior desse poder em razão de este ser o lócus da preservação das tomadas de decisões políticas concentradas nas mãos da maioria parlamentar branca, frequentemente, contrária a maior presença de negros investidos regularmente na função de parlamentares.

1.12. AS PAUTAS POLÍTICAS DOS NEGROS BRASILEIROS NO LEGISLATIVO SÃO GERALMENTE TRATADAS POR PARLAMENTARES BRANCOS DESCOMPROMISSADOS COM SUAS LUTAS POR DIREITOS IGUAIS E JUSTIÇA SOCIAL

Esses parlamentares agem dessa forma com o firme propósito de não permitir uma alternância no escopo das decisões políticas que têm preservado não apenas maior presença de parlamentares brancos tratando e deliberando sobre os assuntos de interesses particulares da população negra brasileira que se queixa por igualdade de direitos e justiça social. Como têm igualmente permitido a irredutibilidade e dominação racial pelos mais ricos e brancos dos espaços de tomada de decisões políticas, econômicas, administrativas, educacionais e principalmente jurídicas no Brasil, cujo modelo assimétrico, portanto socialmente injusto, é referendado pelas Instituições com apoio do próprio Poder Judiciário que, mesmo quando é provocado diretamente, parte de suas decisões emanadas acaba indo ao encontro daqueles que se beneficiam da mecânica desse sistema e, usualmente, em maior prejuízo daqueles que lutam por igualdade.

Noutros termos, este quadro tem feito que parte dos negros brasileiros, possivelmente por conta de sua parcial ignorância política sobre o funcionamento dos partidos políticos no Brasil, coopera para que seus adversários políticos tomem importantes decisões em seu nome. Isto é, permite que seus opositores votem contra os seus projetos sociais, os quais, habitualmente, não se destinam a atender exclusivamente ao seu ciclo, mas se estendem e se destinam a atender igualmente também aos brasileiros brancos, principalmente os mais pobres, como leciona a professora Marilena Chauí da Universidade de São Paulo, ao explicar os cinco sentidos em que o emprego da violência se inscreve:

> Quinto, a violência é um ato de brutalidade, sevícia, abuso físico e psíquico contra alguém e caracteriza relações intersubjetivas e relações sociais definidas pela opressão, intimidação, medo e terror. A violência se opõe à ética, porque trata seres racionais e sensíveis, dotados de linguagens e de liberdade, como se fossem coisas, isto é, irracionais, insensíveis, mudos, inertes, passivos. Na medida em que a ética é inseparável da figura do sujeito racional, voluntário, livre e responsável, tratá-lo como se fosse desprovido de razão, de vontade, de liberdade e de responsabilidade é tratá-lo como não humano, portanto tratá-lo violando sua natureza, fazendo lhe violência nos cinco sentidos que demos a essa palavra.
> É sob esse aspecto, entre outros evidentemente, que o racismo e violência fundado na naturalização das diferenças e na legitimação da exclusão e do

extermínio dos diferentes postos como inferiores. O racismo é uma crença fundada em uma hierarquia entre raças. É uma doutrina baseada no direito de uma raça tida como pura e superior, de dominar as demais, e ele é um sistema político.[53]

Torna-se cristalino a partir dos argumentos de Honneth que, no Brasil, legislar e tomar decisões consuetudinárias é uma atribuição exclusiva de brancos, geralmente os mais ricos. Enquanto que votar para escolher representantes brancos nas diferentes instâncias do Parlamento, ao que está nos parecendo, é uma atribuição da maioria, entenda-se negros.

Torna-se igualmente evidente que os negros não gozam da necessária aprovação de parte de seus compatriotas brasileiros brancos descendentes de europeus, os quais se negam peremptoriamente a não reconhecê-los e tampouco enxergá-los como sujeitos capazes de realizarem com eficiência as mesmas tarefas legislativas de seus colegas brancos.

Esta recusa coletiva, a julgar pela composição estética das Casas Legislativas no Brasil ao final das eleições, subjetivamente faz parte de uma estratégia para tornar as dimensões de poder no Brasil majoritariamente e esteticamente brancas, em parte por conta de alguns negros acreditarem piamente em falácias que foram artificialmente erigidas pelas elites brasileiras brancas dominantes com o propósito de convencê-los de que tais espaços não deviam jamais ser ocupados por eles, senão por aqueles que eles serviam, quer outrora na condição de escravizados ou na contemporaneidade como empregados dos herdeiros do escravismo.

Assim, era preciso que estando parte dos negros completamente induzidos, resignados e convencidos de suas limitações de mobilidade social ascendente, por isso mesmo se acomodassem mais facilmente aos obstáculos políticos erigidos para sua interdição. E, desse modo, deixassem os brasileiros descendentes de escravizados de apresentar rígidas resistências organizadas ou mesmo apresentá-las de modo não

---

53 CHAUÍ, Marilena. *Representação política e enfrentamento ao racismo*. Trabalho apresentado na III Conferência Nacional de Promoção da Igualdade Racial, Salvador, Bahia, 19 de abril de 2013. Os cinco sentidos da violência na concepção de Chauí: "primeiro: tudo o que age usando a força para ir contra a natureza de alguém, violência significa desnaturar. Segundo, todo ato de força contra a espontaneidade, a vontade e a liberdade de alguém. Violência significa coagir, constranger, torturar, brutalizar. Em terceiro, todo ato de violação da natureza de alguém ou de alguma coisa valorizada positivamente por uma sociedade. Violência significa violar. Quarto, todo ato de transgressão contra aquelas coisas ou ações que alguém ou alguma sociedade define como justas e como um direito".

organizado e, portanto, insuficientes para alterar a opressão coletiva a que eles eram submetidos pelas elites dominantes. E que ficassem os brasileiros negros, especialmente por esses motivos, sem poder de reação conjunta e imediata à opressão a que eram forçosamente submetidos, em decorrência de sua parcial cooptação pelo sistema engendrado por parte da classe hegemônica.

À vista disso, encontrando-se os negros completamente desarmados, moralmente abatidos e desestimulados pela violenta repressão que sofriam, que pudessem eles próprios operar com naturalidade o sistema de engenharia de exclusão social que foi pensado e estruturado para mantê-los por longos períodos longe dos espaços de visibilidade positiva, prestígio e poder na sociedade brasileira como as dimensões das Casas Legislativas, em larga medida, ocupadas majoritariamente pelos brancos mais ricos, de modo a preservarem isoladamente os espaços de poder e tomada de decisões em todas as Instituições brasileiras, sejam elas políticas, administrativas, econômicas, financeiras, educacionais e principalmente jurídicas, concentradas exclusivamente nas mãos destes últimos, com o propósito de poderem realimentar, sem qualquer antagonismo, o sistema que tem funcionado invariavelmente sempre a seu favor.

Ao mesmo tempo as elites brancas dominantes no Brasil agem em conjunto e também se esforçam para manter rigidamente inalterado o sistema de engenharia de exclusão social (SEES) que lhes confere poder, prestígio e benefícios, a fim de preservar, com pouquíssimas ou sem nenhuma resistência por parte de seus pares, a perpetuação da inexorável exclusão social dos brasileiros negros descendentes de escravizados desde a Colônia até a República.

Afinal, a insolubilidade intencional dos problemas sociais dos negros no Brasil é, em larga medida, a solução subjacente para a preservação e perpetuação da estrutura de poder que tem conferido eternas vantagens aos brasileiros mais ricos e brancos. Em outros termos, dos prejuízos e imobilismo na pirâmide social dos mais pobres e negros decorrem as vantagens, benefícios e privilégios das elites brasileiras brancas dominantes.

Nesta dimensão, as Casas Legislativas no Brasil tornam-se espaços subjacentemente proibidos a maior presença de parlamentares negros por conta da utilidade do voto da população negra que, a rigor, tem, ainda que involuntariamente, colaborado para preservar intacta, não apenas esta estrutura de poder, como tem colaborado principalmente para conservar o predomínio dos brasileiros brancos nessas dimensões de tomada de decisões e poder político.

Nestas circunstâncias, as elites brasileiras brancas dominantes fazem da existência de uma suposta democracia racial em nosso país uma falácia que precisaria parecer verdade inquestionável, não apenas para todos os brancos, mas principalmente para a maioria dos negros que, de certa forma, dão assistência ao sistema que os mantém afastados dos espaços de poder no Brasil.

As classes hegemônicas brasileiras agem com o firme propósito de impedir que os negros possam perceber algumas das falácias em que se inscreve a disputa política em nosso país, a partir do seu reconhecimento da existência da suposta democracia racial no Brasil e, a partir desse reconhecimento, não a contestarem e presumivelmente por seu livre arbítrio, a ela se autossubordinarem. Assim, os brasileiros descendentes de africanos negros escravizados, a partir do reconhecimento de suas fragilidades e incapacidades estereotipadas de não serem supostamente capazes de gerir e, portanto, serem eles próprios gestores de seu próprio destino, submetam-se à idiossincrasia de seus opressores.

As elites brasileiras dominantes agem propositadamente com a finalidade de impedir que os afro-brasileiros possam ter qualquer mobilidade social ascendente, a fim de homogeneizá-la racialmente, de modo que somente os brasileiros brancos descendentes de europeus possam tê-la.

Em outras palavras, o emprego dos mecanismos de violência e exclusão tinha também a função de determinar rigidamente quais seriam os limites admitidos e tolerados à mobilidade social, eventualmente ascendente dos negros. E ao mesmo tempo sutilmente lhes ditava que seus comportamentos na sociedade deveriam ser aqueles já previamente erigidos e dentro dos parâmetros estabelecidos e aceitos pelas elites brancas dominantes como regra a ser seguida por todos.

Para tanto, parte dos brasileiros descendentes de europeus se vale da alegação inconsistente de não existirem conflitos raciais explícitos no Brasil. A aparente inexistência de conflitos raciais explícitos no Brasil tem permitido que as elites brasileiras brancas dominantes fizessem disto um pano de fundo para reafirmar as suas convicções ideológicas, falaciosas e racistas sobre a existência de uma questionável democracia, especialmente de uma democracia racial brasileira que inscreve os brancos mais ricos e os negros mais pobres numa relação social pacífica e aparentemente cordial, com o nítido propósito de esconder e tornar invisíveis os inúmeros conflitos raciais existentes na sociedade brasileira, muitos deles decorrentes dos diferentes problemas sociais que põem negros e brancos em lados opostos, como brilhantemente já abordado por Sergio Buarque de Holanda em sua ontológica obra *Raízes do Brasil*.

Portanto, parte dos brasileiros mais ricos e brancos age com o firme objetivo de não deixar florescer, tampouco poderem ser percebidas as incomensuráveis lutas empreendidas pelos brasileiros descendentes de africanos escravizados por igualdade de direitos. O objetivo é encobrir suas lutas e demandas para abafar as vozes discordantes com o sistema opressor que controlam isoladamente, a fim de que essas vozes não consigam se ampliar, tampouco tenham ressonância nos estratos mais pobres de nossa sociedade. O propósito é sempre o mesmo: reforçar a falácia da existência de uma suposta democracia racial no Brasil por conta de os conflitos raciais existentes entre brancos e negros nem sempre ocorrerem de forma tão explícita, com uma dissimulação que tem facilitado as estratégias do discurso dos poderosos sobre a suposta democracia racial brasileira.

Contudo, o fato de os conflitos raciais existentes em nosso país não serem explicitados não significa que eles não existam. Ao contrário, esses conflitos, conforme leciona o *scholar* Kabengele Munanga, podem ser explicados a partir das subjetividades do racismo brasileiro que admitem a sua existência, porém, não reconhecem existirem pessoas racistas em nossa sociedade.

> O racismo é uma ideologia. A ideologia só pode ser reproduzida se as próprias vítimas aceitam, a introjetam, naturalizam essa ideologia. Além das próprias vítimas, outros cidadãos também, que discriminam e acham que são superiores aos outros, que têm direito de ocupar os melhores lugares na sociedade. Se não reunir essas duas condições, o racismo não pode ser reproduzido como ideologia, mas toda educação que nós recebemos é para poder reproduzi-la. Há negros que introduziram isso, que alienaram sua humanidade, que acham que são mesmo inferiores e o branco tem todo o direito de ocupar os postos de comando. Como também tem os brancos que introjetaram isso e acham mesmo que são superiores por natureza. Mas para você lutar contra essa ideia não bastam as leis, que são repressivas, só vão punir. Tem que educar também. A educação é um instrumento muito importante de mudança de mentalidade e o brasileiro foi educado para não assumir seus preconceitos. O Florestan Fernandes dizia que um dos problemas dos brasileiros é o "preconceito de ter preconceito de ter preconceito". O brasileiro nunca vai aceitar que é preconceituoso. Foi educado para não aceitar isso. Como se diz, na casa de enforcado não se fala de corda. Quando você está diante do negro, dizem que tem que dizer que é moreno, porque se disser que é negro, ele vai se sentir ofendido. O que não quer dizer que ele não deve ser chamado de negro. Ele tem nome, tem identidade, mas quando se fala dele, pode dizer que é negro, não precisa branqueá-lo, torná-lo moreno. O brasileiro foi educado para se comportar assim, para não falar de corda na casa de enforcado. Quando você pega um brasileiro em flagrante de

> prática racista, ele não aceita, porque não foi educado para isso. Se fosse um americano, ele vai dizer: "Não vou alugar minha casa para um negro". No Brasil, vai dizer: "Olha, amigo, você chegou tarde, acabei de alugar". Porque a educação que o americano recebeu é pra assumir suas práticas racistas, pra ser uma coisa explícita. Quando a Folha de S. Paulo fez aquela pesquisa de opinião em 1995, perguntaram para muitos brasileiros se existe racismo no Brasil. Mais de 80% disseram que sim. Perguntaram para as mesmas pessoas: "você já discriminou alguém?" A maioria disse que não. Significa que há racismo, mas sem racistas. Ele está no ar... Como você vai combater isso? Muitas vezes o brasileiro chega a dizer ao negro que reage: "você que é complexado, o problema está na sua cabeça". Ele rejeita a culpa e coloca na própria vítima. Já ouviu falar de crime perfeito? Nosso racismo é um crime perfeito, porque a própria vítima é que é responsável pelo seu racismo, quem comentou não tem nenhum problema.[54]

Desse modo, o discurso da democracia racial no Brasil é muito útil para aqueles que pretendem manter inalterados os caminhos que poderiam permitir maior mobilidade ascendente na pirâmide social brasileira para os mais pobres e negros. Esses mesmos caminhos, tortuosos para alguns, são, contudo, para outros, meios para salvaguardar privilégios e questionáveis regalias.

Desse modo, a parcela dos brasileiros mais ricos e brancos se esforça para conservar inalteradas as suas posições sociais, negando a existência tanto do racismo quanto de diferenças sociais tão acentuadas na sociedade brasileira.

Não obstante o mito da democracia racial brasileira ter sido brilhantemente desmascarado por Florestan Fernandes na década de 80[55], o mito, conforme leciona esse *scholar*, serve para ocultar a realidade. Ou melhor, serve igualmente tanto para isentar as responsabilidades de parte dos brasileiros mais ricos e brancos quanto para justificar e naturalizar as desigualdades raciais existentes na sociedade brasileira.

Assim, o mito da suposta democracia racial brasileira serve não apenas para negar as subjetividades do racismo existente em nosso país como, implicitamente, também serve para imputar o ônus de solucionar isoladamente esse grave problema de responsabilidade do conjunto da sociedade brasileira, exclusivamente às suas vítimas, as quais

---

54 MUNANGA, Kabengele, entrevistado por Nilva Souza. *Revista Fórum*. Disponível em: <jornalggn.com.br/blog/luisnassif/o-racismo-velado-por-kabengele-munanga?page=1, seg.>. Acesso em: 19 set. 2011.

55 FERNANDES, Florestan. O Mito Revelado. *Jornal Folha de São Paulo*, Caderno Folhetim, São Paulo, 08 jun. 1980.

completamente desprovidas de suficientes recursos materiais, econômicos, financeiros, jurídicos e principalmente de solidariedade política, se veem por isso impedidas de resolvê-los em médio prazo.

Para parte dos brasileiros mais ricos que apoiam e reafirmam as suas convicções ideológicas na crença de que vivemos no Brasil sob a égide de uma aparente democracia racial, as dimensões das Casas Legislativas, bem como os espaços das instituições públicas ou privadas existentes na sociedade brasileira, tratam de desmentir a partir do momento em que não se constata a presença de negros com a mesma formação educacional e *expertise* profissional, proporcionalmente à presença de brancos nessas mesmas dimensões, especialmente se considerarmos que os negros são maioria na sociedade brasileira contemporânea e, sobretudo, quando democracia, pressupõe minimamente igualdade entre as partes.

Desse ponto de vista, constata-se que a suposta democracia racial brasileira não passa de uma irônica fantasia erigida por parte dos brasileiros brancos mais ricos, cujos propósitos podem ser nitidamente observados no brilhante texto de Fernandes abaixo:

> Os mitos existem para esconder a realidade. Por isso mesmo, eles revelam a realidade íntima de uma sociedade ou de uma civilização. Como se poderia no Brasil colonial ou imperial acreditar que a escravidão seria, aqui, por causa de nossa "índole cristã", mais humana, suave e doce que em outros lugares? Ou, então, propagar-se, no século 19, no próprio país no qual o partido republicano preparava-se para trair simultaneamente a ideologia e a utopia republicanas, optando pelos interesses dos fazendeiros contra os escravos, que a ordem social nascente seria democrática? Por fim, como ficar indiferente ao drama humano intrínseco à Abolição, que largou a massa dos ex-escravos, dos libertos e dos ingênuos à própria sorte, como se eles fossem um simples bagaço do antigo sistema de produção? Entretanto, a ideia da democracia racial não só arraizou. Ela se tornou um mores, como dizem alguns sociólogos, algo intocável, a pedra de toque da "contribuição brasileira" ao processo civilizatório da Humanidade. Ora, a revolução social que se vincula à desagregação da produção escravista e da ordem social correspondente não se fazia para toda a sociedade brasileira. Os seus limites históricos eram fechados, embora os seus dinamismos históricos fossem abertos e duráveis. Naqueles limites, não cabiam nem o escravo e o liberto, nem o "negro" ou o "branco pobre" como categorias sociais. Tratava-se de uma revolução das elites, pelas elites e para as elites; no plano racial, de uma revolução do Branco para o Branco, ainda que se tenha de entender essa noção em sentido etnológico e sociológico. Colocando-se a ideia de democracia racial dentro desse vasto pano de fundo, ela quer dizer algo muito claro: um meio de evasão dos estratos domi-

nantes de uma classe social diante de obrigações e responsabilidades intransferíveis e inarredáveis. Daí a necessidade do mito. A falsa consciência oculta a realidade e simplifica as coisas. Todo um complexo de privilégios, padrões de comportamento e "valores" de uma ordem social arcaica podia manter-se intacto, em proveito dos estratos dominantes da "raça branca", embora em prejuízo fatal da Nação. As elites e as classes privilegiadas não precisavam levar a revolução social à esfera das relações raciais, na qual a democracia germinaria espontaneamente... Cinismo? Não! A consciência social turva, obstinada e mesquinha dos egoísmos enraizados, que não se viam postos à prova (antes, se protegiam) contra as exigências cruéis de uma estratificação racial extremamente desigual. Portanto, nem o branco "rebelde" nem a República enfrentaram a descolonização, com a carga que ela se impunha, em termos das estruturas raciais da sociedade. Como os privilégios construídos no período escravista, estas ficam intocáveis e intocadas. Mesmo os abolicionistas, de Nabuco a Patrocínio, procuram separar o duro golpe do abolicionismo do agravamento dos "ódios" ou dos "conflitos" raciais. Somente Antonio Bento perfilha uma diretriz redentorista, condenando amargamente o engolfamento do passado no presente, através do tratamento discriminativo e preconceituoso do negro e do mulato. Em consequência, o mito floresceu sem contestação, até que os próprios negros ganharam condições materiais e intelectuais para erguer o seu protesto. Um protesto que ficou ignorado pelo meio social ambiente, mas que teve enorme significação histórica, humana e política. De fato, até hoje, constitui a única manifestação autêntica de populismo, de afirmação do povo humilde como gente de sua autoliberação. O protesto negro se corporificou e floresceu na década de trinta, irradiando-se pouco além pela década subsequente. Foi sufocado pela indiferença dos brancos, em geral; pela precariedade da condição humana da gente negra; e pela intolerância do Estado Novo diante do que fosse estruturalmente democrático.

1.13. A UTOPIA DA DEMOCRACIA RACIAL BRASILEIRA

Portanto, na perspectiva de Florestan Fernandes, a irônica fantasia da democracia racial brasileira pode, no limite, não passar de um cínico deboche dos estratos mais ricos de nosso país para com as incomensuráveis lutas dos brasileiros descendentes de africanos escravizados. Pois, combinar a aplicação de todas as formas de violência com democracia racial, visando especialmente à perpetuação e subordinação proposital do "Outro", não deixa de ser também uma imensurável forma de zombaria, depreciação e desrespeito com as lutas dos brasileiros mais vulneráveis. Sabe-se que democracia combina com igualdade de direitos, porém definitivamente não combina com nenhuma forma de violência física ou psíquica.

Constata-se a partir da excelsa lição de Fernandes que o emprego da violência explícita tinha como escopo não somente determinar os lugares admitidos à presença de negros, mas, sobretudo induzi-los a naturalmente se conformarem totalmente com o seu *status* de marginalizados sociais, de modo que os brasileiros negros, sutilmente desestimulados e moralmente abatidos, pudessem eles próprios operar a engrenagem que irá não apenas marginalizá-los, mas principalmente afastá-los por longo período da maioria dos espaços de visibilidade positiva, prestígio e poder na sociedade brasileira, como irá, de igual modo, constituir-se em empecilho de mobilidade social ascendente, intencionalmente artificializado pelas classes hegemônicas, de tal modo que eles, os negros, não possam estar presentes proporcionalmente como parlamentares nas dimensões das Casas Legislativas brasileiras.

Neste aspecto, paradoxalmente, as Casas Legislativas no Brasil deixam de ser o lócus da esperança e solução para os problemas sociais dos brasileiros descendentes de negros africanos escravizados para se transformarem em espaços de estorvo à solução consensual desses problemas, especialmente no que diz respeito à pretensão dos mais pobres e negros de se igualarem em tratamentos e direitos com os brasileiros mais ricos descendentes de europeus.

Desse modo, para a completa preservação do monopólio da representação parlamentar no Brasil se torna indispensável que ele se mantenha concentrado exclusivamente nas mãos dos brasileiros mais ricos, pois é este mecanismo de representação parlamentar que, a rigor, tem permitido aos estratos mais abastados de nossa sociedade preservarem amplamente seus seculares privilégios, com integral apoio e suporte do Legislativo que monopolizam.

Os brasileiros mais ricos, por seu turno, não pretendem ver os seus direitos e prerrogativas exclusivas serem reduzidos por negros pela via legal. Isto é, admitir maior presença de negros nas Casas Legislativas como parlamentares, poderia, *grosso modo*, representar um risco aos seus interesses particulares e ao monopólio do poder controlado em maior parte, também, pelos descendentes de europeus.

E, nesta perspectiva, a maior presença de negros nas Casas Legislativas investidos no cargo de parlamentares poderia obrigá-los a terem, não somente que concordar, mas especialmente permitir que os brasileiros mais pobres e negros pudessem fazer uso dos mesmos mecanismos os quais, como se sabe, foram erigidos exclusivamente por e para utilização e benefícios das elites brasileiras brancas dominantes.

Por conseguinte, afastar os negros das dimensões das Casas Legislativas com o propósito nitidamente de impedir que eles possam ser investidos nesses espaços na categoria de parlamentares, é crucial para a preservação de certos apanágios das elites brasileiras, as quais obviamente não pretendem subordinar-se àqueles que, em grande parte, há muitos anos lhes servem muito bem desde as senzalas, na condição de seus servidores contumazes e após o longo período de escravização de negros africanos e seus descendentes no Brasil, continuam servindo, na maioria das vezes também como seus empregados subordinados.

Vários são os motivos para as classes dominantes brasileiras agirem dessa forma. Ao longo da História do Brasil, boa parte dos negros, sobretudo os mais pobres, serve particularmente para produzir as suas riquezas materiais a fim de proverem o seu bem-estar e manutenção de suas infindáveis vantagens desde as senzalas aos dias atuais.

Além disso, as elites brasileiras brancas dominantes deixam subjacentemente transparecer que elaborar leis é uma prerrogativa exclusivamente sua, enquanto o dever de cumprir as leis por elas formuladas é obrigação particular dos estratos mais pobres no Brasil, os quais, como se sabe, são majoritariamente formados por negros.

O monopólio da representação parlamentar no Brasil não se inscreve exclusivamente num jogo de poder entre os mais ricos e os mais pobres. Nele estão também resquícios do escravismo e do racismo no Brasil que, de modo geral, não admitem negros como protagonistas em nenhuma dimensão de visibilidade positiva e principalmente não os admitem nas dimensões de tomada de decisão e poder.

Os estratos mais ricos da sociedade brasileira, possivelmente, receiam que estando os negros em maior número nas Casas Legislativas, estes pudessem, a qualquer momento, pela mesma via legal que eles mesmos, os mais ricos erigiram, apresentar a fatura da imensurável dívida produzida por europeus através da inexorável escravização de africanos e seus descendentes no Brasil, cujos efeitos se reproduzem em duas situações completamente distintas. De um lado, para os negros, os efeitos se reproduzem diretamente na forma de infindáveis prejuízos; do outro lado, para os brasileiros mais ricos e brancos os efeitos da escravização de seres humanos no Brasil, em geral, reproduzem se explicitamente na forma de suas imensuráveis fortunas edificadas por conta da exploração da mão de obra escravizada.

Assim, parte das Casas Legislativas no Brasil tem servido para preservar o monopólio da representação parlamentar concentrado exclusivamente nas mãos dos mais poderosos com o propósito de continuar distribuindo direitos e benefícios pela via legal. Para os estratos menos favorecidos e socialmente marginalizados, a destinação de prejuízos se consolida também pela via legal, muitas vezes elaborada, deliberada e aprovada sem o completo conhecimento e anuência dos mais pobres.

Portanto, pode-se observar que nem tudo que é legal do ponto de vista jurídico, é justo, pois, no caso em análise, nota-se que o "bem comum" é minimizado e substituído pela utilidade. A distribuição dos benefícios e prejuízos no Brasil é alocada para os indivíduos, segundo a posição simbólica que eles ocupam na pirâmide social brasileira, ficando nítido que maiores serão os benefícios quanto maiores forem as suas fortunas e alocação metafórica no topo da pirâmide. Em sentido oposto, são distribuídos os prejuízos reais para os mais pobres, os quais se ampliam proporcionalmente à pobreza que acumulam.

Assim, as classes dominantes em nosso país, relativizam a pobreza como se esta fosse uma causa natural. Agem de maneira uníssona e coletiva com o evidente propósito de não assumirem o ônus de que parte da pobreza resulta de suas ações em outros momentos da História, ou da falta delas na contemporaneidade para, pelo menos, reduzi-la, e, desse modo, poderem as minorias dominantes justificar os seus enormes privilégios. Seus privilégios, alegam as elites brasileiras dominantes, são decorrentes de seus supostos méritos que, nesta perspectiva, conferem-lhes supostos direitos exclusivos.

A meritocracia não é estendida também como regra de *status* de reconhecimento que confere legitimidade aos sujeitos dos demais estratos, sobretudo dos mais pobres e negros, em razão de esta ser, de fato, um privilégio exclusivo das minorias brancas dominantes.

O emprego da violência contra os negros escravizados e seus descendentes no Brasil tinha o propósito de cooptá-los para que eles tacitamente cooperassem com o sistema violento e excludente, e, ao mesmo tempo, também moldá-los para os desestimular moralmente na busca por igualdade de direitos. Assim, eles próprios, resignados com o seu *status* marginal não constituiriam quaisquer resistências ao sistema que os exclui.

A cooptação dos negros pelos mais ricos visava, entre outros objetivos, torná-los propositadamente mal instruídos de modo que eles não percebessem os vários obstáculos erigidos e colaborassem pacificamente com a preservação dos mecanismos de exclusão social, subordinando-se hierarquicamente aos brancos de modo naturalizado, não importando se fossem eles os mais ricos ou os mais pobres; bastava que fossem brancos para que o sistema funcionasse a favor dos descendentes de europeus, gestores de um rígido sistema de engenharia de exclusão social que lhes tem conferido privilégios e amplos benefícios.

Conclui-se que as elites brasileiras brancas dominantes não desejam permitir que a questão racial nacional pudesse ter caminho fácil nas dimensões do Legislativo. Para tanto, as classes hegemônicas brasileiras criam os mais variados artifícios para colocar obstáculos a maior presença de parlamentares negros no Legislativo e também se aproveitam da ínfima presença de alguns parlamentares negros no Parlamento para, a partir da discrepância numérica, reafirmarem as suas convicções ideológicas sobre o mito da democracia racial.

Portanto, as elites brasileiras brancas dominantes fazem do Legislativo um espaço de resistência para a preservação de seus privilégios e benefícios.

1.14. O BEM COMUM COMO JUSTIFICATIVA PARA MAIOR PRESENÇA DE BRANCOS NO LEGISLATIVO NACIONAL

Os mais ricos alegam que a maior presença de parlamentares brancos não acarretaria diretamente prejuízos materiais à população negra brasileira, por uma razão aparentemente simples: os parlamentares brancos estariam não somente imbuídos do espírito de promover a distribuição da justiça para todos, mas essencialmente comprometidos com a realização do "bem comum". Ao que está nos parecendo, a realização do "bem comum" é uma condição inerente a todos os seres humanos, não obstante as incomensuráveis resistências que parte desses parlamentares brancos impõe à pauta de demandas para a implementação de políticas públicas direcionadas para a população dos descendentes de africanos e brasileiros escravizados, e isso sinaliza uma enorme contradição em sentido oposto do que se espera à realização desse precioso bem.

Estamos inclinados a acreditar que o emprego da violência pelos colonizadores portugueses como método de imposição da obediência e subordinação forçada do "Outro" poderia ter outros contornos sutis para além da proibição explícita do esmagamento das línguas nativas africanas como brilhantemente nos relatou Abdias do Nascimento.

Resta-nos, contudo, a dúvida se não caberia aos colonizadores opressores, os mais "letrados" e "bem educados" e dotados da integral humanidade que expressamente negavam aos negros escravizados, que aprendessem as diferentes línguas dos oprimidos. Não nos restam quaisquer dúvidas de que eles fossem capazes de aprendê-las, afinal, aprender e ensinar são condições inerentes de todos os seres humanos.

Assim, o emprego da violência como metodologia de ensino foi ultrapassado desde a Grécia Antiga de Tucides, o que não poderia certamente ser ignorado pelos lusitanos, como explica em sua obra o historiador Theobaldo Miranda Santos.

> Não educamos nossas crianças por meio da violência, mas deixando que as mesmas se desenvolvam livremente até se tornarem homens. Amamos e cultivamos o belo, sem vã ostentação. Prezamos a verdade, procuramos o conhecimento, sem nos deixar, porém, dominar pela moleza ou folgança. [...] somos audazes e temerários, mas nossa exaltação não nos impede de avaliar o alcance de nossas empresas. Em outros, ao contrário, o entusiasmo se baseia na ausência de educação. [...][56]

A partir dos ensinamentos de Santos, pode-se compreender as bases da educação ateniense as quais nos ajudam a refletir a respeito da educação como meio de construção da cidadania, e a estabelecermos uma comparação com a educação que, de maneira geral, recebemos no Brasil. Segundo este autor, na Grécia Antiga, a Educação formal era fechada a um pequeno grupo de cidadãos privilegiados. Esse quadro de privilegiados parece guardar estreitas relações com o Brasil contemporâneo.

Se nos trópicos, os recém-escravizados não entendiam completamente o significado das palavras proferidas por aqueles que se autointitulavam seus senhores, seus corpos, no entanto, podiam interpretar parcialmente a linguagem do açoite como forma empírica de comunicação não verbal entre africanos escravizados e colonizadores portugueses no Brasil Colônia a partir do século XV.

Assim, o emprego do açoite público como método de comunicação não-verbal nas relações intersubjetivas tinha como propósito também traduzir para os demais escravizados por meio do emprego da violência física, o que não era permitido, tampouco admitido ou autorizado aos negros socialmente confinados por europeus. O acoitamento público tinha como propósito demonstrar igualmente para os escravizados quem estava no comando e, portanto, visava do mesmo modo educá-los para se subordinarem e obedecerem aos seus "senhores", de modo a estabelecer uma hierarquia social entre brancos e negros,

---

[56] SANTOS, Theobaldo Miranda. *História da Educação*. São Paulo: Cia. Editora Nacional, 1945.

amplamente naturalizada desde a Colônia à República de nossos dias. Atualmente os agentes públicos do aparelho de segurança e repressão do Estado brasileiro estão encarregados de cumprirem a função de reproduzirem essa metodologia questionável de comunicação não-verbal entre humanos por ordem sutilmente expressa pelos extratos socialmente dominantes na sociedade brasileira.

A subordinação social subjacente por conta do violento açoitamento público de outrora acaba tendo seus reflexos na sociedade brasileira contemporânea onde o grupo que está racialmente em maior número nos espaços de tomada de decisões políticas no Brasil será o mesmo que irá também controlar isoladamente o aparato de repressão estatal e julgamento.

Aliás, como já sinalizamos antes, as elites brasileiras formam um corpo racialmente preparado para assumir todas as funções de comando estatal, bem como liderar particularmente todas as atribuições de poder nas diferentes dimensões da sociedade brasileira. Esse corpo autônomo se constitui num braço auxiliar das classes dominantes, geralmente formado pelos estratos médios da sociedade; não precisa de nenhum tipo de comando explícito para funcionar perfeitamente, pois atua no sentido de proteger os interesses do seleto grupo minoritário, com o propósito de preservar o controle integral das estruturas de mando, predomínio e supremacia racial ideologicamente definidos em razão de sentir-se parte do grupo dominante, embora não o sendo, age como se fosse.

As aspirações políticas e econômicas dos estratos médios da sociedade brasileira de se afastarem dos mais pobres e negros, a fim de se aproximarem cada vez mais dos mais ricos e brancos, é que tornam as ações racializadas deste corpo ideológico tão prevalentes para as minorias dominantes que, sem o auxílio voluntário dos estratos médios teriam enormes dificuldades na implementação de seu projeto de poder e dominação política na sociedade brasileira. Esse corpo político-ideológico age sutilmente sempre a favor das elites brasileiras brancas socialmente dominantes, de modo a manter as funções de mando rigorosamente concentradas em suas mãos, com o evidente propósito de destinar às classes hegemônicas brasileiras ainda mais poder, privilégios e benefícios.

Esses privilégios e benefícios não são usualmente, de nenhuma forma, também destinados de maneira igual ou proporcionalmente aos brasileiros negros, por conta de resistências impostas pelos estratos médios que se negam a emprestar solidariedade política aos mais pobres e negros pelas razões já mencionadas.

Portanto, são essas funções previamente racializadas por e para brancos que mantêm esse grupo de brasileiros mais ricos, na maioria das vezes, com considerável assistência também de parte de brancos e negros pobres, à frente dos espaços de visibilidade positiva, prestígio e poder a fim de reproduzirem naturalmente, sem nenhuma resistência formal, as idiossincrasias e os desideratos das elites brasileiras brancas dominantes, para também disporem de enormes vantagens estruturais, econômicas e financeiras que, em larga medida, auxiliam e facilitam para estarem em maior número nas Casas Legislativas, como demonstraremos ao longo deste trabalho.

Neste sentido o esmagamento das línguas nativas africanas pelos colonizadores portugueses à época do Brasil Colônia pode não ter sido tão eficiente como estes esperavam. Sabe-se que na África é comum a comunicação verbal entre as várias etnias não se limitar a uma única língua nativa, mas a uma grande variedade de idiomas que derivam de uma língua matriz, cujas raízes linguísticas são comuns para os vários estratos sociais existentes no continente africano.

Este fato pode ser constatado com facilidade nos dias atuais. Basta uma visita à República da África do Sul, por exemplo, onde se pode constatar variações linguísticas entre os grupos étnicos que, não obstante falarem as suas línguas nativas, falam e compreendem igualmente outras tantas línguas. Esse epifenômeno pode ser observado também tanto no norte do continente africano quanto na África Central.

Assim, a iniciativa dos colonizadores portugueses em separar e misturar os escravizados em grupos étnico-linguísticos apartados com o propósito de impedir que os escravizados se rebelassem contra os colonizadores e suas famílias pode não ter sido tão eficiente quanto eles esperavam que fosse.

Aliás, como já abordado o tema de rebeliões de escravizados no Brasil na excelsa lição de Clóvis Moura em sua antológica obra *Rebeliões das Senzalas*, em que pesassem as suas desvantagens estruturais e o seu esfacelamento moral, ainda assim, os negros escravizados nos trópicos se organizavam e dentro de suas reduzidas possibilidades de sobreviverem livres da violenta sujeição e, em face a um oponente implacável, não apenas se rebelavam como principalmente se insubordinavam.

> O escravo urbano que tinha melhor sorte do que o rural, devia certamente aproveitar-se dessa condição para fugir. Por outro lado tomava contato mais frequente com o aparelho repressor do Estado. Enquanto nas fazendas predominava a figura do administrador e do feitor, que era quem impunha

a ordem na comunidade, nas cidades era o soldado quem a policiava com mais intensidade. Daí muitas vezes travarem-se lutas e escaramuças entre soldados e cativos. Na Vila de Santos, em 1818, quando um soldado se encontrava lavando uma camisa na fonte, foi agredido pelos negros de Manuel Guedes que, com foices e bordões, o perseguiram e espancaram. Os negros executores da façanha foram condenados a cem açoites cada um.[57]
Por estes atos e outros semelhantes o temor de sublevação por parte das autoridades era constante. O Conselho da Presidência da Província, reunido em sessão em 9 de dezembro de 1824, indicava como uma das causas do atraso da agricultura e do comércio a falta de observância das ordens que dispensavam os administradores e feitores das fazendas e fábricas de açúcar de todo o serviço militar, ficando muitas fazendas com numerosa escravatura sem os mesmos, fato que poderia ocasionar "funestas consequências" por não ficarem os escravos na "devida e necessária sujeição". Aliás, este temor é uma constante durante todo o tempo do escravismo. Por exemplo, em 1831 a Câmara de São Sebastião reputava de absoluta necessidade a permanência de armamentos ali, não apenas para a defesa do porto mas porque se temia "alguma insurreição na escravatura e esta se pode realizar logo que saibam que não há com que os atacar."[58][59]

Nesta perspectiva, a liberdade para conduzir e ser gestor de seu próprio destino parece assumir um valor maior que a vida que, nestas circunstâncias, é desafiada pelos negros escravizados desde as senzalas pelo imensurável desejo de serem sujeitos não apenas de direitos, mas especialmente o desejo de serem indivíduos respeitados em sua humanidade para serem completamente livres.

Nota-se na excelsa lição de Maria Emilia Viotti da Costa, citada por Clovis Moura em *Rebeliões da Senzala*, em cuja nota de rodapé, que reproduzimos abaixo, pode-se compreender que parte das imensuráveis

---

[57] Nota constante na citação de Clovis Moura: Doc. Int. para a Hist. e Costumes de S. Paulo, vol.88, p.27 – "Na fase posterior das lutas quando o escravo rebelde já tinha a seu favor a opinião pública, esses fatos se amiudaram. Em outubro de 1887, na cidade de São Paulo, dera-se um choque entre praças da Companhia dos Urbanos e grande número de pretos, reunidos por motivos de uma festa da Igreja de São Francisco. No dia seguinte, praças da polícia foram agredidos a cacete. Generalizou-se então um tumulto. Negros dando vivas à Liberdade e morras aos escravocratas, apedrejaram os soldados que guardavam os portões do Palácio. Outra vez, um grupo superior a 300 pretos armados de cacetes reuniu-se com o intuito de obstar o embarque de uma escrava que vinha para a Capital" (COSTA, Emilia Viotti da. *Da Senzala à Colônia*. São Paulo, 1966, p. 320-321).

[58] Nota constante na citação de Clovis Moura: Boletim do Departamento do Arquivo do Estado de São Paulo, v. 15 (Nova Fase), p. 197.

[59] MOURA, 1981, p. 210

resistências e do temor que as elites brasileiras brancas dominantes ainda tinham a maior presença dos brasileiros negros descendentes de escravizados nas Casas Legislativas, resultar no espectro da violência que as elites praticaram contra seres humanos escravizados que, mesmo nessa condição, desafiavam suas leis e a partir destas desafiavam a própria morte em nome do bem mais precioso para humanos: a liberdade.

As elites brancas dominantes sabem que moralmente precisarão ajustar as suas contas com a História que implacavelmente lhes aponta os seus erros e contradições. Esses mesmos erros continuam ainda se reproduzindo diariamente nas diferentes formas de resistências constituídas pelos negros na sua busca por igualdade de direitos, reparações sociais, materiais e justiça para, enfim, se lhes for possível, as classes dominantes poderem ajustar as suas contas com suas próprias consciências.

Nesta perspectiva, admitir, conceder e permitir que negros possam estar em maior número nos espaços de tomada de decisões políticas e constituição de leis especialmente para representar e decidir também em nome do conjunto da sociedade pode representar um enorme risco ao monopólio legislativo das EBBD, bem como às suas pretensões de subordinação e dominação política dos mais pobres e negros.

Assim, as elites brasileiras brancas dominantes têm nesses espaços a proteção indireta de seus privilégios e benefícios artificializada por aqueles que se aglutinam racialmente para controlar isoladamente todos os espaços de visibilidade positiva, preservar, representar e proteger os seus interesses particulares nas dimensões de tomada de decisões políticas e poder.

Há na sociedade brasileira uma nódoa do passado escravista que ainda se reproduz em nosso meio e reflete no presente através de profundas mágoas e ressentimentos por parte dos descendentes de escravizados em razão de as elites brasileiras brancas dominantes ignorarem os seus problemas sociais, as suas dores e, sobretudo, as suas mágoas, em razão de elas não reconhecerem os reflexos do escravismo no Brasil como um problema da sociedade brasileira que precisa ser resolvido, não exclusivamente pelos brasileiros descendentes de escravizados.

Portanto, é preciso reconhecer a existência desses problemas para, pelo menos via Legislativo, buscar uma forma de reparação efetiva que possa minimizar os extensos danos econômicos, materiais, afetivos e psicológicos produzidos ao longo desse período triste da História do Brasil.

O Legislativo no Brasil serve de escudo aos interesses das classes dominantes, de modo que seus privilégios e benefícios, pela ausência de leis, estes não possam jamais ser questionados pelos mais pobres e negros no Judiciário, dimensão em que as elites dominantes brasileiras também controlam particularmente.

A coesão político-racial nas Casas Legislativas se constitui explicitamente numa ação ideológica coordenada pela maioria parlamentar branca que age coletivamente movida por um sentimento de pertencimento aos estratos dominantes, com a finalidade de impedir que os mais pobres e negros venham cobrar, questionar ou mesmo sugerir mudanças legislativas que de alguma forma pudessem resultar em alteração significativa de seus privilégios ou ainda de suas prerrogativas subjetivas de dar a última palavra.

1.15. A MAIORIA PARLAMENTAR BRANCA NO LEGISLATIVO IMPÕE FREIOS ÀS DEMANDAS DOS BRASILEIROS NEGROS POR HISTÓRICAS REPARAÇÕES SOCIAIS PELA VIA LEGAL

Portanto, a ação ideológico-político-racial formulada pela maioria parlamentar branca, no Legislativo brasileiro, como forma subjetiva de resistência e preservação do modelo que tem contribuído para sua maior presença, visa dentre outros propósitos, erigir obstáculos artificiais para impedir que os brasileiros negros pudessem pela mesma via legal, no presente, formular novas leis com o propósito de reduzir as diferenças sociais existentes entre estes dois grupos de brasileiros objetos deste estudo.

Essa maioria parlamentar branca no Legislativo age também para impedir que os mais pobres e negros possam estar em maior número no Parlamento e, desse modo, possam sugerir, deliberar e votar propostas para reparar os crimes de lesa-humanidade que os ancestrais dos brasileiros mais ricos e brancos cometeram outrora contra homens, mulheres e crianças negras no Brasil. Numa frase, são as imensuráveis diferenças estruturais, econômicas e sociais que têm permitido às elites brasileiras brancas dominantes transformar a democracia brasileira num jogo de preservação de privilégios e benefícios exclusivamente das oligarquias brancas.

Ao contrário de um suposto mérito que as elites brasileiras se autoatribuem e alegam para justificarem a sua maior presença nos espaços legislativos no Brasil, constatamos que suas imensuráveis vantagens estruturais e econômicas são, a rigor, que tem permitido estarem em maior número nos espaços de poder. Estas são decorrentes, não exclusivamente de seus questionáveis méritos, mas de privilégios seculares, decorrentes da exploração da mão de obra escravizada pelos colonizadores portugueses e seus descentes a partir do século XV.

Por conseguinte, torna-se necessário que analisemos também as possíveis Causas da Preservação e Concentração do Monopólio Parlamentar nas mãos das Elites Brasileiras Brancas Dominantes, dentre elas estão:

1. Temor da apresentação de uma fatura como forma de compensação e pagamento coletivo pela exploração da mão de obra escravizada pela via legal.
2. Assumir o lugar do outro e falar em seu nome como se o representasse.
3. Reforçar a existência de uma suposta democracia racial no Brasil.
4. Ampliar o controle das massas populares através do aparato de repressão estatal controlado pelas elites brasileiras brancas dominantes.
5. Divulgação e ampliação de estereótipos negativos sobre a população negra brasileira.
6. As Casas Legislativas como lócus da preservação de privilégios das elites brasileiras pela via legal.
7. Jamais admitir ou deixar que os mais pobres e negros assumam o papel de protagonistas em qualquer espaço de promoção de visibilidade positiva e muito menos permitir que eles possam falar em nome dos brasileiros brancos nas dimensões de poder, como as Assembleias Legislativas e Câmaras Municipais.
8. Preservar parte dos Meios de Comunicação de Massa como reprodutores de um discurso que por sua vez sugere a existência de um falso consenso entre brancos e negros. Parte desses meios de comunicação de massa serve mais como braço direito e articulador de resistências das elites brasileiras dominantes para reforçar o mito da existência de uma suposta democracia racial no Brasil.
9. A televisão brasileira, por sua vez, sugere subjetivamente existir um alinhamento cego ao discurso das classes dominantes brasileiras, pois estas se negam a admitir, abordar ou sequer discutir em profundidade a existência do racismo em nossa sociedade, em razão de a discussão desse assunto, de forma aberta, provocar mágoas e ressentimentos por parte de suas vítimas (negros) e supostamente muita vergonha àqueles que invariavelmente são apontados como agentes (brancos) de práticas racistas contra os negros no Brasil. Por isso as elites dominantes negam veementemente a sua existência.

10. Os Meios de Comunicação de Massa no Brasil também não ignoram ser a formação educacional formal insuficiente tanto de negros quanto de brancos pobres. Em face dessa situação eles conseguem induzir ambos a se alinharem com o discurso das elites dominantes, de modo a acreditarem que o fato de serem todos os brasileiros iguais perante a lei, são igualmente induzidos a acreditar que essa igualdade legal fosse, no plano material, capaz e suficiente também para aplacar as sutilezas do racismo existente em nossa sociedade que insiste em não respeitá-la. Assim, os Meios de Comunicação de Massa no Brasil ficam livres para, cinicamente, alegarem como de igual modo reforçarem que o racismo é algo particular na forma de pensar de algumas pessoas; e, assim, reproduzirem o discurso dos mais ricos, segundo o qual "vivemos em completa harmonia social" por conta da suposta democracia racial existente em nosso país, como afirmam as elites brasileiras.
11. Excesso de candidatos negros concorrentes ao mesmo cargo legislativo. Se por um lado é necessário que os negros se organizem e se apresentem como sujeitos e, portanto, aptos a realizarem também a tarefa do "bem comum" para todos os demais brasileiros, por outro lado, a proliferação de candidatos negros para o mesmo cargo legislativo acaba por revelar a utilidade dessa proliferação para as candidaturas de candidatos não negros, preferidos pelos partidos políticos, os quais apostam não apenas na sua candidatura como de resto se empenham mais para a eleição dos candidatos previamente selecionados por eles.
12. Surge, a partir da explícita preferência de alguns partidos políticos por certos candidatos, a figura de candidatos negros cabos eleitorais, os quais, em geral, não trabalham diretamente por e para suas próprias candidaturas, mas indiretamente trabalham para outras candidaturas que acabam sendo beneficiadas por seu esforço e dedicação. Desse modo, suas candidaturas se prestam mais para carrearem e angariarem votos para outros candidatos, como também para as candidaturas majoritárias, por exemplo. Parte das candidaturas ao Legislativo de candidatos negros serve muitas vezes para eleger outros candidatos, geralmente os mais ricos e brancos que mesmo não dispondo de votos suficientes para se elegerem por meio de suas próprias candidaturas, acabam, ao final, sendo beneficiados pela metodologia de cálculo do quociente partidário que totaliza à legenda a soma de todos

os votos da coligação para assim definir os candidatos eleitos, muitos deles beneficiados exatamente pela proliferação e pelo resultado do árduo trabalho produzido pelas candidaturas negras economicamente desestruturadas.

13. Portanto, se por um lado, a apresentação de múltiplas candidaturas populares ao Parlamento de aspirantes negros pode, na maioria das vezes, representar certa divisão na base de eleitores negros, por outro lado, o elevado número de candidatos desse estrato da sociedade brasileira atua fortemente como resistência explícita às imensuráveis barreiras artificializadas com o propósito de afastar os negros de todos os espaços de tomadas de decisões, sobretudo das dimensões de debates e tomadas de decisões políticas no Brasil. Em algumas situações a proliferação de candidaturas negras ao Legislativo e os resultados negativos destas podem servir também como denúncia às profundas diferenças sociais existentes na sociedade brasileira contemporânea.

14. Torna-se crucial para as classes dominantes brasileiras afastar os mais pobres e negros dos espaços de debate e proposituras do ordenamento jurídico que irá balizar e norteará o comportamento dos cidadãos e das Instituições Públicas e privadas na sociedade brasileira.

15. Essas candidaturas, antes de qualquer outra coisa, agem como um simbolismo para alertar as elites dominantes de que apesar de sua negativa e insistência de ignorá-los e especialmente de não reconhecê-los como sujeitos de direitos, as candidaturas populares de aspirantes negros vão em direção oposta a idiossincrasia das EBBD, pois reafirmam não apenas a humanidade da população negra como essencialmente as suas aptidões e habilidades humanas.

Por esse aspecto, a teoria proposta por Axel Honneth parece estar completamente coberta de razão, pois o que falta às candidaturas populares de aspirantes negros e negras ao Legislativo brasileiro é, em larga medida, a inexistência de solidariedade social suficiente para elegê-los parlamentares. Não obstante as propostas apresentadas pelos candidatos negros serem tão genéricas quanto as de seus concorrentes brancos, ainda assim, parte de eleitores brancos respondentes de nossa pesquisa respondeu que uma das razões de eles não votarem em candidatos negros é em razão direta de suas propostas.

Observamos que as alegações de parte dos respondentes brancos servem para não declarar abertamente a sua preferência racial pelos candidatos brancos, uma vez que as propositivas legislativas da maioria dos candidatos negros são tão abrangentes quanto de seus adversários e concorrentes brancos. Suas propostas são, em geral, de melhoria do transporte público, da educação, da segurança pública, da saúde, da educação, entre tantas outras.

Desse modo, os candidatos negros ao Legislativo, sabendo dos axiomas em que se inscreve o racismo no Brasil, por isso mesmo eles buscam minimizar ou mesmo reduzir as resistências de certos estratos sociais às suas candidaturas, evitam abordar abertamente a questão racial brasileira em razão da reprovação implícita desse assunto ainda ser muito latente, delicada e amplamente perigosa para aqueles se atrevem a combatê-lo em uma sociedade que, segundo Munanga, admite a existência do racismo, porém, não se admite racista.

Por isso, expressiva parcela da sociedade brasileira se nega, na maioria das vezes, a emprestar-lhes solidariedade política nas urnas. E, ao agir assim ela pode estar incorrendo em elevado grau de prejuízos, pois não considera a possibilidade da emergência no seio da população negra de parlamentares talentosos que pudessem contribuir diretamente para as soluções de seus inúmeros problemas sociais. Ou, quiçá, ela tenha receio de eles serem tão talentosos a ponto de ofuscarem os seus.

Por esse prisma, pode-se inferir que a realização do "bem comum" para todos e, por sua vez, a solução dos problemas brasileiros é também uma atribuição particular dos brasileiros mais ricos e brancos.

1.16. A RACIALIZAÇÃO DO VOTO NO BRASIL

Como se vê, há no Brasil certa racialização subjetiva das urnas, pois nessa dimensão são reproduzidos também os estereótipos negativos sobre uma suposta inferioridade congênita dos indivíduos negros que, apesar de serem maioria na sociedade brasileira, não conseguem se fazer representar no Legislativo na mesma proporção em que se encontram na sociedade. São, portanto, paradoxalmente, minorias nessas dimensões de poder. Não porque os negros não desejassem estar presentes nesses espaços para o exercício dessa honrosa atividade parlamentar, muito mais em razão dos obstáculos artificiais que colaboram para que eles não estejam proporcionalmente presentes nessas dimensões.

A racialização do voto serve como pano de fundo para fundamentar e ampliar significativamente os estereótipos negativos para justificar a ausência da população negra nos espaços de poder e implicitamente também para impedir maior presença de parlamentares negros nas Assembleias Legislativas e Câmaras Municipais. E, ao mesmo tempo, serve para negar e sugerir que a ausência da população negra brasileira das dimensões de visibilidade positiva, tomada de decisões política e poder, não é um problema da sociedade brasileira, como se este fosse um problema particularmente dos negros.

Afinal, nesta perspectiva, legislar, na concepção das elites brasileiras brancas dominantes é uma prerrogativa exclusiva de brancos para brancos, visando, sobretudo, à perpetuação de seus privilégios nas dimensões de poder no Brasil com a finalidade de preservar intactos os seus seculares benefícios.

As elites brasileiras brancas dominantes se esforçam para não deixar transparecer os artifícios erigidos por elas com o nítido propósito de impedir e não permitir maior presença de parlamentares negros no Legislativo.

Para tanto, elas são auxiliadas pelos grandes veículos de comunicação que controlam ou financiam suas atividades através da destinação de polpudas verbas publicitárias. Por isso, parte desses veículos para preservar a rentabilidade de seus negócios e proteger os seus interesses comercias trata de reproduzir reiteradas vezes o discurso das elites dominantes a fim de incutir no imaginário coletivo dos brasileiros mais pobres com formação educacional prejudicada ou reduzida, incluindo-se neste escopo brancos e negros, os quais são sutilmente induzidos por parte desses meios de comunicação de massa a acreditar que as comprovadas discrepâncias étnicas e estéticas das Casas Legislativas no Brasil são decorrentes de um processo de escolha supostamente justo e democrático.

Desse modo parte dos meios de comunicação de massa no Brasil age para sutilmente reforçar os estereótipos negativos e prejudiciais a maior presença de pobres e negros no Legislativo, pois segundo esses estereótipos, o exercício da atividade parlamentar está circunscrito aos postulantes que previamente gozem de autoridade e credibilidade expressas na forma de apreço, reconhecimento e prestígio social do conjunto ou de boa parte do conjunto da sociedade.

Assim, prestígio social, autoridade e credibilidade devem ser entendidos segundo as lições de Fraser e Honneth sobre lutas por reconhecimento e acolhimento social de seus pares que os reconhecendo como tais, os acolhem; ou, não os reconhecendo como seus pares naturais, os rejeitam socialmente através da negação de solidariedade e desrespeito constituídos por injúria moral na forma da racialização das urnas. Prestígio social, como se sabe, é um *status* que boa parte da sociedade brasileira não costuma conferir aos mais pobres e negros, reservando-o quase que exclusivamente para os mais ricos e brancos.

Cabe-nos ressaltar que ser branco no Brasil é algo que não está limitado exclusivamente à cor da pele ou ao fenótipo dos indivíduos. Inscrever-se nessa categoria pressupõe desempenhar papéis na sociedade que confiram previamente aos indivíduos transitar livremente por diferentes dimensões de nossa sociedade sem quaisquer tipos de obstáculos, pois são reconhecidos, legitimados e estimados como sujeitos autônomos, independentes e especialmente como sujeitos de plenos direitos.

Isto é, esses indivíduos gozam de prévia aprovação subjetiva e respeito que lhes são destinados por aqueles que os consideram não somente como seus pares, mas os reconhecem como suas lideranças, como seus legítimos representantes no meio social em que vivem. E, por isso mesmo, devem assumir e ocupar todas as dimensões e posições de mando na sociedade como as instâncias do Legislativo, do Executivo e principalmente do Judiciário. Ainda que esses indivíduos ajam coletivamente para atender aos interesses das minorias socialmente dominantes, eles agem e trabalham contra os interesses da maioria, mesmo assim eles continuam a ser respeitados e estimados pela maioria dos mais pobres e são especialmente categorizados por parte destes últimos como modelo moralmente ético a ser seguido.

Torna-se evidente tanto pelas análises de Honneth quanto pelas análises de Fraser que no caso dos negros brasileiros aspirantes ao Legislativo, as urnas revelam o seu desprestigio social e a destinação de desrespeito coletivo por meio dos indivíduos brancos que coletivamente não os reconhecem como seus sujeitos-pares naturais, portanto não autorizados a falar em seu nome e muito menos a representá-los ou tomar decisões em seu nome em nenhuma situação ou instância.

Em última análise, as urnas são para muitos candidatos negros o limite e o fim não apenas de suas aspirações políticas, mas, sobretudo, o fim de suas esperanças de poderem promover em conjunto a redução das desigualdades estruturais, econômicas, de oportunidades, educacionais e sociais existentes entre brancos e negros no Brasil contemporâneo.

A diplomação dos eleitos pelos Tribunais Regionais Eleitorais nos estados torna cristalina a racialização das urnas no Brasil do século XXI, ao mesmo tempo em que desmascara a falácia de suposta democracia racial.

Desse modo, a legislação erigida, concebida e aprovada amplamente por maioria branca no Parlamento não apenas serve como é destinada a todos os brasileiros, mesmo que a maioria, pelas razões já amplamente expostas neste trabalho, não esteja proporcionalmente presente nessas dimensões para expressar a sua anuência ou discordância com tais medidas legislativas aprovadas sem o seu integral conhecimento ou efetiva participação em sua elaboração.

Segundo leciona Nancy Fraser, esse estágio registra a luta por reconhecimento e justiça dos estratos mais vulneráveis de uma determinada sociedade. Em geral, as reivindicações por justiça são baseadas nas imensuráveis lutas dos mais vulneráveis por melhor redistribuição socioeconômica e sobretudo por reconhecimento legal e cultural.

Por seu turno as desigualdades econômicas, antes de qualquer outra coisa, revelam que a riqueza nacional é mal distribuída, de modo que sua maior parte fica concentrada nas mãos de minorias dominantes, ficando destarte a maioria mais pobre proporcionalmente com a menor parcela da riqueza nacional produzida em maior parte por ela própria.

Desta maneira, afirma Fraser que a má distribuição da riqueza nacional é uma forma de desrespeito que se torna institucionalizado e, portanto, torna-se também amplamente naturalizado pelo conjunto da sociedade. A institucionalização da pobreza e do desrespeito é sem dúvida uma forma de violência que no Brasil é facilmente perceptível pela ausência de parlamentares negros no Legislativo, por conta também de um processo extremamente desigual entre seres humanos absolutamente iguais em sua essência.

Os estratos mais vulneráveis na sociedade se deparam com a indiferença das elites dominantes; e, por sua vez, essa indiferença passa ser igualmente uma incomensurável forma de desrespeito.

Segundo esta autora, as reivindicações por justiça distributiva visam especialmente acomodar as diferenças na medida em que os desavantajados socialmente apelam para a consciência nacional com o objetivo de não apenas se colocar fim ao desrespeito, mas principalmente com o nítido propósito de proscrever as discriminações a que são submetidos para reduzir as enormes diferenças econômicas, de prestigio social, de respeito cultural, por exemplo, e ao mesmo tempo se ampliar a igualdade paritária de direitos.

Com base nos fundamentos epistemológicos apresentados por Nancy Fraser em sua obra *Reenquadrando a justiça em um mundo globalizado*, podemos afirmar que o quadro sobre o emprego da violência que descrevemos assume um novo paradigma a partir de sua ampla institucionalização na sociedade, não somente por aqueles que o desrespeitam, mas principalmente por suas vítimas que, desse modo, o naturalizam.

Por esse prisma, o monopólio da representação parlamentar no Brasil tem por propósito, entre outros objetivos, não reconhecer as lutas arduamente empreendidas pelos múltiplos Movimentos Negros Brasileiros na busca por reconhecimento e efetiva igualdade de direitos entre os brasileiros. O monopólio da representação legislativa no Brasil, aparentemente democrático, é, contudo, na sua essência autocrático, pois sua estrutura limita o escopo da representação política exclusivamente aos estratos mais abastados, não sendo desse modo nada plural e, portanto, sendo muito menos democrático.

Na perspectiva de Nancy Fraser, as reivindicações por redistribuição das riquezas nacionais produzidas pelos cidadãos, o produto do esforço coletivo deve ser reconhecido como resultado de um esforço do todo. Portanto, esse produto por uma questão não somente de equidade e paridade, mas especialmente por uma questão de justiça distributiva, deve ser repartido de modo a não produzir de nenhuma forma incomensuráveis vantagens e privilégios exclusivamente para uns e maior distribuição de prejuízos para outros.

A distribuição paritária das riquezas nacionais produzidas pelo conjunto da sociedade está diretamente relacionada e vinculada à questão de se reconhecer ou não se determinados indivíduos devem ser elevados ao mesmo *status* de cidadão que confere à distribuição paritária entre os diferentes grupos a partir de seu reconhecimento ou não dos sujeitos.

Por esse ângulo, pode-se observar também que as resistências impostas a determinados estratos sociais estão diretamente relacionadas à sua condição de pertencimento ou não.

O não reconhecimento de sua titularidade como sujeitos-pares é que permite que a riqueza nacional também produzida por cidadãos categorizados como sujeitos não pares, seja distribuída exclusivamente para aqueles indivíduos inscritos na categoria de sujeitos pares, isto é, os estratos mais ricos que na sociedade brasileira são majoritariamente brancos.

A recusa de não os reconhecer como sujeitos pares é o pano de fundo de uma estratégia previamente estruturada pelas classes dominantes para negar-lhes todas as formas de igualdade e direitos, como o direito de poderem também representar os mais ricos no Parlamento. A recusa de não os reconhecer também como sujeitos pares é que em larga medida autoriza e naturaliza a racialização do voto no Brasil.

Ainda na perspectiva de Fraser, pode-se observar igualmente que as resistências impostas a determinados estratos sociais estão diretamente associadas à sua condição de pertencimento ou não à sociedade que, a partir do seu reconhecimento ou na falta deste, irá incluí-los ou excluí-los.

As nossas pesquisas de campo dão conta de que a resistência em apoiar e votar em candidatos negros no Brasil é, segundo Nancy Fraser, fruto também de um círculo vicioso de modo a estabelecer um comportamento coletivo mais próximo de indivíduos psicóticos ou esquizofrênicos, pois o que se observa é que as elites brasileiras brancas dominantes não reconhecem os indivíduos negros como seus pares naturais e capazes de realizar com eficiência as mesmas tarefas realizadas por indivíduos brancos regulares, seus pares naturais.

As classes dominantes brasileiras veem os indivíduos negros como sujeitos que precisam ser tutelados em razão de sua suposta incapacidade de gerir o seu próprio destino, não podendo ser admitidos como seus sujeitos pares nas dimensões legislativas ou em outras instituições de tomada de decisões e poder, pois estão convencidas de sua incapacidade, sintomas de esquizofrenia coletiva ardilosamente ordenada com o propósito de limitar o ingresso de negros nos espaços de poder para preservar a tomada de todo tipo de decisão concentrada exclusivamente nas mãos de brancos, geralmente os mais ricos.

Assim, a massa de brasileiros brancos reage negativamente ao apelo de candidatos negros como se sua individualidade e soberania no ato de votar pudessem ser controladas e contestadas por seus pares que, em tese, poderiam aplicar-lhes uma censura pública, uma sanção em razão de agirem livremente e segundo a sua consciência.

Portanto, certos indivíduos brancos mais pobres são subjetivamente impedidos de agir de modo autônomo e diferentemente de parte de seus pares que parece estar sob efeito de uma prestidigitação. comportamento muito semelhante ao comportamento de esquizofrênicos, segundo dados registrados pela literatura médica que trata dessa patologia.

Para Axel Honneth existem três formas de reconhecimento as quais se expressam através do amor, do direito e especialmente pela solidariedade. Na perspectiva de Honneth, os negros brasileiros, em geral, parecem não gozar integralmente dessas três formas fundamentais de reconhecimento, pois as resistências à sua mobilidade social ascendente são, a rigor, erigidas através de barreiras artificialmente constituídas com esse propósito. Pode-se dizer que elas ocorreram por conta desses pressupostos fundamentais para o estabelecimento de relações harmoniosas entre os vários estratos sociais.

Segundo esse filosofo alemão, os três estágios que combinam amor com solidariedade e esta com direitos são resultantes da integração dos indivíduos como sujeitos de plenos direitos. Desse modo, seus pares os reconhecem como sujeitos autônomos que gozam de autorrespeito, isto é, são estimados, valorizados e respeitados por seus pares que os reconhecem como sujeitos livres, autônomos e de plenos direitos. Ao terem as suas capacidades, limitações e virtudes como atributos humanos reconhecidos e valorizados, passam a ter maior confiança para sua autorrealização como indivíduos autônomos. Pode-se observar também que a inexistência desses elementos fundamentais para a sua autorrealização é decorrente de uma explícita forma de desrespeito social, como explica Axel Honneth.

Em verdade, os candidatos negros brasileiros ao Legislativo, em grande parte, experimentam todas essas formas de desrespeito, desamor e de falta de solidariedade coletiva de seus compatriotas brancos, sendo também desrespeitados por seus pares negros, não obstante o seu longo histórico de luta por justiça social para todos.

> A solidariedade (ou eticidade), última esfera de reconhecimento, remete à aceitação recíproca das qualidades individuais, julgadas a partir dos valores existentes na comunidade. Por meio dessa esfera, gera-se a autoestima, ou seja, uma confiança nas realizações pessoais e na posse de capacidades reconhecidas pelos membros da comunidade. A forma de estima social é diferente em cada período histórico: na modernidade, por exemplo, o indivíduo não é valorizado pelas propriedades coletivas da sua camada social, mas surge uma individualização das realizações sociais, o que só é possível com um pluralismo de valores. A passagem progressiva dessas etapas de reconhecimento explica a evolução social. Ela ocorre devido à experiência do desrespeito que se dá desde a luta pela posse da propriedade até à pretensão do indivíduo de ser reconhecido intersubjetivamente pela sua identidade. Segundo Honneth, para cada forma de reconhecimento (amor, direito e solidariedade) há uma autorrelação prática do sujeito (autoconfiança nas relações amorosas e de amizade, autorrespeito nas relações jurídicas e autoestima na comunidade social de valores). A ruptura dessas autorrelações pelo desrespeito gera as lutas sociais. Portanto, quando não há um reconhecimento ou quando esse é falso, ocorre uma luta em que os indivíduos não reconhecidos almejam as relações intersubjetivas do reconhecimento. Toda luta por reconhecimento inicia por meio da experiência de desrespeito. O desrespeito ao amor são os maus-tratos e a violação, que ameaçam a integridade física e psíquica; o desrespeito ao direito são a privação de direitos e a exclusão, pois isso atinge a integridade social do indivíduo como membro de uma comunidade político-jurídica; o desrespeito à solidariedade são as degradações e as ofensas, que afetam os sentimentos

de honra e dignidade do indivíduo como membro de uma comunidade cultural de valores.[60]

A partir da excelsa lição de Honneth, pode-se dizer que os descendentes de africanos e brasileiros escravizados lutam muitas vezes sem receberem de parte de seus compatriotas brancos na sociedade o devido respeito e solidariedade à altura de suas imensuráveis lutas. Os negros brasileiros não desejam ser apenas sujeitos de iguais deveres, mas, principalmente, de iguais direitos, privilégios e benefícios.

É também nesse sentido que Nancy Fraser leciona. Segundo essa autora, para superar a injustiça, antes é preciso que suas vítimas se fortaleçam e implementem suas lutas de modo a demonstrar os obstáculos institucionalizados, os quais são edificados intencionalmente com o propósito de impedir alguns sujeitos de participarem em condições de igualdade e em paridade com os seus pares na sociedade, isto é, como partes integrantes da sociedade. É preciso superar o falso reconhecimento, o qual para superar a injustiça exige reconhecer os sujeitos como seus iguais, porém, as elites brasileiras dominantes negam-lhes solidariedade real e efetiva como uma norma para não reconhecer as suas lutas, como explica Fraser:

> Reparar a injustiça certamente requer uma política de reconhecimento, mas isso não significa mais uma política de identidade. No modelo de status, ao contrário, isso significa uma política que visa a superar a subordinação, fazendo do sujeito falsamente reconhecido um membro. Integral da sociedade, capaz de participar com os outros membros como igual. Permitam-me elaborar. Entender o reconhecimento como uma questão de status significa examinar os padrões institucionalizados de valoração cultural em função de seus efeitos sobre a posição relativa dos atores sociais. Se e quando tais padrões constituem os atores como parceiros, capazes de participar como iguais, com os outros membros, na vida social, aí nós podemos falar de reconhecimento recíproco e igualdade de status. Quando, ao contrário, os padrões institucionalizados de valoração cultural constituem alguns atores como inferiores, excluídos, completamente "os outros" ou simplesmente invisíveis, ou seja, como menos do que parceiros integrais na interação social, então nós podemos falar de não reconhecimento e subordinação de status. No modelo de status, então, o não reconhecimento aparece quando as instituições estruturam a interação de acordo com normas culturais que impedem a paridade de participação. Exemplos abrangem as leis matrimoniais que excluem a união entre pessoas do mes-

---

60 HONNETH, 2003 *apud* SALVADORI, Mateus. Lutas por Reconhecimento em Honneth. Revista *Conjectura*, Universidade de Caxias do Sul – RS, v. 16, n. 1, p. 189, jan./abr. 2011.

mo sexo por serem ilegítimas e perversas, políticas de bem-estar que estigmatizam mães solteiras como exploradoras sexualmente irresponsáveis e práticas de policiamento tais como a "categorização racial" que associa pessoas de determinada raça com a criminalidade. Em todos esses casos, a interação é regulada por um padrão institucionalizado de valoração cultural que constitui algumas categorias de atores sociais como normativos e outros como deficientes ou inferiores: heterossexual é normal, gay é perverso; "famílias chefiadas por homens" são corretas, "famílias chefiadas por mulheres" não o são; "brancos" obedecem à lei, "negros" são perigosos. Em todos os casos, o resultado é negar a alguns membros da sociedade de participar como iguais com os demais. Em todos os casos, consequentemente, uma demanda por reconhecimento é necessária. Mas note precisamente o que isso significa: visando a não valorizar a identidade de grupo, mas superar a subordinação, as reivindicações por reconhecimento no modelo de status procuram tornar o sujeito subordinado um parceiro integral na vida social, capaz de interagir com os outros como um par. Elas objetivam, assim, desinstitucionalizar padrões de valoração cultural que impedem a paridade de participação e substituí-los por padrões que a promovam.[61]

Pensamos, todavia, que parte da negação de pertencimento integral dos negros à sociedade brasileira, isto é, estar proporcionalmente presente nas diferentes dimensões de nossa sociedade, não resida exclusivamente na falta de solidariedade e reconhecimento de seus compatriotas brancos como sugerem Honneth e Fraser.

1.17. A INFLUÊNCIA NEOLIBERAL E A NEGAÇÃO DOS PREJUÍZOS COLETIVOS

Não se pode deixar de considerar igualmente os efeitos da ideologia neoliberal, a qual induz os indivíduos, sejam pretos ou brancos a pensarem na individualização do sucesso que por sua vez acarreta a alguns sujeitos supostos direitos de gozarem certos privilégios e benefícios com o evidente propósito de negar os prejuízos coletivos derivados dessa particularização.

Desse modo, a ideologia neoliberal impede que os sujeitos compreendam os seus supostos fracassos individuais como resultado de barreiras erigidas artificialmente pelas elites brasileiras brancas dominantes que visam, entre outros, abatê-los moralmente para obstruir sua organização e ao mesmo tempo reduzir sua força de reação coletiva, de modo a não

---

[61] FRASER, Nancy. *Reconhecimento Sem Ética?* Artigo originalmente publicado na revista Theory, Culture & Society, v. 18, p. 21-42, 2001. Tradução de Ana Carolina Freitas Lima Ogando e Mariana Prandini Fraga Assis. São Paulo: Editora Lua Nova, 2007, p. 101-138.

poderem oferecer resistências à altura de suas aspirações coletivas para combaterem o modelo neoliberal que age para impedir que eles possam se realizar integralmente como sujeitos de plenos direitos.

Consequentemente, fazer com que os indivíduos se observem a partir de seus supostos fracassos individuais é o que torna a ideologia neoliberal ser tão prevalente no Brasil, pois essa mecânica artificial de dominação social coletiva tem a capacidade de convencer os indivíduos, principalmente os mais pobres a aceitarem as regras do neoliberalismo como se estas fossem de fato também suas e servissem para as suas lutas políticas e sociais.

Isto faz acreditar que existem na sociedade brasileira supostas igualdades de oportunidades e distribuição da riqueza nacional de forma equânime, em razão de a Constituição Federal estabelecer uma igualdade formal de direitos entre os brasileiros, só que, no cotidiano das relações sociais, essa igualdade, muitas vezes, não se realiza totalmente entre todos e tampouco se efetiva por completo para todos. Esses indivíduos por estarem completamente convencidos da existência dessa igualdade material que, embora possa lhes parecer real, ela é, contudo, irreal e principalmente incompleta na perspectiva dos brasileiros mais pobres e negros.

Assim, ao reproduzirem o discurso ideológico neoliberal, acreditam que tanto a distribuição das oportunidades quanto a distribuição da riqueza nacional sejam feitas em paridade e de acordo com o esforço e merecimento de cada um, pois consideram essas medidas como regras legítimas e socialmente justas para o conjunto da sociedade. Por esse motivo, geralmente, opõem-se à destinação de políticas públicas direcionadas para os mais pobres e negros, salvo quando estas também os beneficiarem diretamente.

Desse modo, parte dos brasileiros brancos é igualmente seduzida pela ideologia neoliberal que os leva a acreditar que as imensuráveis diferenças sociais existentes na sociedade brasileira não sejam racialmente tão acentuadas quanto aquelas que são especialmente apontadas e reclamadas pelo grupo socialmente mais vulnerável, de modo que parte dos brasileiros brancos não compreende ser por isso necessário que eles emprestem nenhum tipo solidariedade política ou social aos brasileiros negros, em razão de estes atribuírem essas responsabilidades exclusivamente à norma constitucional, como medida eficaz para mitigar as diferenças.

Parte desses brasileiros, obviamente, comporta-se dessa maneira para se isentarem de quaisquer responsabilidades objetivas por essas enormes discrepâncias sociais que saltam aos seus olhos. Preferem negá-las para não as reconhecer como discrepâncias sociais coletivas e ter que apoiar medidas sociais efetivas para repará-las. Assim, é possível para esses eleitores brancos, não apenas racializarem os seus votos como especialmente preservarem em suas mãos o controle absoluto do monopólio da representação parlamentar no Brasil.

Nesse aspecto, antes é indispensável que esclareçamos que a racialização do voto não é um fenômeno que se possa atribuir exclusivamente aos eleitores brancos. Esse fenômeno pode ser observado com facilidade também entre eleitores negros e amarelos, a partir da cidade de São Paulo, por exemplo.

A julgar pelos resultados finais das urnas e a composição estético-racial das Casas Legislativas no Brasil, pode-se presumir que os negros, apesar de representarem maioria entre os brasileiros, no entanto, são os que podem estar racializando os seus votos em menor grau, já que as diferentes dimensões do Legislativo não demonstram ou não traduzem nitidamente em números essa racialização do voto da população negra; todavia, a racialização das urnas no Brasil pode ser observada mais acentuadamente entre brancos e amarelos.

Dentro deste contexto, a Dissertação de Mestrado da professora Ana Lucia Eduardo Farah Valente, *Política e Relações Raciais: Os negros e as eleições paulistas de 1982*, apresentada e aprovada em 1984 pelo Departamento de Antropologia Social da Faculdade de Filosofia, Letras e Ciências Humanas da Universidade de São Paulo (FFLCH), é extremamente relevante para compreensão do complexo quadro que inscreve a autonomia dos sujeitos e suas decisões pessoais refletirem, de certa forma, em prejuízos coletivos de outrem.

Não obstante já ter decorrido mais de trinta anos das análises apresentadas por Valente (1984-2017), seus dados são ainda muito importantes para a compreensão desse fenômeno que pode não estar circunscrito exclusivamente à questão econômica, mas estar diretamente relacionado também à questão racial.

Valente analisa as possíveis variáveis do fracasso dos candidatos negros nas dimensões da Câmara dos Deputados, Assembleia Legislativa e Câmara Municipal de São Paulo. A autora aborda a questão do voto racial negro, a partir de um contexto em que o Movimento Negro Brasileiro se diz unificado (MNU) e organizado para enfrentar as várias frentes em que o racismo é operado e institucionalizado no Brasil.

Ana Lucia Eduardo Farah Valente, diferentemente de nossa proposta, estuda especialmente a trajetória de determinados políticos negros, os quais ela denomina de políticos profissionais, dentre estes estão os deputados Adalberto Camargo, no plano federal, a deputada Theodosina do Rosário Ribeiro, no plano estadual e o vereador Paulo Rui de Oliveira, no plano municipal. É importante que se diga para melhor compreensão das análises apresentadas à época por Valente, estas se dão num contexto de transição política no Brasil.

Os candidatos negros abordados pela autora em sua Dissertação de Mestrado, ex-parlamentares, antes vitoriosos em suas disputas eleitorais, são, contudo, derrotados pelas urnas e, segundo Valente, este fato se deveu em razão de os candidatos analisados por ela terem mudado de espectro político-ideológico.

Tanto Camargo quanto Ribeiro e Oliveira militavam no Movimento Democrático Brasileiro (MDB), partido político de oposição ao Regime Militar (1964-1985) que tinha em suas fileiras políticos das mais variadas tendências ideológicas, de onde surgirão novos partidos políticos como o PMDB, PSDB e PT, entre muitos outros.

A mudança de espectro partidário, segundo Valente, teria sido o principal motivo da derrota desses "candidatos profissionais" nas palavras da autora que aponta igualmente que a derrota imposta aos três candidatos deveu-se também em razão de os eleitores negros se identificarem mais com os partidos políticos ditos de esquerda.

Assim, ao abandonarem o seu eleitorado fiel e se bandearem para o Partido Democrático Social PDS), por influência direta, à época, do ex-governador de São Paulo, Paulo Salim Maluf (1979-1982), essa troca de partido teria desagradado os eleitores negros que viram na troca do partido que os havia projetado para a vida pública uma traição desses candidatos às aspirações políticas da população negra paulista.

Valente traça uma análise fundada também no posicionamento político-ideológico dos candidatos e seus eleitores. A autora se ocupa igualmente em demonstrar que as demandas políticas do Movimento Negro Unificado (MNU) não são as mesmas dos candidatos derrotados. Segundo a autora, as demandas do MNU, em larga medida, representam o desejo de uma pequena elite negra, onde os anseios dos mais letrados estão longe da percepção e do desejo da massa negra mais pobre e não escolarizada completamente ou parcialmente escolarizada.

A professora Ana Lucia Eduardo Farah Valente parece ter acertado em suas análises desse comportamento do eleitorado negro com formação escolar incompleta ou prejudicada, pois os resultados eleitorais, passados mais de trinta anos de suas análises, à primeira vista, sugerem a mesma reprodução do comportamento do eleitorado negro nos dias atuais.

Dito de outro modo, a partir do quadro em que se verificam as derrotas dos candidatos analisados por Valente na eleição de 1982, há uma vigorosa dispersão e ao mesmo tempo diluição do voto negro que até então parecia estar mais concentrado na ideologia partidária que propriamente nos candidatos.

O foco da população negra concentrado na ideologia partidária de outrora tem a ver com as formas rígidas de um racismo mais agudo que por isso mesmo obrigava os negros a se organizarem socialmente em seus clubes e associações, não exclusivamente para usufruírem de momentos lúdicos com suas famílias e amigos, mas essencialmente para combaterem as diferentes formas do racismo no Brasil e principalmente também para discutirem questões políticas de seu interesse visando à redução das enormes diferenças sociais sempre existentes e em maior prejuízo para a população negra.

Portanto, para uma sociedade que nega a existência de práticas racistas em nosso país, era preciso a qualquer custo retirar da população negra esse seu foco na ideologia partidária, o qual lhe facilitava identificar racialmente os que apresentavam propostas políticas a seu favor ou contra a sua luta por mobilidade social ascendente.

Nesta perspectiva, era necessário retirar da população negra paulista, não somente o seu foco político-ideológico, era preciso essencialmente retirar-lhe o seu foco racial por meio da reprodução do discurso neoliberal, segundo o qual somos todos iguais e especialmente porque o Brasil é, aparentemente, uma democracia racial.

A concentração política da população negra com foco político-ideológico, ao se organizar e canalizar formalmente sua força política a partir da constituição da Frente Negra Brasileira (FNB) como partido político, em 1931, revela-nos, primeiro, que os negros não acreditavam integralmente no discurso liberal que apregoava ampla igualdade de direitos com o propósito de pacificar e minimizar suas reclamações por igualdade real; segundo, que os negros tampouco acreditavam no mito da democracia racial no Brasil. A partir do momento em que fundam um partido político para lhes assegurar participação política em condições de igualdade, deixam transparecer que o discurso reproduzido pelas elites brasileiras brancas dominantes sobre a existência de uma suposta democracia racial em nosso país não os convence.

O mito da democracia racial, portanto, fora muito antes escancarado pelos próprios negros a partir do momento em que eles se organizaram e se filiaram a um partido político com ideologia política e linha programática própria de combate ao racismo institucionalizado em nosso país, eles mesmos se ocuparam de denunciar a falácia da democracia racial no Brasil. A extinção da Frente Negra Brasileira como partido político por Vargas, em 1937, tem a ver também com a reafirmação do mito da democracia racial brasileira para justificar maior presença de parlamentares brancos no Parlamento nacional.

Dos partidos comandados e dirigidos por brancos que também foram extintos pelo então Presidente Getúlio Vargas, estes partidos de uma forma ou de outra, posteriormente, refundaram-se com outros nomes ou se fundiram em outras siglas partidárias. Portanto, o grupo oligárquico e politicamente dominante permaneceu ativo. Somente a Frente Negra Brasileira não conseguiu ultrapassar as barreiras erigidas pelo próprio Estado brasileiro com nítido objetivo de não permitir que Ela se realizasse enquanto agremiação partidária ideologicamente voltada para a proteção dos direitos e interesses da população negra.

Afinal, a existência de um partido político com ideologia partidária própria e nitidamente de oposição às oligarquias políticas que se concentravam nos partidos dirigidos hegemonicamente por brancos ricos, antes de qualquer outra coisa, a existência de uma agremiação política amplamente com o propósito de assistir politicamente à população negra brasileira era o mesmo que denunciar abertamente a existência do racismo no Brasil para desmascarar amplamente o mito da democracia racial brasileira.

O mito é um fraco argumento para aplacar as imensuráveis desigualdades sociais existentes entre brancos e negros, perceptíveis na sociedade brasileira com extrema facilidade, enquanto que a existência de um partido político formado exclusivamente pelos socialmente subordinados é um forte indício das enormes discrepâncias sociais.

A Frente Negra Brasileira, portanto, significava mais do que um partido político com ideologia partidária própria. Ela representava uma desmoralização do discurso das classes brasileiras dominantes da época, pois não reconhecia nestas legitimidades para representar os interesses particulares da população negra no Parlamento brasileiro.

Retirar a concentração da população negra, a partir das análises de Valente, era crucial para a ampliação da presença das elites brasileiras brancas dominantes no Parlamento que numa única eleição havia perdido três de seus postos legislativos para parlamentares negros.

Era preciso pôr freios a qualquer custo a essa organização de mobilidade política ascendente e ocupação dos espaços políticos pela população negra que antes só votava nos candidatos brancos. A partir da eleição de Adalberto Camargo, Theodosina do Rosário Ribeiro e Paulo Rui de Oliveira em São Paulo, a população negra de São Paulo muda radicalmente o seu *status*, pois deixa de ser exclusivamente eleitora para ser também parlamentar nas três esferas do Poder Legislativo. A mudança radical de *status* da população negra paulista de eleitora para parlamentar passa a preocupar as elites brasileiras brancas dominantes, sobretudo, em razão da perda de importantes cadeiras no Parlamento antes tidas como exclusivamente suas. Essa nova disposição política da população negra paulista alerta as elites dominantes para a possível ampliação de suas perdas nacionalmente em eleições futuras.

Assim, as elites brasileiras brancas dominantes visando estancar esse processo de ascensão política da população negra, ardilosamente passaram a exigir do Estado que fizesse uso de seu aparato de repressão para coibir reuniões de negros previamente não autorizadas ou permitidas pela autoridade policial ou judicial.

Negros unidos e organizados poderiam representar um imensurável perigo para o *establishment* que sequer imaginaria a possibilidade de negros serem elevados à categoria de protagonistas políticos no Brasil. Para tanto, era preciso, via aparato de repressão estatal, cortar desde o início as raízes para impedir que os negros pudessem se organizar politicamente e ocupar as dimensões de poder no Brasil.

O presidente Getúlio Vargas, em novembro de 1937, ao dissolver os partidos políticos no Brasil, incluindo-se a Frente Negra Brasileira, pôs fim ao sonho de milhares de negros que viam na sua organização política ascendente a possibilidade de não somente conseguirem mobilidade social ascendente, como muito especialmente se fazerem representar no Legislativo para também terem voz nos espaços de tomada de decisões políticas e poder no Brasil como nos informa o jornal *Estado de Minas*.

> O Brasil já teve seus panteras negras bem antes do movimento surgido nos Estados Unidos, na década de 1960, para garantir os direitos da população negra estadunidense. E sem precisar usar a força. Em setembro de 1931, quando a discriminação e a segregação racial eram práticas normais e aceitáveis no Brasil, um grupo de negros se organizou e criou uma das primeiras organizações de caráter nacional que reivindicava direitos sociais e políticos iguais para todos, independentemente da cor da pele. Era a Frente Negra Brasileira (FNB), que depois se tornou um partido político. Rapidamente, os ideais da Frente se espalharam por vários estados, entre

eles Bahia, Pernambuco, Espírito Santo, Rio Grande do Sul e Minas Gerais. A entidade mantinha escolas noturnas, cursos profissionalizantes, uma milícia, com rígida disciplina militar, para proteger os negros de abusos e agressões, salões de baile, jornal oficial, A Voz da Raça, e cerca de 200 mil filiados. Parte dessa história, praticamente desconhecida, está guardada no Arquivo Público Mineiro (APM). São documentos, jornais e correspondências trocadas entre integrantes da FNB e órgãos de repressão que acompanhavam de perto a atuação dos frente-negrinos, como eram chamados os integrantes. Organizada e com regras rigorosas impostas aos associados, a FNB acabou se transformando, em outubro de 1934, no primeiro e praticamente único partido negro brasileiro registrado na Justiça Eleitoral. Ano passado, foi lançado o Partido Nacional Afro Brasileiro (PNAB), ainda sem registro no Tribunal Superior Eleitoral (TSE). Mas a vida partidária da FNB durou pouco. Em novembro de 1937, o então presidente Getúlio Vargas decretou o fim dos partidos, das eleições livres e também da Justiça Eleitoral. A FNB foi dissolvida. Em alguns municípios ela mudou de nome para escapar da repressão, mas acabou perdendo espaço e força. Mesmo assim, continuou tendo seus passos vigiados.[62]

Pode-se compreender a partir da extinção da Frente Negra Brasileira por Vargas, o emprego da violência pelo aparato de repressão estatal contra as reuniões públicas de negros no Brasil, para não permitir que eles se reorganizassem politicamente de nenhuma forma.

Em São Paulo nos anos de 1970, uma "insuspeita" reunião de jovens negros que caminhavam de um extremo para o outro na Avenida da Liberdade com o propósito de se informar sobre onde seriam realizados os bailes nos finais de semana, passou a ser extensivamente vigiada pelas polícias civil e militar para depois estes órgãos do Estado repressor proibirem os jovens negros de se locomoverem em grupo naquela avenida central na cidade de São Paulo.

Na repressão à livre circulação dos jovens negros paulistas subjacentemente estava a intenção de não permitir que eles pudessem se reorganizar politicamente. Proibidos de circularem na Avenida da Liberdade, antigo bairro de negros ocupado no presente por orientais, os jovens negros se movem coletivamente para o Viaduto do Chá e Rua Barão de Itapetininga no centro expandido da capital paulista para distribuir as suas circulares. São novamente proibidos e reprimidos pelo aparato de repressão político-racial de se reunirem, enquanto os jovens brancos de classe média podiam se reunir livremente na Rua

---

[62] JORNAL ESTADO DE MINAS. Disponível em: <http://www.em.com.br/app/noticia/politica/2013/09/01/ interna_ politica,442856/frente-negra-brasileira-tem-ideais-sufocados.shtml>. Acesso em: 15 out. 2016.

Augusta e adjacências com seus carrões sem, contudo, serem incomodados pelo aparato policial que sequer se fazia presente ostensivamente. Em outras palavras, ter ampla liberdade no Brasil ou restrição desta tem a ver com a cor da pele dos indivíduos, uma vez que os jovens brancos podiam se reunir livremente onde quer que desejassem.

Este quadro revela que o que é permitido e autorizado aos brasileiros brancos realizarem no Brasil, nem sempre é permitido ou tampouco autorizado aos brasileiros negros fazerem ou realizarem as mesmas atividades cotidianas nas mesmas proporções ou condições, pois se reunir com o propósito lúdico ou político parece ser uma atribuição exclusivamente de brancos na sociedade brasileira. Isto é, os indivíduos brancos estariam implicitamente autorizados a ocuparem sem obstáculos ou resistências quaisquer espaços, principalmente as dimensões de poder em nosso país.

A simples distribuição de "circulares", como eram conhecidas à época os panfletos produzidos em tipografias rudimentares, por jovens negros a seus pares contendo informações sobre bailes, festas, saraus, reuniões, lançamentos de livros, excursões e palestras das mais diversas, era motivo suficiente para o Estado censurá-los e impedir que eles se comunicassem entre si, tal era o receio de os negros se reorganizarem politicamente.

Se nos anos trinta a Frente Negra Brasileira fez um alerta para as oligarquias políticas brasileiras, as eleições de Camargo, Ribeiro e Oliveira em São Paulo nos anos setenta, podem ter novamente alertado as elites brasileiras dominantes do perigo iminente que poderia representar a eleição crescente de negros para o Parlamento nacional.

A ação do aparato de repressão estatal não era exclusivamente para impedir a reunião de jovens negros com o propósito de impossibilitar que eles subvertessem a ordem imposta pelo Regime Militar (1964-1985), onde qualquer reunião era motivo de suspeita e constante vigilância. Implicitamente estava a intenção de também proibir de se reunirem a fim de se organizarem politicamente.

Neste período, ao contrario do que se pode observar nos dias atuais, existia um apartamento implícito dos espaços frequentados por jovens negros e brancos no Brasil, especialmente no que se refere às questões culturais, lúdicas e políticas. Raros eram os momentos em que esses dois grupos de brasileiros se reuniam num mesmo espaço para a realização das atividades acima mencionadas. A democracia racial apregoada era mais uma vez posta em xeque pela inquestionável divisão racial observada naquele período.

Portanto, à época, o simples fato de os jovens negros se reunirem em grupo, aos olhos da ditadura militar, essa reunião poderia significar um perigo iminente para a preservação da ordem rigidamente imposta pelos militares, a qual consistia em não permitir quaisquer tipos de reuniões previamente não autorizadas. O regime militar tinha na comunicação e na relação intersubjetiva dos sujeitos, uma ameaça ao regime. Desse modo, o suposto ato subversivo consistia em não permitir que os negros trocassem informações culturais e lúdicas abertamente com seus pares.

Essa repressão à reunião pública de jovens negros representava para os apoiadores do Regime Militar, não apenas um desafio à ordem imposta, mas explícita resistência ao governo fruto de um golpe militar com significativo apoio das elites brasileiras brancas dominantes dos grandes centros urbanos como São Paulo, Rio de Janeiro e Minas Gerais. Nesse período, qualquer reunião pública que envolvesse dois ou mais negros, para as EBBD, era um sinal de desobediência à ordem e, portanto, de perigo à preservação de sua propriedade privada, fundada na ideologia neoliberal.

Da suspeita infundada às denúncias apresentadas por famílias brancas de classe média e ricas aos órgãos de repressão estatal, bastava um único telefonema dos estratos mais ricos e brancos para que a simples reunião de jovens negros nos espaços públicos fosse dispersada pelo aparato de repressão estatal. Não raras vezes com essa dispersão ocorria também a condução coercitiva desses indivíduos para coleta de suas oitivas à autoridade policial que iria lembrá-los que, reunir-se em grupo sem expressa autorização da autoridade competente, poderia infringir em grave ilícito penal.

Há, portanto, nas ações de repressão policial aos jovens negros paulistas uma enorme semelhança com a reprodução das normas de capturas dos antigos escravizados resistentes por capitães do mato, os quais outrora obedeciam às ordens de captura e repressão a pedido dos grandes proprietários de terras. A diferença no pós-abolição consistia que os capitães do mato agora são brancos, usam fardas, armas letais e estão a serviço do Estado que, a exemplo dos antigos latifundiários, também é controlado majoritariamente pelos descendentes destes.

A metodologia de repressão, perseguição e captura dos jovens negros no pós-abolição tem idêntica aplicação à relatada por Abdias do Nascimento, onde os grandes proprietários de terras, preocupados com uma possível organização política dos negros escravizados, trataram logo de esmagar as línguas nativas africanas. Como se pode observar, a comunicação, além de um direito humano essencial, é também um poderoso instrumento de organização e luta dos sujeitos oprimidos por outrem.

O Estado brasileiro da época tinha na proibição de reunião dos jovens negros o mesmo temor já expresso antes pelas elites brancas dominantes onde o escravismo fora implantado nas Américas. Ou seja, era preciso dispersá-los a qualquer custo, pois qualquer reunião de negros poderia representar séria ameaça aos estamentos vigorosamente constituídos.

A condução coercitiva dos jovens interlocutores negros tinha por finalidade fazer com que os jovens explicassem a razão de eles estarem reunidos em local público ou quando eles eram dispersados pacificamente pelos agentes do Estado, o eram na conhecida forma de impedimento da intersubjetividade dos sujeitos, geralmente por policiais encarregados de atender à denúncia formulada pelas elites brasileiras dominantes "circulando, circulando, vamos circular". "Circulando", era o mesmo que dizer: saiam daqui, negros não podem permanecer nesses espaços, ainda que estes sejam públicos.

Dito de outro modo, em uma sociedade que não autoriza tampouco tolera que negros possam se reunir para conversar com seus pares em espaços públicos, esta sociedade certamente, além de não os reconhecer como seus pares, não deseja tê-los principalmente como seus representantes no Parlamento.

A violência que inscreve o monopólio da representação parlamentar nas mãos de brasileiros brancos mais ricos é a mesma que irá colocar obstáculos à mobilidade social ascendente e à sub-representação parlamentar da população negra brasileira em todas as dimensões de visibilidade positiva e poder na sociedade.

Neste aspecto, a comunicação como um direito humano era explicitamente negada aos negros que se organizavam para resistir e fazer valer esse direito fundamental, os quais viam sobrestado nessa negação principalmente o seu direito humano de ir e vir que nessas circunstâncias, era violado e, portanto, desrespeitado pelo aparato de repressão estatal, que, a rigor, deveria não somente preservá-lo, mas principalmente assegurá-lo a todos na forma da Lei.

Portanto, é possível se observar que a existência de poucos partidos políticos no estudo apresentado por Valente fazia com que os negros conseguissem enxergar melhor e compreender com maior evidência os discursos que eram proferidos a seu favor ou contra os seus interesses de mobilidade social ascendente na sociedade brasileira da época.

1.18. A EMERGÊNCIA DE MÚLTIPLOS PARTIDOS RETIROU DA POPULAÇÃO NEGRA BRASILEIRA O SEU FOCO A PARTIR DA PROLIFERAÇÃO DE CANDIDATOS CABOS ELEITORAIS NEGROS

Por outro lado, a emergência de múltiplos partidos políticos, na atualidade, parece ter retirado da população negra paulista e brasileira o foco que ela tinha outrora. Hoje, além de inúmeros partidos, há igualmente uma infinidade de candidatos negros com formação educacional prejudicada, sem recursos financeiros minimamente suficientes e sem apoio da militância negra, portanto, com pouco ou nenhum apelo popular.

Nesta condição, muitos desses indivíduos deixam de ser candidatos efetivos para se transformarem em candidatos cabos eleitorais, voltados mais para atender candidaturas majoritárias brancas que, ao final do cômputo geral dos votos, *grosso modo* se beneficiam do esforço empreendido por esses candidatos dissimulados, os quais se prestam a pedir apoio e o voto aos eleitores negros como se fosse para as suas próprias candidaturas. Porém, os poucos votos que lhes são destinados por solidariedade de seus pares negros, por seus amigos e familiares, esses votos acabam, na maioria das vezes, tendo destinação, finalidade e aplicação completamente distintas daquelas postuladas em suas candidaturas parlamentares com insuficiência de recursos humanos, material, financeiro e moralmente desestruturadas. Nestas circunstâncias, essas candidaturas se arrastam para se depararem ao final da disputa eleitoral com um resultado já bastante previsível: a derrota das urnas.

Algumas dessas candidaturas são apresentadas com a finalidade implícita de indiretamente auxiliarem e elegerem potenciais candidatos brancos que, igualmente sem apelo popular, contudo, possuem estrutura partidária sólida e suporte financeiro suficiente para financiarem não somente as suas próprias campanhas, mas também as campanhas políticas de negros travestidos de candidatos que se prestam a participar dessa trama deletéria para a população negra brasileira, com o propósito particular de ter os seus nomes inscritos pela História no extenso rol dos candidatos negros derrotados pelas urnas.

Destarte, certos candidatos negros indiretamente declinam de suas próprias aspirações ao Legislativo para fazerem de suas candidaturas, com apoio de parte do eleitorado negro, pontes para ampliarem a possibilidade de os mais ricos e brancos se elegerem, beneficiados pela metodologia do quociente eleitoral.

Os poucos votos obtidos por esses candidatos negros "cabos eleitorais" que aos olhos de muitos podem parecer insignificantes, na verdade acabam sendo muito úteis e indiretamente contribuem para a eleição de candidatos brancos mais ricos que, mesmo se beneficiando dessa condição privilegiada, por seus próprios méritos e votos não conseguiriam jamais se eleger parlamentares.

Dito de outro modo, os mais ricos e brancos no Brasil dependem diretamente do apoio incondicional dos mais pobres e negros para se tornarem parlamentares em todos os níveis do Legislativo nacional. Por isso os candidatos oriundos das elites brasileiras dominantes incentivam as candidaturas de certos candidatos muito pobres, muitas vezes sem nenhuma chance de se saírem vitoriosos em suas candidaturas; estes poderão com seus poucos votos ser capazes e responsáveis por eleger não exclusivamente um único parlamentar, mas a maioria deles, pois cerca de 95% dos parlamentares no Brasil são eleitos através da complicada mecânica em que se inscreve o cálculo do quociente eleitoral.

Esse cálculo consiste na apuração da soma total de votos obtidos pelos candidatos em seus partidos políticos e coligações partidárias. A soma desses votos é que irá definir por cálculos complexos que inscrevem o quociente eleitoral, finalmente, o número de parlamentares eleitos por essa metodologia que na maioria das vezes acaba beneficiando os candidatos mais ricos e brancos.

Portanto, essa complexa fórmula de cálculo para definir os eleitos pode ser ao mesmo tempo perversa para uns e benéfica para outros que mesmo não tendo alcançado votos suficientes para se elegerem por seus próprios méritos, acabam, contudo, por essa metodologia, elegendo-se parlamentares com significativo auxílio dos candidatos negros mais pobres, cujos votos entrarão na totalização para apuração do quociente eleitoral e distribuição das cadeiras legislativas aos partidos políticos. Assim, os poucos votos dos candidatos negros inexpressivos ou pouco conhecidos e pobres acabam sendo decisivos para candidatos brancos ricos se elegerem parlamentares.

Não há nenhuma ignomínia os candidatos negros pobres submeterem os seus nomes para apreciação dos eleitores. A indignidade consiste em se prestar a participar de uma disputa eleitoral tão difícil, se presume, não tendo, ao menos, realizado algum tipo de trabalho com a sua própria comunidade e lançando o seu nome sem o conhecimento, aprovação e principalmente sem o apoio desta.

Nesta condição as candidaturas desses candidatos cabos eleitorais deixam de ser candidaturas de resistências vigorosas ao sistema que exclui os mais pobres e negros das dimensões das Assembleias Legislativas e Câmara Municipais no Brasil, para se transformarem em candidaturas nitidamente de assistência àqueles que, em geral, ardilosamente se posicionam contra os desideratos de mobilidade social ascendente da população negra.

Esta mesma população que desejando ser participativa e solidária com os seus, acaba, de certa forma realimentando o sistema que a exclui das dimensões de poder, pois se propõe a participar de uma disputa eleitoral extremamente difícil e custosa, sem examinar previamente entre os seus inúmeros postulantes ao Legislativo, apreciando cuidadosamente quais deles teriam apelo popular suficiente no seu próprio meio, que, em tese, pudesse indicar quais deles teriam mais chances de se saírem vitoriosos na disputa eleitoral ao Legislativo.

Desse modo a população negra brasileira termina também contribuindo para a preservação de sua própria sub-representação parlamentar no Legislativo, por apostar o seu voto em candidatos descompromissados com suas aspirações políticas e eleitoralmente fracos, impopulares, ineficientes e, portanto, incapazes de auxiliar aqueles que lhes emprestam não apenas esperanças, mas principalmente solidariedade.

Além disso, é preciso que consideremos a pouca presença de candidatos negros com tempo mínimo desejável para apresentação de suas plataformas políticas. O reduzido tempo no rádio e na televisão não caracteriza um problema exclusivamente de candidatos negros, contudo, é possível se observar a preferência dos partidos políticos por certos candidatos que têm maior exposição de suas plataformas nos programas políticos, que, geralmente, não são negros.

Nota-se, por outro lado, a emergência de candidatos negros com propostas genéricas e muito semelhantes às propostas apresentadas por candidatos brancos. Estes últimos dispondo de maiores recursos estruturais e financeiros conseguem ampliar o alcance de sua maciça propaganda política também no centro da população negra que, em parte, também por conta de sua formação educacional insuficiente e principalmente em razão da falta de estrutura material e financeira dos candidatos negros que, por isso, ao contrário dos candidatos brancos mais ricos, não conseguem se comunicar com eficiência com esta população pobre e periférica por conta de sua reduzida mobilidade.

Os bolsões de pobreza no Brasil são, portanto, o lócus de prospecção de milhares de votos descompromissados de candidatos brancos e amarelos que se aproveitam dessa deficiência estrutural de comunicação, de aporte financeiro insuficiente, de recursos humanos inexistentes para apoiarem as candidaturas populares negras.

Contudo, como estes recursos são mais abundantes para os candidatos brancos e amarelos mais ricos, estes conseguem seduzir os eleitores negros nesses lugares, levando-os a acreditar em suas propostas políticas, cujas promessas terminarão exatamente às 17:00 do final do pleito.

Passado o período eleitoral, esses beneficiários da imensurável miséria negra retornarão nesses espaços apenas na próxima eleição para repetirem com eficiência, a mesma metodologia que tem lhes garantido se saírem vitoriosos para preservarem a um só tempo a sua permanência no poder e a sub-representação da população negra brasileira no Poder Legislativo.

Assim, a maioria dos negros não consegue enxergar completamente as sutilezas do racismo que envolve a sua desconcentração e diluição de seu voto a favor de candidatos brancos, os quais ardilosamente trabalham para que a população negra não possa ter mobilidade social ascendente na sociedade brasileira, em razão de terem na sua imobilidade social, no achincalhe de sua ininterrupta humilhação eleitoral e coletiva na sociedade, os benefícios decorrentes exclusivamente em razão da utilidade de seu voto que os torna parlamentares.

Ainda assim, muitos desses parlamentares eleitos com a colaboração direta ou indireta da população negra, irão muitas vezes trabalhar contra as suas aspirações políticas de mobilidade social ascendente, pois isto não lhes interessa diretamente, interessa apenas o seu voto fácil, sem resistência ou cobranças futuras.

Dito de outro modo, a imobilidade social ascendente da população negra brasileira é que torna os benefícios eleitorais para certos candidatos brancos ao legislativo serem tão predominantes.

Nota-se por esse ângulo que a educação é sem dúvida nenhuma um fator muito importante para se compreender parte dos motivos que levam à sub-representação legislativa da população negra brasileira. Diferentemente de Valente, abordamos a sub-representação legislativa dos negros brasileiros sob outro enfoque.

A nossa pesquisa de campo, ao contrário da indiscutível contribuição da professora Ana Lucia Eduardo Farah Valente, sugere que mesmo os negros (pretos e pardos) com formação educacional prejudicada, portanto, se supõe, insuficiente para compreender as subjetividades contidas no jogo de poder que inscreve a representação parlamentar no Brasil, demonstram na atualidade certa frustração por não estarem em maior número nos espaços de tomada de decisões políticas.

Isto não quer dizer que os estratos mais pobres tenham plena compreensão do complexo sistema político. Em verdade, pode-se dizer que mesmo parte dos eleitores negros letrados tem os mesmos comportamentos e, algumas vezes, têm também as mesmas dificuldades de compreensão do jogo político de seus pares não letrados.

O analfabetismo político, ao que está nos parecendo, não está atrelado apenas à formação educacional dos indivíduos. Esta tem a ver muitas vezes com sua origem familiar, local de moradia, ambiente de trabalho, formação educacional e grupos de amigos, por exemplo. Esses ambientes podem influenciar fortemente o analfabetismo político de determinados indivíduos, assim como podem igualmente contribuir para que os sujeitos tenham um amplo entendimento do jogo político. Existem inúmeras famílias negras que sequer têm entre os seus um único indivíduo letrado, existindo, contudo, no seu meio, pessoas com *expertise* política de causar inveja a renomados cientistas políticos.

O exercício da militância política nas diferentes dimensões do Movimento Negro Brasileiro[63] parece contribuir muito para a percepção e necessidade de representação política da população negra no Legislativo, mesmo entre os negros menos letrados ou com formação educacional insuficiente.

Valente, por sua vez, questiona se os chamados movimentos negros têm legitimidade de se autodeclararem porta-vozes da população negra. Questiona também a extensão, penetração e legitimidade desses movimentos. Sabe-se que esses movimentos negros não têm procuração individual ou coletiva que lhes fossem outorgadas pela população negra para eles a representarem. Tampouco possuem qualquer autorização formal que lhes permitissem se autodeclararem representantes de seus interesses políticos com representatividade legislativa.

---

63 Movimento Negro Brasileiro – neste escopo inserem-se diferentes correntes de militância negra, como o próprio Movimento Negro Unificado, Movimento de Mulheres Negras, Movimentos de Resistências Quilombolas, LGBTSN, Pastorais Negras, Resistências de Negros Evangélicos, Religiões de Matrizes Africanas dentre muitos outros movimentos de negros e negras em movimentos pelo Brasil no combate às diferentes formas de racismo e discriminações raciais e sociais na contemporaneidade.

Neste aspecto, os questionamentos de Valente podem ser considerados procedentes na medida em que boa parte da população negra com formação escolar deficiente pode não ter pleno conhecimento das árduas atividades, das lutas políticas empreendidas pelos diferentes Movimentos Negros Brasileiros para fazer valer os seus direitos e cidadania.

A reduzida penetração desses movimentos nas periferias e bolsões de pobreza não lhes retira a importância de seu trabalho dignificante em prol principalmente daqueles que cobertos por um "véu da ignorância"[64] desconhecem, por isso mesmo, o seu trabalho, não obstante terem muitas vezes se beneficiado dos trabalhos e lutas realizadas por esses movimentos que são invisibilizados e diminuídos em sua importância pelos grandes veículos de comunicação, com o propósito de reduzir a sua eficácia e notoriedade no combate ao racismo no Brasil.

Para a perpetuação das elites brasileiras brancas dominantes nos espaços de poder, portanto, é indispensável tornar todo o esforço realizado para conscientização política da população negra invisibilizada e, ao mesmo tempo, retirar a importância do trabalho de militância e resistência realizado pelos inúmeros Movimentos Negros Brasileiros. Pois, reconhecê-los poderia significar para as classes hegemônicas ter que igualmente reconhecer todas as suas práticas racistas. Por outro lado, até o momento em que escrevíamos este nosso trabalho, não se tem notícias de que a população negra brasileira tivesse reclamado formalmente dessa autodeclaração a que se referiu Valente à época em sua obra.

É certo que aqueles que muitas vezes não lhe emprestam solidariedade nas urnas para compor as Casas Legislativas em paridade, por seus interesses particulares não poderiam ou não desejariam deixar de invocar o "bem comum" para alegar que as Assembleias Legislativas e Câmaras Municipais no Brasil, em geral, não costumam pautar as suas decisões legislativas com base na cor desta ou daquela população.

Se a realização do bem comum é uma atribuição de humanos, contudo, esses indivíduos que apregoam a isenção das Casas Legislativas não reclamam da ínfima representação parlamentar dos brasileiros negros nessas dimensões. Aliás, Axel Honneth e Nancy Fraser, ambos, cada um a seu tempo, já nos emprestaram suas teorias para descontextualizarmos essa última crença.

---

64 RAWLS, John. *Véu da Ignorância* – Uma Teoria Sobre Justiça. São Paulo: Martins Fontes, 1971.

Valente é, contudo, em nosso modesto entendimento, bastante assertiva quando afirma que a extensão, penetração e alcance das demandas do Movimento Negro Brasileiro são reduzidas, porém a autora não deixa de reconhecer a existência de racismo no Brasil, sobretudo a partir das denúncias do Movimento Negro Unificado (MNU) em 1978 nas escadarias do Teatro Municipal de São Paulo.

Acreditamos que o MNU, a partir de suas denúncias passou a estabelecer um novo e importante marco político na História do Brasil que até então, não obstante as inúmeras e árduas lutas empreendidas pelos antigos escravizados e suas famílias desde as senzalas no combate ao racismo, as elites brasileiras brancas dominantes se recusavam a admitir a existência do racismo em nosso país. Só reconhecem a sua existência a partir das contínuas denúncias formuladas pelos próprios negros Brasil afora.

O MNU, a partir da cidade de São Paulo, põe em xeque as estruturas que alimentavam sem oposição explícita o discurso das classes dominantes brasileiras sobre a falácia da democracia racial brasileira.

Se de fato como afirmou Valente os militantes do MNU só são militantes em razão de terem conseguido superar determinadas barreiras e galgar alguns degraus na hierarquia social, a autora pode não estar inteiramente certa no que tange a essa afirmação.

Entendemos que a percepção do racismo, embora seja mais facilmente compreendida pelos negros com educação formal suficiente, contudo, pensamos que não se pode afirmar que a percepção das práticas de discriminação racial seja exclusiva desses indivíduos.

Há no meio do próprio MNU homens e mulheres negras que, não obstante terem uma educação formal muitas vezes incompleta ou insuficiente, todavia, esta situação não os impede de perceberem o racismo à brasileira. Em que pese as sutilezas do racismo e seu esforço para se autoinvisibilizar com o propósito de não ser notado com facilidade, não apenas para os negros, mas principalmente para os brasileiros brancos pobres, estes quase sempre agirão para reproduzir e reforçar o discurso das elites dominantes, segundo o qual não existiria racismo no Brasil.

A professora Ana Lúcia Eduardo Farah Valente observou, à época, a inexistência de uma sintonia entre os negros militantes e a grande massa negra. Cabe-nos reconhecer que as observações de Valente estão ainda bastante atualizadas, pois nós também observamos no presente existir certa distância entre o discurso da militância e os resultados auferidos nas urnas pelos candidatos populares negros nas eleições por nós analisadas neste trabalho.

Nossas análises confirmam também essa falta de sintonia, o que não significa dizer que a resistência de trabalhos como da militância do MNU, dos Movimentos de Mulheres Negras e dos demais Movimentos Negros de Resistência ao Racismo no Brasil não sejam importantes.

Ao contrário, o esforço imensurável desses Movimentos Negros é responsável por uma crescente conscientização da população negra por seus direitos, com importante auxílio de intelectuais negros oriundos da Academia, os quais têm contribuído para a disseminação e ampliação da conscientização da população negra brasileira. Além disso, não se pode deixar de reconhecer também que a maior parte das políticas públicas direcionadas para negros no Brasil nas últimas décadas foram pautadas a partir das lutas desses movimentos de mulheres, homens e intelectuais negros.

Valente reconhece assim como nós também reconhecemos que parte da população negra brasileira não compreende totalmente o esforço empreendido por aqueles que se dispõem a lutar pela inclusão social dos negros pela via legal, isto é, através de ocupação regular ascendente dos espaços de tomada de decisões políticas e poder na sociedade.

Por esse prisma, pode-se inferir que a educação que reclamamos como instrumento fundamental para a efetiva mobilidade social ascendente da população negra age a um só tempo em dois campos aparentemente opostos. De um lado ela permite que aqueles que conseguindo romper as enormes barreiras sociais artificialmente erigidas revigorem a luta contra o racismo estrutural existente no Brasil. Por outro lado, ela cria situações que afastam os negros menos letrados de certos espaços frequentados por militantes e intelectuais negros.

E, de igual modo, aparentemente, a mesma educação que qualifica os negros mais letrados para romperem os obstáculos artificialmente erigidos para porem freios à mobilidade social ascendente da população negra, termina criando situações que indiretamente acabam separando e afastando também parte dos intelectuais negros da massa negra trabalhadora. Pode-se dizer que parte dos negros mais letrados se afasta de sua origem.

Os negros mais letrados, por sua vez, afastam-se dos negros menos letrados e mais pobres, não por conta da educação que receberam, mas certamente em razão das sutilezas do racismo que não conseguem perceber totalmente. Apesar de serem formalmente bem educados, não se livram completamente dos obstáculos artificiais dessa estrutura que, de certa forma, em menor grau, todavia, também os marginaliza. Os negros mais pobres com educação formal insuficiente, depositam suas esperanças de ascensão social exatamente na educação formal, com vistas a saírem dos guetos de pobreza onde são maioria.

A educação formal no Brasil pode com isso estar forjando dois ou mais tipos de brasileiros. Os negros com estudos formais regulares e alguma mobilidade social ascendente e os negros sem formação educacional adequada com mobilidade social ascendente muito reduzida, prejudicada ou inexistente.

As conquistas sociais produzidas com auxílio da educação impedem que os negros aparentemente mais ricos estabeleçam uma relação mais próxima com os negros mais pobres, pois os primeiros conhecem as experiências dos dois lados dos ambientes sociais que erigem barreiras fictícias que irão dificultar essa interlocução entre ambos.

Ora, atribuir e imputar culpa exclusivamente à educação é parte da utilidade daqueles que se beneficiam das subjetividades do racismo brasileiro para negarem igualdade de direitos à maioria dos brasileiros. Ao contrário, a educação cumpre um papel fundamental na inclusão social. Talvez fosse o caso de os militantes dos diferentes Movimentos Negros Brasileiros buscarem uma forma de se reaproximarem de suas bases a fim de impedir que os mais ricos e brancos possam se valer exclusivamente da educação formal insuficiente desses indivíduos para justificarem a ampla exclusão de negros de quase todos os espaços sociais da sociedade.

Neste sentido é importante considerar também a lição de Ana Lucia Eduardo Farah Valente, segundo a qual parte dos militantes negros tem consciência desse distanciamento e reclama uma aproximação com suas bases que parece rejeitar não apenas as suas lutas como parece igualmente rejeitar os seus múltiplos discursos sobre a questão racial brasileira.

Assim, os negros mais pobres, possivelmente em face de sua pouca ou insuficiente educação formal, estão longe da compreensão que o racismo, além de os tornar mais pobres, tornou-os também socialmente e politicamente menos exigentes.

Valente parece ter muita razão na medida em que classifica os militantes negros como uma elite intelectual forjada pela educação e, por essa razão, são politicamente o oposto dos negros com educação formal reduzida; são, portanto, mais críticos e mais exigentes, pois não apenas conhecem os seus direitos como exigem o seu integral cumprimento.

Aliás, como relata a autora acima mencionada, isto não significa que todos os negros não estejam ligados organicamente. Isto é, o racismo estrutural parece fazer pouca ou nenhuma diferença a esta estratificação social, na medida em que tenta destinar-lhes uma igualdade de tratamento. Ou seja, para os racistas brasileiros não importa sejam os negros parcialmente ricos ou totalmente pobres, ambos são iguais e, portanto, merecem receber os mesmos tratamentos. Em outras palavras, para os racistas o que os iguala não é a diferença em suas contas bancárias, mas a cor de sua pele negra.

Parte da população negra mais pobre não consegue compreender a importância de ter em seu meio uma classe de militantes e intelectuais com formação educacional sólida. Para o filósofo italiano Antonio Gramsci, entretanto, para se ter uma sólida organização eficiente é imprescindível uma elite intelectual muito bem educada formalmente e que seja capaz de controlar, entre outros, os meios de comunicação de massa e posteriormente os meios de produção para em seguida controlar a superestrutura, composta pelas Instituições do Estado, através da manipulação de informação que possa desestabilizar a classe hegemônica.

Pode-se observar a partir da lógica constituída pela teoria gramsciana, o afloramento das resistências que os intelectuais negros brasileiros têm em sua luta por maior mobilidade social ascendente. De um lado a resistência das elites economicamente dominantes e do outro a resistência de seus pares, os mais pobres que ao invés de se somarem à sua própria luta por inclusão e igualdade de direitos, terminam se solidarizando mais com aqueles que agem exatamente para excluí-los e marginalizá-los socialmente.

Desse modo, é importante observar também a utilidade de determinados candidatos negros para os partidos políticos, como assinalou Valente ao analisar o caso dos parlamentares negros derrotados na eleição de 1982. Segundo esta autora, à época, os partidos políticos sequer se importavam com as inclinações ideológicas de Adalberto Camargo, Theodosina do Rosário Ribeiro e Paulo Rui de Oliveira, pois o que lhes importava era a transferência de seus prestígios transformados em votos válidos para os partidos políticos que desejavam seduzi-los e trazê-los para os seus quadros. "Isto porque todos os partidos, independentemente de tendências ideológicas, procuraram de alguma maneira atraí-los para seus quadros. Ao que tudo indica interessados nos eventuais votos que poderiam ser conseguidos no meio negro".[65]

Por esse ângulo, pode-se observar a utilidade não apenas de determinados candidatos negros, mas essencialmente a utilidade do eleitor

---

[65] VALENTE, Ana Lúcia Eduardo Farah. *Política e Relações Raciais*: os negros e as eleições paulista de 1982. 1984. Dissertação (Mestrado) – Faculdade de Filosofia, Letras e Ciências Humanas da USP, Departamento de Antropologia, 1984.

negro que nesse momento parece assumir o *status* de uma suposta igualdade. Passado esse período, voltará a ser tratado novamente como diferente e desvalorizado socialmente por aqueles que os seduzem com promessas de melhorias econômicas e sociais nos momentos que antecedem as eleições. Essas promessas não são sequer parcialmente cumpridas pelos eleitos, por uma razão aparentemente simples: a utilidade do eleitor e do voto negro é circunscrita e limitada às urnas eleitorais, portanto, não ultrapassando destas jamais.

A crença nas supostas parcerias com os partidos políticos é unilateral e exclusiva dos mais pobres e negros. Estas têm dia para começar e hora para terminar numa dimensão das 08:00 às 17:00 do dia em que se realizam as eleições no Brasil. Findas as 17:00, as verdadeiras parcerias serão reafirmadas entre os antigos parceiros que horas antes estavam em campos opostos como adversários inflexíveis nas suas diferentes crenças político-ideológicas disputando os mesmos votos negros. Ambos, de certa forma, irão comemorar o resultado das urnas, cujo único perdedor real, não raras vezes, costumam ser os eleitores negros apenas.

Grande parte dos demais candidatos brancos ricos será vencedora, ainda que derrotada nas urnas eleitorais. Pois não serão vencidos, mas acomodados em diferentes postos de poder e prestígio que o jogo político nacional previamente lhes reserva para a ocupação dessas dimensões, as quais não estão e nunca estiveram reservadas para os seus aliados negros, que se inscrevem na categoria de aliados e parceiros políticos, na maioria das vezes, somente até o término do pleito eleitoral.

Os partidos políticos no Brasil geralmente não costumam reservar espaços de poder e prestígio para ocupação de seus disputantes negros, ainda que se utilizem do falso axioma de democracia, a qual, no presente instante, como se sabe, não se efetiva completamente para a população negra brasileira.

CAPÍTULO 2
A SUB-REPRESENTAÇÃO PARLAMENTAR DA POPULAÇÃO NEGRA BRASILEIRA
Proliferação das candidaturas populares como resistência política à utilidade de candidatos e eleitores negros para eleição indireta dos candidatos mais ricos e brancos

2.1. OS PARTIDOS POLÍTICOS E A UTILIDADE DO VOTO DOS ELEITORES NEGROS BRASILEIROS

Pode ser observada a uniformidade no tratamento que os partidos políticos destinam aos negros no Brasil. Sejam partidos políticos no campo ideológico da direita ou da esquerda, todos eles se esforçam para tirar proveito da utilidade do voto negro.

Os eleitores negros não se colocam no campo ideológico para que os partidos políticos cumpram pelo menos parte da agenda proposta à comunidade negra. Talvez a postura dos eleitores negros decorra em razão de alguns setores do próprio Movimento Negro Brasileiro agirem de maneira recorrente com o propósito de serem politicamente plurais e, portanto, não tenham eles próprios uma ideologia de ação política uniformizada e objetiva, facilitando o trânsito desses partidos no seio da população negra brasileira para fazerem promessas que, na maioria das vezes, não serão cumpridas em razão da utilidade que tanto os eleitores negros quanto os candidatos negros representam para esses partidos.

Desse modo, termina por não existir um compromisso bilateral entre os partidos políticos e a população negra brasileira, mas exclusivamente um compromisso unilateral por parte dos negros que cumprem a sua parte do compromisso moral assumido por eles efetivamente nas urnas na forma de voto.

Após alcançarem os seus objetivos eleitorais com ampla assistência dos mais pobres e negros, os partidos políticos no Brasil a fim de justificarem o descumprimento de suas promessas políticas, sem a menor consideração, reproduzem o mesmo discurso das elites brasileiras brancas dominantes, ou seja, em nosso país "todos são iguais perante a lei", pois tal qual as EBBD eles, em grande medida, também acreditam na existência de uma suposta democracia racial no Brasil. E, portanto, os partidos políticos não têm a necessidade e tampouco precisariam ter políticas internas voltadas especificamente para os brasileiros negros, afinal eles se apoiam na norma constitucional, segundo a qual "somos todos iguais perante a Lei".

A igualdade entre os brasileiros, de que tratou o legislador constitucional a partir da Constituição de 1988, não coloca nenhum obstáculo aos partidos políticos quanto à adoção de políticas internas visando à redução de diferenças. Ao contrário, a igualdade perante a Lei, que propôs o legislador constitucional, destinou-se para reduzir as enormes diferenças sociais e de privilégios entre os nacionais, assegurando a estes o direito de serem tratados de forma equânime e, portanto, mais justa do ponto de vista do Direito. Isto é, a Norma ao estatuir igualdade entre todos os brasileiros se ocupou de coibir vantagens e privilégios para alguns em detrimento da destinação de prejuízos exclusivamente para a maioria.

Portanto, por trás da recusa e desconsideração de alguns partidos políticos com a população negra brasileira inscrevem-se outros pressupostos como a utilidade do voto da população negra e os benefícios daí decorrentes. Por conseguinte, trata-se de uma questão que não se limita exclusivamente ao campo ideológico-partidário, tratando-se também de uma questão eminentemente racial.

O discurso da democracia racial acaba sendo também muito útil aos partidos políticos que se valem desses pressupostos para se eximirem de responsabilidades concernentes à pouca representatividade política da população negra no Legislativo nacional.

A práxis sugere que este não é um comportamento exclusivamente dos partidos políticos ditos de direita, pois alguns partidos ditos de esquerda agem exatamente como os primeiros. Implicitamente impera na classe política brasileira o mesmo discurso uniforme da classe hegemônica, até porque a igualdade prevista em lei não tem sido suficiente para assegurar uma efetiva igualdade entre todos os brasileiros, inclusive no interior das agremiações partidárias como igualmente não assegura esta paridade étnica e de gênero no interior das Casas Legislativas no Brasil.

2.2. COTAS RACIAIS NO PODER LEGISLATIVO, UMA RESISTÊNCIA HEGEMÔNICA

Para alguns partidos políticos é crucial acreditarem na existência de uma suposta democracia racial no Brasil, em razão de imporem severas restrições e se oporem frontalmente a uma possível adoção de cotas raciais e de gênero no Legislativo, com o propósito de reduzir as imensuráveis diferenças étnicas e sociais nesse espaço de tomada de decisão política para o conjunto da sociedade, dominado majoritariamente pelos brasileiros com descendência europeia. E, por isso mesmo, não desejam que o Parlamento nacional possa se parecer mais com a diversidade étnica da sociedade brasileira, uma vez que o atual modelo de acesso a essa instância tem privilegiado e permitido maior acesso exclusivamente dos brasileiros pertencentes aos estratos mais ricos, estes majoritariamente brancos.

A nossa tese, contudo, pretende demonstrar que as diferenças patrimoniais existentes entre os brasileiros mais pobres e negros quando em comparação com os brasileiros mais ricos e brancos, são extremamente relevantes do ponto de vista do empoderamento destes últimos que se valem do privilégio de serem ricos para estrategicamente não colocarem obstáculos ao elevado custo de uma campanha legislativa.

Ao contrário, o alto custo das campanhas políticas no Brasil é muito útil para impedir que os mais pobres possam ter fôlego suficiente para levar suas aspirações políticas ao Legislativo com a necessária estrutura material e financeira para, enfim, poderem ocupar os espaços de poder, de modo a permitir que a disputa e distribuição das cadeiras legislativas fiquem em maior parte concentradas exclusivamente nas mãos do grupo formado pelos brasileiros mais ricos. O elevado custo das campanhas eleitorais no Brasil é também uma forma sutil de preservação do monopólio da representação parlamentar e concentração de poder nas mãos destes últimos.

Estas disparidades econômicas tão significativas podem ser observadas com facilidade a partir do município de Salvador na Bahia, onde a população soteropolitana sendo maciçamente negra, não tem, contudo, logrado êxito para eleger o seu prefeito, por exemplo.

Nesta perspectiva, a partir da cidade de Salvador, torna-se evidente que não basta muitas vezes aos candidatos negros disporem, em tese, exclusivamente de pretensos votos e pertencimento racial. Seria preciso que eles tivessem e dispusessem também de capital humano, estrutura material, aportes financeiros suficientes para disputarem as suas eleições em condições de igualdade com os seus opositores mais ricos e brancos.

Esta situação recorrente não é exclusiva de Salvador. Os eleitores negros do município de São Paulo têm também enormes dificuldades para elegerem seus representantes no Legislativo paulista.

Revela-se a partir das mesmas dificuldades estruturais das candidaturas negras populares ao Legislativo, quer sejam elas submetidas e colocadas para decisão dos eleitores das grandes metrópoles como Salvador,

Belo Horizonte, Rio de Janeiro, São Paulo ou de metrópoles regionais como Campinas e Juiz de Fora, ou ainda em municípios menores como Icém no interior do Estado de São Paulo ou de Catolé do Rocha no interior da Paraíba, por exemplo, pode se constatar que o financiamento das campanhas políticas no Brasil realizadas por particulares na forma de doações seletivamente destinada aos candidatos mais ricos e brancos, é também uma atividade política racialmente planejada, em larga medida, realizada exclusivamente por aqueles que têm total controle do poder econômico e distribuição dos recursos financeiros que controlam isoladamente. Isto é, uma ação com viés nitidamente político elaborada particularmente por e para brancos. Estes últimos poderão decidir quais candidaturas receberão ou não recursos financeiros suficientes para transformarem-nas em possíveis candidaturas vitoriosas ou previamente em candidaturas com enormes probabilidades de serem derrotadas muito antes de se iniciarem as disputas eleitorais, as quais como se sabe, são extremamente desiguais em nosso país.

De um lado emergem-se candidaturas dos mais ricos e brancos com toda sorte de recursos estruturais, materiais, humanos e financeiros. Do outro, candidaturas populares negras quase sempre sem os mesmos recursos de seus concorrentes mais ricos. Seus recursos acabam sendo muitas vezes apenas a força de trabalho do próprio candidato que consegue propagar e divulgar a sua candidatura somente ao final de sua jornada regular de trabalho na iniciativa privada, contando com a ajuda de alguns amigos e familiares.

Ainda assim se dispõem a enfrentar os socialmente desiguais que se encontram no topo da pirâmide, igualmente. Num jogo cujo resultado é, na maioria das vezes, muito previsível.

Assim, os candidatos e candidatas negras pobres fazem de suas imensuráveis desigualdades sociais, estruturais, econômicas e financeiras uma luta de resistência política para denunciarem mais uma vez à comunidade internacional a inexistência da democracia, e muito especialmente a inexistência de democracia racial no Brasil, para denunciarem igualmente a imobilização política artificializada das candidaturas dos brasileiros negros. E, ao mesmo tempo também para buscarem outras parcerias externas a fim de reduzirem essas diferenças.

Em outras palavras, a constituição de artifícios visando impedir o amplo acesso do candidatos negros aos mecanismos de financiamentos particulares das campanhas políticas no Brasil na forma de doação, tem permitido que particulares não apenas formem um rígido círculo político as essas candidaturas populares, como tem de igual modo permitido que os brasileiros mais ricos e brancos possam, indiretamente, desafiar as leis vigentes, para ardilosamente determinarem aqueles que poderão representar os seus interesses particulares no Legislativo. Não que o ato de se fazer doações para determinados partidos ou para alguns candidatos esteja proibido. O que se questiona é a destinação das doações explicitamente baseada na cor dos beneficiários, o que pode configurar uma inaceitável afronta a atual Constituição que não admitindo tratamento diferenciados entre brasileiros, cuidou para estatuir igualdade em direitos entre estes.

Portanto, por esse prisma, o poder econômico é determinante para a manutenção das diferenças políticas em razão deste se encontrar concentrado nas mãos dos brasileiros mais ricos e brancos, sendo do mesmo modo um componente que pode também influenciar diretamente na composição racial das diferentes instancias do Legislativo no Brasil.

O direcionamento restritivo das doações de campanhas políticas por particulares é similar, chegando algumas vezes ser muito superior ao financiamento público das campanhas políticas por meio do fundo partidário, este último também destinado, via partidos políticos, em maior parte às candidaturas brancas materialmente e financeiramente estruturadas, cujos doadores, veladamente costumam indicar aos partidos políticos quais candidatos eles pretendem que suas doações necessariamente alcancem.

Isto é, os doadores dos partidos políticos no Brasil, não raras vezes assumem o papel de ampliar o escopo da racialização de suas doações, uma vez que a destinação de seus recursos financeiros é previamente indicada aos partidos políticos e direcionados por estes para os candidatos de suas preferências, em geral, os mais ricos e brancos.

Nesta perspectiva, os brasileiros mais ricos acabam, por sua vez, influenciando diretamente na formação estética, de gênero e étnica das Casas Legislativas em nosso país, pois são eles que, em larga medida, têm o poder para decidirem unilateralmente no interior dos partidos políticos ou fora destes, quem eles financiarão com seus recursos financeiros particulares ou não.

Portanto, o financiamento restritivo na forma de doação realizado por particulares, acaba sendo direcionado majoritariamente para as campanhas políticas dos estratos mais ricos e brancos. Tornando-se, por um lado, igualmente uma importante ferramenta política para também colocar freios à mobilidade política ascendente da população afro-brasileira e, por outro lado, serve similarmente para manter o monopólio da representação legislativa concentrado exclusivamente em suas mãos.

Dito de outro modo, por razões relativamente óbvias, os estratos mais ricos e brancos da sociedade brasileira contemporânea, visando preservarem os seus diferentes interesses políticos particulares, estruturais, econômicos e financeiros, em geral, não costumam financiar e muito menos fazerem doações de recursos financeiros e materiais àqueles se opõem politicamente aos seus amplos e diferentes negócios. Muitos destes derivados do controle isolado que exercem, não exclusivamente das Casas Legislativas, mas também por conta do trabalho realizado por agentes públicos e privados em outras instâncias de poder, não exclusivamente públicas, mas inclusive em diferentes instâncias de poder da iniciativa privada.

Nesta perspectiva, pode se constatar que da árdua luta desigual das candidaturas populares e negras emergem as suas resistências em face das enormes disparidades econômicas e estruturais quando comparamos as facilidades e a abundância de recursos financeiros destinadas aos disputantes brasileiros ao Legislativo, descendentes de europeus. Pode-se igualmente observar que o cerceamento artificializado pelas elites brasileiras brancas dominantes à maior presença de negros no Legislativo nacional resultam os benefícios decorrentes de suas panelinhas caucasianas nas mais distintas dimensões da sociedade brasileira, incluindo-se nelas os próprios partidos políticos.

Desse modo, objetivando-se reduzir as enormes diferenças de recursos financeiros e materiais entre os postulantes mais pobres e negros e os mais ricos e brancos ao Legislativo nacional, pode-se inferir que seria desejável que o legislador constitucional se ocupasse de estabelecer um regramento que impusesse aos partidos políticos brasileiros a obrigação destes destinarem pelo menos 1/3 (um terço) das doações recebidas de particulares às candidaturas populares e pobres, obedecendo-se para tanto uma divisão paritária que atendesse de forma equânime os critérios de renda, gênero e pertencimento étnico-racial.

Visando-se assim, especialmente redemocratizar a distribuição das doações recebidas da iniciativa privada com o propósito de também desracializá-las no interior dos partidos políticos brasileiros, os quais ficariam obrigados de tornar público seus demonstrativos contábeis que comprovassem efetivamente a distribuição paritária dessas doações também para essas candidaturas populares e negras. Podendo-se para tanto, fazer uso de dados estatísticos confiáveis produzidos por institutos de pesquisas como o IBGE e IPEA, por exemplo.

Tornando-se, portanto, indispensável a adoção futura pelo legislador eleitoral de um novo regulamento do financiamento público das campanhas eleitorais no Brasil, o qual precisará certamente atentar para estas disparidades estruturais que, a rigor, inscrevem vantagens exclusivas para uns; os mais ricos e certos prejuízos para outros; os mais pobres, quando a Constituição brasileira assegura igualdade de direitos entre todos os brasileiros, sendo, portanto, inadmissível que se continue realizando eleições ao Legislativo com a naturalização de tantas diferenças de recursos materiais e financeiros entre os disputantes.

É preciso reconhecer estas imensuráveis diferenças para reduzi-las.

2.3. A DEFINIÇÃO DO CAMPO IDEOLÓGICO, IDENTIDADE E FOCO RACIAL DO ELEITOR NEGRO BRASILEIRO

Constatamos que durante o regime de exceção que vigorou no Brasil por mais de duas décadas (1964 a 1985), o sistema de representação parlamentar que estatuiu o bipartidarismo facilitava à população negra identificar com maior nitidez e facilidade aqueles candidatos que erigiam um discurso a seu favor ou contra os seus interesses de mobilidade social ascendente.

A definição do campo ideológico à época do regime militar, ao contrário do que sucede na contemporaneidade, o bipartidarismo se por um lado reduzia as opções de escolha dos eleitores, por outro lado esse sistema de representação obrigava os candidatos ao Parlamento brasileiro a dizerem aos seus eleitores quais eram claramente as suas propostas políticas e, portanto, com isto afirmavam as suas convicções políticas, ao mesmo tempo em que também informavam aos eleitores de que lado ideologicamente eles estavam.

A definição prévia do campo ideológico parecia facilitar a linha programática dos partidos políticos e também reduzir as chances de os eleitores negros votarem em candidatos que tivessem propostas políticas abertamente contrárias às suas.

Para uma sociedade que pretende ser plural o bipartidarismo corresponde a um empobrecimento do debate político, o que, possivelmente, pode não ser bom para a sociedade.

Se por um lado, o pluripartidarismo enriquece o debate político e amplia as correntes programáticas dos partidos e os discursos de seus candidatos, por outro lado ele pode retirar o foco de alguns eleitores menos atentos, sem formação política adequada ou com formação política prejudicada. O pluripartidarismo, no entanto, pode ter retirado da população negra brasileira esse foco tão necessário para ela poder identificar aqueles que de fato são seus aliados políticos na sua luta para ampliação de sua representação parlamentar e efetiva participação política nas diferentes dimensões de poder da sociedade brasileira.

Assim, os atores políticos de múltiplos discursos parecidos podem confundir parte dos eleitores negros com formação política e educacional reduzida que, em face desses estratagemas, os partidos políticos conseguem auferir algumas vantagens políticas em cima de eleitores negros menos esclarecidos politicamente, parte dos eleitores negros que, desinformados parcialmente ou totalmente dessas estratégias dos partidos políticos, acabam sendo seduzidos por suas propostas, os quais agem mais decididamente com o propósito de confundi-los com seus discursos genéricos.

Em face desta situação, o principal objetivo dos partidos políticos no Brasil é a preservação da utilidade do voto negro, obtido geralmente sem qualquer contrapartida ou qualquer tipo de vantagens sociais direcionadas para a população negra. Desse modo, os partidos políticos se esforçam para impedir que os eleitores negros úteis, com formação política prejudicada, pudessem deixar de votar em suas legendas e nos seus candidatos brancos mais ricos.

Ocorre, entretanto, que alguns partidos alegam em seus programas que eles atuam de modo a atender de forma programática os interesses de certas minorias. O que pode ser verdadeiro, especialmente quando observamos e levamos em consideração que os negros no Brasil formam a maioria da população nacional. Os partidos políticos pouco ou quase nada fazem para atender aos interesses particulares dessa maioria, agindo apenas para se valerem de pressupostos com vistas à utilidade de seu voto, como já demonstramos ao longo deste texto reiteradas vezes.

O jogo político no Brasil subjetivamente se ocupa de reproduzir antigas regras senzalinas e normas que, em larga medida, reduzam as habilidades humanas dos negros e por isso se ocupa igualmente em reservar e inscrever os afro-brasileiros apenas como eleitores, isto é, exclusivamente como sujeitos cumpridores de tarefas e não como gestores ou realizadores destas.

A função de gestor, geralmente, é uma condição que implica uma hierarquização dos sujeitos, além da função de dar e cumprir ordens no Brasil está implicitamente categorizada e reservadas a brancos darem ordens, e, supostamente, a negros estritamente cumpri-las, como explica o professor Muniz Sodré em sua obra *Claros e Escuros, identidade, povo e mídia no Brasil.*

Sem a veemência que permeia o arrazoado de Huntington, Habermas situa o problema no âmbito de uma oposição entre o universalismo e particularismo, fazendo uma distinção entre "cultura política" – aquela baseada no universalismo das instituições liberais, que asseguram democracia e direitos humanos – e "cultura etnográfica" ou "subcultura", sustentada pelo particularismo dos usos e costumes locais ou regionais.[66]

Num contexto multiculturalista, isto é, de aproximação de subculturas dentro de um Estado-nação, registram-se normalmente conflitos entre a cultura política hegemônica e os grupos particularistas. Habermas admite a possibilidade de convivência do universalismo político com as particularidades culturais, desde que se preserve o sistema jurídico de caráter individualista, ou seja, que não haja direitos coletivos para os particularismos. O caminho de saída dos conflitos passaria, assim, pelo universalismo iluminista de uma cultura mundial, capaz de tolerar as idiossincrasias subculturais. Seria tal caminho o "transculturalismo", noção que implica a hegemonia de um projeto iluminista (ocidental), tolerante para com as diferenças. É evidente que em toda esta suposta pluralidade, permanece sempre a decisão que só o ocidental é modelo de dever-se. O não-ocidental pode apenas chegar a "sub", isto é, a cumpridor de normas, executor de modelos". Quanto ao transculturalismo, não é noção que se deduza até agora da análise das diferenças concretas, mas do imaginário de uma cultura política única, fundada na utopia iluminista e liberal de uma democracia universalista.[67]

Portanto, na perspectiva da lição de Sodré, segundo a qual a lógica de Jürgen Habermas admite a possibilidade de convivência do universalismo político desde que se preserve o modelo cujo sistema jurídico seja pautado com propósitos individualistas, visando não reconhecer direitos coletivos.

A lógica habermasiana é exatamente a mesma lógica das elites brasileiras brancas dominantes neoliberais que recusam as diferenças coletivas apontadas por renomados Institutos de Pesquisas do próprio Estado brasileiro, em razão de apoiarem suas convicções de justiça exclusivamente no mérito individual por conta do discurso neoliberal que as favorece e preserva intacto os seus privilégios e benefícios.

Por isso, parte dos mais ricos no Brasil, em geral, se posta em franca oposição às republicanas pesquisas destes Institutos de Pesquisas estatal, as quais sugerem que levar exclusivamente os resultados baseados na meritocracia individual como norma mais justas para se corrigir as diferenças sociais é, antes de tudo uma antinomia ao que as pesquisas destes Institutos apontam como o mais justo para todos os brasileiros.

---

66 HABERMAS, Jurgen. Folha de São Paulo, caderno Mais, 30 abr. 1995 *apud* SODRÉ, Muniz. *Claros e Escuros – Identidade, povo e mídia no Brasil.* Petrópolis: Vozes, 2000, p. 20.

67 SODRÉ, 2000, p. 21.

O propósito das elites brasileiras dominantes é não reconhecer as diferenças coletivas e grupais existentes na sociedade brasileira contemporânea, especialmente quando são comparados os grupos, de um lado formados pelos brasileiros negros e por outro lado com os seus compatriotas brancos.

As discrepâncias sociais entre estes dois grupos de brasileiros se avolumam para patamares bastante elevados, apontando nitidamente as desvantagens econômicas, estruturais, educacionais e de oportunidades dos primeiros em relação às vantagens e benefícios dos segundos, sugerindo que as correções destas discrepâncias precisam ser corrigidas coletivamente.

O neoliberalismo transfere exclusivamente para os socialmente mais vulneráveis as responsabilidades destes se adequarem à sociedade com vistas a reduzirem as diferenças sociais que a um só tempo os atinge e viola os seus direitos, quando estas responsabilidades e proteção de seus direitos são também do todo social.

Assim, a partir da declinação de suas responsabilidades sociais coletivas, parte dos brasileiros mais ricos sente-se confortável para não reconhecerem e justificarem a preservação do modelo que lhes confere amplos benefícios, muitos deles decorrentes não exatamente de seus próprios méritos, mas oriundos da má distribuição das riquezas materiais produzidas por todos, desse modo, as pesquisas produzidas pelo IBGE e IPEA por exemplo, sugerem que estas riquezas e especialmente as oportunidades fossem melhores distribuídas de forma mais justa e equânime também para todos os brasileiros.

A lógica habermasiana é exatamente a mesma lógica das elites brasileiras brancas dominantes neoliberais que recusam as diferenças coletivas apontadas por renomados Institutos de Pesquisas do próprio Estado brasileiro, em razão de apoiarem suas convicções de justiça exclusivamente no mérito individual por conta do discurso neoliberal que as favorece e preserva intactos os seus privilégios e benefícios.

Parte dos mais ricos se posta em franca oposição às republicanas pesquisas desses Institutos de Pesquisas, as quais sugerem que levar exclusivamente os resultados baseados na meritocracia individual como norma mais justa para corrigir as diferenças sociais é, antes de tudo, uma antinomia ao que as pesquisas desses institutos apontam como o mais justo para todos os brasileiros. O propósito das elites brasileiras dominantes é não reconhecer as diferenças coletivas e grupais existentes na sociedade brasileira contemporânea, especialmente quando são comparados os grupos, de um lado formados pelos brasileiros negros e do outro, pelos seus compatriotas brancos.

As discrepâncias sociais entre os dois grupos de brasileiros se avolumam para patamares bastante elevados, apontando nitidamente as desvantagens econômicas, estruturais, educacionais e de oportunidades dos primeiros em relação às vantagens e benefícios dos segundos, sugerindo que as correções das discrepâncias precisam ser feitas coletivamente.

O neoliberalismo transfere exclusivamente para os socialmente mais vulneráveis as responsabilidades de se adequarem à sociedade com vistas a reduzir as diferenças sociais que a um só tempo os atingem e violam os seus direitos, quando estas responsabilidades e proteção de seus direitos são também do todo social.

A partir da declinação de suas responsabilidades sociais coletivas, os brasileiros mais ricos sentem-se confortáveis para não reconhecer e justificar a preservação do modelo que lhes confere amplos benefícios, decorrentes não de seus próprios méritos, mas da má distribuição das riquezas materiais produzidas por todos; desse modo, as pesquisas produzidas pelo IBGE e IPEA sugerem que as riquezas e especialmente as oportunidades fossem mais bem distribuídas de forma mais justa e equânime para todos os brasileiros.

2.4. A SUB-REPRESENTAÇÃO PARLAMENTAR DA POPULAÇÃO NEGRA BRASILEIRA NO LEGISLATIVO ESTÁ TAMBÉM DIRETAMENTE ASSOCIADA A MÁ DISTRIBUIÇÃO DAS RIQUEZAS NACIONAIS E OPORTUNIDADES IGUAIS

O monopólio da representação parlamentar no Brasil tem muito a ver com a sub-representação da população negra no Legislativo nacional. A sub-representação no Parlamento nacional está atrelada e associada à má distribuição das riquezas e também à má distribuição das oportunidades, de modo a preservar o protagonismo e o controle dos espaços de poder e tomada de decisões políticas concentrados isoladamente nas mãos dos brasileiros mais ricos e brancos.

O protagonismo e a concentração dos espaços de poder e tomada de decisões políticas no Brasil, concentrado majoritariamente nas mãos dos brasileiros descendentes de europeus, tem muito a ver com conceitos subjetivos de autoridade e credibilidade os quais, de maneira geral, são também racializados e destinados como uma regra inquestionável à *expertise* e capacidade profissional de realizar o "bem comum" desses indivíduos.

Por outro lado, as elites brasileiras brancas dominantes se esforçam em reproduzir as sutilezas do discurso neoliberal com o nítido propósito de não reconhecer e tampouco destinar aos negros esses mesmos atributos e capacidades humanas de realização do "bem comum" para todos, visando especialmente não reconhecê-los como sujeitos de plenos direitos para ao mesmo tempo negar-lhes e retirar-lhes esta condição humana que se estende igualmente aos seus compatriotas indígenas e mestiços.

O professor Marcio Pochmann leciona que as desigualdades econômicas no Brasil estão firmemente ancoradas na má distribuição de renda e oportunidades.

> A prevalência da heterogeneidade estrutural na esfera da produção econômica e circulação marcam a distribuição desigual das oportunidades entre os indivíduos, incidindo sobre suas trajetórias posteriores. Nesse sentido que o conservadorismo evidente nos pactos políticos passados colocou de fora a possibilidade do êxito de qualquer tipo de reforma civilizatória no selvagem capitalismo brasileiro. Assim, a heterogeneidade produtiva se estabeleceu às possibilidades de chances individuais e coletivas, demarcando posições de prestígio social e legitimidade nos ganhos materiais. Nas décadas de 1980 e 1990, com o quase desaparecimento do crescimento econômico propulsionado pela crise da dívida externa e da presença de altas taxas de inflação, a temática da desigualdade foi colocada em segundo plano em virtude do fatiamento pós-moderno dos estudos sobre fenômenos sociais e econômicos. Concomitantemente, o neoliberalismo adotado no Brasil avançou no desmonte de parte crescente das políticas públicas que potencializavam anteriormente a mobilidade da sociedade, mesmo que com desigualdade. O resultado disso foi a conveniência com a imobilidade social, congelando a desigualdade em patamar elevado durante as duas últimas décadas do século passado.[68]

No Brasil, no imaginário coletivo popular encontra-se amplamente introjetado o discurso neoliberal, que implicitamente sugere aos socialmente mais vulneráveis aceitá-lo como uma verdade inquestionável, segundo o qual, autoridade e credibilidade são atributos exclusivamente de brancos bem-sucedidos em suas atividades profissionais e áreas de *expertise*. Sutilmente sugerem que os espaços de poder devem ser ocupados por essas pessoas somente, supostamente dotadas de atributos que não são exclusivamente seus. Autoridade e credibilidade, como se sabe, é, antes de tudo, um atributo humano.

As elites brasileiras dominantes não deixam transparecer em seu discurso neoliberal a distribuição desigual das oportunidades entre os indivíduos, como sinalizou acima o professor Márcio Pochmann, a fim de não reconhecer as diferenças sociais coletivas que inscrevem os mais pobres e negros no Brasil.

---

[68] POCHMAN, 2015, p. 15.

Este discurso pode ser visto também como uma forma de manipulação mental do "Outro" com vistas a impedir que os mais vulneráveis socialmente possam ter a pretensão de ocupar os espaços de visibilidade positiva e tomada de decisões políticas, sem estarem devidamente investidos do necessário e indispensável atributo da autoridade e credibilidade, conferidas pela pele e estética brancas que, em tese, autorizariam a gozarem desse privilégio, ao que parece reservado e categorizado para esses brasileiros apenas.

2.5. O TEMOR DO AUMENTO DEMOGRÁFICO DA POPULAÇÃO NEGRA BRASILEIRA E PRESERVAÇÃO DA SUPREMACIA RACIAL BRANCA NAS DIMENSÕES DO LEGISLATIVO

A ideia de supremacia racial dos brancos no Brasil tornou-se objeto de um amplo debate do Movimento Negro Brasileiro na década de oitenta em São Paulo, por conta de um documento produzido pelo economista do antigo Banco Banespa – Banco do Estado de São Paulo, Benedito Pio da Silva, intitulado *Censo Demográfico de 1980*. Esse profissional, não obstante ser negro e, segundo dizem, lutar por aquilo em que acreditava que fosse o melhor para a população negra, equivocadamente saiu em defesa da necessidade de se preservar a supremacia branca nas dimensões de poder e tomada de decisões políticas no Brasil.

A preservação da supremacia branca nos espaços de poder e tomada de decisões políticas, segundo o documento produzido por Silva, visava impedir que os brasileiros negros pudessem ter não somente o direito, mas sobretudo o protagonismo de dar a última palavra nas dimensões do Legislativo. Isto é, a exemplo de seus compatriotas brancos, inscritos como sujeitos livres e autônomos, portanto, autorizados e categorizados como cidadãos de plenos direitos, pudessem os negros também agir e tomar decisões consuetudinárias nessas instâncias de poder controladas majoritariamente por brancos também em nome dos negros.

O documento produzido por Benedito Pio da Silva, em última análise, sugeria e tinha por propósito evitar que os negros pudessem mandar na política brasileira e, por conseguinte, dominar todos os postos de tomada de decisão na sociedade brasileira.

Silva ao propor que se erigissem obstáculos reais com amparo do Estado com vistas a colocar freios à mobilidade política ascendente da população negra brasileira, incorreu num paradoxo elementar, pois é da natureza humana desejar progredir e os mais pobres se esforçam exatamente para terem mobilidade social ascendente.

O documento produzido pelo GAP-Banespa na gestão de Benedito Pio da Silva tinha nítidos contornos racistas e segregacionistas, uma vez que sugeria que fossem reproduzidos os mesmos mecanismos que se observavam em sociedades racistas abertas da época, como aqueles mecanismos de exclusão e segregação racial da África do Sul, durante o *apartheid* (1948-1994), ou nos Estados Unidos da América durante a era de Jim Crow (1876-1965), nos estados americanos do sul como o Alabama e a Geórgia, por exemplo.

Se o aludido documento do GAP-Banespa não tinha o mesmo caráter oficial do antigo regime sul-africano ou a institucionalização da segregação racial ancorada nas leis jimcrownianas, implicitamente, Silva insinuava que o referido documento tivesse, pois deixou aflorar o seu temor pelo protagonismo político dos negros no Brasil, sugerindo que o Estado brasileiro implementasse ações concretas com vistas a reduzir o vertiginoso crescimento demográfico da população negra, pela via legal, como em programas de controle populacional adotados na República Popular da China, por exemplo, que impunha às famílias chinesas o número máximo de filhos admitidos e autorizados pelo Estado asiático.

Se na China o controle da natalidade se deve a uma questionável preocupação demográfica do Estado chinês em razão de sua superpopulação, os planos de Silva, por outro lado, eram não apenas de exercer o controle sobre o célere crescimento da população negra brasileira, como tinha especialmente o propósito explícito de colocar freios diretamente à sua mobilidade social ascendente, visando impedir o protagonismo dos negros nas diferentes dimensões de poder da sociedade brasileira. Ou seja, o documento manifestava abertamente que se erigissem obstáculos concretos com vistas a produzir efeitos imediatos e obstaculizar o progresso e a mobilidade social ascendente da população negra brasileira.

O documento produzido pelo GAP-Banespa sob as supostas ordens de Silva dissimulou e retirou dos holofotes os seus verdadeiros autores camuflados no Palácio dos Bandeirantes. Silva possivelmente não teria autoridade isolada para produzir um documento tão acintoso à população negra brasileira, à sua própria família e a sua inteligência de economista-chefe concursado do Banco do Estado de São Paulo, não fosse por determinação expressa da "casa-grande" que se apequenou e o abandonou deixando-o com a tarefa de explicar à sociedade o conteúdo do documento, possivelmente com a condição de não revelar a sua verdadeira origem.

Por quais razões se produziria um documento dessa envergadura no interior de um banco estatal, quando questões geopolíticas e demográficas poderiam ser discutidas com legitimidade nos fóruns apropriados para tais discussões técnicas, como a Universidade de São Paulo e a Assembleia Legislativa, por exemplo? Antes era preciso dizer à sociedade que o documento fora produzido por um negro e, portanto, para suscitar que os próprios negros reconheciam a superioridade e a legitimidade de apenas brancos ocuparem as posições de mando nos espaços de poder, pois eles próprios, os negros, reconheciam através desse documento, a sua suposta inferioridade congênita e suposta incapacidade de serem gestores públicos.

Isto é, o documento sugeria que, em tese, os negros brasileiros por acreditarem em supostas superioridades dos brasileiros brancos, renunciavam integralmente à sua cidadania, cedendo-a àqueles que artificialmente se esforçam para não os ver em maior número nos espaços de poder como parlamentares.

Benedito Pio da Silva pode ter sido politicamente ingênuo e muito útil aos propósitos das elites brasileiras brancas dominantes da época. Porém, imputar-lhe total responsabilidade pela produção desse sórdido documento é, no mínimo, ser igualmente ingênuo e útil a essas elites que conseguem os seus objetivos fazendo uso de elementos e indivíduos do próprio meio que pretendem alcançar e atingir, a fim de preservarem os seus privilégios e benefícios.

Assim, Pio da Silva pode não ter passado de um simples agente das elites brasileiras brancas dominantes, agindo similarmente como se fosse um capitão do mato urbano, pois como se pode constatar nos registros históricos, os regimes de discriminação e segregação racial foram produzidos exclusivamente por brancos à frente de governos abertamente racistas.

As elites brasileiras economicamente dominantes, muitas vezes assistidas por parte dos meios de comunicação que financiam e controlam, têm a capacidade de induzir o "Outro" a pensar e se comportar do modo como elas desejam. Pio da Silva, portanto, em tese, não poderia pela sua própria condição de funcionário público subordinado, com autonomia de gestão limitada a uma gerência de departamento de um banco estatal, por sua livre iniciativa produzir um documento que manifestava que fossem produzidas significativas alterações demográficas que ultrapassavam os limites das fronteiras do estado de São Paulo e, se atendidas, teriam alcance e provocariam mudanças estruturais não exclusivamente na sociedade paulista, mas na sociedade brasileira como um todo.

Não é razoável que um documento que colocava em xeque não apenas a imagem do banco como a imagem do próprio governo paulista da época, não tivesse antes, aliás, como é de praxe, passado por nenhuma instância superior para apurar a sua extensão, implicação, aplicação e legalidade, considerando-se especialmente que além dos efeitos políticos que esse documento poderia produzir nacionalmente, não se pode olvidar que a direção do Banespa era subordinada ao governo do estado de São Paulo.

Tornar público o documento produzido pelo GAP-Banespa foi um ensaio político para medir a reação tanto do Movimento Negro Unificado, quanto da população negra e da sociedade brasileira da época (1982), visando à adoção de medidas objetivas para se concretizar o seu enunciado subjetivo que tinha como principal escopo a esterilização em massa de mulheres negras brasileiras, implicitamente sugerido por meio do *partus sequitur ventrem*.

2.6. *"PARTUS SEQUITUR VENTREM"*: O ABORTAMENTO VOLUNTÁRIO DAS MULHERES NEGRAS

"*Partus sequitur ventrem*" era o abortamento voluntário das mulheres negras escravizadas, violentadas sexualmente por seus senhores com o propósito de evitar que seus filhos tivessem a sua mesma sorte, isto é, serem também escravizados. Desse modo, as mulheres negras escravizadas se negavam tempestivamente a serem fontes naturais para a reprodução de seres humanos escravizados no Brasil imperial frutos de estupros.

A professora Annette Gordon-Reed nos empresta parte de sua extensa pesquisa para compreendermos melhor o fenômeno do "*partus sequitur ventrem*" no Brasil, embora num outro contexto do documento produzido pelo GAP-Banespa em 1982; é possível observar que tanto os escravagistas do norte do continente americano como os do sul desse mesmo continente pareciam ter estreitas relações no *modus operandi* para aplicação da violência e da exclusão social de antigos escravizados e negros forros em ambos os hemisférios.

Segundo a preciosa lição da Dra. Gordon-Reed, em sua obra *Os Hemingses de Monticello,* a autora relata a história de quatro gerações da família afro-americana Hemingses desde sua origem na África às suas origens na Virgínia até à morte do presidente dos Estados Unidos da América, Thomas Jefferson, em Charlotteville, em 4 de julho de 1826. Thomas Jefferson era antigo proprietário de escravizados e companheiro da escravizada Sally Hemingses. Jefferson era também pai dos filhos de MRS. Hemingses, portanto, situação em que a História pode ter transformado a Sra. Hemingses em uma *enlasved First Lady of América*, "primeira dama" negra, não oficial, portanto, inteiramente preservada na sua condição de mulher escravizada e mulher do presidente dos Estados Unidos da América.

"Ao considerarmos os escravizados na Virgínia Colonial", relata Gordon-Reed, "observamos que os colonos desse estado abandonaram a tradição inglesa do '*partus sequitur patrem*', onde o status de um indivíduo era determinado pela origem social de seu pai".

Os colonos fizeram uma opção pelo princípio romano do "*partus sequitur ventrem*", mais favorável aos propósitos dos colonizadores da Virgínia, onde os filhos recebiam como herança o mesmo *status* social de sua mãe. Portanto, os filhos de mulheres negras escravizadas eram propriedades dos senhores de sua mãe, não importando se essas mulheres negras fossem violentamente estupradas e engravidadas por um homem livre ou não. Pelo princípio do "*partus sequitur ventrem*" seus filhos eram propriedade dos senhores-de-escravizados.

A professora Annette Gordon-Reed investigou por quais razões os colonos de Virgínia constituíram essa forma particular de escravidão, isto é, a propositada adoção do *status* de reconhecimento dos sujeitos a partir da adoção do princípio do "*partus sequitur ventrem*", que durou até fins da Guerra Civil americana (1861 a 1865).

Segundo essa historiadora e professora de Direito da Universidade de Harvard, os homens brancos, particularmente aqueles que faziam parte do Legislativo da Virgínia Colonial, "A Casa dos Burgueses" eram os proprietários de um crescente número de mulheres africanas, sendo esses homens brancos donos não apenas do produto da mão de obra escravizada como eram também proprietários de seus vários corpos. Segundo esta autora, pode ter ocorrido aos burgueses que essas mulheres negras pudessem algumas vezes ser usadas não somente para trabalharem nas suas fazendas, mas também para serem exploradas sexualmente.

Das relações sexuais entre as mulheres africanas escravizadas e seus senhores, inevitavelmente, nasceriam filhos dessa união. Mesmo os homens brancos que não possuíam mulheres negras escravizadas poderiam contribuir com o problema através de sua relação com essas mulheres negras.

Portanto, da relação entre homens brancos e mulheres negras nasceriam filhos que, se mantido o antigo princípio da tradição inglesa baseado no "*partus sequitur patrem*", as crianças frutos da exploração sexual das mulheres negras africanas, nasceriam livres, portanto, destruindo assim um componente crítico ao direito de propriedade dos senhores-de-escravizados: a habilidade para preservar o valor do "incremento" toda vez que as mulheres negras escravizadas dessem à luz.

Gordon-Reed prossegue com sua investigação para descrever um caso real ocorrido em um Tribunal em 1655, no qual Elizabeth Key, uma mulher mestiça, portanto, uma mulher com sangue negro e branco correndo em suas veias, teria ingressado com uma Ação Judicial no Tribunal questionando com muito sucesso por sua liberdade com base no fato de que seu pai era inglês e, portanto, no seu entendimento, ela tinha o direito de ser uma mulher livre, pois deveria prevalecer o ancestral direito estabelecido no princípio do *partus sequitur patrem* e não o princípio ulterior do *partus sequitur ventrem*, pois ela era filha de um homem livre e, por essa razão e extensão, Key deveria ser legalmente tratada com base no *status* social de seu pai.

Caso a decisão judicial interposta por Elizabeth Key fosse julgada procedente pelo Tribunal, seriam criadas jurisprudências favoráveis para outras demandas judiciais semelhantes, uma brecha jurídica pela qual um crescente número de crianças negras poderia escapar da escravidão, mesmo aquelas crianças filhas da união de homens brancos livres com mulheres negras no cativeiro.

Os impactos eram surpreendentes. Primeiro a lei assegurava que homens brancos, especialmente aqueles privilegiados que aprovavam as leis no Parlamento, estes não seriam levados às barras do Tribunal por fornicação mesmo com mulheres brancas – podiam ter relações sexuais com mulheres negras escravizadas para produzirem filhos os quais eram itens do capital, e, portanto, eles não teriam jamais que se preocupar com a perda do direito de propriedade sobre essas crianças mestiças que seriam também escravizadas no futuro por seus próprios pais.

Gordon-Reed sugere que a lei tinha como propósito reduzir a mistura racial e, com isso, fora aprovada uma norma legal que aumentava as penalidades para casais racialmente mistos que se envolvessem em relações sexuais fora do casamento. Com efeito, essa lei significava que a conduta particular dos homens brancos não teria sérios impactos sobre a emergente sociedade escravagista como um todo. Homens brancos poderiam manter relações sexuais com mulheres negras sem criarem uma classe de pessoas mestiças livres para complicarem ainda mais esse problema. Em segundo lugar, conforme informa Gordon-Reed, a lei implicava que toda pessoa suspeita de ter sangue africano era um escravizado em potencial, a menos que ela pudesse provar o contrário.

Assim, "*The Common-law*" ou a lei geral inglesa, que previa a presunção em favor da liberdade, essa lei, entretanto, não agasalhava os negros em todos os estados escravagistas, com exceção de Delaware. A presunção era que pessoas com pele negra ou mestiças eram, por sua natureza, escravizadas, salvo se elas pudessem provar por meio do princípio do "*partus sequitur ventrem*" que elas eram livres. Portanto, sem essa comprovação, esses indivíduos negros e mestiços podiam ser legalmente escravizados à época. [69]

Se nos Estados Unidos da América os colonizadores da Virgínia se preocupavam em ampliar a produção de seres humanos escravizados para a lavoura, no Brasil dos anos oitenta, vê-se uma preocupação das elites brasileiras brancas dominantes no sentido de reduzir a população negra com vistas a impedir a sua mobilidade social ascendente e, muito especialmente, impedir o seu protagonismo político.

A Doutora Sueli Carneiro, em artigo publicado no sítio do Geledés – Instituto da Mulher Negra - relata com brilhantismo esse lamentável episódio da década de 80.

> O GAP – Grupo de Assessoria e Participação do Governo do Estado elabora um documento "Sobre o Censo Demográfico de 1980 e suas curiosidades e preocupações". Neste documento, é apresentada a proposta de esterilização massiva de mulheres pretas e pardas com base nos seguintes argumentos: "De 1970 a 1980, a população branca reduziu-se de 61% para 55% e a população parda aumentou de 29% para 38%. Enquanto a população branca praticamente já se conscientizou da necessidade de se controlar a natalidade... a população negra e parda eleva seus índices de expansão em 10 anos, de 28% para 38%. Assim, teremos 65 milhões de brancos, 45 milhões de pardos e 1 milhão de negros. A manter esta tendência, no ano 2000 a população parda e negra será da ordem de 60%; por conseguinte muito superior à branca e, eleitoralmente, poderá mandar na política brasileira e dominar todos os postos-chaves, a não ser que façamos como em Washington, capital dos Estados Unidos, onde devido ao fato da população negra ser da ordem de 63%, não há eleições". Essas preocupações demográficas foram expressas por Benedito Pio da Silva, do grupo de assessores do então governador do Estado de São Paulo e atual prefeito da cidade de São Paulo, Paulo Salim Maluf. Parece que em concordância com as preocupações do sr. Benedito Pio da Silva, no Estado do Maranhão, onde a população negra representa perto de 80% da população total, en-

---

69 GORDON-REED, 2008, p. 46. Texto original disponível em: <https://wigwags.wordpress.com/2008/12/01/ on-slavery-9-partus-sequitur-ventrem/>. Acesso em: 22 abr. 2015. O texto acima é uma versão do texto original em inglês, adaptada para o português com tradução livre nossa.

contramos um dos maiores índices de esterilização feminina do país: 75% das mulheres maranhenses em idade reprodutiva estão esterilizadas.[70]

A preocupação do protagonismo político da população negra brasileira aventada no documento que se atribuiu autoria a Pio da Silva, trouxe à baila o caso do vereador Paulo Rui de Oliveira, então presidente da Câmara Municipal de São Paulo que fora artificialmente por seus pares do Legislativo Municipal e de seu próprio partido, impedido de tomar assento como prefeito de São Paulo, em substituição ao prefeito da época que viajaria ao exterior em companhia do então governador do estado de São Paulo, Paulo Salim Maluf.

Segundo a linha sucessória que estabelece a ordem de sucessão do prefeito da capital, Paulo Ruy Oliveira, então presidente da CMSP, deveria ter sido legalmente investido nesse cargo, não fossem as manobras políticas para impedi-lo de ser o prefeito da capital paulista, ainda que interinamente. Paulo Rui de Oliveira poderia ter sido o segundo prefeito negro de São Paulo, na esteira de Paulo Lauro (1947-1948) que foi o primeiro. Celso Roberto Pitta do Nascimento que seria o terceiro prefeito negro da capital, por conta de barreiras políticas impostas a Oliveira, acabou sendo o segundo prefeito negro do município de são Paulo (1997-2000).

Nesta perspectiva, as supostas preocupações do economista Benedito Pio da Silva parecem ter se concretizadas, uma vez que Oliveira, devido a manobras internas de seus próprios colegas parlamentares, jamais assumiu interinamente a Prefeitura Municipal de São Paulo ao longo de sua gestão, possivelmente em razão de ter chegado à Presidência da Câmara Municipal de São Paulo pelas mãos do então vereador Antonio Sampaio que se opunha politicamente ao também ex-vereador Brasil Vita que pretendia ser reconduzido por seus pares para chefiar o Legislativo Municipal da capital paulista, que à época do regime militar, não tinha o cargo de vice-prefeito municipal. Portanto, na ausência do alcaide, o cargo era automaticamente assumido pelo presidente da Câmara municipal.

> Nas quatro décadas em que esteve na Câmara, um episódio marcou profundamente Brasil Vita: uma traição que sofreu em 1981. Na ocasião ele tentava mais uma vez ser presidente da Casa e disputava o cargo com Antônio Sampaio. A CMSP tinha 21 vereadores: 11 estavam com Vita e 10 com Sampaio. Os pró-Vita ficaram hospedados em um hotel próximo

---

[70] CARNEIRO, Sueli. Caderno *"Reflexão"* – Expectativas de Ação das Empresa para Superar a Discriminação Racial, ano 3, n. 8, Instituto Ethos – Empresas e Responsabilidade Social, set. 2002.

à Câmara para evitar deserções. Um deles, Paulo Rui de Oliveira, fazia aniversário naquele dia e pediu para passar a noite em casa, com a família. Teve o pedido aceito, mas fora do "confinamento" recebeu um presente inesperado: a proposta de Sampaio.[71]

Oliveira, ao contrário das sugestões manifestamente racistas contidas no documento produzido pelo GAP-Banespa, não perdeu a oportunidade que lhe fora oferecida pela História. Avaliou e considerou legítimos não apenas os interesses políticos do vereador Antonio Sampaio em derrotar o seu opositor o vereador João Brasil Vita, como considerou também os seus próprios interesses políticos e especialmente o protagonismo histórico de um negro ocupar a Presidência de uma Casa de Leis na mais rica e, segundo dizem, a mais importante metrópole nacional.

Paulo Rui de Oliveira considerou muito especialmente os conselhos do então deputado federal Adalberto Camargo que o orientou a não recusar a oferta de Sampaio. Desse modo, Oliveira, seguindo as orientações de Camargo, abandonou o grupo liderado por Vita, sendo assim, conduzido por seus novos pares à vitória e, portanto, culminou investido na Presidência da Chefia do Parlamento Municipal da Capital de São Paulo, como relata o saudoso jornalista Antonio Lucio em palestra realizada na Câmara dos Deputados em Brasília.

A leitura e percepção desse momento histórico feita por Camargo foram cruciais para que Paulo Rui de Oliveira se tornasse o primeiro negro a ocupar a Presidência da Câmara Municipal de São Paulo, quatrocentos e vinte um anos após a sua fundação em 1560.

> Um dos episódios mais marcantes da prática de preconceito e a discriminação racial contra afro-brasileiros ocorreu em 1981, quando um parlamentar negro foi eleito presidente da Câmara Municipal paulistana, onde destaquei na ocasião a AGITAÇÃO E ELEIÇÃO ocorrida naquela casa de leis: <A Câmara Municipal de São Paulo viveu dias de imensa agitação política, naquele ano de 1981, dada a importância da eleição do novo Presidente da edilidade, pois o futuro comandante da Casa, em mudando o quadro institucional e político que se apresentava, poderia brevemente assumir os destinos da cidade como Prefeito. Estavam disputando a eleição dois grupos, um do vereador Antonio Sampaio e outro do vereador Brasil Vita, que tendo a vitória como favas contadas foi aconselhado a se manter menos boquirroto e mais discreto, colocando os pés no chão, lembrando alguns edis que em eleição e mineração o resultado se define só depois da apuração. O então ministro Delfim Neto, que nunca havia tido vivência no meio político como detentor

---

[71] REVISTA APARTES. Câmara Municipal de São Paulo, n. 10, p. 31-38, set./out. 2014.

de mandato parlamentar, em encontro mantido com o edil que tem o pé fincado no lendário bairro do Bixiga, lembrou que na matemática o importante para qualquer resultado de uma operação é a prova dos 9, e detonou: <Vita, você pode ser bom tribuno, mas é ruim de aritmética, pois com esta disputa apertada, em que o voto está valendo mais que qualquer tostão furado, não está sabendo contabilizar os apoios e vai perder a eleição. João Brasil Vita, do alto da sua elegância e arrogância desdenhou, comentando nos cantos: <O Delfim mais uma vez está errando ao falar em números, pois fez uma afirmativa que pensa ser premonição, mas ninguém empanará o brilho da nossa vitória. Preparem a festa. O vereador Antonio Sampaio, nada comentava sobre o pleito, manteve suas articulações, conversando diariamente várias vezes com os colegas, dirigentes partidários, com o então governador Paulo Maluf e com quem mais pudesse ajudá-lo a conquistar a cadeira principal da edilidade paulistana, pois sabia que o pleito não estava definido e que só na boca da urna o mesmo deveria ser resolvido, para se saber quem realmente seria o novo Presidente da Casa. Cautela e chazinho de camomila por parte do grupo de Antonio Sampaio, euforia demasiada e muito vinho por parte do grupo de Brasil Vita, além da bajulação que não faltava nos gabinetes dos nobres senhores vereadores. Único parlamentar negro na casa de leis paulistana, o vereador Paulo Rui de Oliveira, impaciente com a realização de diversas reuniões para se acertar a escolha de um candidato a Presidência da edilidade paulistana, passa a mão num telefone para consultar seu Guru Político, o deputado federal Adalberto Camargo e travaram o seguinte diálogo: <Ø Camargo me desculpe o incômodo da hora, mas estou aqui em mais uma reunião com um dos grupos que considera o meu voto como o de "minerva" para eleger o Presidente da Câmara. Ø E o outro lado Paulo, como está? Ø O outro grupo também quer o meu voto para eleger o Presidente. A diferença é de um voto. Ø Paulo, se os dois grupos querem o seu voto de "minerva" para eleger o Presidente, saia candidato você. É o golpe de mestre. É xeque-mate. Vá nessa e me ligue depois de empossado. Paulo Rui de Oliveira foi eleito e empossado, em 1981, como o primeiro Vereador negro a assumir como titular do mandato o cargo de Presidente da Câmara Municipal de São Paulo. O desespero e o desolamento tomaram conta do decano dos vereadores paulistanos João Brasil Vita, que tinha sua eleição ao cargo como favas contadas, já tinha montado sua equipe de gabinete presidencial e encomendado cocktail para comemorar a vitória, que não houve, perdida no tabuleiro político. Inconfidências não houveram, ninguém contou, simplesmente o telefone captou. E ninguém sabe se o vencedor ligou depois de empossado, mas presume-se que não deixou de agradecer a orientação do seu "mestre e guru político". Os políticos paulistanos, não deixaram de manifestar sua verve racista sobre a vitória do vereador negro, considerada como uma "rasteira" política, segundo eles, urdida por cidadãos escuros na escuridão da noite que antecedeu o pleito. Segundo o cientista político Cloves Luiz Pereira de Oliveira, autor da pesquisa Os Negros e o Poder no Brasil, os estudos sobre as determinantes sociais do voto e do comportamento político no Brasil raramente incluem questões sobre raça e etnicidade, embora os negros representem cerca de 44% da população e até 50% em algumas capitais. Raça e a etnicidade são fatores importantes de estudo em Ciência Política no tocante ao recrutamento para os cargos eletivos, principalmente quando o país em questão - caso do Brasil e dos Estados Unidos - é um cadinho de raças e etnias oriundas da imigração planejada ou não. Doutorando em Ciência Política do Instituto Universitário de Pesquisas do Rio de Janeiro - IUPERJ, Cloves de Oliveira considera que há um preconceito e esquecimento dos intelectuais em relação à inclusão do negro na mídia e na política, embora mencione diversos casos de negros eleitos para cargos executivos, como os ex-governadores Alceu Collares, no Rio Grande do Sul, Albuíno Azeredo, no Espírito Santo, e Benedita da Silva, no Rio de Janeiro, e o prefeito Celso Pitta, em São Paulo. Um dado revelador dessa indiferença geral sobre a etnicidade dos políticos é que, de 1986 a 1998, nenhuma pesquisa de mestrado ou doutorado em Ciência Política, sobre a participação do negro ou de outro grupo étnico nas eleições no Brasil, foi registrada na Universidade de São Paulo (USP).[72]

Antonio Lúcio revela em sua palestra a emergência da verve racista dos políticos paulistas derrotados por Oliveira. Possivelmente esperavam de Oliveira um comportamento de obediência e total subserviência, pois possivelmente não o tinham como um igual, com direito de votar e ser também votado por seus pares. Possivelmente em razão de muitos de seus pares no Legislativo Municipal paulistano serem descendentes diretos de escravizadores europeus e, portanto, acostumados a dar ordens a negros e jamais serem contestados em suas determinações. Oliveira ousou desafiar a lógica generalizada inscrita pelos mais ricos e brancos, segundo a qual negros seriam indivíduos obedientes e subservientes, acostumados à violência e maus-tratos.

Pode-se a partir da palestra de Lúcio observar o que também já apontamos neste trabalho: a questão racial brasileira não é um tema a ser amplamente tratado no Parlamento, menos ainda é a questão da sub-representação parlamentar da população negra.

Muitas vezes se espera do parlamentar negro um comportamento de subserviência e sempre de acompanhamento de seus pares, isto é, de parlamentar votante apenas, jamais se espera um comportamento de autonomia e independência para ele poder, na condição de parlamentar, também

---

[72] LUCIO, Antonio. Palestra proferida na Audiência Pública da Comissão de Relações Exteriores e Defesa Nacional da Câmara dos Deputados, Brasília, 11 ago. 2009. Disponível em <http://www2.camara.leg.br/ atividade-legislativa/comissoes/comissoes-permanentes/credn/audiencias-publicas/2009/Palestra%20 proferida%20 pelo%20Jornalista%20Antonio%20Lucio.pdf>. Acesso em: 22 mar. 2015.

apresentar para os seus pares as suas propostas políticas e projetos do interesse geral da sociedade para serem apreciados e também votados.

O escravismo no Brasil forjou uma falsa imagem do negro servil, sempre fiel e obediente ao branco, mesmo em situações e em instâncias que requeiram autonomia dos sujeitos como o Parlamento, onde os mais conservadores, em larga medida, esperam da parte de seus colegas negros esse comportamento reprovável.

Paulo Rui de Oliveira se rebelou face ao modelo que o tornava apenas útil a seus pares, revelando-lhes a sua integral humanidade e igualdade das mesmas condições que lhes eram reservadas na condição de parlamentar.

Nesta perspectiva, torna-se ainda mais nítida a intenção do documento produzido pelo GAP-Banespa, pois revela o temor de no futuro emergir um poder político negro, não apenas capaz de votar, mas de também influenciar outros partidos políticos a acompanhá-los em suas propostas de mudanças estruturais que beneficiassem diretamente a maioria e, portanto, acompanhá-los em suas votações. Isto é, o receio implícito é que a ampliação de parlamentares negros no Legislativo nacional pudesse torná-los *real players* num jogo político que sequer deseja tê-los ou admiti-los nesse meio na condição de participantes efetivos no processo de tomada de decisões consuetudinárias.

Assim, a preocupação das elites brasileiras brancas dominantes acerca do vertiginoso crescimento da população negra brasileira acaba tendo integral sentido quando observamos as fundamentadas explicações a esse respeito do professor Cloves Luiz Pereira Oliveira em fenômeno semelhante observado nos Estados Unidos da América a partir da década de sessenta.

Pereira Oliveira parece com o seu denso texto corroborar o que apontamos linhas acima, onde uma propositura da dimensão da proposta apresentada pelo GAP-Banespa não poderia ter sido elaborada exclusivamente por um servidor público subalterno, mas possivelmente idealizado por ordem não explícita da classe política brasileira dominante, pois o referido documento camufla não somente os interesses como sobretudo o temor das elites brasileiras brancas dominantes que veem no crescimento demográfico da população negra uma ameaça futura à sua estrutura de controle político-ideológico que, *grosso modo*, esta situação tem lhe preservado o controle isolado das instâncias de poder no Brasil, bem como destinado privilégios e amplos benefícios decorrentes da administração e domínio desses espaços.

Neste aspecto, Pio da Silva pode ter sido usado pelas elites brasileiras brancas dominantes para legitimar a sua hegemonia e tornar ao mesmo tempo as suas ações invisibilizadas.

As ciências sociais americanas já acumularam abundantes evidências sobre a influência da raça no comportamento político e eleitoral nos Estados Unidos. Extensa literatura tem mostrado a existência de distintos padrões de voto segundo raça, diferenças no tratamento aos candidatos brancos e negros na cobertura jornalística, bem como diferenças no modo como os principais partidos políticos americanos, o Democrata e o Republicano, se posicionam frente à questão racial (Broh, 1987; Colburn & Adler, 2001; Liu, 2001; Perry & Parent, 1995a 1995b; Streb, 2000). Analisando a política local nos anos 60, pesquisadores observaram que a hostilidade dos eleitores brancos aos políticos negros aumentava à medida que a proporção de negros alcançava cerca de 30% da população total (Liu, 2001). Se existe esta relação estreita entre composição demográfica, relações interraciais e dinâmica eleitoral, como compreender o sucesso dos candidatos negros a prefeitos? Qual foi a estratégia eleitoral adotada por estes candidatos para vencer estas eleições? Como mostram os historiadores Colburn & Adler (2001), na coletânea AfricanAmerican Mayor: Race, Politics and the American City, que reúne um conjunto de nove ensaios que analisam a experiência de emergência dos prefeitos negros entre 1967 a 1996, a 5 eleição de Carl B. Stokes e Richard G. Hatcher para prefeituras das cidades de Cleveland, Ohio e Gary, Indiana, respectivamente, em 1967, intensificou ainda mais as reflexões sobre o enigma racial, porque marcou a eleição dos primeiros negros para governar cidades americanas e a emergência de um poder político-eleitoral negro. Para Adler (2001), quatro fatores favoreceram o sucesso eleitoral dos candidatos negros nos pleitos municipais: i) o movimento dos direitos civis; ii) a mudança na composição étnica e racial das populações das cidades americanas, quais passaram a ser, majoritariamente, negra e latina, devido ao fenômeno do êxodo dos brancos que passaram a viver nas regiões de subúrbios das cidades; iii) a pressão negra sobre a máquina política local; e iv) a construção de alianças políticas dos negros com outros grupos étnicos, como: latinos e judeus.[73]

O professor Cloves Luiz Pereira Oliveira revela a preocupação subjetivada pelas EBBD com o maior ingresso de eleitores negros e consequentemente o possível aumento de parlamentares desse segmento étnico. Portanto, a sugestão de se controlar o célere crescimento da população negra brasileira tem muito a ver com os riscos que esse crescimento poderá fazer no futuro com que a maioria, em certo momento, auxiliada pelos vários Movimentos Negros Brasileiros, reclame por sua participação política proporcional nas instâncias de tomada de decisão.

---

[73] OLIVEIRA, Cloves Luiz Pereira. *O que acontece quando um cavalo de cor diferente entra na corrida?* O painel das estratégias eleitorais dos políticos afro-americanos nas eleições municipais nos Estados Unidos. Trabalho apresentado no XXVI ANPOCS, Caxambu, MG, 26 out. 2002.

2.7. COM O CRESCIMENTO DEMOGRÁFICO DA POPULAÇÃO NEGRA BRASILEIRA EMERGEM AS AMEAÇAS E PRESSÕES POLÍTICAS FUTURAS ÀS DIMENSÕES CONTROLADAS PELAS CLASSES HEGEMÔNICAS BRASILEIRAS

Esta invisível pressão política dos mais pobres e negros que se avizinha a partir do seu crescimento demográfico linear faz com que os mais ricos e brancos no Brasil temam pelo fim de alguns de seus imensuráveis privilégios preservados pela via legal, por conta de estes últimos serem maioria nos espaços de poder e, por esse motivo, eles têm conseguido mantê-los basicamente inalterados ao longo de séculos. Ora, antes que essa pressão política emerja, melhor controlá-la na sua origem, isto é, no ventre das mulheres negras brasileiras.

Trata-se de uma forma indireta de retirar dos afro-brasileiros a sua cidadania, ficando absolutamente nítido que no Brasil o exercício de funções legislativas é algo quase que particularmente de brancos, geralmente os mais ricos. Por isso esses indivíduos tratam não apenas de procurar controlar o crescimento da população negra brasileira, mas essencialmente buscam enfraquecer os trabalhos e as árduas lutas realizadas pelos Movimentos Negros.

Não é por acaso que os grandes veículos de comunicação de massa no Brasil não divulgam a agenda de luta desses movimentos sociais, pois ao não divulgar a sua agenda os veículos de comunicação desestimulam que mais negros e outras etnias parceiras e progressistas pudessem se juntar a eles, ampliando o volume de sua massa, com maior percepção e ressonância para fazer valer as suas agendas por igualdade de direitos reais.

Privilégios indevidos são como produtos perecíveis, têm prazo de validade para expirar. As elites brasileiras brancas dominantes não ignoram que o célere crescimento da população negra impõe uma pressão invisível às suas benesses, reduzindo destarte o prazo de seus privilégios e benefícios. Esses mesmos mecanismos de impedimento e de não reconhecimento de plena cidadania de negros já fora muito antes experimentado nos Estados Unidos da América, como relata Oliveira Pereira.

> Segundo Adler (2001), existe um consenso entre os pesquisadores de que os movimentos dos direitos civis dos anos 50 e 60 alicerçaram a emergência dos políticos negros nos Estados Unidos. Diversos impactos tiveram estes movimentos na vida política americana, sendo destacada a importância que eles tiveram para "re-franquear" o direito de voto aos negros e contribuir para a formação política de lideranças negras. Os movimentos de

direitos cíveis atuaram, destacadamente, em campanhas para supressão de diversos mecanismos subjetivos de avaliação para concessão de direito de voto (criteria for citizenship elegibility), como os testes de analfabetismo, que impediam que expressivo contingente de negros pudessem ingressar no eleitorado americano. O autor enfatiza que apesar da ausência de leis que proibissem os negros de votar e serem votados, na prática os negros, enquanto grupo, eram alijados dos processos eleitorais. Segundo Perry & Parent (1995b), só para se ter uma ideia do impacto deste movimento, as campanhas de cadastramento de eleitores no sul dos Estados Unidos foram responsáveis pela entrada de aproximadamente 4 milhões de novos eleitores negros na arena política entre o período de 1965 a 1975. Além disso, a participação nos movimentos contribuiu para que alguns ativistas ingressassem na arena política formal, como também para a inserção na agenda 4 - O livro African-American Mayor: Race, Politics and the American City (2001) serve como principal referência para a composição desta comunicação, porque ele reúne um elenco de trabalhos embasados em extensa referência bibliográfica e material empírico sobre processo de ascensão ao poder dos políticos negros na esfera municipal. 5 - Segundo Colburn (2001), alguns autores afirmam que a primeira geração de prefeitos negros foi composta, majoritariamente, por ativistas dos movimentos dos direitos civil nos anos 60, que converteram o prestígio e experiência política e eleitoral de questões voltadas para atender os direitos civis dos negros e minorias nos Estados Unidos (Pinderhughes, 1995). Depois das campanhas de registro eleitoral dos movimentos dos direitos civis, o aumento do contingente de negros e latinos na população das cidades foi o principal fator que contribuiu para impulsionar a conquista do poder político local pelos negros (ADLER, 2001; PERRY & PARENT, 1995b).[74]

As elites brasileiras dominantes não desejam que suas alianças políticas enraizadas e envoltas por um círculo formado pelos brancos mais ricos, os quais têm permitido proteger os seus privilégios, esforçam-se cada vez mais para não permitir a entrada de outros *players* que não sejam originários desse círculo branco, uma vez que o ingresso de novos *players* não originários, estes podem não apenas pretender reduzi-los como essencialmente propor novos paradigmas ao conceito de direito, de dignidade e principalmente estabelecer novos paradigmas ao conceito de igualdade.

Portanto, para as classes dominantes brasileiras, torna-se crucial preservar o modelo que mantém os negros afastados das instâncias de poder e tomada de decisões políticas, ao mesmo tempo em que é indispensável mantê-los confinados exclusivamente como eleitores, isto é, como seus eleitores, a fim de não permitir que eles promovam uma vigorosa transição política no Brasil, deixando de ser eleitores para

---

[74] OLIVEIRA, C., 2002.

ser parlamentares e como tais promoverem significativas alterações na máquina política historicamente controlada pela classe dominante.

Em outras palavras, o documento produzido nos anos oitenta pelo GAP-Banespa pretendia, antes de qualquer coisa, proteger o modelo de ingresso no Legislativo, o qual tem permitido às classes dominantes brasileiras estarem em maior número nessas dimensões de poder, de modo a preservarem o controle da máquina política em suas mãos exclusivamente. Por outro lado, demonstra a emergência de alianças políticas sutilmente racializadas por brancos com vistas à preservação do modelo que tem lhes assegurado estarem isoladamente à frente das instâncias de poder no Brasil.

Não é possível que as elites brasileiras brancas dominantes ignorem o crescimento demográfico dos brasileiros, quando o IBGE aponta no Censo de 2010 os negros (pretos e pardos) como sendo maioria entre os brasileiros. O crescimento da massa negra de eleitores acompanha também esse crescimento demográfico e se robustece a partir do momento em que tem maior acesso à escolaridade e se depara igualmente com o surgimento e o apoio de novos agentes políticos como os intelectuais negros, por exemplo, essa massa negra de eleitores acaba por se fortalecer e passa a exigir que os espaços de tomada de decisões políticas no Brasil sejam mais plurais e éticos.

A esse respeito, a lição do professor Cloves Luiz Pereira Oliveira é crucial para se compreender as subjetividades do racismo brasileiro que envolve o documento produzido pelo Banespa durante a gestão de Benedito Pio da Silva.

Os afro-americanos do Norte, por sua vez, organizaram-se em algumas cidades e estados americanos de modo a não permitir que houvesse a perene predominância política de um único grupo étnico nos espaços de poder, como ocorre no Brasil. Ao estabelecerem novas alianças políticas com outras minorias étnicas como os latinos e judeus, os negros norte-americanos forçaram o grupo branco politicamente dominante a igualmente refletir sobre a necessidade da participação de negros nessas dimensões e, de igual modo, a necessidade da redistribuição dos espaços de poder na política regional, estadual e nacional nos Estados Unidos da América, por exemplo.

> Neste contexto, sem a prevalência de nenhum grupo racial no eleitorado, o sucesso eleitoral passou a depender, cada vez mais, tanto da ajuda do seu próprio grupo, quanto do apoio dos seus aliados. A nova distribuição étnico-racial do eleitorado proporcionou aos negros mais força para negociar

os termos das suas alianças e os apoios nas disputas políticas locais com os caciques partidários, as elites políticas e os empresários. Os políticos brancos, que estavam acostumados a obter os votos negros em troca de ações paternalistas, tiveram que ceder às demandas deste grupo por mais poder e espaço na arena política, uma vez que os votos negros nas cidades podiam "desalinhar" as máquinas dos partidos.[75]

Há que se considerar, contudo, as diferenças estruturais, econômicas e de oportunidades para avaliar como as questões raciais são tratadas nessas duas sociedades.

Se nos Estados Unidos da América a questão racial é, a rigor, tratada abertamente pela sociedade americana, no Brasil, entretanto, as elites brasileiras dominantes se esforçam para negar a existência de conflitos raciais na sociedade brasileira, por conta da crença mitológica da existência da democracia racial em nosso meio.

2.8. RACISMO NO BRASIL, UMA ABORDAGEM SUTILMENTE PROIBIDA AOS CANDIDATOS NEGROS OU A HIPOCRISIA DE UMA SOCIEDADE QUE SE APOIA NUMA SUPOSTA DEMOCRACIA RACIAL PARA NEGAR A EXISTÊNCIA DO RACISMO

Assim, os candidatos negros brasileiros, não obstante serem muitas vezes prejudicados por essas questões raciais artificialmente encobertas, ainda assim eles evitam abordá-las abertamente, pois tocar neste assunto aparentemente proibido poderá resultar em significativos prejuízos eleitorais para as suas candidaturas.

Como se pode observar, a questão racial no Brasil não é um tema que pode ser debatido abertamente mesmo entre os candidatos negros e seus possíveis eleitores, estamos presumindo, também negros. A hipocrisia social sugere tratar o racismo no Brasil como se ele não existisse ou fosse algo nitidamente muito prejudicial para os brasileiros descendentes de escravizados.

Tratar a questão racial abertamente, para alguns candidatos negros, pode significar uma reprovação prévia em seu próprio meio e fora dele também, já que no Brasil como já advertiu certa vez Munanga, admite-se a existência do racismo, porém, paradoxalmente não se consegue identificar com facilidade os seus autores. Portanto, as sutilezas do racismo em nosso país sugerem a possibilidade de outros prejuízos morais e materiais em muitas outras esferas, como a possível ocorrência de perda do posto de trabalho na iniciativa privada.

---

75 OLIVEIRA, C., 2002.

Assim, tratar o racismo de forma explícita pressupõe a seus combatentes que estes estejam predispostos a assumir todas as consequências por denunciarem o que parte da sociedade brasileira insiste em negar por acreditar na existência de uma suposta democracia racial no Brasil, a qual, em larga medida, não se efetiva para os brasileiros negros. Admitir sua existência pressupõe que certas instituições reconheçam publicamente suas ações nocivas contra esses brasileiros.

Portanto, essa ação de reconhecimento do racismo brasileiro envolve outros desdobramentos subjetivos, pois reconhecê-lo explicitamente pressupõe tornar públicos os interesses e privilégios de seus beneficiados, em maior número os mais ricos e brancos, os quais conseguem tirar proveitos materiais e econômicos desta estrutura social e racialmente excludente.

Para se contrapor aos agentes do racismo no Brasil, é preciso que aqueles que o combatem não dependam economicamente daqueles que controlam suas estruturas e instituições. Seus combatentes precisam estar financeiramente alicerçados para não serem transformados em suas vítimas, a fim de poderem combatê-lo vigorosamente e com independência. Portanto, para os negros e especialmente para os candidatos negros ao Legislativo, combater o racismo no Brasil, torna-se uma tarefa ambígua, uma vez que a maioria deles é dependente economicamente daqueles que negam a sua existência.

Segundo a lição de Ana Lúcia Eduardo Farah Valente[76], alguns candidatos negros deixam de abordar a questão racial em suas plataformas políticas por não desejarem ser estigmatizados como preconceituosos e racistas e, nas palavras da autora, "queimarem" a sua imagem e, por essa razão, esses candidatos negros buscam uma posição conciliatória com a violência que lhes subtrai direitos a fim de negar-lhes uma igualdade de fato.

Desse modo, parte dos candidatos negros passa um recibo ao discurso da classe hegemônica sobre a tese da democracia racial brasileira, pois adota um discurso conciliador, ao invés de adotar um discurso vigoroso de combate ao racismo. As particularidades do racismo no Brasil os fazem se comportarem como se a democracia racial de fato existisse. Revela-se não exclusivamente o medo, mas as sutilezas e o cuidado necessário que se precisa ter para tratar a questão racial no Brasil contemporâneo, sobretudo em período eleitoral, onde candidatos e eleitores estão mais interessados em discutir propostas genéricas.

---

76 VALENTE, 1984.

É como se a discussão da questão racial pudesse ficar para outro momento ou mesmo não fosse esse assunto algo tão importante para se discutir coletivamente como proposta política moralmente justa para o conjunto da sociedade. Talvez a questão racial no Brasil pudesse ser apresentada pelos candidatos negros sutilmente atreladas a outras demandas da sociedade como habitação, educação, saúde etc.

Sabe-se que em alguns momentos certos candidatos negros, por questões internas dos partidos políticos, são obrigados a proferir o mesmo discurso do campo ideológico dos candidatos brancos mais ricos, o que, de certa forma, pode confundir o eleitorado negro.

As sutilezas do racismo no Brasil estão rigidamente ancoradas e sustentadas por estruturas tão vigorosas que elas conseguem transformar a abordagem do racismo num tabu, como algo sagrado que sequer pode ser tocado ou mencionado senão para reafirmar a falsa crença de que ele não existe em nossa sociedade.

Assim, aqueles que ousam desafiar as falácias da democracia racial brasileira, são, *grosso modo*, execrados pela sociedade; algumas vezes os políticos negros, por essa razão, são usualmente rejeitados em seus próprios meios, por amigos e colegas de trabalho.

Tratar o racismo explicitamente no Brasil pressupõe assumir riscos de uma marginalização social em quase todos os níveis. Neste contexto, os militantes e políticos negros mais ativos no combate às rígidas estruturas do racismo brasileiro são, em geral, servidores públicos concursados, advogados, aposentados, professores, profissionais liberais autônomos, sindicalistas, donas de casa, estudantes, militares aposentados, ONGS e trabalhadores temporariamente desempregados, em razão desses profissionais gozarem de estabilidade em suas atividades profissionais.

Esses indivíduos podem ser também os mais ativos, pois, salvo os ativistas temporariamente desempregados que precisam retornar ao mercado formal de trabalho na iniciativa privada, estes acabam ficando mais expostos e colocam em risco as suas chances profissionais de serem reempregados. Enquanto que os demais profissionais como os servidores públicos concursados, sindicalistas etc., estes não são dependentes da iniciativa privada para a sua própria manutenção ou para a manutenção de suas famílias, o que lhes tem permitido serem mais ativos politicamente no combate ao racismo estrutural brasileiro.

Como se pode observar, a iniciativa privada exerce uma função estratégica para sufocar e blindar a abordagem do racismo em suas dependências e, de igual modo, também nos espaços particulares; racismo que podendo ser útil aos empregadores, estes tudo fazem para impedir que o assunto seja abordado no interior de suas empresas. Agem igualmente para reproduzir o discurso da suposta existência da democracia racial no Brasil, a fim de negarem o racismo brasileiro com o propósito de não o reconhecer como um problema social coletivo, senão como um problema exclusivamente dos brasileiros negros.

Trazer a discussão da questão racial à baila no interior de seus estabelecimentos particulares pode, de alguma forma, suscitar prejuízos indiretos aos empregadores, cujos negócios são, em larga medida, superavitários exatamente por eles negarem a existência do racismo e se ancorarem na afirmação pouco convincente da existência de suposta democracia racial brasileira.

Assim, para certos empregadores, ignorar as questões raciais pode representar lucros enquanto que a abordagem explícita do racismo no interior de suas empresas pode lhes acarretar algum tipo de prejuízo, como a queda na produção e o possível acirramento das relações raciais no ambiente de trabalho.

Com a abordagem explícita das questões raciais no interior das empresas na iniciativa privada, podem surgir outros problemas antes não percebidos ou não percebidos totalmente por todos os empregados como a emergência de possíveis diferenças salariais e de privilégios em razão da cor ou em razão da cor e gênero.

É da natureza dos empregadores no sistema capitalista desejarem cada vez mais ampliar a produção de suas empresas para auferir maiores lucros. Desse modo, a iniciativa privada no Brasil cumpre um rígido papel de guardiã para a completa interdição do racismo no seu interior, pois eventuais diferenças salariais existentes entre os trabalhadores brancos e os trabalhadores negros, ambos exercendo a mesma função, com a mesma formação educacional e com idêntica técnica laboral, essas diferenças salariais veladas, portanto, antes não percebidas por todos, podem, contudo, com o advento da abordagem do racismo explicitamente no interior das empresas, serem estas questões afloradas ou questionadas.

Esse comportamento dos empregadores da iniciativa privada em nosso país impede que os negros trabalhadores candidatos abordem ou tragam as questões do racismo para discutir com os seus colegas de trabalho, por exemplo. A abordagem do racismo no Brasil em certas dimensões é algo extremamente proibido.

A sociedade brasileira, por seu turno, age de forma subjetivamente deliberada para marginalizar não apenas o racismo, mas também seus combatentes e ativistas que se opõem ao discurso da democracia racial brasileira, não desejando discutir e tampouco reconhecê-lo como um problema de caráter nacional e coletivo, que merecesse ser amplamente discutido.

2.9. A NEGAÇÃO DO RACISMO E DA QUESTÃO RACIAL PELOS PARTIDOS POLÍTICOS NO BRASIL

É possível que esta postura de recusa de se discutir amplamente o racismo na sociedade brasileira faça com que os partidos políticos brasileiros também não queiram abordar esta questão abertamente em suas plataformas. Antes será preciso que a sociedade brasileira o considere como um problema do Brasil e queira debatê-lo visando a sua total eliminação ou a redução de seus efeitos para os brasileiros mais pobres e negros.

Não obstante, o combate ao racismo no Brasil via partidos políticos implica num imensurável desafio. Combatê-lo nessas dimensões significa desafiar os mais conservadores, os mais ricos que, a rigor, contribuem significativamente com o financiamento de suas campanhas políticas. Assim, as questões raciais são postergadas pelos partidos políticos para o futuro do futuro, isto é, sem previsão para serem seriamente abordadas pela sociedade brasileira que se recusa a discuti-las. Partidos políticos e sociedade precisam igualmente descategorizar o mito da democracia racial brasileira como um axioma nacional.

O professor Sergio França Adorno de Abreu, em sua obra *Aprendizes de Poder*, nos dá uma imensurável contribuição para compreendermos esse fenômeno e as razões pelas quais as elites dominantes brasileiras se agarram ao discurso mitológico da democracia racial. E o fazem certamente não com o propósito de convencer aqueles que se opõem à existência dessa fábula política malévola para o conjunto da sociedade brasileira, possivelmente o fazem com o intuito de justificar as suas posições sociais e fortunas acumuladas pela exploração da mão de obra escravizada no Brasil a partir do século XV. Segundo este autor, as elites proprietárias rurais não tinham a pretensão de transformar o Brasil numa República, pois não desejavam abrir mãos dos privilégios decorrentes do escravismo.

2.10. A SUPOSTA DEMOCRACIA RACIAL BRASILEIRA SE APOIA NAS DESVANTAGENS SOCIAIS PARA JUSTIFICAR AS DIFERENÇAS COM BASE NUMA QUESTIONÁVEL MERITOCRACIA

A liberdade e igualdade aspiradas por grupos urbanos, por alguns cidadãos progressistas com formação educacional formal, poderiam representar uma grande perda do controle exercido isoladamente por essas elites proprietárias rurais e também dominantes, como se pode observar na lição de Adorno; a democracia racial no Brasil se sustenta e se apoia exatamente nas desvantagens sociais combatidas pelos Movimentos Negro Brasileiro.

Pode-se dizer que a democracia racial brasileira é fruto de uma contradição social, pois de um lado o Movimento Negro Brasileiro a combate visando especialmente à redução das diferenças sociais, de privilégios e benefícios; do outro lado as elites brasileiras brancas dominantes lutam em sentido oposto e se esforçam para a preservação dessas imensuráveis diferenças sociais, as quais lhes têm assegurado amplos privilégios e benefícios.

Em outras palavras, a miséria e as imensuráveis diferenças sociais são o que, em larga medida, assegura os privilégios e benefícios dos mais ricos no Brasil, "o fim da miséria, das diferenças de cor, de privilégios, de fortuna e de ocupação de cargos preferenciais".[77]

Conforme Adorno, a preservação das grandes diferenças sociais fez com que as elites políticas conservadoras estabelecessem as suas lutas e resistências contra propostas de democracia real. Pode-se presumir que a democracia, para as elites brasileiras brancas dominantes, só se inscreve como sistema político justo enquanto as classes hegemônicas se mantiverem à sua frente e a democracia se mantiver sob as suas rédeas e ordens.

Quaisquer alterações que não previssem o controle total por parte desse grupo dominante não eram consideradas por ele como democracia, senão como mudanças radicais desse conceito universal, portanto, perigosas o bastante para justificar o acionamento do aparelho repressivo estatal e, desse modo, resultar na militarização da sociedade.

Dito de outro modo e, segundo a lição de Adorno, tratou-se de buscar proteger os bens daqueles que sempre tiveram bens e poder, a partir da instituição da Monarquia Constitucional hereditária, submissão da igreja ao Estado, voto censitário e descoberto implicando na relação representante / representado.

Torna-se imperativo observar que a democracia brasileira não se inscreve totalmente no seu conceito universal, pois sua implantação só foi possível a partir do momento em que se condicionou o conceito particular de democracia, previamente condicionado pelas elites brasileiras dominantes. De onde se decorre o mesmo particularismo destinado ao que essas elites chamam de democracia racial ancorada em privilégios e benefícios destinados como direitos exclusivamente aos mais ricos.

---

[77] ADORNO, 1988.

O objetivo é nitidamente para preservar aos mais ricos o controle isolado de todas as instâncias de poder e tomada de decisões políticas, certamente, não por seus próprios méritos, mas por conta e em decorrência das diferenças sociais existentes.

Portanto, às elites brasileiras não interessava a República, tampouco lhes interessava a democracia no seu modo e conceito clássico. Ainda conforme esse autor retromencionado, nas primeiras décadas da independência não era possível distinguir com nitidez o que era público e o que era privado no Brasil, tampouco se conseguiam enxergar as fronteiras em que se separam as Instituições do Estado de um lado e de outro a sociedade civil e a sociedade política.

2.11. O CONTROLE DA ADMINISTRAÇÃO ESTATAL E DA JUSTIÇA EXCLUSIVAMENTE NAS MÃOS DAS ELITES BRASILEIRAS BRANCAS DOMINANTES

Desse modo, as elites brasileiras dominantes impuseram por razões óbvias severas restrições à burocracia da administração da Justiça, pois desejavam, como, aliás, sempre fizeram, mantê-la no âmbito de sua administração particular. Isto é, as elites políticas e economicamente consolidadas desejavam elas próprias serem seus próprios juízes e, desta maneira, julgarem as suas próprias causas e segundo os seus próprios interesses.

A partir da excelsa lição do professor Sergio França Adorno de Abreu, podem-se observar as razões por que as elites brasileiras brancas dominantes fazem uso de constantes artifícios para impedir o escopo de representação da população negra brasileira no Parlamento nacional.

O conceito clássico de democracia, a rigor, pressupõe igualdade entre as partes. Talvez resida nesse desejo de controlar todas as instâncias de poder o temor dos mais ricos e brancos no Brasil com a democracia real, pois não desejam serem iguais aos demais, aparentemente por se considerarem superiores.

Pode-se igualmente a partir da lição de Adorno buscar luzes para melhor compreender as resistências das elites políticas e das elites econômicas à participação dos afro-brasileiros nos espaços de poder. Os mais ricos sempre estiveram organizados não apenas para administrar a Justiça a seu favor, mas, sobretudo, para controlar o Legislativo e o Executivo.

Assim, não é difícil compreender que esse grupo formado pelos brasileiros mais ricos, em grande parte, herdeiros dos resultados da espoliação da mão de obra e da escravização de africanos e seus descendentes brasileiros, tenham se organizado para se eternizarem em todas as instâncias de poder e tomada de decisões políticas, como explica Adorno:

> No mesmo sentido, o processo de racionalização burocrática, cujo desenvolvimento acompanhou a implantação das democracias no moderno mundo europeu, esteve na sociedade brasileira sistematicamente obstado pela prebendalização dos cargos públicos, pelo fato de a administração civil não representar ônus excessivo às finanças públicas nos primórdios do regime monárquico, pela restrita e pouca diferenciada divisão do trabalho entre os organismos que compunham o aparato do governo e pela orientação militarizante da herança patrimonial, fenômeno cujos primeiros sintomas de alteração somente se fizeram sentir na segunda metade do século passado. A par disso tudo, as tensões entre patrimonialismo e liberalismo podem ser detectáveis também nas lutas partidárias entre conservadores, liberais moderados e liberais exaltados, cujo recrudescimento se verificou com o advento do abolicionismo e do republicanismo, e sobremodo na legislação eleitoral e na prática do voto no Império.[78]

Neste contexto, pode-se compreender igualmente que as estruturas edificadas para preservar os poderes políticos, econômicos, legislativos e principalmente a administração da Justiça concentrada nas mãos dessas elites, contêm mecanismos próprios, conforme sinalizou Adorno, de modo que o julgamento do "mérito" seja realizado sempre segundo o seu entendimento e reconhecimento deste termo bastante amplo, o qual é ao mesmo tempo ancorado em subjetividades pessoais de reconhecimento do que seja ou não mérito e exclusivamente do ponto de vista das elites brasileiras dominantes.

Assim, certas classes como os negros ficam, ao mesmo tempo, sem mobilidade social ascendente e atrelados a idiossincrasias dessas elites, as quais são quem pode autorizar ou não os mais pobres a terem mobilidade social ascendente limitada ou poderem alçar determinados postos e funções estrategicamente, ou melhor, ardilosamente reservadas à integral gestão e exclusivo gerenciamento das elites brasileiras brancas dominantes.

O elevado custo das campanhas eleitorais é também um fator desestimulante para os candidatos mais pobres aspirantes ao Legislativo ou mesmo quando as famílias negras se esforçam com o propósito de preparar um filho para ser investido na carreira da magistratura.

A investidura nesses cargos, geralmente, requer do indivíduo postulante, além de muito estudo e dedicação, principalmente que sua

---

78 ADORNO, 1988, p. 36.

família tenha não somente recursos financeiros suficientes, como exige que ela tenha também conhecimento, trânsito e influência em várias esferas para possibilitar que seu filho ou filha possa alçar tais postos.

No Brasil, o "mérito", algumas vezes, pode não ser realmente uma questão de merecimento e competência. Outras vezes a meritocracia deixa de ser uma questão resultante do esforço individual do postulante e igualmente do esforço coletivo de sua família para ser uma questão de origem e filiação do pretendente. O mérito que, em tese, serviria como conceito para definir o esforço e competência de certos sujeitos, em algumas situações é resultante de um reprovável apadrinhamento, pois nega o esforço coletivo empreendido pela família e familiares do postulante mais vulnerável socialmente que se desdobra coletivamente, na maioria das vezes para, entre os seus filhos e filhas, formar um único indivíduo.

Adorno está coberto de razão quando afirma que as elites brasileiras dominantes se esforçam para preservar o modelo que lhes tem permitido serem elas mesmas seus próprios juízes; isto é, não se admite que juízes de fora de seu círculo possam apreciar as suas demandas e tampouco possam julgá-la enquanto classe social dominante. Seus julgadores, se e somente quando couberem julgamentos, estes terão necessariamente que ser oriundos de seu próprio meio. "A maioria do povo livre e desprovido da propriedade da terra arcou com o ônus da miséria e do pauperismo".[79]

2.12. A EMERGÊNCIA DOS JUÍZES DE DENTRO EM DETRIMENTO DOS JUÍZES DE FORA

Pode-se inferir com suporte na lição do professor Sérgio Adorno que as diferenças sociais existentes no Brasil contemporâneo são decorrentes e se acentuam a partir da constituição de dois tipos de brasileiros derivados dessa situação: de um lado, temos os brasileiros descendentes de europeus, portanto, em grande parte, inscritos como herdeiros de imensuráveis propriedades rurais concedidas pelo Estado e, do outro lado, os brasileiros descendentes de escravizados, isto é, sem propriedades, portanto, sem a integral efetivação dos mesmos direitos e sem as mesmas prerrogativas, oportunidades, privilégios e benefícios que ancoram a maioria de seus compatriotas brancos mais ricos.

Dito de outro modo, a produção da justiça e a tomada de decisões judiciais no Brasil é algo circunscrito à idiossincrasia das elites brasileiras brancas dominantes. Os juízes de fora de seu círculo de dominação

---

[79] ADORNO, 1988, p. 38.

não poderiam produzir julgamentos que envolvessem as elites dominantes como parte. Ainda que esses magistrados pudessem produzir julgamentos supostamente mais justos e imparciais para o conjunto da sociedade, eles poderiam ser questionados pelas classes dominantes e colocados por elas sob suspeição por proferirem, de ofício, sentenças judiciais com resultados imparciais e supostamente mais justos, todavia contrários aos interesses e privilégios da burguesia.

Daí as resistências impostas a maior presença de parlamentares negros no Legislativo nacional. Afinal, parlamentares negros poderão ser transformados no exercício de suas funções legislativas em juízes de seus interesses particulares e privilégios, por exemplo.

Os negros brasileiros por seu turno são, em larga medida, herdeiros exclusivamente da espoliação do trabalho produzido por seus ancestrais os quais foram violentamente escravizados por mais de três séculos e meio no Brasil. Receberam como herança da força de trabalho produzida por mulheres e homens negros escravizados a miséria absoluta e o abandono das elites brasileiras dominantes como um direito natural e circunstanciado à miséria e o pauperismo, como explicou Adorno nesta tese.

Cabe-nos ressaltar também e conforme as informações desse autor, as classes hegemônicas se alinharam com vistas a não colocar em risco o poder econômico decorrente da exploração secular da mão de obra escravizada nos grandes latifúndios.

Para tanto, buscou-se, via Legislativo, introduzir um conjunto de reformas jurídicas a fim de manter a todo custo a integridade e unidade do país, desde que o controle de todas as coisas permanecesse concentrado nas mãos das minorias dominantes, as quais tinham no cumprimento do "Império das Leis" constituídas, o atendimento e a proteção de seus interesses particulares e muito especialmente a preservação e a inviolabilidade de suas propriedades; argumentavam os latifundiários que a tranquilidade pública só seria possível com a aplicação rigorosa da Lei.

Passaram-se os anos, porém, o discurso das classes dominantes no Brasil continua o mesmo, pois toda vez que seus interesses de dominação são ameaçados ou colocados em risco, apelam para o cumprimento das leis que, na maioria das vezes será aplicada de modo a manter inalterado o seu patrimônio; afinal, toda a infraestrutura de poder foi pensada e estruturada para que a análise de suas demandas pudesse ser apreciada por indivíduos oriundos de seu próprio meio, isto é, ardilosamente emerge a figura simbólica dos juízes de dentro, pois não pretendem tampouco admitem que juízes de fora de seu meio pudessem promover um julgamento imparcial, isento de quaisquer paixões político-ideológicas, mas segundo o disciplinado no rigor da lei.

Nesta perspectiva, é possível que as resistências das classes dominantes brasileiras possam ser explicadas a partir do ínfimo número de magistrados negros de origem pobre no Judiciário nacional. A origem e a classe social dos candidatos aprovados em todas as fases do concurso para a magistratura serão certamente usadas como critério sutil de impedimento para ingresso nessa dimensão também controlada pelas elites brasileiras brancas dominantes; seus representantes farão uso simbolicamente de um filtro social para justificar a exclusão de candidatos pobres e negros tecnicamente preparados para o exercício da função jurisdicional.

Os motivos e as alegações implícitas a esse procedimento inadequado da aplicação do filtro social para o exercício da função pública não serão revelados, mas circunscritos a um pequeno grupo que se julga no direito de tomar decisões em nome da sociedade, contudo, sem consultá-la de nenhuma forma.

Esse procedimento secularmente enraizado pelas elites brasileiras dominantes revela a contradição e a ineficácia do disposto no parágrafo primeiro da Constituição da República Federativa do Brasil que se vê desafiada e afrontada pelos mais ricos e brancos em nosso país.

> Nós, representantes do povo brasileiro, reunidos em Assembleia Nacional Constituinte para instituir um Estado Democrático, destinado a assegurar o exercício dos direitos sociais e individuais, a liberdade, a segurança, o bem-estar, o desenvolvimento, a igualdade e a justiça como valores supremos de uma sociedade fraterna, pluralista e sem preconceitos, fundada na harmonia social e comprometida, na ordem interna e internacional, com a solução pacífica das controvérsias, promulgamos, sob a proteção de Deus, a seguinte CONSTITUIÇÃO DA REPÚBLICA FEDERATIVA DO BRASIL.
> **Art. 1º** A República Federativa do Brasil, formada pela união indissolúvel dos Estados e Municípios e do Distrito Federal, constitui-se em Estado Democrático de Direito e tem como fundamentos:
> **Parágrafo único.** Todo o poder emana do povo, que o exerce por meio de representantes eleitos ou diretamente, nos termos desta Constituição.[80]

Se, de fato, todo poder emana do povo que o exerce por meio de seus representantes eleitos ou diretamente nos termos definidos pela Constituição brasileira, como explicar a flagrante ausência da população negra brasileira, proporcionalmente à sua representatividade na sociedade brasileira em todas as dimensões de poder, não obstante já

---

[80] Disponível em: <https://www.planalto.gov.br/ccivil_03/constituicao/constituicao.htm>. Acesso em: 24 mar. 2015.

terem passado mais de 128 anos de sua formal libertação e da abolição da escravidão no Brasil?

O filtro social é, portanto, utilizado simbolicamente como instrumento para livrar os espaços de poder controlados pelas elites dominantes de indivíduos estranhos ao seu meio e não procedentes de suas fileiras. E, assim, elas conseguem pela via procedimental erigida por elas próprias, afastar os mais pobres e negros dessas dimensões de poder, as quais são cruciais para a sua perpetuação isolada à frente das instâncias para preservação do modelo que tem garantido darem a última palavra sobre assuntos de interesses coletivos, não obstante as elites dominantes brasileiras serem minorias em nossa sociedade.

Por isso, para as classes dominantes brasileiras terem o monopólio da representação política concentrado em suas mãos é crucial e indispensável para a preservação e integral controle de todas as instâncias de poder e tomada de decisões de toda sorte na sociedade brasileira. Ainda segundo Adorno[81], as representações políticas e forma de governo foram pensadas de modo a protelar a justaposição da igualdade de direito à desigualdade de fato, à liberdade, à segurança, como pressupostos exclusivos das elites proprietárias, financeira e economicamente consolidas.

A França teria tido grande influência nas transformações políticas no Brasil, pois estavam em curso na Europa conceitos basilares de direitos humanos fundamentalmente ancorados em "*Liberté, Égalité et Fraternité*".

Dito de outro modo, desde o Império as elites brasileiras dominantes sempre souberam e tiveram completa consciência que a democracia a ser implantada um dia no Brasil não poderia ser introduzida nos mesmos moldes da democracia postulada pelos franceses, os quais pretendiam que liberdade, igualdade e fraternidade fossem ou formassem um conjunto de ações sociais práticas, que pudessem estabelecer uma real igualdade entre todos os franceses, independentemente de sua origem social, de modo que "*Liberté, Égalité et Fraternité*" deveria alcançá-los indistintamente.

Por sua vez, as elites brasileiras, em sua maioria, jamais pretenderam que essa igualdade pudesse se instalar no Brasil colonial por razões relativamente óbvias. As suas fortunas, benefícios e privilégios foram construídos e se constituíam na exploração do "Outro" que não podia ser completamente livre, muito menos ser igual e tampouco poderia receber gestos explícitos de fraternidade, isto é, o "Outro" não era digno de receber "*Solidarité*".

---

81 ADORNO, 1988.

Para as classes hegemônicas brasileiras, ao contrário do movimento que eclodiu na França emergindo conceitos mais universais de igualdade, fraternidade e principalmente solidariedade, para essas elites, era preciso preservar intacta, não exclusivamente a estrutura, mas essencialmente era preciso preservar o modelo de exploração e dominação.

Estrutura de exclusão e modelo de exploração social, ambos deixam de funcionar com o mesmo rigor de desrespeito, exclusão social e dominação se o conjunto da sociedade passasse a reconhecer os mais pobres e negros como sujeitos de plenos direitos, assegurando e destinando-lhes as mesmas igualdades de direitos conferidas a seus pares sociais, ou seja, os seus compatriotas brancos.

Por essa razão, como nos informa Sérgio Adorno[82], José Álvaro Maciel via com muitas reservas a participação de escravizados nos movimentos populares que se organizavam politicamente para se libertarem do jugo imperial. Nesta perspectiva adverte Maciel que "a propriedade escrava seria preservada". Ou seja, os escravizados inscritos como elementos primeiros para enfrentarem a fúria e a força do Estado, ainda assim, seriam como sempre foram úteis aos interesses políticos das classes dominantes.

As preocupações de José Álvaro Maciel faziam todo o sentido para as EBBD.

> Não foram raros os revolucionários que se adiantaram em esclarecer à opinião pública que a propriedade escrava seria preservada após a libertação do jugo colonial. O medo de que o envolvimento escravo tendesse para um massacre de brancos, não poupou sequer Cipriano Barata. A propósito, não pareceu infundado esse temor, haja vista declarações revolucionárias do mulato alfaiate João de Deus.[83]

2.13. O PODER LEGISLATIVO COMO TRINCHEIRA POLÍTICA DAS CLASSES BRASILEIRAS DOMINANTES

A sub-representação parlamentar da população negra brasileira é, antes de tudo, uma questão de temor das classes hegemônicas brasileiras com possíveis ajustes de contas históricas pela via legal. A forma mais contundente para impedir que esses ajustes de contas possam ocorrer pela via legal é através da artificialização de obstáculos com o propósito de impedir a maior presença de parlamentares negros, comprometidos com a histórica luta política da população negra para in-

---

82 ADORNO, 1988.

83 Ibidem, p. 48.

gressar como *real players* nos espaços de poder político e tomada de decisões no Brasil contemporâneo.

Assim, o Legislativo nacional se transforma simbolicamente numa trincheira dos interesses das classes dominantes brasileiras, visando ocultar, sobretudo, a existência de conflitos raciais, de classe e cultura na sociedade brasileira, quando, na condição de Casa Legislativa, deveria se inscrever exclusivamente na produção de leis justas para todos os brasileiros. E, nesse sentido, ela própria poderia reclamar por maior presença de negros, indígenas e mulheres, por exemplo, para estes se somarem aos demais e contribuírem também na produção de leis para todos.

O medo de maior presença de outros estratos sociais como os negros, indígenas e mulheres em maior número no interior das Assembleias Legislativas no Brasil é que torna o domínio e o controle desses espaços tão prevalentes para a preservação dos privilégios, benefícios e dominação das elites brasileiras brancas dominantes.

Em outras palavras, torna-se evidente que uma vez alcançados os objetivos dos mais ricos e brancos com vigoroso empenho e concurso dos antigos escravizados, estes seriam destituídos de sua condição de soldados voluntários da democracia para serem reinvestidos na condição de sujeitos escravizados, ainda que tenham sido eles os verdadeiros guerreiros que contribuíram diretamente e de maneira muito particular para que essa forma de regime político pudesse de igual modo, mesmo com restrição à sua mais elementar definição, ampla igualdade entre os indivíduos, pudesse mesmo assim ser implantado no Brasil.

Estabelecer ou implantar a democracia no Brasil nos moldes da democracia francesa pressupunha abolir as diferenças sociais existentes em nosso país calcadas na propriedade e na cor dos indivíduos. Implicaria em reconhecer igualmente uma ampla igualdade de direitos àqueles que produziram a maioria dos bens públicos da Colônia à República, esses indivíduos como se sabe eram objetificados e tratados como se coisas fossem.

Destinar e estender igualdade de direitos aos escravizados poderia significar para as elites brasileiras dominantes da época, ter que abdicar parcialmente de seu *status* de poder e de gestora única de todas as instâncias de mando. Essas elites não poderiam certamente ignorar e tampouco desprezar o enorme contingente de escravizados, os quais se elevados à condição de iguais que estes últimos postulavam, poderiam no futuro significar uma inversão de posições na pirâmide social brasileira.

A preocupação das elites brasileiras dominantes com o enorme contingente de escravizados a partir do século XV é muito semelhante àquela preocupação externada no falacioso documento produzido pelo GAP-Banespa em 1982 quando se tentou imputar responsabilidade isolada a Benedito Pio da Silva. As preocupações das elites brasileiras, desde a Colônia, com uma possível inversão da ordem posta pelos escravizados se revelaram de igual modo no referido documento.

Portanto, Pio da Silva nada criou. Certamente, cumprindo ordens palacianas tratou simplesmente de reproduzir naquele documento o mesmo temor já externado anteriormente pelos mais ricos e brancos no Brasil com suas propriedades, privilégios e benefícios, em razão do pavor representado simbolicamente pelo enorme "exército" de escravizados, prestes a rebelar-se coletivamente a qualquer momento para exigir os seus direitos.

O documento que se atribuiu autoria exclusivamente a Benedito Pio da Silva, em 1982, revelou as mesmas preocupações das elites brasileiras brancas dominantes cento e noventa e dois anos após a Revolução Francesa (1790), quando naquela época, Roberspierre,[84] renomado causídico francês, conhecido como defensor dos oprimidos, durante o chamado século das luzes, ter sugerido que os termos "Liberdade, Igualdade e Fraternidade" fossem inscritos nas bandeiras e uniformes militares deste país europeu, possivelmente com o propósito de tornar todos os franceses socialmente menos desiguais entre si.

Desse modo, a democracia no Brasil é, desde a Colônia, pensada não para garantir direitos, respeito e igualdade a todos os brasileiros; tampouco ela fora pensada no passado ou é pensada no presente para reduzir as diferenças sociais. Ao contrário, a democracia no Brasil tem se destinado a ser cada vez mais restrita, exercida e controlada por um pequeno grupo de brasileiros, os mesmos que sempre estiverem à frente dos destinos da maioria, de modo a transformar a representação legislativa num monopólio. Local onde seus representantes se reúnem para produzir as leis que poderão, em larga medida, atender de forma indireta, a seus desideratos, insinuando que as leis que lhes servem devem servir também a todos os demais.

De fato, as leis aprovadas no Parlamento, presume-se que elas sirvam a todos, como insinuam as classes hegemônicas brasileiras. Contudo, essas mesmas classes deveriam exigir que o rigor das leis fosse também aplicado igualmente a todos.

---

84 ROBESPIERRE, Maximilien François Marie Isidore de, advogado e político francês (1758), Embaixada da França no Brasil. [s.d.]. Disponível em: <www.elysee.fr>. Acesso em: 22 mar. 2015.

É importante ressaltar que tradicionalmente o Legislativo nacional tem assumido uma postura mais conservadora que progressista. Por isso mesmo suas propostas de reformas políticas, na maioria das vezes, conforme leciona Sergio Adorno, são no sentido de "reformar" para "conservar". Isto é, preservar os mecanismos de dominação das elites brasileiras, das quais a maioria dos parlamentares também se origina, de modo a manter a população mais pobre e negra também longe e alijada do poder.

A tudo isso, afirma Adorno:

> Somaram-se as rebeliões negras; estas, mais do que quaisquer outras, ignoradas e desconhecidas por alguns historiadores que se ocuparam da crônica política da sociedade brasileira relativa ao decênio de 1870 e 1880. Parece estranho que as fugas em massa, os suicídios frequentes, os habituais assassinatos de feitores e proprietários, os quilombolas existentes no Rio de Janeiro (1871 e 1878) e as rebeliões verificadas entre 1871-2, 1877-8 e 1880 não tenham obtido registro na historiografia oficial (Goulart, 1972, Moura, C., 1971). É significativo, além do mais, que movimentos populares urbanos, como a Revolta do Vintém, no Rio de Janeiro em 1879 (Mendes Jr. & Maranhão, 1981, v.3: 136-7), ou revoltas que se verificaram em Salvador (1877-8) e em outras cidades do Nordeste não ocupem igualmente espaço nessa mesma historiografia. Nessas circunstâncias, a imagem oficial que liberais moderados fizeram do povo – tranquilo, bondoso e dócil, integrado num governo representativo, constitucional e estável (Rodrigues, 1982: 144) –não coincidiu com a capacidade de resistência dos dominados e sequer com a natureza democrática de suas reivindicações. Certamente, o povo pretendeu liberdade; porém, antes de tudo, igualdade. Não pareceu ser essa a intenção da facção dominante liberal e ilustrada. Quis, sim, liberdade; todavia, reconheceu como inevitável a desigualdade.[85]

Nesta perspectiva, os liberais trataram logo de esclarecer quais eram os seus objetivos políticos e para que eles se dirigiam. A finalidade era não deixar dúvidas que o movimento liberal por liberdade e independência de Portugal não incluía os escravizados, os quais não faziam parte do conjunto de suas reivindicações. Ao contrário, pretendiam mantê-los atrelados às suas propriedades, uma vez que suas riquezas eram decorrentes da mão de obra escravizada. Daí as suas reservas quanto à participação destes nos movimentos sociais patrocinados pelos liberais, os quais, por razões aqui já mencionadas não pretendiam se aliar às lutas dos escravizados por liberdade, como explica Sérgio Adorno.

---

[85] ADORNO, 1988, p. 52-53.

> Nos protestos e rebeliões liberais, as divergências políticas entre minorias dominantes nunca ultrapassaram marcos rigidamente demarcados; prevaleceu sempre uma certa moderação: a defesa das liberdades públicas jamais comprometeu a inviolabilidade do patrimônio familiar ou pôs em risco os privilégios herdados e adquiridos. Nesses protestos e rebeliões, o temor do despotismo caminhou lado a lado ao medo da anarquia, motivo por que nos manifestos liberais se cuidou de qualificar criteriosamente a quem se dirigiam e sobre o que falavam. Desses movimentos foram excluídos os escravos, que constituíam, pelo menos na primeira metade do século XIX, a grande maioria da população brasileira. O velho receio de que a participação de negros cativos redundasse no avanço das conquistas populares acompanhou com certo desalento os protestos liberais.[86]

Vê-se na assertiva de Adorno que as rebeliões liberais não eram de fato rebeliões na exata dimensão deste termo, uma vez que os chamados rebeldes eram quando muito revoltados, pois ao estabelecerem limites à rebelião, eles próprios deixaram de se inscrever como rebeldes, já que não tinham a pretensão de ultrapassar os marcos regulatórios rigidamente estabelecidos e demarcados entre as elites, de modo a não comprometer ou colocar em risco os seus privilégios e muito especialmente os seus patrimônio, entre eles o enorme contingente de negros escravizados.

As chamadas rebeliões liberais se inscreviam mais como revoltas particulares, pois os revoltados estabeleciam limites circunstanciados às suas ações, sobretudo quando estes não aceitavam os escravizados como seus aliados políticos, em razão de terem a pretensão de mantê-los atrelados às suas idiossincrasias burguesas e dependentes para a própria sobrevivência da mão de obra violentamente escravizada no Brasil.

Por esse motivo, as revoltas das classes dominantes assumiam um tom de apaziguamento em obediência aos marcos regulatórios que elas próprias aceitavam e os reconheciam como adequados aos seus interesses de classe dominante.

Rebelião é um termo que no Império era mais adequado a sua aplicação aos escravizados, os quais não conciliavam, tampouco impunham limites ou condições à sua liberdade de homens e mulheres livres. Rebelar-se pressupõe insurgir-se e opor-se a uma autoridade cujo governo não se reconhece e tampouco legitima os seus atos.

Bem sinaliza Adorno que as chamadas rebeliões liberais "diziam a revolução" que eles entendiam a seu modo e conveniência. Isto é, as particularidades da sociedade brasileira, dos mais pobres não lhes diziam respeito, portanto declinavam e limitavam as suas revoltas sem, no

---

86 Ibidem, p. 53.

entanto, levá-las até as últimas consequências como faziam os escravizados que tinham a sua própria morte como limite à sua liberdade.

Constata-se nas chamadas rebeliões liberais o utilitarismo empregado para os fins que elas se propunham. Não sem razão o autor esclarecer que "dizer" ou "fazer" introduziu uma intricada rede de ponderações e limitações. Por isso é que fizemos a ressalva entre rebeliões e rebelados e entre revolta e revoltados, em razão dos primeiros fazerem uso de recursos extremos colocando muitas vezes a sua própria vida em risco para se livrarem de tiranos. Para os escravizados rebeldes a liberdade era algo imensurável, enquanto que os revoltados impõem limites às suas ações que, por esse motivo, são circunstanciadas.

As relações de dominação social e política na sociedade brasileira desde o Império até à República sempre estiveram associadas à violência física ou à violência simbólica como demonstrado por diversos autores entre eles Abdias do Nascimento (1980), em *O Quilombismo*; Sergio Buarque de Holanda (1995), em *Raízes do Brasil*; Victor Nunes Leal (1976), em *Coronelismo Enxada e Voto*; Sergio Adorno (1988), em *Aprendizes do Poder*; Kabengele Munanga, em *Rediscutindo a Mestiçagem no Brasil* (2004); Carlos Alfredo Hasenbalg, em *Discriminação e Desigualdades Raciais* (2025), entre outros.

Todos esses autores, cada um a seu modo, relatam as sutilezas do racismo e o emprego da violência como uma regra de dominação social politicamente enraizada e aceita como prática recorrente para se controlar as diferentes instâncias de poder no Brasil.

Sergio Adorno dá uma importante contribuição para se compreender esse fenômeno de violência e dominação política no Brasil: "A organização político-partidária do Império foi pedra de toque que freou a marcha das conquistas democráticas e impediu a presença de representantes populares no parlamento".[87] Adorno, no nosso sentir, dá luz e parece corroborar os nossos argumentos apresentados ao longo deste texto acerca do emprego da violência de toda sorte para afastar "a presença de representantes populares no parlamento".

Por essa razão, as elites brasileiras nunca tiveram a pretensão de estender para todos os brasileiros o verdadeiro sentido de liberdade, igualdade como um direito de todos. De igual modo parte desse grupo formado pelos mais ricos se recusa também a ser socialmente mais fraterno e solidário.

---

[87] ADORNO, 1988, p. 64.

Por esses motivos é importante compreender a fala do mulato João de Deus que, ao sugerir: "A palavra de ordem seria que todos se fizessem franceses, porque uns e outros seriam chamados e admitidos a todos os ministérios e cargos"[88], revela a intenção e o desejo dos mais pobres e negros de também participarem dos espaços de tomada de decisão e poder no Brasil, além de revelar um sistema de escolha viciado, com as cartas marcadas e com resultados bastante previsíveis. O objetivo é o que reiteradas vezes já sinalizamos ao longo deste trabalho, ou seja, o propósito de preservar o controle de todas as instâncias de poder e tomada de decisões concentrado nas mãos do grupo socialmente dominante.

Desse modo, conforme leciona Adorno, as elites brasileiras dominantes se alinhavam com vistas a não colocarem em risco o poder econômico latifundiário, buscando igualmente um conjunto de reformas jurídicas a fim de manter a todo custo a integridade e unidade do país, desde que as instâncias de tomada de decisões se mantivessem em suas mãos.

Assim, reproduzem-se mecanismos de preservação das instâncias de poder e os discursos com ideologias neoliberais utilizados do Império à República de nossos dias, onde os poderosos do presente se esforçam com o mesmo rigor que seus ancestrais para fazer cumprir o "Império das Leis", muitas vezes constituídas para atender e proteger os seus interesses particulares e especialmente a inviolabilidade de suas propriedades rurais e urbanas.

2.14. O DILEMA E RESISTÊNCIAS DAS ELITES BRASILEIRAS DOMINANTES COM VISTAS AO CONCEITO CLÁSSICO DE DEMOCRACIA E AS CONTRADIÇÕES DA DEMOCRACIA BRASILEIRA

O dilema das elites brasileiras para formar e introduzir no Brasil um modelo de democracia acentuadamente diferente da democracia francesa da época revela-nos a sua pretensão de inscrever esse regime de governo somente como um discurso útil aos seus próprios interesses, já que ela não pretende jamais destinar direitos e reconhecer como seus iguais aqueles que lhes têm servido de instrumento para sua permanência nas diferentes esferas de poder que controla isoladamente.

Por trás do não reconhecimento dos antigos escravizados e seus descendentes como sujeitos iguais, portanto, dotados da mesma humanidade em que se inscreve o grupo socialmente dominante está a negação da autonomia, a qual pressupõe reconhecer direitos e igualdade sem quaisquer restrições ou diferenças.

---

[88] COSTA, E., 1979, p. 113 *apud* ADORNO, op. cit., p. 48.

Assim, não reconhecer integralmente certos indivíduos como cidadãos pode ser equivalente a inscrever os grupos socialmente marginalizados como *outsiders*, ou seja, indivíduos que não gozam totalmente da autoestima de parte significativa de seus compatriotas e, portanto, não estão inseridos completamente na sociedade em que vivem e, por isso, são tratados sem a devida importância e são também socialmente marginalizados.

A cidadania é um pressuposto da democracia que se propõe igualar efetivamente todos em direitos, deveres e obrigações, não reservando, contudo, direitos e privilégios apenas para alguns. A destinação exclusivamente de deveres e obrigações para a maioria apenas, não é a democracia clássica definida por diferentes autores das Ciências Sociais.

A Lei nº 13165, de 29/09/2015, publicada no Diário Oficial da União nessa data, regulamentou as eleições no Brasil, embora tenha fixado parâmetros especificando as situações que se caracterizam e se enquadram como ocorrências de abuso econômico. Ainda assim, os candidatos mais ricos conseguem sutilmente burlar a lei eleitoral vigente, a partir da administração de seus próprios negócios e dos negócios de seus amigos e conhecidos.

A legislação eleitoral vigente não consegue alcançar completamente as ações dos candidatos mais ricos realizadas no interior de suas empresas e nas atividades realizadas intramuros na iniciativa privada que, nestas circunstâncias, ousam desafiá-la para obterem indevidas vantagens e benefícios com a antecipação indireta de suas campanhas políticas e candidaturas ao legislativo.

Essa lei incorpora uma mudança bastante significativa no que tange à participação feminina nas disputas eleitorais. Os partidos ficam obrigados a reservar o mínimo de 5 e o máximo de 15% do total das receitas do Fundo Partidário destinado exclusivamente para financiamento das campanhas políticas das candidatas mulheres, conforme o disposto no Artigo 9º.

> Art. 9º Nas três eleições que se seguirem à publicação desta Lei, os partidos reservarão, em contas bancárias específicas para este fim, no mínimo 5% (cinco por cento) e no máximo 15% (quinze por cento) do montante do Fundo Partidário destinado ao financiamento das campanhas eleitorais para aplicação nas campanhas de suas candidatas, incluídos nesse valor os recursos a que se refere o inciso V do art. 44 da Lei nº 9.096, de 19 de setembro de 1995.[89]

---

[89] Diário Oficial da União, Edição Extra de 29/09/2015.

O legislador que se ocupou de fazer, com muita razão, justiça às mulheres, poderia, se desejasse, ter aproveitado a alteração da legislação eleitoral brasileira para destinar também aos candidatos negros as mesmas medidas de proteção e incentivo destinadas às mulheres, conforme se pode observar abaixo, nas alterações produzidas pela Lei nº 13.165/2015.

> Lei nº 13.165, de 29 de setembro de 2015.
> Altera as Leis nº 9.504, de 30 de setembro de 1997, 9.096, de 19 de setembro de 1995, e 4.737, de 15 de julho de 1965 - Código Eleitoral, para reduzir os custos das campanhas eleitorais, simplificar a administração dos Partidos Políticos e incentivar a participação feminina.
> **Art. 1º** Esta Lei modifica as Leis nº 9.504, de 30 de setembro de 1997, 9.096, de 19 de setembro de 1995, e 4.737, de 15 de julho de 1965 - Código Eleitoral, alterando a legislação infraconstitucional e complementando a reforma das instituições político-eleitorais do País.
> **Art. 2º** A Lei nº 9.504, de 30 de setembro de 1997, passa a vigorar com as seguintes alterações:
> Alterações incorporadas ao texto da Lei nº 9.504/1997.
> **Art. 3º** A Lei nº 9.096, de 19 de setembro de 1995, passa a vigorar com as seguintes alterações:
> Alterações incorporadas ao texto da Lei nº 9.096/1995.
> **Art. 4º** A Lei nº 4.737, de 15 de julho de 1965 - Código Eleitoral, passa a vigorar com as seguintes alterações:
> Alterações incorporadas ao texto da Lei nº 4.737/1965.
> **Art. 5º** O limite de gastos nas campanhas eleitorais dos candidatos às eleições para Presidente da República, Governador e Prefeito será definido com base nos gastos declarados, na respectiva circunscrição, na eleição para os mesmos cargos imediatamente anterior à promulgação desta Lei, observado o seguinte:
> I - para o primeiro turno das eleições, o limite será de:
> a) 70% (setenta por cento) do maior gasto declarado para o cargo, na circunscrição eleitoral em que houve apenas um turno;
> b) 50% (cinquenta por cento) do maior gasto declarado para o cargo, na circunscrição eleitoral em que houve dois turnos;
> II - para o segundo turno das eleições, onde houver, o limite de gastos será de 30% (trinta por cento) do valor previsto no inciso I.
> **Parágrafo único.** Nos Municípios de até dez mil eleitores, o limite de gastos será de R$ 100.000,00 (cem mil reais) para Prefeito e de R$ 10.000,00 (dez mil reais) para Vereador, ou o estabelecido no **caput** se for maior.
> **Art. 6º** O limite de gastos nas campanhas eleitorais dos candidatos às eleições para Senador, Deputado Federal, Deputado Estadual, Deputado Distrital e Vereador será de 70% (setenta por cento) do maior gasto contratado na circunscrição para o respectivo cargo na eleição imediatamente anterior à publicação desta Lei.

Art. 7º Na definição dos limites mencionados nos arts. 5º e 6º, serão considerados os gastos realizados pelos candidatos e por partidos e comitês financeiros nas campanhas de cada um deles.

• Ac.-TSE, de 10.3.2016, na Inst nº 56193: "Não se incluem na base de cálculo, para aferição dos limites, os gastos realizados por comitê financeiro que não tenham sido repassados aos respectivos candidatos".

Art. 8º Caberá à Justiça Eleitoral, a partir das regras definidas nos arts. 5º e 6º:

I - dar publicidade aos limites de gastos para cada cargo eletivo até 20 de julho do ano da eleição;

II - na primeira eleição subsequente à publicação desta Lei, atualizar monetariamente, pelo Índice Nacional de Preços ao Consumidor - INPC da Fundação Instituto Brasileiro de Geografia e Estatística - IBGE ou por índice que o substituir, os valores sobre os quais incidirão os percentuais de limites de gastos previstos nos arts. 5º e 6º;

III - atualizar monetariamente, pelo INPC do IBGE ou por índice que o substituir, os limites de gastos nas eleições subsequentes.

Art. 9º Nas três eleições que se seguirem à publicação desta Lei, os partidos reservarão, em contas bancárias específicas para este fim, no mínimo 5% (cinco por cento) e no máximo 15% (quinze por cento) do montante do Fundo Partidário destinado ao financiamento das campanhas eleitorais para aplicação nas campanhas de suas candidatas, incluídos nesse valor os recursos a que se refere o inciso V do art. 44 da Lei nº 9.096, de 19 de setembro de 1995.

Art. 10. Nas duas eleições que se seguirem à publicação desta Lei, o tempo mínimo referido no inciso IV do art. 45 da Lei nº 9.096, de 19 de setembro de 1995, será de 20% (vinte por cento) do programa e das inserções.

Art. 11. Nas duas eleições que se seguirem à última das mencionadas no art. 10, o tempo mínimo referido no inciso IV do art. 45 da Lei nº 9.096, de 19 de setembro de 1995, será de 15% (quinze por cento) do programa e das inserções.

Art. 12. Até a primeira eleição geral subsequente à aprovação desta Lei, será implantado o processo de votação eletrônica com impressão do registro do voto a que se refere o art. 59-A da Lei no 9.504, de 30 de setembro de 1997.

Art. 13. O disposto no § 1º do art. 7º da Lei nº 9.096, de 19 de setembro de 1995, no tocante ao prazo de dois anos para comprovação do apoiamento de eleitores, não se aplica aos pedidos protocolizados até a data de publicação desta Lei.

Art. 14. Esta Lei entra em vigor na data de sua publicação.

Art. 15. Revogam-se os §§ 1º e 2º do art. 10, o art. 17-A, os §§ 1º e 2º do art. 18, o art. 19, os incisos I e II do § 1º do art. 23, o inciso I do caput e o § 1º do art. 29, os §§ 1º e 2º do art. 48, o inciso II do art. 51, o art. 81 e o § 4º do art. 100-A da Lei nº 9.504, de 30 de setembro de 1997; o art. 18, o § 3º do art. 32 e os arts. 56 e 57 da Lei nº 9.096, de 19 de setembro de 1995; e o § 11 do art. 32 da Lei nº 9.430, de 27 de dezembro de 1996.

Brasília, 29 de setembro de 2015; 194º da Independência e 127º da República.
Dilma Rousseff
José Eduardo Cardozo
Nelson Barbosa
Luís Inácio Lucena Adams

Publicada nos *DOU* de 29.9.2015 - Edição extra e de 26.11.2015.

2.15. LUTA DA POPULAÇÃO NEGRA POR MAIOR REPRESENTAÇÃO LEGISLATIVA NO BRASIL DO SÉCULO XXI

A luta para ampliar a representação parlamentar da população negra nas Assembleias Legislativas e Câmaras Municipais no Brasil é muito mais árdua do que se pode presumir.

Constatamos em nossas pesquisas de campo realizadas com candidatos negros e negras ao Legislativo paulista (ALESP e CMSP) que aqueles candidatos cujos empregadores são da iniciativa privada, têm as suas campanhas limitadas à sua jornada de trabalho regular.

Isto é, esses candidatos pela imperiosa necessidade de sustentarem o seu cônjuge e filhos menores, os quais dependem diretamente da força de trabalho do chefe ou da chefa de família, essa situação faz emergir a figura do trabalhador(a) candidato(a). Este por sua vez ficava preso ao estreito cumprimento da obrigação de trabalho oriunda de sua relação laboral regular na iniciativa privada – a qual lhe impõe o dever de trabalhar para o seu empregador ao invés de trabalhar para sua candidatura ao Legislativo.

Por outro lado, seus concorrentes, geralmente os mais ricos e brancos, os quais, não tendo compromissos regulares com empregadores, pois eles o são, em extensa medida, os próprios gestores de seus negócios, ao contrário do negro trabalhador candidato, ficam livres para propagarem as suas candidaturas bem como as candidaturas de seus aliados no interior de suas empresas ou conglomerados de empresas muito antes do prazo fixado pela legislação eleitoral para início da propaganda política.

Não raras vezes, os candidatos mais ricos, de maneira artificial e de modo a burlar o prazo fixado pela legislação eleitoral, dão a conhecer suas candidaturas ao Legislativo como certas, ainda que não tenham sido definidas oficialmente ou ratificadas pelos partidos.

Ainda assim, os candidatos mais ricos iniciam informalmente e extraoficialmente as suas campanhas políticas muito antes do prazo fixado em lei, portanto, com efetivas vantagens sobre os candidatos mais pobres que, pelas razões aqui já expostas, iniciam as suas campanhas rigorosamente a partir do deferimento dos partidos políticos, portanto, no estreito cumprimento da lei e muito depois de seus concorrentes mais ricos, não obstante a legislação eleitoral brasileira atual fixar esses procedimentos irregulares como abuso de poder econômico, sujeitando os infratores às penalidades previstas em lei, conforme o disposto no Agravo apreciado pela Corte em 2006.

> Abuso do poder econômico
> O abuso de poder econômico em matéria eleitoral se refere à utilização excessiva, antes ou durante a campanha eleitoral, de recursos materiais ou humanos que representem valor econômico, buscando beneficiar candidato, partido ou coligação, afetando assim a normalidade e a legitimidade das eleições.[90]

Dito de outro modo, os candidatos representantes das elites dominantes lançam mão dos mais diversos artifícios de modo a alavancarem as suas campanhas eleitorais muito antes do prazo fixado pela legislação eleitoral. Por esse motivo, levam, em geral, consideráveis vantagens sobre a maioria de seus oponentes mais pobres e negros que, por conta de suas limitações estruturais e dependência econômica da iniciativa privada, cumprem estritamente o prazo regimental fixado pela legislação eleitoral. Isto é, cumprir rigorosamente o que determina a lei pode fazê-los sair atrás de seus concorrentes brancos mais ricos e, portanto, os faz igualmente suportarem prejuízos eleitorais decorrentes.

Nota-se por essa perspectiva que antes de qualquer outra coisa a proliferação de candidaturas populares negras, algumas delas, como já mencionamos anteriormente, sem a menor chance de saírem vitoriosas, paradoxalmente, essas candidaturas, em imensurável medida, dão uma enorme contribuição à democracia e são ao mesmo tempo também uma forma incontestável de resistência política ao sistema que deliberadamente insiste em agir para beneficiar exclusivamente os mais ricos.

De modo particular, a proliferação de candidatos populares negros serve, em última análise, como forma de protesto para denunciar à sociedade brasileira as suas imensuráveis desvantagens estruturais e econômicas quando comparadas com seus opositores mais ricos e brancos. Constata-se um sistema político viciado que insiste em dizer-se democrá-

---

90 TSE – Tribunal Superior Eleitoral. *AgRgRESPE nº 25.906*, de 09.08.2007 e *AgRgRESPE nº 25.652*, de 31.10.2006. Brasília, DF – 2006/2007.

tico. Os mais ricos se valem de sua condição para sutilmente burlarem o sistema eleitoral atual que, indiretamente, acaba por beneficiá-los muito.

Se na década de oitenta, como sustentou Valente, alguns partidos políticos tinham enormes resistências em lançar candidatos negros, em razão de estes "não terem boa receptividade da população"[91], a generalização dos partidos políticos da época induz a pensar que as resistências impostas às aspirações políticas de candidatos (as) negros e negras, as agremiações políticas se prestavam a desempenhar o papel de caixa de ressonância da sociedade brasileira racista.

Seria razoável que os partidos políticos brasileiros apurassem antes a veracidade dessa afirmação, com emprego de metodologia de pesquisa científica confiável para posteriormente aferir se um determinado candidato negro poderia ter ou não "boa receptividade". Para tanto, antes de qualquer coisa seria preciso que os partidos políticos avaliassem o impacto de suas propostas políticas na sociedade.

Generalizar certas alegações para impedir que os candidatos negros pudessem apresentar as suas propostas políticas à sociedade, os partidos políticos serviam e se inscreviam exclusivamente como reprodutores do discurso racista das elites brasileiras brancas dominantes. Assim, ao invés de servirem para ampliar e difundir a democracia, de certo modo, os partidos serviam também de freio às aspirações políticas da população negra brasileira por mobilidade social e política ascendente, pois sem estarem, de fato, diante de situações efetivamente comprovadas, ainda assim, faziam presunções com vistas a negarem potenciais candidaturas negras, por conta da generalização de que os candidatos negros não gozavam de boa receptividade política na sociedade. É possível, sim, que alguns deles pudessem se inscrever nessa categoria de maus receptores, porém, não é razoável inserir todos nessa categoria.

2.16. A INICIATIVA PRIVADA SERVE COMO FREIO À MOBILIDADE POLÍTICA ASCENDENTE DOS CANDIDATOS NEGROS E COMO ESTEIO DOS CANDIDATOS MAIS RICOS E BRANCOS

Pode-se observar igualmente que a iniciativa privada serve de freio para as pretensões políticas dos negros trabalhadores candidatos e de esteio e proteção para os seus opositores, em geral, os candidatos mais ricos e brancos.

---

[91] VALENTE, 1984, p. 79.

Constatamos com certa facilidade, durante nossa pesquisa de campo, que certos candidatos negros pouco úteis ou mesmo inúteis para suas próprias candidaturas, são, entretanto, muito úteis aos partidos políticos, os quais não estão totalmente preocupados com o sucesso ou não das candidaturas dos candidatos negros, mas preocupados e ocupados com o sucesso eleitoral de seus concorrentes brancos, portanto, seus opositores dentro da mesma agremiação partidária, os candidatos mais ricos e brancos. Estes poderão ao final do pleito eleitoral se beneficiar da previsível derrota de negros trabalhadores candidatos que, ainda assim, envidarão todas as suas energias, empregarão os poucos recursos financeiros que possuem e destinarão imensuráveis esforços na ilusão de se elegerem parlamentares, mesmo com todas essas barreiras, de difícil transposição.

Desse modo, todos os esforços empreendidos pelos negros trabalhadores candidatos acabam sendo destinados mais precisamente não para eles próprios se elegerem, mas para indiretamente elegerem os seus próprios empregadores e os amigos destes ou ainda seus concorrentes, algumas vezes de mesmo partido e coligação ou seus concorrentes de partidos diferentes na mesma coligação.

2.17. A PROLIFERAÇÃO DE CANDIDATURAS NEGRAS POPULARES, AO MESMO TEMPO EM QUE SE PRESTA PARA DENUNCIAR O MODELO DA DEMOCRACIA BRASILEIRA EXCLUDENTE, SERVE TAMBÉM PARA DIVIDIR O ELEITORADO NEGRO

Se por um lado a proliferação de candidaturas negras com reduzidas ou mesmo sem nenhuma chance aparente de se tornarem vitoriosas, em contrapartida, acabam sendo também prejudiciais para certos candidatos negros com mais apelo popular e, portanto, com maior potencial de se saírem vitoriosos na acirrada disputa eleitoral. Emerge, com isso, uma divisão do voto negro em razão da proliferação de candidaturas negras disputando os votos de eleitores negros nas mesmas dimensões.

Por outro lado, como já mencionamos antes, essas mesmas candidaturas desestruturadas acabam sendo, não apenas importantes, mas responsáveis diretamente pela eleição de candidatos não negros pela metodologia do quociente eleitoral e são também, em parte, responsáveis pela não eleição de potenciais candidatos negros com alguma estrutura partidária e financeira, por exemplo.

Nesta circunstância, emerge um problema particular para a população negra brasileira de difícil solução, pelo menos em curto prazo, o qual pode muitas vezes, não estar localizado exclusivamente na escolha de seus candidatos, mas sim em saber quais dos aspirantes ao Legislativo têm mais ou menos potencial para sair vencedor nessa competição eleitoral amplamente desigual.

Os partidos políticos, por sua vez, aproveitam-se da sua impossibilidade de efetiva detecção de possíveis insucessos ou não de candidatos aparentemente desestruturados que, ainda assim, mesmo nessas condições aparentes de maus êxitos, proliferam, lançam-se e são lançados candidatos pelas agremiações partidárias. Notam-se do lado dos candidatos questões de egolatria com propósitos de cunho nitidamente pessoal e, do lado dos partidos, constatam-se objetivos políticos no sentido de preservar e ampliar as suas cadeiras legislativas no Parlamento e se beneficiarem da utilidade e do trabalho realizado por candidatos negros com pouco ou nenhum apreço popular.

Neste momento, as nossas pesquisas sugerem que a excessiva proliferação de candidatos negros ao Legislativo é mais prejudicial do que benéfica às pretensões de mobilidade política ascendente da população negra brasileira, não obstante servir também para denunciar o modelo que tem exitosamente servido para preservar exclusivamente aos brasileiros mais ricos e brancos o direito de representarem um todo diverso da sociedade brasileira, uma vez que, por essa razão, os demais estratos da sociedade não conseguem se fazer representar proporcionalmente à frente das Casas Legislativas. Algumas vezes por conta do racismo estrutural brasileiro que se ocupa de reservar os espaços de visibilidade positiva, prestigio e poder na sociedade brasileira para serem ocupados, em maior parte, exclusivamente por brancos, não necessariamente por brancos ricos.

Portanto, parlamentares eleitos através da metodologia do quociente eleitoral são completamente dependentes do insucesso eleitoral de candidatos populares como os aspirantes a parlamentares já relatados por nós. A utilidade do voto negro serve, na maioria das vezes, para eleger também aqueles que se opõem às suas lutas por igualdade de direitos.

Assim, quanto maior for o número de aspirantes negros ao Legislativo, menores serão as chances de a população negra brasileira conseguir eleger seus representantes. Em sentido oposto, quanto mais negros aspirarem a cargos legislativos maiores serão as chances dos candidatos brancos mais ricos de se beneficiarem dos votos dos candidatos negros desestruturados para se elegerem via quociente eleitoral.

2.18. CÁLCULOS DO QUOCIENTE ELEITORAL REVELAM A UTILIDADE DE ELEITORES E CANDIDATOS NEGROS NA ELEIÇÃO DOS MAIS RICOS E BRANCOS NO BRASIL

A seguir é apresentado um extrato do sítio do Tribunal Regional Eleitoral de Pernambuco indicando de forma bastante didática a metodologia do cálculo do quociente eleitoral. A partir das informações metodológicas do TRE-PE pode-se comprovar o que estamos afirmando a respeito da proliferação de candidaturas populares negras ao Legislativo, segundo o disposto na Lei nº 9504/1997, alterada pela Lei nº 13.165 de 2015.

2.18.1. CÁLCULO DO QUOCIENTE ELEITORAL

Realiza-se o cálculo do quociente eleitoral para distribuição de cadeiras pelo sistema de representação proporcional, como segue.

Exemplo: Divisão de 17 cadeiras em um município onde votaram 50.037 eleitores.

1ª operação

Determinar o nº de votos válidos, deduzindo do comparecimento os votos nulos e os em branco (art. 106, § único do Código Eleitoral e art. 5º da Lei nº 9504 de 30/09/97).

Comparecimento (50.037) - votos em branco (883) - votos nulos (2.832) = votos válidos (46.322)

2ª operação

Determinar o quociente eleitoral, dividindo os votos válidos pelos lugares a preencher (art. 106 do Código Eleitoral). Despreza-se a fração, se igual ou inferior a 0,5, arredondando-a para 1 se superior.

Votos válidos (46.322) ÷ número de cadeiras (17) = 2.724,8 = quociente eleitoral (2.725)

3ª operação

Determinar os quocientes partidários, dividindo a votação de cada partido (votos nominais + legenda) pelo quociente eleitoral (art. 107 do Código Eleitoral). Despreza-se a fração, qualquer que seja.

Cálculo do quociente partidário			
Partidos	Votação	Quociente eleitoral	Quociente partidário
A	15.992	÷ 2.725 = 5,8	= 5
B	12.811	÷ 2.725 = 4,7	= 4
C	7.025	÷ 2.725 = 2,5	= 2
D	6.144	÷ 2.725 = 2,2	= 2

E	2.237	÷ 2.725 = 0,8	= 0*
F	2.113	÷ 2.725 = 0,7	= 0*

Total = 13 (sobram 4 vagas a distribuir)

* Os partidos E e F, que não alcançaram o quociente eleitoral, não concorrem
à distribuição de lugares (art. 109, § 2º, do Código Eleitoral).

4ª operação

Distribuição das sobras de lugares não preenchidos pelo quociente partidário. Dividir a votação de cada partido pelo nº de lugares por ele obtidos + 1 (art. 109, nº I do Código Eleitoral). Ao partido que alcançar a maior média, atribui-se a 1ª sobra.

1ª sobra				
Partidos	Votação	Lugares +1	Médias	
A	15.992	÷ 6 (5+1)	2.665,3	(maior média 1ª sobra)
B	12.811	÷ 5 (4+1)	2.562,2	
C	7.025	÷ 3 (2+1)	2.341,6	
D	6.144	÷ 3 (2+1)	2.048,0	

5ª operação

Como há outra sobra, repete-se a divisão. Agora, o partido A, beneficiado com a 1ª sobra, já conta com 6 lugares, aumentando o divisor para 7 (6+1) (art. 109, nº II, do Código Eleitoral).

2ª sobra				
Partidos	Votação	Lugares +1	Médias	
A	15.992	÷ 7 (6+1)	= 2.284,5	(maior média 2ª sobra)
B	12.811	÷ 5 (4+1)	= 2.562,2	
C	7.025	÷ 3 (2+1)	= 2.341,6	
D	6.144	÷ 3 (2+1)	= 2.048,0	

6ª operação

Como há outra sobra, repete-se a divisão. Agora, o partido B, beneficiado com a 2ª sobra, já conta com 5 lugares, aumentando o divisor para 6 (5+1) (art. 109, nº II, do Código Eleitoral).

3ª sobra				
Partidos	Votação	Lugares +1	Médias	
A	15.992	÷ 7 (6+1)	= 2.284,5	(maior média 3ª sobra)
B	12.811	÷ 6 (5+1)	= 2.135,1	
C	7.025	÷ 3 (2+1)	= 2.341,6	
D	6.144	÷ 3 (2+1)	= 2.048,0	

7ª operação

Como há outra sobra, repete-se a divisão. Agora, o partido C, beneficiado com a 3ª sobra, já conta com 3 lugares, aumentando o divisor para 4 (3+1) (art. 109, nº II, do Código Eleitoral).

4ª sobra				
Partidos	Votação	Lugares +1	Médias	
A	15.992	÷ 7 (6+1)	= 2.284,5	(maior média 4ª sobra)
B	12.811	÷ 6 (5+1)	= 2.135,1	
C	7.025	÷ 4 (3+1)	= 1.756,2	
D	6.144	÷ 3 (2+1)	= 2.048,0	

A 7ª operação eliminou a última sobra. Nos casos em que o número de sobras persistir, prosseguem-se os cálculos até que todas as vagas sejam distribuídas.

Resumo

Partidos	Número de cadeiras obtidas		
	pelo quociente partidário	pelas sobras	total
A	5	2	7
B	4	1	5
C	2	1	3
D	2	0	2
E e F	0	0	0
TOTAL	13	4	17

Fonte: Gestor Responsável: Secretaria Judiciária[92]

Na perspectiva da metodologia de cálculo do Quociente Eleitoral apresentada pelo Tribunal Regional Eleitoral de Pernambuco, com o objetivo exclusivamente de demonstrarmos parte dos benefícios auferidos pelos partidos políticos com a proliferação de candidatos negros pobres e os benefícios decorrentes dessa proliferação via quociente eleitoral para determinados candidatos.

As agremiações partidárias, por seu turno, visam ampliar o número de suas cadeiras e representação no Legislativo; com o trabalho desses candidatos, supostamente, com poucas ou nenhuma chance de se elegerem parlamentares, estes, contudo, acabam ao final do pleito sendo bastante úteis aos partidos políticos. Para tanto, seguindo a mesma metodologia do TRE-PE, simulamos a hipótese de um município brasileiro com 135.617 eleitores.

---

[92] Tribunal Regional Eleitoral de Pernambuco (TRE-PE).

Município ----------------------------- = 135.617 eleitores
Votos em branco ---------------------- = 2.400
Votos nulos ---------------------------- = 7.699
(135.617-2400-7699) ----------------- = 125.518 votos válidos
Nº de cadeiras legislativas em disputa = 21
Quociente Eleitoral (125.518:21) ---------5977

Partidos	Votação	Número de cadeiras
Potg1	36.270 : 5.977 =	6
Potg2	23.480 : 5.977 =	3
Potg3	16.490 : 5.977 =	2
Potg4	11.830 : 5.977 =	1
Potg5	4.190 : 5.977 =	0
	--------------	--------------
Total	92.260 votos	12 cadeiras

Partidos	Votação	Maior média	
Potg1	36.270 : 7 =	518142	
Potg2	23.480 : 4 =	587000	
Potg3	16.490 : 3=	549660	
Potg4	11.830 : 2 =	591500	1ª sobra

Partidos	Votação	Maior média	
Potg1	36.270 : 7 =	518142	2ª sobra
Potg2	23.480 : 4 =	587000	
Potg3	16.490 : 3=	549660	
Potg4	11.830 : 3 =	394330	

Partidos	Votação	Maior média	
Potg1	36.270 : 7 =	518142	
Potg2	23.480 : 5 =	469600	
Potg3	16.490 : 3=	549660	3ª sobra
Potg4	11.830 : 3 -	394330	

Partidos	Votação	Maior média	
Potg1	36.270 : 7 =	518142	4ª sobra
Potg2	23.480 : 5 =	469600	
Potg3	16.490 : 4=	412250	
Potg4	11.830 : 3 =	394330	

Partidos	Votação	Maior média	
Potg1	36.270 : 8 =	453375	
Potg2	23.480 : 5 =	469600	5ª sobra
Potg3	16.490 : 4=	412250	
Potg4	11.830 : 3 =	394330	

Partidos	Votação	Maior média	
Potg1	36.270 : 8 =	453375	6ª sobra
Potg2	23.480 : 6 =	391333	
Potg3	16.490 : 4=	412250	
Potg4	11.830 : 3 =	394330	

Partidos	Votação	Maior média
Potg1	36.270 : 9 =	403000
Potg2	23.480 : 6 =	391333
Potg3	16.490 : 4 =	412250 7ª sobra
Potg4	11.830 : 3 =	394330

Partidos	Votação	Maior média	
Potg1	36.270 : 9 =	403000	8ª sobra
Potg2	23.480 : 6 =	391333	
Potg3	16.490 : 5 =	329800	
Potg4	11.830 : 3 =	394330	

Partidos	Votação	Maior média	
Potg1	36.270 : 10 =	362700	
Potg2	23.480 : 6 =	391333	
Potg3	16.490 : 5 =	329800	
Potg4	11.830 : 3 =	394330	9ª sobra

Nesta hipótese, a redistribuição das cadeiras legislativas ficou assim configurada:

Potg1 com 9 parlamentares, sendo 3 cadeiras por quociente eleitoral
Potg2 com 5 parlamentares, sendo 2 cadeiras por quociente eleitoral
Potg3 com 4 parlamentares, sendo 2 cadeiras por quociente eleitoral
Potg4 com 3 parlamentares, sendo 2 cadeiras por quociente eleitoral

Desse modo, quando examinamos a composição das Casas Legislativas no Brasil, observamos que os cálculos da distribuição das cadeiras legislativas através da redistribuição de assentos parlamentares pela metodologia do quociente eleitoral, essa metodologia é determinante para o resultado final da representação parlamentar partidária.

Neste caso hipotético em análise, constatamos que o "partido potg1" tem 1/3 de sua representação parlamentar decorrente da redistribuição legislativa pelo quociente eleitoral.

Partindo-se da premissa que 25% (vinte e cinco por cento) dos votos obtidos pelo partido potg1 fossem decorrentes do trabalho realizado por 200 candidatos negros pobres ao Legislativo, neste caso, qual seria a representação final dessa hipotética agremiação partidária?

Para tanto, redistribuímos aleatoriamente os votos deduzidos de potg1 entre os demais partidos de modo a preservar o total de votos válidos (125.518); assim, efetuamos novos cálculos para demonstrar que a proliferação de candidatos negros pobres é altamente benéfica para os partidos políticos que, não os elegendo, acaba, por essa metodologia, elegendo, na maioria das vezes, os mais ricos e brancos que por seus próprios méritos e isoladamente, possivelmente, sem o concurso desses concorrentes mais pobres e negros, dificilmente se elegeriam parlamentares.

Daí teríamos a seguinte situação hipotética.

Votação inicial de potg1 36.270 votos x 25% - = 9.067 votos

Deduzindo-se os votos obtidos pelos 200 candidatos negros pobres (36.270 – 9.067 = 27.203), potg1 passa ter como votação total 27.203 votos.

Portanto, refazendo os cálculos com esses novos votos (27.203: 5.977) de potg1, este partido quando dos cálculos iniciais, sem a dedução desses votos hipoteticamente obtidos por candidatos negros, teria direito a 6 (seis) cadeiras legislativas iniciais. Com os novos cálculos passa ter 4 cadeiras legislativas ao invés de 6. Portanto, sem o concurso desses supostos candidatos negros não eleitos, pogt1 perde dois assentos.

Partidos	Votação	Maior média	
Potg1	27.202 : 5 =	544040	1ª sobra
Potg2	24.991 : 5 =	499820	
Potg3	18.003 : 4=	450070	
Potg4	14.852 : 3 =	495060	
Potg5	7.212 : 2 =	360600	

Partidos	Votação	Maior média	
Potg1	27.202 : 6 =	453360	
Potg2	24.991 : 5 =	499820	2ª sobra
Potg3	18.003 : 4 =	450070	
Potg4	14.852 : 3 =	495060	
Potg5	7.212 : 2 =	360600	

Partidos	Votação	Maior média	
Potg1	27.202 : 6 =	453360	
Potg2	24.991 : 6 =	416516	
Potg3	18.003 : 4 =	450070	
Potg4	14.852 : 3 =	495060	3ª sobra
Potg5	7.212 : 2 =	360600	

Partidos	Votação	Maior média	
Potg1	27.202 : 6 =	453360	4ª sobra
Potg2	24.991 : 6 =	416516	
Potg3	18.003 : 4=	450070	
Potg4	14.852 : 4 =	371300	
Potg5	7.212 : 2 =	360600	

Partidos	Votação	Maior média	
Potg1	27.202 : 7 =	388600	
Potg2	24.991 : 6 =	416516	
Potg3	18.003 : 4=	450070	5ª sobra
Potg4	14.852 : 4 =	371300	
Potg5	7.212 : 2 =	360600	

Partidos	Votação	Maior média
Potg1	27.202 : 7 =	388600
Potg2	24.991 : 6 =	416516 6ª sobra
Potg3	18.003 : 5 =	360060
Potg4	14.852 : 4 =	371300
Potg5	7.212 : 2 =	360600

Partidos	Votação	Maior média
Potg1	27.202 : 7 =	388600 7ª sobra
Potg2	24.991 : 7 =	357010
Potg3	18.003 : 5 =	360060
Potg4	14.852 : 4 =	371300
Potg5	7.212 : 2 =	360600

Neste caso, teremos:

Potg1 com 7 cadeiras legislativas, sendo 3 por quociente eleitoral

Potg2 com 6 cadeiras legislativas, sendo 2 por quociente eleitoral

Potg3 com 4 cadeiras legislativas, sendo uma por quociente eleitoral

Potg4 com 3 cadeiras legislativas, sendo uma por quociente eleitoral

Potg5 que inicialmente não tinha direito a nenhum assento no Legislativo obtém 1- (uma) cadeira legislativa pela distribuição de vagas por quociente eleitoral, a partir da distribuição aleatória de 1/3 dos votos supostamente obtidos pelos candidatos negros. Distribuem-se assim as 21 (vinte e uma) cadeiras legislativas em disputa nesse município hipotético.

Portanto, o trabalho hipoteticamente realizado por 200 candidatos negros pobres, estes obtiveram, em média, pouco mais de 45,33 votos cada um, os quais não seriam suficientes para elegê-los parlamentares; entretanto, seus votos somados seriam suficientes para destinar ao partido com maior votação nominal mais os votos da legenda, 2 (duas) cadeiras legislativas através da metodologia do quociente eleitoral, segundo a legislação eleitoral brasileira atual.

2.19. CERTOS CANDIDATOS MAIS RICOS SE TORNAM DEPENDENTES DIRETOS DOS RESULTADOS INSUFICIENTES OBTIDOS POR CERTOS CANDIDATOS NEGROS PARA SE ELEGEREM PARLAMENTARES

Nesta perspectiva, a proliferação de candidatos negros pobres é altamente incentivada no interior dos partidos políticos que tiram proveito dessa situação que realimenta o modelo para perpetuação dos mais ricos e brancos à frente das Casas Legislativas no Brasil, onde alguns candidatos mais ricos, paradoxalmente, para se elegerem parlamentares, são dependentes diretos dos resultados eleitorais insuficientes dos candidatos mais pobres que no Brasil são também negros.

Assim, no presente cenário em que os candidatos negros ao Legislativo apresentam significativas dificuldades estruturais de mobilidade, especialmente dificuldades econômicas e financeiras e com reduzido apoio de suas legendas partidárias, nesta situação, os dados coletados e apurados por nós em nossa pesquisa de campo apontam que se mantido o modelo amparado na legislação eleitoral atual para eleição ao Parlamento, as chances dos candidatos negros mais pobres se elegerem permanecerão inalteradas ou reduzidas.

Portanto, sem que haja futuramente alteração da legislação eleitoral brasileira permitindo para os pleitos futuros adoção de cotas raciais com financiamento do Fundo Partidário para os candidatos mais pobres e negros ao Legislativo, a exemplo da destinação de cotas para as mulheres através da Lei nº 13.165/2015,

> as eleições municipais de 2016 terão o monitoramento e a fiscalização intensa não apenas dos Ministérios Públicos, mas também dos movimentos sociais para o cumprimento da cota de gêneros, que prevê 30% das vagas garantidas para as mulheres. Em Marília, pelo coeficiente eleitoral, cada partido ou coligação de partidos poderá inscrever até 20 candidatos, respeitando o mínimo de 6 candidatos do outro gênero. O ato deve ser definido até o prazo final das convenções partidárias, que se encerra nesta sexta-feira, dia 5 de agosto. Ao longo dos últimos anos leis foram modificadas para incentivar e garantir a participação feminina. Como o art. 10, §3º, da Lei 9.504/97 foi modificado em 2009 para tornar obrigatório que o partido e/ou coligação apresente, do total de candidatos, o mínimo de 30% e o máximo de 70% de cada sexo. Esse percentual só se aplica aos cargos do sistema proporcional - vereador, deputado federal e deputado estadual. Em 2015, a Lei n. 13.165 alterou a Lei das Eleições (9.504/1997) para tornar obrigatório que as direções partidárias nacionais dediquem às mulheres 10%, no mínimo, do tempo que possuem para veiculação de propaganda partidária nas emissoras de rádio e TV. Por fim, a Lei 13.165, que ficou conhecida como minirreforma eleitoral de 2015, **determina que os partidos políticos reservem de 5% a 15% do montante do Fundo Partidário para financiar as**

campanhas eleitorais de suas candidatas. O maior rigor no cumprimento das regras que buscam a igualdade de gêneros na política já está surtindo efeito. Em 2014, só 11% dos cargos em disputa em todo o país ficaram com candidatas. No Congresso, a bancada feminina tem 51 deputadas (9,94% das 513 cadeiras) e 13 senadoras (16% das 81 vagas). Em 2014, o Tribunal Superior Eleitoral (TSE) registrou aumento no número de eleitoras e candidatas. Elas já representam 52,13% dos 142.822.046 eleitores, 5,8% a mais do que em 2010. Do total, 6.245 foram consideradas aptas a concorrer aos cargos eletivos, representando um aumento de 71% em relação às eleições de 2010. Para a Presidência, foram três candidatas, contra duas em 2010. Além disso, 19 mulheres concorreram aos governos estaduais e do Distrito Federal, enquanto em 2010 foram 16. Para o Senado, 34 candidatas participaram da disputa, contra 29 na eleição anterior. Os maiores aumentos referem-se aos cargos proporcionais, especialmente para a Câmara dos Deputados. Na última eleição, 1.730 mulheres disputaram um cargo de deputada federal, contra 935 em 2010, um acréscimo de 85%. Na eleição para as assembleias legislativas, o aumento foi de 70% (4.172 candidatas em 2014 e 2.447 no pleito anterior). Os partidos e coligações que não obedeceram à legislação eleitoral quanto à proporção mínima de mulheres que disputarão o pleito nas eleições proporcionais precisarão se adaptar, adicionando candidatas ou cortando candidatos. Eles serão intimados pelos tribunais regionais eleitorais a regularizarem a situação. É preciso montar chapas com 30% do gênero oposto à maioria dos integrantes da chapa. Sendo a maioria homens, tem que haver 30% de vagas reservadas às mulheres, e vice-versa. Sem o cumprimento da cota de gênero de 30%, a justiça eleitoral não registrará o DRAP (Demonstrativo de Regularidade de Atos Partidários) e o partido não conseguirá disputar as eleições, a não ser que corrija a falha no preenchimento da cota no prazo concedido pela justiça eleitoral. Neste caso, numa chapa formada por maioria masculina, por exemplo, não havendo 30% de candidatas mulheres, o partido terá que retirar homens até a conta fechar. Para formar a chapa corretamente, será preciso observar a regra dos arredondamentos. Na montagem da chapa, todo número igual ou acima de 0,5 deverá ser arredondado para cima. Já no cálculo da cota de gênero, todo número igual ou acima de 0,1 deverá ser arredondo para cima.[93]

Torna-se, contudo e de igual modo, imprescindível a adoção de cotas raciais parlamentares com o propósito de reduzir as diferenças e ampliar proporcionalmente o número de assentos no Legislativo nacional da população negra brasileira, com vistas a buscar uma maior igualdade e participação dos estratos mais pobres nas tomadas de decisões e destino do país.

Portanto, sem que haja uma alteração consistente da situação econômica e de mobilidade social ascendente da população negra brasileira, nossos estudos sugerem que quanto maiores forem os números de as-

---

[93] DIÁRIO DE MARÍLIA, São Paulo. Disponível em: <http://www.diariodemarilia.com.br/noticia/147473/justica-aumenta-rigor-para-a-cota-de-30-de-mulheres-nas-eleicoes>. Acesso em: 27 nov. 2016– **Grifo nosso**.

pirantes negros ao Legislativo, maior poderá ser a divisão do eleitorado negro como também de seus apoiadores não negros e, consequentemente, menores poderão ser as chances de os candidatos negros conseguirem se eleger parlamentares por conta das inúmeras dificuldades sociais aqui já anteriormente mencionadas.

O próprio Tribunal Superior Eleitoral reconheceu as diferenças e as dificuldades particulares das candidatas femininas para se elegerem parlamentares e, a partir desse reconhecimento, cuidou-se para que a legislação eleitoral vigente se tornasse mais efetivamente justa para alcançar o percentual mínimo de 30% de cotas para as mulheres nos partidos políticos, substituindo e retirando a faculdade dos partidos políticos que, anterior à mudança da Lei, poderiam cumprir ou deixar de cumprir esse percentual mínimo, tornando sua aplicação e cumprimento uma obrigação expressa para as agremiações partidárias.

> No período de realização das convenções partidárias, de 10 a 30 de junho, os partidos políticos e coligações que forem lançar candidatos para os cargos proporcionais (deputados federais e estaduais/distritais) nas Eleições de 2014 devem, desde logo, ficar atentos ao preenchimento da cota mínima de 30% e máxima de 70% de candidatos por sexo. Entre outras mudanças na legislação eleitoral e partidária, a Minirreforma de 2009 (Lei nº 12.034) estabeleceu no parágrafo 3º do artigo 10 da Lei das Eleições (Lei nº 9.504/1997) que "cada partido ou coligação preencherá o mínimo de 30% e o máximo de 70% para candidaturas de cada sexo". Substituiu-se, no caso, a expressão anterior "deverá reservar" por "preencherá", o que significa que a distribuição dos percentuais entre os sexos passou a ser obrigatória e não mais facultativa. **Cotas** As cotas de candidaturas por gênero têm por objetivo garantir uma maior participação das mulheres na vida política e partidária brasileira. Para atender a esse fim, o Tribunal Superior Eleitoral (TSE) promoveu, recentemente, a campanha Mulher na Política, no rádio e na televisão.[94]

Se o próprio Tribunal Superior Eleitoral reconheceu a necessidade de se introduzir cotas para as mulheres visando especialmente reduzir as diferenças de representação de gênero, imaginamos que medida similar poderia ser também adotada para se reduzir as diferenças étnicas no Legislativo nacional, especialmente se levarmos em conta que democracia pressupõe um governo de maioria, *status* em que a população negra contemporânea se inscreve totalmente.

---

[94] TSE – Tribunal Superior Eleitoral. Brasília, DF. Disponível em: <http://www.tse.jus.br/imprensa/noticias-tse/2014/Junho/partidos-e-coligacoes-devem-estar-alertas-para-cotas-de-genero-nas-candidaturas>. Acesso em: 11 jul. 2015.

2.20. O PROFUNDO SILÊNCIO DOS PARTIDOS POLÍTICOS ACERCA DAS CANDIDATURAS NEGRAS, REVELA A NATURALIZAÇÃO DA PRESENÇA DE BRANCOS NAS DIMENSÕES DE PODER

Talvez isso explique de certa forma porque nenhum dos partidos políticos para os quais endereçamos nosso questionário tenham se negado de maneira tão dogmática a responder a nossa pesquisa. Suas resistências em responder os nossos questionamentos, possivelmente, são decorrentes desse quadro eleitoralmente distorcido no Brasil que se revela ao mesmo tempo racista e socialmente excludente para os brasileiros negros que, ainda assim, lhes possibilita tirar proveitos e reproduzir o falacioso discurso sobre a suposta existência de democracia racial em nosso país.

O receio de eventual adoção de cotas raciais parlamentares como medida socialmente mais justa para reduzir as imensuráveis diferenças e ampliar a igualdade entre os brasileiros no Parlamento, pode não interessar muito esses mesmos partidos políticos que, possivelmente, por essa razão, tenham intencionalmente se omitido e deixado propositadamente de responder o nosso questionário.

Portanto, a sub-representação parlamentar da população negra brasileira no Legislativo é extremamente útil aos partidos políticos; sejam eles de qualquer espectro ideológico, todos se beneficiam de certa forma com a sua ausência das instâncias de tomada de decisão e poder político no Brasil.

Desse modo, raça e poder assumem significativa relevância para determinar, de um lado, a naturalização da ausência da população negra e, de outro lado, a naturalização da presença dos brasileiros descendentes de europeus como representantes supostamente autorizados de todos os demais brasileiros nas Casas Legislativas em nosso país. Pois ser branco no Brasil ultrapassa todas as características e qualidades inerentes a todos os seres humanos para se inscrever em algo aparentemente divino, particular e supostamente irrepreensível, devendo, portanto, ser naturalmente aceito pelos demais sem qualquer contestação que estes os representem em qualquer instância ou situação, pode se presumir, afinal são brancos e isto parece bastar para uma sociedade naturalmente tão acostumada às diferenças e injustiças sociais.

Nesta perspectiva, os partidos políticos brasileiros dão ênfase à raça e ao poder que por sua vez naturalizam a ausência dos negros dessas dimensões em razão da utilidade de seu voto que os tem permitido permanecer em maioria nesses espaços.

No capítulo seguinte, as nossas pesquisas de campo poderão apontar ou não se a adoção de cotas raciais no Legislativo nacional é uma condição indispensável para reduzir as diferenças e ampliar a participação de negros como parlamentares nessas dimensões.

CAPÍTULO 3
– A DEMOCRACIA NO BRASIL GOVERNO DO POVO OU GOVERNO DE MINORIAS DOMINANTES? –
Contradições e desafios de uma democracia incapaz de ampliar a representação dos mais pobres e negros nos espaços de poder e tomada de decisões políticas, econômicas, administrativas e jurídicas no Brasil contemporâneo

3.1. DESAFIOS DA DEMOCRACIA BRASILEIRA COMO DESTINAÇÃO DE IGUALDADE DE DIREITOS PARA OS BRASILEIROS MAIS POBRES E NEGROS

A definição clássica de democracia registrada nos livros de História indica a sua origem na Grécia Antiga, à época de Clistenes, δημοκρατια (*dēmokratía* ou "governo do povo", onde δημος (demos) significa povo e κρατος (*kratos*) por sua vez, significa poder. Isto é, democracia se presume tratar-se de um governo cujo poder de decisão seria emanado do povo.

A democracia, pelo menos no que diz respeito ao entendimento subjetivo das camadas mais populares no Brasil contemporâneo, muito provavelmente em razão de essa população desconhecer suas regras e objetivos corretamente, este sistema político pode estar sugerindo ou transmitindo para parte desses brasileiros uma concepção inverídica ou irreal do significado real e muito especialmente da destinação de democracia, tal qual ela é entendida por grande parte desses brasileiros.

A democracia poderia ser para eles o caminho mais rápido e adequado para atingirem suas aspirações políticas, não apenas na sua busca árdua por igualdade de direitos, mas principalmente para ampliarem a sua representação em todos os espaços de poder e tomada de decisões políticas, administrativas, educacionais, econômicas e principalmente jurídicas na sociedade brasileira, de modo que pudesse lhes permitir tomar eles próprios decisões consuetudinárias que lhes dizem respeito diretamente e não em razão de um sistema que opera no Brasil, para permitir exclusivamente a presença dos mais ricos e brancos com o propósito de afastar os mais pobres e negros dos espaços de poder e tomada de decisões políticas em nosso país.

Desse modo, os afro-brasileiros são indiretamente forçados a delegar sua representação nas Casas Legislativas a terceiros, aparentemente desqualificados e possivelmente, parte deles, desinteressada em trabalhar com afinco para atender às suas demandas e necessidades políticas fundamentais, como, por exemplo, votar e decidir a respeito e a favor de seu próprio destino e interesses.

Os motivos para esses parlamentares agirem desta forma podem ser muitos. Contudo, presumimos que seus comportamentos estejam atrelados às pretensões das classes dominantes que operam o sistema para não permitir que os mais pobres e negros possam ampliar a sua representação, sobretudo nesses espaços de poder político, uma vez que votar e tomar decisões, sejam estas proferidas a favor ou contra os interesses da maioria, são, em larga medida e na perspectiva da democracia de Schumpeter, prerrogativas exclusivas das elites dominantes.

Dito de outro modo, no modelo de democracia posto atualmente no Brasil, não existe qualquer simbiose entre os interesses dos representantes e seus representados, possivelmente, por conta dos primeiros não serem muitas vezes oriundos do meio social dos brasileiros mais pobres, não tendo, por isso mesmo, em geral, conhecimento e legitimidade suficientes tanto para representá-los nos espaços de poder e tomada de decisões quanto para representar os seus interesses ou para sustentar discussões de qualquer natureza em seu nome e igualmente sugerir e apresentar soluções de seus problemas nessas dimensões.

3.2. DA SUB-REPRESENTAÇÃO LEGISLATIVA DA POPULAÇÃO NEGRA BRASILEIRA DECORRE A SUA DELEGAÇÃO FORÇADA A TERCEIROS NÃO LEGITIMADOS POR ELA INTEGRALMENTE PARA TRATAREM DE SEUS INTERESSES POLÍTICOS NAS CASAS LEGISLATIVAS

Assim, sub-representados nestas dimensões, os brasileiros descendentes de escravizados não conseguem, a rigor, ampliar a sua representatividade política, tampouco conseguem pautar as suas prioridades, pois a democracia, nos moldes em que é operada no Brasil contemporâneo, literalmente não os alcança e acaba pondo freios e limites à sua mobilidade social, às suas aspirações por transformações políticas, educacionais, econômicas, de acesso integral à saúde, de segurança integral, de moradia digna, emprego formal e principalmente por igualdade de direitos dentre tantas outras prioridades que se encontram amplamente asseguradas pela Constituição Federal, sendo estas, portanto, indispensáveis à sua integral inclusão social em todas as dimensões da sociedade brasileira.

A sua sub-representação nos espaços de tomada de decisões políticas acaba lhes acarretando prejuízos imensuráveis por conta da maioria daqueles parlamentares que, se supõe, por estarem integralmente comprometidos com seus financiadores, irão desinteressadamente analisar e votar, geralmente contra, as matérias e projetos de seus interesses, ainda que esses parlamentares, em geral, não tenham profundo conhecimento de suas necessidades mínimas e, portanto, não tenham igualmente legitimidade suficiente tanto para representá-los nos espaços de poder e tomada de decisões quanto para representar os seus diversos interesses.

A suposição de que a maioria desses parlamentares estaria sendo investida em seus cargos sob juramento de praticarem o desejável bem comum, antes se constata, a julgar pelas enormes dificuldades e obstáculos erigidos artificialmente para não aprovação de quaisquer matérias de interesses relacionados aos mais pobres e negros no Brasil, como a adoção de cotas raciais parlamentares, por exemplo, revela-se uma contradição desse modelo de democracia existente em nosso país, onde à frente do bem comum estão as determinações e interesses políticos das classes dominantes.

Constata-se que essa condição inerente e que supostamente parece inscrever todos os parlamentares e sugerir que eles exerçam o seu mandato, ancorados nos princípios do bem comum, pelo menos no que se refere aos negros brasileiros, este entendimento precípuo de que todos são capazes de realizar e tomar as suas decisões de modo a atender à maioria, não tem sido suficiente para lhes assegurar maior presença e igualdade de tratamento nas Casas Legislativas.

Ao contrário, o discurso, segundo o qual todos os eleitos estariam imbuídos de realizar o bem comum, serve também como pretexto para as elites brasileiras dominantes justificarem a ampla ausência de parlamentares negros e a presença desproporcional de parlamentares brancos nas dimensões do Poder Legislativo em suas três esferas, a fim de negarem o racismo existente em nossa sociedade, também como causador dessas discrepâncias de representação legislativa dos brasileiros negros as quais não podem ser justificadas exclusivamente por razões econômicas e financeiras, mas também por razões eminentemente políticas.

Ademais, muitos desses parlamentares podem estar no Parlamento, despreocupados em cumprir integralmente os princípios que norteiam o bem comum para todos, porém, ao contrário, podem estar nessas dimensões exatamente para representar os interesses daqueles que financiaram as suas campanhas e nem sempre para tratar ou representar os interesses da maioria dos eleitores mais pobres, tornando-se, desse modo, imperativo que os mesmos interessados em mudanças estruturais e sociais na sociedade brasileira estejam fisicamente presentes nesses espaços de poder, a fim de eles próprios não somente poderem assegurar novos direitos, mas principalmente para poderem preservar os antigos tão arduamente conseguidos.

Não é por acaso que os assuntos de interesse dos afro-brasileiros no Parlamento costumam ir para o final da pauta de discussão de novos projetos de leis, permanecendo lá por longos períodos, sendo, contudo, algumas vezes trazidos ao protagonismo do Legislativo, graças ao inesgotável ativismo dos inúmeros movimentos negros existentes no Brasil, da contínua luta dos incontáveis movimentos de mulheres negras e de alguns parlamentares brancos parceiros que se somam também à parte dos parlamentares negros nessa árdua e desigual luta na busca por igualdade de direitos, nos espaços que presumivelmente deveriam ser os primeiros, não somente a promovê-las como especialmente deveriam assegurá-las plenamente.

Apesar de a definição precípua e subjacente de que democracia seja um "governo do povo", não ignoramos, primeiro que à democracia precedem vigorosas lutas e disputas por ocupação dos espaços de poder político em suas várias dimensões entre os diferentes grupos que compõem a nossa sociedade, obviamente, excluindo-se destes, os mais pobres que, em razão desse seu *status*, se veem, muitas vezes, por conta de suas incomensuráveis desigualdades estruturais e econômicas, impedidos de concorrer em igualdade de condições e à altura de seus concorrentes.

Segundo, em razão de essas disputas pelo controle do poder político envolverem a concorrência de grupos rigidamente estruturados e economicamente consolidados, nesta perspectiva, a democracia deixa de ser um governo do povo para se transformar em um governo das elites em sentido amplo, como, aliás, explica o *jus* filósofo italiano Norberto Bobbio: "Joseph Schumpeter acertou em cheio quando sustentou que a característica de um governo democrático não é a ausência de elites mas a presença de muitas elites em concorrência entre si para a conquista do voto popular".[95]

À definição de Schumpeter subjazem outros aspectos da destinação e característica da democracia que, no nosso modesto entendimento, mereceriam ser retomados nesta Tese, uma vez que, no imaginário coletivo, sobretudo dos mais pobres, a ideia mais usual entre os populares é que democracia pudesse ser, de fato, um governo do povo para o povo.

---

[95] BOBBIO, Norberto. *O Futuro da Democracia*. 9. ed. São Paulo: Editora Paz e Terra, 2004, p. 39.

Em verdade, trata-se, em sentido oposto a esse entendimento, de um governo exclusivamente das classes dominantes com suposto aval do povo.

3.3. DEMOCRATIZAR A DEMOCRACIA NO BRASIL, UMA NECESSIDADE PARA SE AMPLIAR A REPRESENTATIVIDADE LEGISLATIVA DA POPULAÇÃO NEGRA

A democracia assegura ao povo apenas o direito de escolher os representantes das classes dominantes que irão governá-lo, uma vez que, pela lógica da teoria schumpeteriana, as elites não devem jamais e, por definição, subordinar-se ao governo do povo, em razão de estas não reconhecerem e tampouco legitimarem qualquer democracia em que elas, as classes dominantes, não estejam isoladamente à frente do governo, bem como de suas Instituições, para elas, sim, poderem subordiná-lo "legitimamente".

O entendimento generalizado de que democracia seja um sistema político de ampla representação de todos os estratos sociais, antes de qualquer coisa, revela-se outra contradição desse sistema político, pelo menos no que diz respeito à democracia no Brasil, em razão de esta ampla representação não se efetivar para todos os segmentos sociais, especialmente em relação à representação política dos afro-brasileiros.

Além disso, as classes dominantes, a rigor, irão se ocupar de preservar esses lugares exclusivamente para si, erigindo barreiras artificiais para que esses indivíduos não tenham quaisquer facilidades de acesso, tampouco possam estar à frente dos postos de poder e tomada de decisões políticas, administrativas e principalmente econômicas e jurídicas, de modo que esses lugares possam ser naturalmente ocupados e controlados apenas pelos brasileiros descendentes de europeus, os quais são também os mais ricos em nosso país.

Desse modo, a democracia como ela é atualmente praticada no Brasil, pelo menos no que diz respeito à manutenção e preservação dos privilégios dos brasileiros brancos mais ricos, parece funcionar muito bem para esse grupo, pois, desse modo, ela não se restringe e tampouco circunscreve à sua abrangência aos espaços políticos. Ela, a democracia, os ultrapassa, inscrevendo-se também em outras esferas e dimensões da sociedade brasileira, a fim de operar e preservar o mesmo modelo que lhe tem permitido operá-lo, a fim de assegurar, isoladamente, maior representatividade das classes dominantes para além dos limites dos espaços políticos.

Assim, as elites brasileiras, certamente, não podem ignorar que neste modelo de democracia erigido desde a Grécia Antiga por e para elas, não pode existir legitimidade de representação política dos mais pobres. Os eleitores socialmente mais vulneráveis ficam de fato sem representação adequada, legítima e proporcional à representação dos mais pobres e negros que, sendo maioria na sociedade brasileira, conforme atestam dados do Instituto Brasileiro de Geografia e Estatística (IBGE), divulgados pelo jornal *Folha de São Paulo,* em 04/12/2015 no seu Portal de Notícias UOL, negros representam 54% da população nacional, mas são, no entanto, sistematicamente minorias nessas dimensões, em razão de um sistema que age mais para excluí-los e afastá-los de todos os espaços de poder no Brasil.

Se, por um lado, no imaginário coletivo das massas populares, democracia, em última análise, representa a possibilidade de uma efetiva igualdade de direitos entre todos, por outro lado, para as elites economicamente consolidadas, o entendimento de democracia é diametralmente oposto ao entendimento de democracia solidamente erigido no imaginário coletivo dos mais pobres e negros no Brasil.

Para as classes dominantes, porém, uma democracia aceitável e, sobretudo justa, é aquela definida, restrita, inscrita e assentada exclusivamente na teoria de Joseph Schumpeter. Qualquer outra definição de democracia que as exclua de estarem isoladamente à frente e no controle de todos os espaços de poder na sociedade, especialmente os espaços de tomadas de decisões políticas, jurídicas e administrativas que possam, de alguma forma, pôr em risco o seu patrimônio ou afetar minimamente os seus vastos interesses e amplos privilégios, decididamente, no entendimento das elites brasileiras, isto não é democracia, mas uma inaceitável onicracia.

Neste modelo de democracia schumpeteriano, admite-se a participação popular desde que ela não ultrapasse os espaços admitidos e tolerados, isto é, exclusivamente diante das urnas eleitorais para escolherem os candidatos das elites que irão governá-los. Jamais para subverterem a ordem posta e conferida como um direito exclusivo das classes dominantes.

Por esse prisma, vê-se que a democracia erigida e assentada segundo a teoria de Joseph Schumpeter, é, *grosso modo,* a base do *modus operandi* como esse sistema político é operado no Brasil.

Nessa perspectiva, a democracia brasileira reserva para os mais pobres e negros somente o direito de eles poderem ser úteis para eleger os mais ricos e brancos. Além disso, em face de um sistema eleitoral que nitidamente privilegia os mais ricos, tem como regra assegurar-lhes enormes dificuldades para serem eleitos ou indicados por seus partidos ou coligações para assumirem os postos originalmente reservados exclusivamente para as elites brasileira, como os cargos comissionados, por exemplo.

Se no imaginário coletivo das classes mais vulneráveis socialmente, democracia é um sistema político que reconhece na maioria o direito de escolher seus dirigentes, a rigor, pode-se dizer que nada há de errado com esse entendimento, o qual se limita exatamente na legitimidade da escolha da maioria.

3.4. A DEMOCRACIA NO BRASIL ERIGE ARTIFÍCIOS PARA IMPEDIR QUE OS MAIS POBRES TAMBÉM POSSAM REALIZAR O BEM COMUM E TOMAR DECISÕES CONSUETUDINÁRIAS EM NOME DAS MINORIAS DOMINANTES

Contudo, o que geralmente parte das pessoas com reduzida e insuficiente formação educacional não sabe é que seu direito de escolha, enquanto maioria, encerra e se limita exclusivamente no ato de votar no "outro", uma vez que tomar decisões consuetudinárias em nome de todos é uma atribuição de minorias, geralmente os mais ricos.

Pensar que o seu direito de votar e escolher quem irá governar o destino tanto dos mais pobres quanto dos mais ricos poderia implicar em significativas mudanças estruturais que pudessem atender às expectativas de promover igualmente consideráveis alterações na pirâmide social, é, no limite, apenas uma vontade que as elites dominantes admitem de maneira muito restrita exclusivamente no campo das hipóteses, pois os parlamentares eleitos, em geral, majoritariamente oriundos das classes mais abastadas, podem estar nos espaços de poder e tomada de decisões políticas, visando, sobretudo, entre outros objetivos, a preservar a manutenção de seus patrimônios, interesses e privilégios, e nunca para permitir alterações substanciais que possam afetar ou reduzir o que as elites, suas patrocinadoras, elencam e reconhecem como seus legítimos direitos.

Nesta dimensão, democracia é sim um regime político de maioria, todavia, restrita, limitada e subordinada à idiossincrasia das minorias dominantes. Portanto, este modelo de democracia não autoriza como tampouco reconhece que maiorias possam ter voz e voto nos espaços de poder e tomada de decisões políticas, atributos, na perspectiva da teoria schumpeteriana, exclusivos das elites.

Embora Norberto Bobbio tenha afirmado em sua obra *O Futuro da Democracia* que democracia é um regime político de maioria, é indispensável que se esclareça que o jogo político, no entanto, requer alguns pré-requisitos subjacentes e só pode ocorrer, por exemplo, entre *players* que se reconheçam mutuamente como indivíduos ou grupos legitimamente inscritos e autorizados por esse sistema político a disputar o voto popular.

Paradoxalmente, na perspectiva das classes dominantes, não existem paradoxos ou contradições na definição atribuída por Schumpeter à democracia. Para elas, paradoxo seria os mais ricos se submeterem, subordinarem-se e serem governados pelos mais pobres, uma vez que disputar o voto popular, entendem as elites, é uma prerrogativa e um direito exclusivamente seu. Afinal, para os mais ricos e, em razão dessa sua condição singular que lhes permite exteriorizar as suas riquezas, podem muitos imaginar que é natural que os mais pobres os escolham, por conta de seus supostos méritos, para serem seus dirigentes. Por serem os mais ricos, imaginam, logo são, supostamente, também os mais sábios e capacitados para dirigir o destino dos demais.

Ora, política não é apenas uma questão de mérito e reconhecimento. Trata-se, antes de qualquer coisa, de acirradíssimas disputas entre grupos opostos que competem entre si por espaços de poder visando principalmente, por um lado manter posições conservadoras para não permitir significativas transformações sociais que envolvam alternância de poder e, de outro lado, busca-se profundas mudanças de rumo na sociedade, por meio da substituição dos partidos políticos e seus dirigentes que não têm a aprovação da maioria e, por isso mesmo, tende-se a rejeitá-los nas urnas.

É na perspectiva de efetivas transformações sociais para os mais pobres e negros, que visa o presente trabalho dar uma singela contribuição para se apurar alguns dos principais motivos que não têm permitido a inserção de parlamentares negros e a naturalização da ausência destes na Assembleia Legislativa e Câmara Municipal de São Paulo.

Não se pode deixar de considerar também a democracia tal qual é operada e especialmente interpretada no Brasil, sobretudo pelas camadas mais populares, as quais atribuem a esse sistema político um caráter de legitimidade que ela própria, por sua vez, não reconhece nesses estratos da sociedade brasileira, na qual certos indivíduos, inscritos e reconhecidos como cidadãos, portanto, condicionados ao cumprimento prévio de determinados pré-requisitos, estariam autorizados a eleger os seus dirigentes por meio de eleições periódicas, supondo-se que nessa ocasião se pudesse fazer, dentre os vários postulantes ao cargo de parlamentar, por exclusão, a escolha dos melhores e mais preparados cidadãos, sendo estes considerados e avaliados nessa categoria exclusivamente a partir do ponto de vista das classes dominantes, porém, jamais, os melhores e mais preparados indivíduos na perspectiva de avaliação do conjunto da sociedade, de modo que pudessem os eleitos ser investidos como representantes legítimos da sociedade no Parlamento.

Este modelo de democracia não é obviamente exclusivo, tampouco é privilégio da sociedade brasileira, sendo praticado igualmente em diversos países ao redor do mundo onde a democracia, por consenso ou não, é a forma de governo adotada.

Ocorre, contudo, que, não obstante esse sistema político sugerir que ele permite através da escolha e eleição direta dos representantes do povo, os quais, portanto, estariam autorizados a tomar decisões em seu nome e a seu favor, na prática, seu mecanismo e funcionamento operam para afastar os mais pobres dos espaços de poder político e de tomada de decisões, reservando essas prerrogativas, de modo muito artificial, concentradas nas mãos das elites dominantes. Ainda assim, as classes brasileiras dominantes irão rotulá-lo de democrático mesmo quando a maioria não consegue sequer ter vez e voz.

3.5. UMA DEFINIÇÃO MÍNIMA DE DEMOCRACIA SEGUNDO BOBBIO

Segundo leciona Norberto Bobbio, uma definição mínima de democracia é aquela que se contrapõe a todas as formas de governo autocráticas, isto é, onde pessoas ou grupos de pessoas detêm o controle absoluto do sistema de governo. Ou seja, segundo a definição precípua desse autor, a democracia, necessariamente, inscreve-se em um conjunto de regras, as quais determinam de forma a não deixar quaisquer dúvidas quem está ou estará autorizado pelo grupo social a tomar decisões em seu nome. Segundo autorizações e condições previamente deliberadas e debatidas pela maioria do grupo social e confiadas a seus legítimos representantes, para que estes em seu nome hajam e tomem as decisões coletivas que possam não violar os direitos de outrem, mas que possam sobretudo preservar os seus.

Por esse ângulo, podemos supor que a população negra brasileira não tenha declinado de participar no Parlamento das discussões dos assuntos que lhe dizem respeito, tampouco tenha confiado seu destino nas mãos de quem, segundo o enunciado de Bobbio, é, portanto, incompetente, não fazendo originalmente parte de seu grupo social e muito menos tenha outorgado a terceiros o direito de representá-la nas esferas de poder e tomada de decisões.

Assim, podemos inferir que a sua ampla ausência desses espaços de poder deslegitima, na perspectiva de Bobbio, todas as decisões que foram tomadas em seu nome e sem o seu consentimento, especialmente aquelas decisões coletivas que produziram ou continuam ainda acarretando prejuízos de toda ordem no presente. Por analogia ao postulado desse autor, elas se tornariam ou poderiam se tornar nulas se essas prerrogativas de democracia fossem ou se forem algum dia levadas em consideração pela sociedade brasileira.

Por outro lado, pode-se observar também que o sistema político alicerçado na democracia busca, de certa forma, estabelecer uma igualdade entre os vários grupos étnicos que compõem determinadas sociedades.

> No que diz respeito às modalidades de decisão, a regra fundamental da democracia é a regra da maioria, ou seja, a regra à base da qual são consideradas decisões coletivas e, portanto vinculatórias para todo o grupo – as decisões aprovadas ao menos pela maioria daqueles a quem compete tomar decisão. Se é válida uma decisão adotada por maioria, com maior razão ainda é válida uma decisão adotada por unanimidade.[96]

As regras e procedimentos mínimos de democracia formuladas por Norberto Bobbio, passam-nos a impressão inicial de que elas foram constituídas a partir de uma sociedade racialmente homogênea. Em sociedades heterogêneas como a sociedade brasileira, por exemplo, onde a existência de estratos sociais muito distintos entre si, como uma enorme diversidade étnica, onde alguns grupos sociais, como os negros, que foram em um certo período de nossa História impedidos de se realizarem como indivíduos sujeitos de direitos, subordinados à exploração violenta de sua força de trabalho por europeus e seus descendentes por mais de três séculos e meio e, em um outro momento foram igualmente artificialmente excluídos dos espaços de tomada de decisões, estas regras, ao serem aplicadas no Brasil, possivelmente, deixariam ou poderiam não ser tão eficazes como sugere o autor, em razão da existência de enormes distorções sociais, educacionais, disparidades econômicas acentuadas e principalmente de imensuráveis privilégios e oportunidades assegurados, em geral, aos mais ricos e implicitamente negados aos mais pobres e negros.

---

96 BOBBIO, 2000, p. 32.

Como sinalizamos acima e indo ainda na mesma linha do postulado formulado por Norberto Bobbio, as decisões que foram e são tomadas no Parlamento brasileiro sem a presença proporcional de seus representantes, especialmente se levarmos em consideração que essa população atualmente representa a maioria dos brasileiros, a "regra fundamental da democracia, é a regra da maioria", não se implementa por conta dos artifícios que a impedem de estar fisicamente presente, investida no cargo e de autoridade nessas dimensões, para ela própria tomar as decisões que julgar apropriadas para proteger, ampliar e preservar os seus direitos.

3.6. SUBVERSÕES DA ORDEM POSTA E DA DEMOCRACIA NO BRASIL

Não exclusivamente em razão de a população negra brasileira representar maioria em termos demográficos, mas muito especialmente em razão de minorias étnicas se transformarem em maioria nos espaços de decisões políticas e tomarem decisões coletivas em seu nome, contudo, sem a sua presença minimamente proporcional desejada nessas dimensões de poder político no Brasil, por esse mesmo entendimento da teoria bobbiosiana, podemos dizer também que menor razão ainda tem a Norma que é aprovada no Parlamento sem a presença física e anuência da maioria para deliberar e tomar as decisões que ela julgar apropriadas e legítimas, pois não pode haver unanimidade se a maioria não está presente ou se está impedida artificialmente de tomar decisões que lhe dizem respeito.

Acreditamos que o modelo de democracia brasileiro, anterior à conquista do poder central pelo Partido dos Trabalhadores, a partir do exercício da Presidência da República por Luiz Inácio Lula da Silva, tenha sido consolidado para manter nesse espaço restrito de poder e tomada de decisões políticas, exclusivamente, as minorias dominantes no Brasil.

Em que pese a existência de enormes dificuldades estruturais e econômicas entre os mais ricos e os mais pobres, a eleição de Lula trouxe, de certo modo, uma esperança para as camadas mais vulneráveis socialmente que ousaram mais uma vez subverter o sistema político operado para as elites dominantes, reelegendo-o presidente e elegendo ao final de seu mandato, pela primeira vez na História do Brasil, uma mulher, Dilma Vana Rousseff, para sucedê-lo na Presidência da República.

A ausência das elites nos espaços de poder, como asseverou Schumpeter, foi precedida, ao que se tem notícia nas últimas décadas da História recente da humanidade no Ocidente, apenas pelo também sindicalista Lech Walesa, que fora eleito presidente da Polônia a partir de 1995.

Antes é preciso que esclareçamos que o termo Ocidente utilizado por nós não se restringe ao seu conceito geográfico; fazemos referência ao modo de vida comum adotado por certos Estados e sociedades, independentemente de sua localização geográfica no planeta Terra, tidos como Estados supostamente desenvolvidos e progressistas em relação e em comparação com outros Estados que, por várias razões, não atingiram o mesmo grau de desenvolvimento cultural ou tecnológico normatizado como regra basilar pelo "Ocidente".

Nesses dois exemplos a democracia tal qual fora constituída para permitir a sua gestão exclusivamente pelas minorias dominantes desde a Grécia, estas não foram, contudo, capazes de operar com eficiência o sistema que as beneficia, em razão de a maioria ter subvertido a ordem e a lógica inscritas na teoria schumpeteriana, retirando a concentração de poder nas mãos das classes dominantes em ambas as sociedades retromencionadas.

A subversão da lógica e da ordem política assume, nesses casos, especial relevância, em face das enormes disparidades estruturais e econômicas em que se estabeleceram as disputas pelo poder tanto na Polônia de Walesa quanto no Brasil de Lula, principalmente se levarmos em consideração que a subversão da ordem política não se encerra exclusivamente na perspectiva das elites políticas, já que este fato político e histórico estende o seu alcance para além dessa dimensão, atingindo também outros setores importantes da sociedade brasileira como os grandes veículos de comunicação de massa, os banqueiros, grandes grupos industriais e comerciais, os quais também foram derrotados e simbolicamente subordinados pelos mais pobres que se recusaram pela via procedimental a que se referiu Norberto Bobbio, por quatro vezes consecutivas, ao longo dos últimos dezesseis anos, os candidatos das elites dominantes, apoiados abertamente por esses setores e de igual modo apoiados pelos mais ricos para o cargo de presidente da República do Brasil.

Na perspectiva da teoria de Joseph Schumpeter, na qual exclusivamente as elites econômica e politicamente consolidadas poderiam, ou estariam inscritas e autorizadas, portanto, legitimadas a exercer isoladamente o poder. Governos populares como o do Partido dos Trabalhadores, por exemplo, podem não se inscrever como um governo democrático; não obstante os vencedores terem cumprido todos os procedimentos regimentais do sistema político em que se inscreve a democracia, estes não eram, contudo, originais das fileiras das minorias dominantes que, por esse motivo, recusam-se a reconhecê-los como governos legítimos e democráticos.

Ora, os condicionantes da teoria schumpeteriana de democracia impõem severas restrições à mobilidade das camadas mais populares no Brasil, as quais se veem privadas e obrigadas a depositar suas esperanças de realização, de mobilidade política e, sobretudo, de progresso social, educacional e econômico, confiado a quem geralmente opera o sistema para que ele funcione em sentido oposto às suas aspirações de mudanças estruturais, exatamente para impedir que essas mudanças possam ocorrer a curtíssimo prazo em benefício dos mais pobres, a fim de se preservarem intactos os privilégios dos mais ricos e brancos.

A mecânica que dá sustentação ao modelo de democracia operado no Brasil é a mesma que tem permitido e assegurado ciclicamente às elites dominantes tomarem assentos isolados nos espaços de poder e tomadas de decisões políticas, sendo ao mesmo tempo perversa e muito prejudicial para a maioria dos mais pobres e negros, os quais, em razão dessa mesma mecânica, têm reduzidas as suas chances de não apenas conseguirem maior mobilidade social, mas, sobretudo, ficarem impedidos de se realizarem como sujeitos de plenos direitos. Subjazem nas definições de Schumpeter que restringem e inscrevem os mais pobres apenas como eleitores dos mais ricos, enquanto Norberto Bobbio, por sua vez, afirma que para o funcionamento da democracia é indispensável e necessário que se cumpram determinados procedimentos fundamentais.

Todavia, ambos os teóricos da democracia não informam que para o modelo de democracia que ambos propõem funcionar perfeitamente, antes será preciso que os mais pobres declinem de participar ativamente do processo eleitoral, quer como candidatos competidores ou como eleitores de um grupo organizado, preparado para enfrentar e disputar os espaços de poder com as elites dominantes, limitando, porém, a participação dos estratos mais vulneráveis socialmente nesse processo, exclusivamente como eleitores, sem objetivos políticos próprios e aparentemente descompromissados com as aspirações políticas da maioria.

Por outro lado, torna-se indispensável que eles, os mais vulneráveis socialmente, reconheçam necessariamente nos mais ricos o direito de estes serem legalmente seus legítimos representantes, tanto no Parlamento quanto nas várias instâncias de governo e poder.

Segundo os conceitos de democracia externados tanto por Bobbio quanto por Schumpeter, torna-se indispensável que os mais pobres capitulem e abram mão de seus direitos de cidadãos para cedê-los a terceiros, exclusivamente em razão de estes fazerem parte das classes hegemônicas, quando o natural, supomos, seria que todos os estratos pudessem tomar assento nos espaços de poder para terem vozes e participarem ativamente de decisões coletivas que similarmente lhes dizem respeito.

Em outros termos, é preciso que a maioria capitule e se reconheça como inferior, portanto, incapaz de tomar suas próprias decisões sem a tutela de minorias dominantes, as quais, a rigor, irão não apenas naturalizar a sua ausência dos espaços de poder, como irão também sutilmente sugerir que os mais ricos e brancos poderão sim representá-la convenientemente no Parlamento, em razão desta sua suposta incapacidade congênita por não saber lidar com o poder. Assim, os mais pobres e negros no Brasil precisariam confiar àqueles que, tendo à frente seus interesses particulares enquanto classes dominantes, não podem, portanto, nesta condição, ser seus fiéis representantes, tampouco podem tratar de seus interesses ou se ocupar dos assuntos do interesse da maioria.

Esses condicionantes restritivos não são informados ou transmitidos com nitidez de detalhes para que os delegados pudessem, antes de tomar a decisão que poderá transformá-los em indivíduos úteis aos interesses das classes dominantes, pudessem eles mesmos decidir se aceitam ou não essas regras que lhes são propostas pelas elites dominantes, as quais os impedem de tomar as decisões coletivas que julgarem mais apropriadas para o conjunto da sociedade, especialmente se considerarmos que, como diz Bobbio, a regra da democracia é a regra da maioria.

3.7. A DEMOCRACIA BRASILEIRA COMO LÓCUS DA REPRODUÇÃO DE HIERARQUIAS ENTRE BRASILEIROS

Fica implícita a necessidade de reconhecimento e legitimação pelos mais pobres dos atos perpetrados pelas classes dominantes em seu nome! Há por trás dessa necessidade de aceitação e reconhecimento uma ideologia de dominação do "Outro" pelos poderosos, do mesmo modo que é possível fazer uma observação onde o sistema político ancorado na democracia realiza um jogo cujos resultados são sempre previsíveis. Isto é, as classes dominantes brasileiras já o iniciam sabendo que elas continuarão isoladamente à frente dos espaços de poder e tomada de decisão política.

Este modelo de democracia, onde a maioria dos brasileiros não pode, de fato, conduzir o seu destino, mas delegá-lo a terceiros expressamente não autorizados e incompetentes, portanto, ao limitar e autorizar que somente as minorias dominantes podem disputar o voto popular, no limite, o modelo de democracia brasileiro não pretende que ocorra qualquer alternância de poder, senão a ocorrência subjacente e consensual de mudança, exclusivamente entre os diversos grupos das elites brasileiras dominantes.

Por esse motivo, os grupos socialmente dominantes precisam que os mais pobres implicitamente reconheçam neles o direito de não apenas os governarem, mas principalmente tomarem decisões políticas em seu nome.

Ora, em larga medida, o modelo de democracia proposto por Joseph Schumpeter requer para seu integral funcionamento, não apenas a aceitação, mas principalmente o reconhecimento de dominação tácito e sem qualquer tipo de resistência política ou alternância na condução do sistema político isoladamente pelo grupo dos mais ricos sobre os mais pobres.

3.8. O "JOGO POLÍTICO" NO BRASIL INSCREVE A DEMOCRACIA COMO IDEOLOGIA DE DOMINAÇÃO POLÍTICA DOS MAIS POBRES E NEGROS

Esse modelo schumpeteriano de democracia foi constituído de modo que nunca ocorra alternância de poder, mas a manutenção e perpetuação das mesmas minorias dominantes à frente das instituições legislativas, administrativas e especialmente jurídicas. Para tanto, é indispensável que a maioria reconheça nessas minorias que elas exerçam o poder em todas as suas instâncias, supostamente, com total consentimento dos primeiros.

Em vista disso, o "jogo político no Brasil" é transformado em uma partida onde não existem adversários, mas partidários dos mesmos objetivos, onde do mesmo modo não existem derrotados, pois, independentemente das ideologias partidárias que possam estar à frente dos governos por supostas "escolhas" da maioria, por trás dos eleitos estarão sempre as elites dominantes que, mesmo em situações políticas aparentemente adversas, sua efetiva participação não deixará de ocorrer nos diferentes governos, sejam eles governos de situação ou de oposição, os mais ricos no Brasil estarão invariavelmente à sua frente para comandá-lo.

Nesta perspectiva, na excelsa lição de Munanga, torna-se cristalino que o racismo só pode ser exercido por quem exerce efetivamente o poder.

Não obstante a existência de a teoria schumpeteriana inscrever-se, supostamente, nos pressupostos do bem comum que, em tese, a partir de sua formulação, poder-se-ia pensar nos interesses da coletividade, reserva-se, porém, essa atuação apenas às elites consolidadas economicamente.

A partir da seletividade, onde se admite apenas as classes dominantes como autorizadas e capacitadas para a realização do bem comum, a teoria proposta por Schumpeter, ainda assim, não deixa de ser socialmente racista, excludente e, ao mesmo tempo, também, desumanizadora, pois não leva em consideração a possibilidade de os mais pobres, se à frente da administração dos governos, poderem eles também realizar o bem comum, inclusive para os mais ricos. Ao atribuir esta capacidade de realizar o bem comum exclusivamente às classes dominantes, subjaz uma ideologia de dominação do "Outro" por essas classes.

Erige-se uma falaciosa concepção de suposta superioridade divina e biológica dos mais ricos e brancos e, por isso, somente eles poderiam realizar o bem comum. Essa concepção encarnada por parte de brancos mais ricos inscreve-se no conceito de branquitude desenvolvido por Sovik, pois ser branco no Brasil se pressupõe que esses indivíduos estariam autorizados a ocupar isoladamente ou em maioria todos os espaços, inclusive os espaços de tomada de decisões políticas.

Ser branco no Brasil pressupõe inscrever-se num corolário que autoriza esses sujeitos a terem todo tipo de mobilidade social ascendente. De acordo com Sovik, ao colocar a discussão no plano da necessidade de afirmação de traços europeus para manter o privilégio e a condição de ser humano ideal do branco, o autor não leva em consideração o real motivo para que os europeus não considerem qualquer outra nacionalidade, que seria o fato de só os europeus terem direito ao seu eurocentrismo, o que não corresponderia às práticas de manutenção de privilégio coexistentes baseadas na discriminação direta de traços fenotípicos.[97] Além disso, a autora afirma que no contexto atual de discriminação no Brasil já é comum as pessoas admitirem que têm um "pé na cozinha", na tentativa de forjar uma falsa ideia de democracia racial, o que não diminui, pelo contrário, o poder e o prestígio concedido pela branquitude. Para Sovik os resquícios coloniais já não são o principal problema nessa discussão. "É um texto anacrônico, mas nem tanto. Guerreiro Ramos abriu frentes que ainda estão presentes na discussão"[98]. A autora reconhece também que, embora não seja o principal problema, a ascendên-

---

[97] SOVIK, Liv. Aqui ninguém é branco: hegemonia branca no Brasil. In: WARE, Vron (Org.). *Branquidade*: identidade branca e multiculturalismo. In: JESUS, Camila Moreira de. *Branquitude x Branquidade:* Uma análise conceitual do ser branco. Rio de Janeiro: Garamond, 2004, p. 368. Disponível em: <http://www3.ufrb.edu.br/ebecult/wp-content/uploads/2012/05/Branquitude-x-branquidade-uma-ana-%C3%83%C3%85lise-conceitual-do-ser-branco-.pdf>. Acesso em: 28 maio 2016.

[98] Ibidem, p. 369.

cia europeia ainda é utilizada como um triunfo para muitos ciosos pela manutenção da diferenciação que assegura o poder.[99]

Assim, a democracia brasileira ancorada na teoria schumpeteriana, ao retirar essa capacidade humana de os mais pobres poderem ser gestores de seu destino, a formulação de democracia de Joseph Schumpeter pode ter tido a pretensão de hierarquizá-los, guardando estreita semelhança com as práticas de exclusão social próprias do racismo.

De modo muito explícito, Schumpeter, ao erigir uma teoria que admitia apenas as várias elites consolidadas competirem entre si para disputarem o voto popular, esse autor, antes de qualquer outra hipótese, tinha por objetivo estabelecer como regra invariável, rígidas hierarquias entre os diferentes grupos étnicos na sociedade; e, ao mesmo tempo, poder afirmar a existência de uma suposta superioridade para poder justificar a dominação do grupo formado pelas classes dominantes sobre os outros estratos da sociedade.

Schumpeter erigiu uma teoria sobre democracia fundada exclusivamente na dominação dos estratos mais abastados. As elites brasileiras brancas dominantes reproduzem esse sistema vigorosamente baseado em uma suposta inferioridade natural dos brasileiros mais pobres e negros, de modo que, muitas vezes, esses indivíduos por não conseguirem perceber completamente, tampouco conseguirem fazer uma leitura aprofundada desses mecanismos de exclusão social seletiva, são, por essa razão, transformados pelas minorias dominantes, em agentes autogestores do próprio sistema que os afasta das várias esferas de poder e tomada de decisões políticas no Brasil.

Algumas vezes, não somente eles cooperam de maneira muito voluntariosa, como acabam igualmente operando o sistema que os exclui, sem, no entanto, oferecerem quaisquer tipos de resistência, por conta de não perceberem completamente que este sistema se nutre de sua parcial ignorância política para exatamente poder preservar integralmente os privilégios dos mais ricos e brancos por meio de seu perfeito funcionamento.

Neste sentido, vale observar a excelsa lição do sociólogo Clóvis Moura, segundo a qual o racismo é uma poderosa arma ideológica de dominação também política. Na perspectiva de Moura, Schumpeter, ao limitar o exercício dos espaços de poder concentrados exclusivamente nas mãos das elites dominantes, o fez certamente por acreditar na inexistente superioridade entre humanos. Explica Clóvis Moura que o racismo não é uma conclusão de pesquisa científica.

---

99 Ibidem, p. 363-386.

Ele não é uma conclusão tirada dos dados da Ciência, de acordo com pesquisas de laboratório que comprovem a superioridade de um grupo étnico sobre o outro, mas uma ideologia deliberadamente montada para justificar a expansão dos grupos de nações dominadoras sobre aquelas áreas por elas dominadas ou a dominar. Expressa, portanto uma ideologia de dominação, e somente assim pode-se explicar a sua permanência como tendência de pensamento. [...] O racismo tem, portanto, em última instância, um conteúdo de dominação, não apenas étnico, mas também ideológico e político. É por isso ingenuidade, segundo pensamos, combatê-lo apenas através do seu viés acadêmico e estritamente científico, uma vez que ele transcende as conclusões da ciência e funciona como mecanismo de sujeição e não de explicação antropológica. Pelo contrário, superpõe-se a essas conclusões com todo um arsenal ideológico justificatório de dominação. [100]

A partir dos sólidos argumentos apresentados acima por Clóvis Moura, nota-se que a concentração dos espaços de poder nas mãos das elites dominantes, a democracia, por sua vez, na perspectiva de Joseph Schumpeter, tinha, sem dúvida, a pretensão de não apenas destinar uma subordinação mas, sobretudo, convencer maiorias que em razão de serem naturalmente inferiores, deveriam reconhecer a sua suposta inferioridade biológica e se manterem pacíficas, cordialmente subordinadas às ordens das elites dominantes e sem esboçar, por isso, qualquer resistência.

Afinal, o argumento clássico dos dominadores para legitimarem suas ilegítimas ações políticas é que a dominação e subordinação do "Outro", antes de quaisquer outros possíveis entendimentos, sempre foi um benefício para a "nossa civilização".

3.9. AS ELITES BRASILEIRAS DOMINANTES SE RECUSAM A RECONHECER OS NEGROS COMO SUJEITOS IGUAIS A FIM DE JUSTIFICAREM A SUA AUSÊNCIA DOS ESPAÇOS DE PODER POLÍTICO

Esse modelo de democracia, aliás, como já observamos outras vezes, só pode funcionar com a inestimável cooperação da maioria dominada, por meio da aceitação tácita e realimentação de estereótipos de sua suposta inferioridade natural, através do reconhecimento das ações que visam essencialmente não reconhecer nos indivíduos ou grupos marginalizados direitos que se supõe sejam ou deveriam ser destinados a todos.

---

[100] MOURA, Covis. Pensador das raízes da opressão e do protesto negro no Brasil. *Revista Princípios*, Encarte da Edição 129, Editora e Livraria Anita, São Paulo, p. 5, jan./fev. 2014.

A proposta de não reconhecer os mais pobres como sujeitos de direitos iguais, autorizados a ingressarem no jogo político como *real players* para, nessa condição, poderem também disputar o voto popular e, por conseguinte, ocupar os vários espaços de poder na sociedade, segundo explica Axel Honneth, isto se deve a uma propositada construção subjetiva por parte das elites dominantes, visando não permitir que haja qualquer interação ou interações com esse grupo de indivíduos de modo que eles próprios não se sintam e muito especialmente não se vejam reconhecidos pelas classes dominantes, e, desse modo, impede que as relações intersubjetivas dos sujeitos possam ocorrer.

Em geral, os mais pobres, não tendo o reconhecimento dos mais ricos que, por sua vez, negam-lhes autonomia, tornando-os sujeitos dependentes do reconhecimento destes, em razão de não possuírem o indispensável *status* de igualdade nas relações intersubjetivas, veem afetada a sua autoestima, fazendo também que eles próprios não se autorrespeitem, passando, por isso mesmo, a conformar-se com a sua posição previamente destinada pelos dominadores.

Isto é, quem não se reconhece como sujeito de plenos direitos não exige mudanças políticas, econômicas, sociais, jurídicas, educacionais, por exemplo, pois não se reconhece apto para exercer novas funções ou assumir novos postos. Nesta dimensão, esses sujeitos acabam sendo extremamente uteis às pretensões e objetivos das elites dominantes que desejam mesmo que eles se sintam inferiores e se autorreconheçam como inaptos e incompetentes para o exercício de certos cargos ou funções, dos quais elas não pretendem declinar de estar à sua frente para exercê-los e controlar os espaços de poder isoladamente.

Segundo a lição do filósofo alemão Axel Honneth, as minorias dominantes agem sistematicamente de modo bastante uniforme e em grupo para, intencionalmente, por meio da negação das relações intersubjetivas e não reconhecimento, a um só tempo, negarem aos grupos socialmente marginalizados pelas diferentes estruturas de poder que essas elites controlam na sociedade, impedir que os indivíduos marginalizados socialmente possam constituir para si uma "autorrelação prática positiva" e, nessa perspectiva, algumas vezes, com o concurso dos próprios marginalizados, afastá-los com naturalidade da estrutura de poder.

> Analisando a obra do jovem Hegel, Honneth destaca a ideia fundamental de que os indivíduos só podem se formar e constituir suas identidades pessoais quando são reconhecidos intersubjetivamente. O indivíduo só pode ter uma "autorrelação prática positiva" consigo mesmo se for reconhecido

pelos demais membros da comunidade. Quando esse reconhecimento não é bem-sucedido (pela ausência ou falso reconhecimento), desdobra-se uma luta por reconhecimento na qual os indivíduos procuram restabelecer ou criar novas condições de reconhecimento recíproco. [101]

Honneth acrescenta ainda que essas ações podem ser explicadas a partir de uma dinâmica do desrespeito, pois está imbricada nessa dinâmica negação de direitos fundamentais como liberdade e autonomia dos indivíduos, além de negar-lhes, especialmente, vínculos comunitários de pertencimento à sociedade que, artificialmente, recusa-se a permitir que ocupem os espaços de poder e tomada de decisões.

> Cada forma de reconhecimento, por sua vez, permite ao sujeito desenvolver aquela "autorrelação prática positiva" consigo mesmo mencionada antes, ressaltando, por isso, tanto o vínculo entre liberdade e autonomia individual quanto vínculos comunitários e societários (a autoconfiança nas relações amorosas e de amizade; o autorrespeito nas relações jurídicas e a autoestima na comunidade social de valores). A partir disso, Honneth acredita que, dos três padrões de reconhecimento (amor, direito e solidariedade) em conjunto, as mudanças sociais podem ser explicadas por meio de uma dinâmica do desrespeito, "cuja experiência pode influir no surgimento de conflitos sociais na qualidade de motivo da ação" (Honneth, 2003, p. 24). A cada uma das formas de reconhecimento corresponde uma forma de desrespeito: maus-tratos e violação, que ameaçam a integridade física e psíquica, em relação à primeira; privação de direitos e exclusão, que atingem a integridade social do indivíduo como membro de uma comunidade político-jurídica, na segunda; e degradação e ofensas, que afetam os sentimentos de honra e dignidade do indivíduo como membro de uma comunidade cultural de valores, no caso da terceira esfera de reconhecimento. Cada uma delas abala de modos diversos a autorrelação prática da pessoa, privando-a do reconhecimento de determinadas dimensões de sua identidade.[102]

Nancy Fraser, por sua vez, leciona que reconhecimento se efetiva com redistribuição. Isto é, a partir do momento em que se reconhece no "Outro" uma igualdade, quer seja de deveres ou de direitos, é por meio da distribuição igual de recursos que se efetiva o reconhecimento dessa igualdade, através da alocação igualitária ou a mais justa possível distribuição de recursos e bens disponíveis para o conjunto da sociedade.

---

101 MELO, Rúrion. Da Teoria À Praxis Axel Honneth, e As Lutas por Reconhecimento na Teoria Política Contemporânea. *Revista Brasileira de Ciência Política*, n. 15, Brasília, p. 17-36, p. 22, set./dez. 2014. DOI: http://dx.doi.org/10.1590/0103-335220141502.

102 Ibidem, p. 22-24.

Fraser aponta que em determinadas sociedades como a nossa é preciso que se reconheçam as diferenças existentes entre os diversos grupos que a compõem, colocando o reconhecimento como paradigma normativo para a adoção de políticas públicas ou outras medidas, a partir do reconhecimento das diferenças, sejam elas étnicas, raciais, sexuais e de gênero, por exemplo, na busca pela efetivação da justiça também como um direito que precisa ser assegurado indistintamente a todos.

> Essa situação exemplifica um fenômeno mais amplo: a difundida separação entre a política cultural e a política social, a política da diferença e a política da igualdade. Em alguns casos, além disso, a dissociação tornou-se uma polarização. Alguns proponentes da distribuição entendem as reivindicações de reconhecimento das diferenças como uma "falsa consciência", um obstáculo ao alcance da justiça social. Inversamente, alguns proponentes do reconhecimento rejeitam as políticas de redistribuição por fazerem parte de um materialismo fora de moda que não consegue articular nem desafiar as principais experiências de injustiça.[103]

Nesta dimensão e a partir do que sugere Nancy Fraser, entendemos que é essencial e indispensável que a sociedade brasileira reconheça as várias diferenças econômicas, sociais e muito especialmente as diferenças que afastam os afro-brasileiros dos espaços de poder e tomada de decisões políticas, por meio da realização do reconhecimento da existência dessas diferenças, bem como pela adoção de políticas públicas que efetivamente reflitam uma justiça redistributiva e ocupação dos vários espaços em nossa sociedade de modo a promoverem uma igualdade não apenas de direito, mas uma igualdade essencialmente de fato para essa parcela de brasileiros mais vulneráveis socialmente, pois se parte da premissa que as normas de justiça precisam ser vinculatórias.

Assim, pode-se observar com relativa facilidade que essas normas na sociedade brasileira costumam, em geral, vincular os mais pobres unicamente na obrigação de cumprirem deveres, porém, raramente agem para que eles possam gozar da ampla distribuição dos bens como, por exemplo, inscrevê-los como cidadãos autônomos e iguais não apenas em deveres, mas especialmente na distribuição de todos os bens produzidos em nossa sociedade, inclusive com a cooperação também desses brasileiros.

Fraser salienta ainda que o reconhecimento parece pertencer à ética, de onde se espera que a redistribuição e reconhecimento possam vigorar a partir desse princípio moral que regulamenta o comportamento dos indivíduos que, em tese, não poderia estar desassociado ou des-

---

[103] FRASER, 2007, p. 102-103.

vinculado das ações de reconhecimento e distribuição, pois ambos são imprescindíveis para a efetivação da justiça, como um direito que visa, indistintamente, alcançar a todos.

3.10. NÃO RECONHECER PARA DOMINAR

Aliás, como afirma a autora, nenhum deles sozinho é suficiente. Portanto, para que se efetive a justiça para todos, antes, é preciso que ambos atuem em conjunto e ao mesmo tempo sejam eficazes na promoção de uma justiça equânime. Fraser pontua com absoluta nitidez ao afirmar que as reivindicações por reconhecimento são reivindicações por justiça, no sentido mais amplo em que se inscreve este termo.

É nesta perspectiva de reconhecimento por ampla justiça que também buscamos fazer algumas reflexões acerca da naturalização da ausência de parlamentares negros como representantes da maioria nos espaços de poder e tomada de decisões políticas no Brasil, onde sua representação, em geral, quando não se mantém estática, em face das dificuldades estruturais apontadas por Fraser, bem como pela total ausência de políticas públicas visando corrigir as incomensuráveis distorções sociais, políticas, econômicas, administrativas e jurídicas existentes entre brancos e negros em nosso país, a sub-representação destes últimos nos espaços de poder, que, ao invés de ampliar, tende a reduzir-se profundamente.

Desse modo, ainda segundo essa autora, o não reconhecimento não consiste na depreciação da identidade de um determinado grupo social pela cultura dominante, todavia, acarretando imensuráveis danos à subjetividade dos membros desse grupo que em razão dessa depreciação se veem prejudicados.

> O não reconhecimento, consequentemente, não significa depreciação e deformação da identidade de grupo. Ao contrário, ele significa subordinação social no sentido de ser privado de participar como um igual na vida social. Reparar a injustiça certamente requer uma política de reconhecimento, mas isso não significa mais uma política de identidade. No modelo de status, ao contrário, isso significa uma política que visa a superar a subordinação, fazendo do sujeito falsamente reconhecido um membro integral da sociedade, capaz de participar com outros membros como igual.[104]

Portanto, na perspectiva de Nancy Fraser, o não reconhecimento através do *modelo de status* revela a ação de certas instituições que, de modo intencional, estruturam e destinam certos privilégios às mino-

---

104 FRASER, 2007, p. 108.

rias dominantes, a fim de impedir que se possa estabelecer uma paridade com os mais ricos, em razão de essas instituições adotarem um padrão altamente institucionalizado em suas ações, o qual por seu turno, acaba por estabelecer categorias e hierarquias entre os vários grupos sociais, em que alguns são estigmatizados como grupos normativos, isto é, regulares, inscritos e autorizados a ocuparem certas dimensões naturalmente, enquanto outros grupos são também naturalmente marginalizados em razão de essas instituições classificá-los implicitamente como inferiores, para, em última análise, negar-lhes o direito de participarem em igualdade com os outros estratos da sociedade.

O não reconhecimento que visa não permitir que se possa estabelecer uma igualdade entre os vários estratos da sociedade, pelo menos do ponto de vista do conceito de democracia pluralista, revela uma enorme contradição, especialmente se levarmos em conta a lição de Norberto Bobbio que sugere, em *Sociedades Reais*, a democracia como um sistema político pluralista, onde os grupos e não os indivíduos são protagonistas na vida política.

Existe, a partir desses pressupostos, pelo menos do ponto de vista da população negra brasileira que, sendo atualmente maioria dos brasileiros, conforme atestou o IBGE, negros representam 54% da população nacional, contudo, continuam, numa outra extremidade, sendo também maioria dos mais pobres.

Ora, como explicar então a vigorosa naturalização da ausência da população negra dos espaços de poder e em outras instâncias de tomada de decisões políticas no Brasil, a partir da teoria de Norberto Bobbio, segundo a qual os grupos têm prevalência sobre os indivíduos?

A Constituição do Império do Brasil, de 1824, fornece uma fonte de consulta muito robusta para se compreender parte dessa estrutura que, de um lado, inclui majoritariamente os mais ricos e brancos para decididamente excluir os mais pobres e negros dos espaços de poder. A estrutura que propositadamente colocou freios à mobilidade política dos negros no passado tem no presente seus reflexos inexoráveis.

Assim rezava o Título 1º em seu artigo 25º: "os negócios se resolverão pela maioria absoluta de votos dos Membros presentes". Do mesmo modo especificava o Capítulo III – do Senado, em seu artigo 45, incisos III): "que seja pessoa de saber, capacidades, com preferência os que tiverem feito serviços à Pátria"; IV) "que tenha rendimento anual por bens de indústria, comércio ou empregos, com soma igual ou superior a oitocentos mil réis".

O artigo 46, revela, de início a destinação de privilégios e benefícios por meio da "cota imperial", pois determina que "os Príncipes da Casa Imperial são Senadores por Direito, tendo assento ao Senado logo que atingirem a idade de 25 anos".

O artigo 69, por sua vez, atesta que a fórmula da promulgação da lei será concebida nos seguintes termos, por Graça de Deus e por unânime aclamação dos povos, de modo que esses povos suplicassem ao Império: "...e nós queremos a lei seguinte...".

3.11. A CIDADANIA COMO UMA PRERROGATIVA

Observa-se que à época, na promulgação das leis estava implícita a vontade daqueles súditos inscritos pelo Império na categoria de cidadãos.

Portanto, por razões óbvias, como aos antigos escravizados não era permitido por lei inscrever-se na categoria de cidadãos, pode-se afirmar, não obstante tais leis tenham sido aprovadas sob o manto do Império que não os reconhecia como sujeitos de direitos, todas as leis e seus reflexos promulgadas àquela época que, para serem aprovadas se exigia que elas fossem aprovadas por meio de aclamação unânime dos povos. Nesta perspectiva e segundo nos conta a Constituição do Império de 1824, essas leis, anteriores ou posteriores ao longo período de escravização de seres humanos por europeus e seus descendentes no Brasil, presume-se que não deveriam ou pelo menos não poderiam alcançar e muito menos se poderia exigir que os antigos escravizados e seus descendentes as conhecessem ou tampouco que eles pudessem cumprir com algo que fora aprovado sem o seu conhecimento, cooperação ou anuência, em razão de eles não gozarem do benefício e tampouco do *status* elementar de cidadãos, por conta de serem, àquela época, transformados por seus exploradores em seres humanos objetificados.

Ainda assim, mesmo aviltados em sua dignidade, eles jamais perderam as suas características e capacidades de seres humanos.

Era de se esperar, com o fim do longo período de escravização de seres humanos no Brasil, que pudessem ocorrer rígidas mudanças estruturais com o objetivo de minimizar as diferenças para se promover a inclusão social, e que fossem igualmente revogadas ou tornadas nulas todas as leis e seus reflexos prejudiciais aos antigos escravizados, em razão de estas terem sido aprovadas sem a sua participação mínima. Infelizmente não é o que se verificou naquela época tampouco *a posteriori*. Os negros continuavam tendo o direito à cidadania negado amplamente.

Todo este quadro histórico que buscamos descrever parcialmente linhas acima à época do Império do Brasil (1822 a 1889), foi com o intuito de traçarmos um paralelo com os reflexos decorrentes da negação da cidadania para os escravizados e seus descendentes no Brasil contemporâneo; mesmo com os avanços da Constituição da República de 1988, é possível observar as consequências da negação da cidadania para essa população no passado e também nos dias atuais.

Nancy Fraser leciona mais uma vez que em sociedades onde se reconhece a igualdade de direitos por meio da redistribuição de bens e direitos, busca-se alcançar uma igualdade equânime, a fim de promover ampla justiça social para os injustiçados.

Neste trabalho procuramos apresentar algumas das inúmeras distorções da democracia brasileira contemporânea, provocadas pela vigorosa negação da cidadania como um direito para os descendentes de escravizados no passado; seria de se esperar que uma vez constatado que determinadas leis, as quais teriam sido aprovadas à época sem a necessária anuência desses indivíduos, portanto, aprovadas com explícitas restrições de direitos e benefícios negados aos afro-brasileiros descendentes de escravizados africanos, pudessem ser, senão tornadas nulas, revogadas, pelo menos, inaplicáveis do ponto de vista jurídico para essa população específica, até o momento em que ela tivesse recuperado integralmente o seu *status* de cidadão. A aplicação dessas leis, contudo, poderia ser feita, salvo quando lhes causassem quaisquer tipos ou formas de prejuízos, tanto no passado quanto principalmente no presente.

O artigo 71º da mesma Constituição do Império continua a demonstrar a exclusão e a preferência explícita do Estado Imperial brasileiro pelos mais ricos e descendentes de europeus. Reza este artigo que a Constituição do Império reconhece e garante o direito de intervir de todo cidadão nos negócios de sua Província, especialmente aqueles que são relativos a seus interesses peculiares.

O artigo 72º por sua vez especifica que esse direito permite aos cidadãos intervirem nos negócios de suas Províncias e se dará por meio da Câmara dos Distritos e pelos Conselhos.

Assim, na perspectiva da destinação de direitos e da negação da cidadania para os escravizados e seus descendentes pela Constituição do Império de 1824, estes tiveram não apenas seus direitos humanos aviltados, mas especialmente seus direitos políticos cerceados, pois não gozavam o direito de terem representantes e muito menos serem representados quer na Câmara dos Distritos ou nos Conselhos, por conta de não serem de nenhum modo cidadãos que, além de serem submetidos e subordinados às regras de desrespeito e violência a que se referiu Axel Honneth, eram ao mesmo tempo submetidos também a condições análogas às de presos políticos.

Como se sabe, em Estados totalitários, a rigor, a negação da cidadania é precedida pela cassação dos direitos políticos de seus cidadãos, em razão de estes indivíduos, geralmente, se oporem ao regime que a um só tempo lhes retira e nega a cidadania. O objetivo é não os reconhece como membros socialmente ativos e autorizados a exercer suas prerrogativas de cidadãos.

Estes Estados totalitários agem principalmente para tampouco delegar-lhes um pertencimento à sociedade que arbitrariamente os exclui em nome do Direito que os excluídos, por sua vez, também se negam a reconhecer como norma jurídica que precisaria ser obedecida.

Ora, Clovis Moura, em sua obra *Rebeliões da Senzala,* demonstra que as revoltas dos escravizados não eram apenas por liberdade, mas principalmente por eles também se oporem ao regime político que os oprimia e lhes negava a cidadania, com o firme propósito de não lhes conceder os mesmos direitos exclusivamente assegurados a europeus e seus descendentes à época do Império do Brasil.

> A economia escravista, montada no Brasil desde os primórdios da colonização, considerou, como não podia deixar de ser, o escravo um simples objeto. Havia, nas Ordenações Manoelinas, um título regulando "De como se podem rejeitar Escravos ou Bestas por Doença ou Mangueira". Dizia Perdigão Malheiros no seu insubstituível trabalho sobre a escravidão no Brasil, que "nem lei alguma contemplava o escravo no número de cidadões ainda quando nascidos no Império, para qualquer efeito em relação à vida social, política ou pública. Apenas os libertos quando cidadãos brasileiros gozam de certos direitos políticos e podem exercer alguns cargos públicos". Na Constituição de 1823 são sumariamente excluídos do direito de voto, juntamente com os criados de servir, os jornaleiros, os caixeiros de casas comerciais, enfim juntamente com todas aas pessoas que tinham rendimentos líquidos inferiores ao valor de 150 alqueires de farinha de mandioca. [...] Os escravos, como é obvio e já ficou dito linhas acima, não eram considerados brasileiros; posteriormente passaram a ser brasileiros, mas não cidadãos, fato que levou Joaquim Nabuco, na análise que fez do regime, a mostrar a sua ilegalidade dentro do próprio formalismo do Direito da época.[105]

---

105 MOURA, 1981, p. 56-57.

Observando a excelsa lição de Clovis Moura, constata-se que os escravizados a partir da edição da Constituinte de 1823, como afirma Moura, "foram sumariamente excluídos do direito do voto". Assim, na perspectiva da negação da cidadania e direitos políticos aos escravizados, por ato de vontade e decisão do Estado Imperial, pode não ser nenhum exagero afirmar, como aliás já o fizemos anteriormente, que os negros escravizados no Brasil por mais de três séculos e meio, guardam estreitas semelhanças e analogias com o modo como os presos políticos são tratados por estados arbitrários. Isto é, negação da cidadania, privação de liberdade e impedimento de se filiarem ou participarem da vida política nacional.

Os negros escravizados no Brasil, contudo, sem terem jamais cometido crime algum contra o Estado arbitrário, tampouco transgrediram a ordem vigente, pois se encontravam confinados e submetidos a rígida disciplina de dominação de seus opressores, portanto, às situações de que esses Estados, geralmente, costumam se utilizar para justificar internamente suas medidas de exceção para aqueles que consideram e reconhecem como seus cidadãos, os escravizados mesmo estando fora deste contexto de cometimento de crime e transgressão da norma jurídica vigente que costuma inscrever presos políticos em diferentes partes do mundo, na perspectiva da negação da cidadania e privação da liberdade, os escravizados não somente se equivalem à condição de preso político, como a ultrapassam.

Presos políticos, são, em geral, condenados à privação de liberdade por períodos previstos em lei, mesmo nos governos sob regime de exceção. São indivíduos encarcerados por exprimirem por palavras ou atos sua discordância com o regime político em vigor. Isto é, esses indivíduos não reconhecem legitimidade no regime que por força ou imposição tudo faz, de um lado, para mantê-los subordinados às leis, das quais discordam e por outro, enquanto durar o regime de exceção, preservá-los de igual modo afastados dos espaços de poder e tomada de decisões políticas.

Nesta condição o Estado retira-lhes os seus direitos políticos, portanto, esses indivíduos não podem votar, tampouco podem ser votados. Os escravizados viviam no Brasil do Império, no limite e guardadas as devidas proporções, situação análoga também à de presos políticos.

Ocorreu, contudo, significativa diferença de tratamento e períodos de privação de liberdade e cidadania entre escravizados e presos políticos. Os escravizados, não obstante os castigos e violência física a que eram rotineiramente submetidos por seus opressores, foram, além disso, submetidos também à violência da privação de liberdade e direitos políticos, entretanto, sem data prevista em lei para seu término!

As semelhanças e proximidades entre presos políticos e os antigos escravizados no Brasil encerram a partir dos objetivos de ambos que são acentuadamente distintos. Os primeiros são privados da liberdade por desejarem mudanças estruturais e na condução da política na sociedade em que vivem. Estes podem, com o fim de sua pena ou com o fim do regime de exceção, recuperar sua cidadania e seus direitos políticos.

3.12. ESCRAVIZADOS EM SITUAÇÃO ANÁLOGA A PRESOS POLÍTICOS DA COLÔNIA AO IMPÉRIO

Enquanto os escravizados jamais tiveram direitos para serem cassados, pois simplesmente não tinham quaisquer direitos, além de não serem reconhecidos como iguais na sociedade que deliberadamente os oprimia e excluía com o propósito de torná-los diferentes, primeiro em razão da cor de sua pele preta, segundo em razão de desejarem ser livres e donos do próprio destino; não obstante serem humanamente iguais aos seus opressores, permaneciam aviltados em sua dignidade, bem como ofendidos em seus direitos fundamentais.

Portanto, os escravizados permaneciam imobilizados e forçosamente confinados nas fazendas e sítios, não apenas por razões econômicas e jurídicas, mas especialmente por razões políticas a fim de poder justificar as ilegalidades em que estavam assentadas as primeiras.

Afinal, restringir os direitos políticos dos escravizados, fazia parte de um estratagema que visava antes de qualquer coisa impedir que esses indivíduos pudessem, no futuro, pela mesma via política, lançar mão das mesmas ferramentas para supostamente submeterem os seus opressores a tratamentos tão desumanos e indignos.

Por outro lado, emergem no "Capítulo VI – Das Eleições", na Constituinte de 1823 as sutilezas de uma metodologia racista que insistia em tratar os negros escravizados como objetos, as quais são reveladas nos pormenores da redação da Carta do Império.

O artigo 91º em seu inciso I condiciona que somente os cidadãos brasileiros que se encontrarem efetivamente gozando de seus direitos políticos, estariam autorizados a exercer o seu direito de voto. Já os artigos 92º e 93º estabeleciam quais indivíduos estariam ou não autorizados a votar nas Assembleias Primárias. Os libertos também ficavam impedidos de votar, pois mesmo livres não eram autorizados, reconhecidos ou tampouco inscritos como titulares de direito político.

A esse respeito importa observar o que estabelecia o Título 8º - Das garantias dos Direitos Políticos dos Cidadãos brasileiros, em seu Inciso XIV do artigo 179, que expressamente concedia a todos os cidadãos poderem ser admitidos aos cargos públicos civis, políticos ou militares, sem quaisquer outras diferenças que não fossem aquelas de seus talentos e virtudes.

Desse modo, aliás, como bem já observou o professor José Murilo de Carvalho em sua obra *Cidadania no Brasil: o longo caminho*, a negação do *status* de cidadãos aos negros é responsável pelos prejuízos decorrentes de sua tardia inserção nessa categoria, a qual os impedia de terem os mesmos direitos e benefícios assegurados àqueles inscritos e categorizados pelo Estado, os quais gozavam o privilégio de pelo menos terem o direito de concorrem aos cargos públicos.

Negar o *status* de cidadão aos libertos, conforme já salientou Nancy Fraser ao teorizar sobre a redistribuição, durante o período do Império, tinha por objetivo não lhes conferir o *status* de cidadão para não ter que outorgar os mesmos direitos, sobretudo para não os igualar por meio da redistribuição de bens, serviços e, especialmente, não os igualar em direitos.

Obviamente não se poderia esperar que um Estado que explicitamente confessava a violência empregada contra humanos, pudesse, sem pressão política, outorgar aos negros o *status* de cidadão, conforme era possível observar no inciso XIX – o emprego da violência como Norma de coerção naturalizada: "Desde já ficam abolidos os açoites, a tortura, a marca de ferro quente e todas as demais penas cruéis".

No Império, portanto, ainda se admitia oficialmente a tortura física e psicológica àqueles que em razão de sua cor não eram categorizados como cidadãos. Desse modo, esses homens, mulheres e crianças negras podiam ser submetidos à mais terrível das violências: a ignorância e, em seu nome e por conta dela se poderiam praticar crimes imprescritíveis contra seres humanos, seus semelhantes, apenas em razão de se supor que os indivíduos brancos poderiam ser superiores aos negros.

Violar a integridade física com requinte de crueldade era à época do regime do Império do Brasil, absolutamente natural, pode-se presumir. Temos a percepção de que na perspectiva dos artigos mencionados da Constituição do Império de 1824, um dos grandes problemas dos antigos escravizados e libertos, segundo a lição de Carvalho, encontrava-se na falta do reconhecimento destes como sujeitos de direitos e ao mesmo tempo na recusa do próprio Estado na destinação voluntária do *status* de cidadãos para esses indivíduos.

Os escravizados, como aliás já apontamos antes, eram, ao mesmo tempo, presos políticos escravizados, pois foram subtraídos e submetidos a extremada violência por um Estado legalmente constituído.

Não obstante o inciso XXVIII da Constituição do Império de 1824 assegurar que ficavam garantidas as recompensas conferidas pelos serviços feitos para o Estado, quer fossem esses serviços civis ou militares, teriam seus direitos adquiridos na forma da lei, esse mesmo Estado, entretanto, não reconheceu jamais que a violação e exploração da mão de obra escravizada ocorreu com o seu concurso direto e também com a colaboração de particulares, os mais ricos e brancos.

À recusa e, sobretudo, à negação do *status* de cidadão aos antigos escravizados e libertos, viam-se impedidos de gozarem o direito expresso no Inciso XXX, segundo o qual "todo o cidadão poderá apresentar por escrito ao Poder Legislativo e ao Poder Executivo reclamações, queixas, ou petições, e até expor qualquer infração da Constituição, requerendo perante a competente Auctoridade a effectiva responsabilidade dos infractores".[106]

Privados da liberdade no sentido mais amplo deste termo, os escravizados e libertos ficavam, enfim, impedidos e proibidos de apresentarem suas queixas e sugestões, em razão e especialmente por conta de não serem cidadãos. De igual modo o disposto no inciso XXXII onde se estabelecia que a educação primária e gratuita seria assegurada, como não poderia deixar de ser, *a todos os cidadãos*. No entanto, aqueles indivíduos não inscritos na categoria de cidadãos por conta de decisão ou falta dela pelo Estado, ficavam obviamente prejudicados pela exclusão desse benefício legal.

Nancy Fraser esclarece que quando a redistribuição não se realiza de forma equânime para todos na sociedade, revela a ação ou a falta de ação do Estado ou de grupos ligados diretamente na gestão do governo com o firme propósito de não promover igualdade na distribuição de bens, serviços, oportunidades, os mesmos benefícios e principalmente direitos.

Por isso, é importante ressaltar que ao contrário do que sugerem alguns *scholars* como Axel Honneth, segundo os quais as lutas por reconhecimento respondem, em geral, na busca por afirmação positiva de minorias étnicas, no caso brasileiro, contudo, contrariando essa regra, trata-se, em verdade, de uma luta por reconhecimento e ocupação de espaços como os espaços de representação política, por exemplo, pela maioria étnica que mesmo nessa condição é, ainda assim, sub-representada nesses locais.

---

[106] Constituição do Império de 1824 – Presidência da República, Constituição/Constituicao24.htm

De igual modo, não se pode olvidar que cidadania pressupõe o reconhecimento e conferência aos indivíduos do direito de gozarem direitos que lhes autorizam participar integralmente da vida política na sociedade.

Vê-se logo na lição de José Murilo de Carvalho que de fato as resistências impostas à concessão do título de cidadão aos antigos escravizados e seus descendentes à época do Império, ocorreram, essencialmente, por razões políticas.

3.13. O VERTIGINOSO CRESCIMENTO DEMOGRÁFICO DOS BRASILEIROS NEGROS PODE TER MOTIVADO A NEGAÇÃO DE RECONHECIMENTO DE IGUALDADE DE DIREITOS

Naquela época, o Brasil tinha cerca de 4,5 milhões de habitantes, cuja população era composta de oitocentos mil indígenas, um milhão de brancos, um milhão e duzentos mil negros escravizados que somados a um milhão e meio de mulatos, pardos, caboclos e mestiços,[107] se lhes fosse outorgado o título de cidadão, estes poderiam, no futuro, representar um iminente entrave às pretensões de dominação política das elites brasileiras, as quais não ignoravam o risco que representava elevar e garantir a esses brasileiros o título de cidadão, conforme se expressou à época o então deputado Costa Barros:

> Eu nunca poderei conformar-me a que se dê o título de cidadão brasileiro indistintamente a todo escravo que alcançou carta de alforria. Negros boçais, sem ofício nem benefício, não são no meu entender, dignos desta honrosa prerrogativa; eu os encaro antes como membros danosos à sociedade à qual vem servir de peso, quando não lhes causam males.[108]

Sabe-se que a cidadania pressupõe não apenas reconhecer como especialmente tem por princípio destinar direitos fundamentais e de forma equânime a todos aqueles que estão inscritos nessa categoria coletiva que individualiza os indivíduos.

Desse modo, é preciso que se considere também que à época os analfabetos representavam uma população da ordem de quatro milhões e cinquenta mil pessoas, sendo que 60% destes eram compostas exclusivamente de negros, mulatos, pardos e caboclos, afora os oitocentos mil indígenas que, somados a esses brasileiros, os não brancos perfaziam, portanto, um total de 77,77% da população nacional da época.

---

107 Senado Federal da República Federativa do Brasil/ legislativo/ noticias, 2013.
108 BARROS, Costa *apud* GAUER, 2007, p. 86.

Nesse prisma, a negação da cidadania como um direito fundamental também para negros fora estratégica para que as minorias dominantes pudessem ficar isoladamente à frente de todos os espaços de poder e principalmente pudessem controlar os espaços de poder político no Brasil por longos períodos.

Outorgar aos antigos escravizados e seus descendentes o honroso título de cidadão nas inflexíveis palavras de Costa Barros, está implícito o temor das minorias dominantes do risco real e do significado que a outorga da cidadania para os negros indistintamente poderia representar para elas, que seriam obrigadas não somente reconhecê-los e tratá-los como iguais, mas principalmente a reconhecê-los como seus semelhantes. Ou seja, a negação da cidadania a que Costa Barros faz referência está subjacente à não autorização para que esses indivíduos pudessem transitar livremente, por direito, inclusive nos lugares de onde são, algumas vezes, abertamente, outras vezes, sutilmente afastados de todos os espaços de poder e visibilidade positiva desde sua chegada em solo brasileiro no século XV.

A cidadania para os antigos escravizados e seus descendentes não se limitava à concessão de seus direitos políticos pelos poderosos, ela antes de qualquer coisa, exigia explicitamente que as minorias dominantes os reconhecessem como seres humanos, condição que antecede à sua negação.

Reconhecer os mais vulneráveis como cidadãos pressupunha não somente destinar-lhes os mesmos direitos, mas, principalmente, era preciso que as classes dominantes primeiro se dispusessem a cumprir integralmente a regra postulada por Norberto Bobbio, segundo a qual, a regra procedimental da democracia é a regra da maioria. Em segundo lugar, era preciso igualmente vislumbrar, segundo a teoria bobbiosiana, a possibilidade de as classes dominantes, contrariando o postulado de Schumpeter, poderem, no futuro, ser subordinadas a governos daqueles que oprimiam no passado exclusivamente em razão da cor de sua pele negra.

As classes hegemônicas brasileiras, certamente, não ignoravam que reproduziam uma opressão desumana e desmedida com vistas a não permitir uma igualdade efetiva entre brancos e negros no Brasil. A forma de barrar o vertiginoso crescimento demográfico dos brasileiros negros e suas possíveis consequências políticas seria pela negação da cidadania e não reconhecimento de igualdade de direitos aos negros brasileiros.

Portanto, retardar o reconhecimento de seres humanos e a destinação tardia do *status* de cidadãos aos negros no Brasil por parte dos mais ricos e brancos, antes de quaisquer outros pressupostos, sutilmente tinha-se a pretensão de proteger e especialmente manter inalterados inúmeros interesses políticos subjacentes.

As classes dominantes não desconheciam o significado, a extensão e tampouco a essência do termo cidadania. Por essa razão, opunham tanto no passado como no presente incomensuráveis resistências à participação da maioria nos espaços de poder e tomada de decisões políticas, não apenas em razão de os brasileiros negros serem maioria, mas especialmente em razão de as classes dominantes se autopromoverem como as únicas legitimamente capazes e autorizadas a realizarem o "bem comum", condição humana que se pressupõe não depender da presença física da maioria representativa nos espaços de tomada de decisões ou deliberativos para que o bem comum, segundo o entendem as classes dominantes, possa ser efetivamente realizado, de forma equânime e justa para todos em determinadas sociedades.

3.14. A PRESERVAÇÃO DAS DIFERENÇAS SOCIAIS VISANDO PRESERVAR PRIVILÉGIOS

Obviamente, desde que os mais ricos permaneçam à frente da maioria dos espaços de poder e tomada de decisões políticas e possam aplicar e destinar aos mais pobres o que eles, os mais ricos, entendem como justo. Pois, como explicar as resistências impostas a essa população que se vê apartada e privada de participar da vida política nacional, não fosse a sua vulnerabilidade econômica e social?

Para o professor Ivair Augusto Alves dos Santos, da Universidade de Brasília, entretanto, existem outros componentes importantes que precisam ser levados também em consideração, como a questão do analfabetismo e educação, muito prejudicada entre os negros, especialmente entre os mais pobres.

> Foram pesquisadas informações sobre as desigualdades racial e de gênero no espaço educacional a partir de indicadores tais como média de anos de estudo, distribuição da população de idade igual ou superior a 25 anos segundo faixa de anos de estudo, taxa de analfabetismo, taxas de escolarização líquida e de distorção idade-série. Tais dados permitem visualizar a progressão desigual no sistema de ensino segundo a diferenciação dos grupos por cor / raça e sexo. Percebe-se, no sistema educacional, que seus impactos incidem na reprodução de estereótipos ligados às convenções sociais de gênero e de raça, originando e reforçando uma segmentação sexual do mercado de trabalho e das ocupações sociais.[109]

---

[109] SANTOS, Ivair Augusto Alves dos. *Direitos Humanos e as Práticas de Racismo*. Brasília, DF: Fundação Cultural Palmares, 2012, p. 220.

No caso brasileiro, não se pode deixar de considerar também que as inúmeras formas de resistência à alternância e democratização dos espaços de poder especialmente os espaços de tomada de decisões políticas precederam uma sistematização do privilégio para os brancos, incluindo-se a destinação da educação em universidades públicas como algo restrito a esse grupo como uma questão de branquitude, isto é, de cidadania e direitos como uma regra regular, destinada geralmente para os mais ricos e oriundos das classes dominantes brasileiras passando desde o período colonial e do Império à República dos nossos dias, como observa a professora Lia Vainer Sucman.

> A branquitude é entendida como uma posição em que sujeitos que ocupam esta posição foram sistematicamente privilegiados no que diz respeito ao acesso a recursos materiais e simbólicos, gerados inicialmente pelo colonialismo e pelo imperialismo e que se mantêm e são preservados na contemporaneidade. Portanto para se entender a branquitude é importante entender de que forma se constroem as estruturas de poder fundamentais concretas e subjetivas em que as desigualdades sociais se ancoram.[110]

Por esse prisma, pode-se observar que a resistência imposta à presença da maioria nas várias dimensões de poder no Brasil, é, antes de tudo, uma questão de manutenção de hierarquias e privilégios exclusivos de um único grupo, contradizendo destarte o conceito de democracia real erigido no imaginário coletivo, sobretudo no imaginário dos mais pobres, para ao invés disto, reforçar os conteúdos subjacentes de dominação ideológica do racismo.

Assim, ainda segundo explica a professora Lia Vainer Sucman,

> A outra hipótese é que desvelar a branquitude é expor privilégios simbólicos e materiais que os brancos obtêm em uma estrutura racista; e assim, os estudos sobre brancos indicam que o ideal de igualdade racial em que os brasileiros são socializados opera para manter e legitimar as desigualdades raciais. Neste sentido, alguns autores (Bento & Carone, 2002, Piza, 2002) apontam para a importância de estudar os brancos com o intuito de observar o racismo, pois estes, intencionalmente ou não, têm um papel importante na manutenção e legitimação das desigualdades raciais.[111]

Podemos observar a partir das considerações de Schucman que a manutenção das desigualdades sociais, raciais, econômicas e especialmente desigualdades de representações políticas que não contemplam a presença de negros proporcionalmente nas Casas Legislativas no Brasil, ou nos Palácios onde se exerce o Poder Executivo, nos Tribunais onde se

---

110 SCHUCMAN, Lia Vainer. Sim, Nós somos Racistas; Estudo Psicossocial da Branquitude Paulistana. *Revista Psicologia e Sociedade*, n. 26, p. 84, 2014.

111 SCHUCMAN, 2014, p. 84.

exerce o Poder Judiciário, é fruto dessa legitimação e preservação das diferenças, pela manutenção de privilégios exclusivamente para parte dos brancos, principalmente para os mais ricos que acham natural que eles possam assumir os postos de prestígio e visibilidade positiva na sociedade brasileira, em razão de gozarem de uma suposta autoridade genuína que parece lhes atribuir um respeito conferido exclusivamente em razão de terem a cor de sua pele branca.

O projeto de engenharia de exclusão social edificado no Brasil para afastar os negros da maioria dos espaços de poder e tomada de decisões políticas, econômicas, administrativas, educacionais e principalmente jurídicas, vai mais longe, à medida que consegue fazer com que suas próprias vítimas e parte dos brancos mais pobres operem com absoluta naturalidade um sistema racista estruturado e institucionalizado com objetivos subjacentes de excluí-los para manter apenas os mais ricos isoladamente à frente dos espaços de visibilidade positiva, prestígio e principalmente poder em toda sua extensão na sociedade brasileira.

Trata-se de um sistema com objetivos políticos nitidamente definidos para a posse e preservação de privilégios das classes dominantes, cuja estrutura é operada de modo a não permitir que haja alternância na conformação nuclear que, a rigor, tem permitido afastar os mais pobres e negros dos espaços de poder em razão de uma suposta democracia que é operada para a preservação de hierarquias por meio da preservação e realização somente dos mais ricos e brancos à frente de todas as instâncias de poder na sociedade.

Desse modo, os mais ricos conseguem a um só tempo hierarquizar e subordinar os mais pobres ao sabor de suas idiossincrasias, certamente não para a efetiva realização do bem comum, mas para agir na preservação de seus interesses particulares.

O sociólogo francês Michel Wieviorka explica, por sua vez:

> A força do conceito do racismo institucional é indicar que o declínio das doutrinas científicas da raça não implica de modo algum a do próprio racismo: constata-se facilmente que lá onde o racismo está desqualificado politicamente, interdito por lei, arruinado aos olhos dos cientistas, lá onde os preconceitos não têm quase espaço para se exprimir, se nada é compreendido de maneira voluntária para contrariar as tendências espontâneas das instituições, os membros dos grupos vítimas do racismo permanecem confinados em postos subalternos da vida econômica e política, ou sofrem a discriminação no emprego, na habitação e na educação.[112]

---

[112] WIEVIORKA, 2007, p. 32.

Conforme a excelsa lição de Wieviorka, as elites brasileiras política e economicamente consolidadas agem no sentido de preservar inalteradas as estruturas que lhes têm assegurado a sua total permanência nos espaços de poder e conseguem, ao mesmo tempo, manter os mais pobres e negros confinados e subordinados à sua vontade particular, parte dos quais, possivelmente, por não disporem de uma sólida formação educacional que lhes possibilitasse fazer uma leitura dessas ações subjacentes ao racismo institucional acaba, por isso, ao invés de se opor firmemente a essas estruturas racistas, colaborando, ainda que involuntariamente, para o funcionamento perfeito e perene dessa engrenagem que os exclui dos espaços de poder e visibilidade positiva com o seu próprio auxílio.

Desse modo, revelam-se inúmeras contradições de uma democracia gerida por oligarquias que, por isso mesmo, subjacentes às suas ações, estão uma rígida oposição à democracia como governo que por definição se subordina à vontade consensual da maioria em determinadas sociedades que respeitam esse sistema político a partir da alternância dos representantes dos vários estratos do povo no Parlamento, onde a maioria certamente não estará ausente, tampouco deve ser formada exclusivamente pelas minorias dominantes.

É preciso, desta maneira, que a maioria real da população esteja presente em maior número, simplesmente, não apenas em razão de ser maioria, mas essencialmente, a fim de que a regra procedimental da democracia na teoria bobbiosiana seja efetivamente cumprida.

Portanto, democracia pressupõe representantes revogáveis, característica da democracia direta na qual os indivíduos participam das deliberações que lhes dizem respeito e sem intermediários. Assim, na perspectiva da teoria de democracia de Norberto Bobbio, cidadãos devem ser representados no Parlamento por cidadãos.

Ora, a cidadania, conforme leciona José Murilo de Carvalho, é a grande responsável pela democracia deficiente para os mais pobres, sendo, porém, na outra extremidade muito eficiente e útil aos propósitos dos mais ricos no Brasil.

3.15. A DEMOCRACIA BRASILEIRA É ARDILOSAMENTE OPERADA EM VÁRIAS FRENTES PARA DESESTIMULAR E MANTER OS NEGROS LONGE DA ESTRUTURA DE PODER, POR MEIO DA REALIMENTAÇÃO DE MECANISMOS DE EXCLUSÃO SOCIAL QUE COOPERAM PARA AS SUAS DERROTAS CONSECUTIVAS AO LEGISLATIVO

Esse quadro estático de pouca ou nenhuma alternância dos diferentes estratos sociais nos espaços de poder e tomada de decisões políticas, Noberto Bobbio informa tratar-se da completa ausência da democracia direta a qual não prescinde que os indivíduos participem diretamente nas tomadas de decisões que lhes dizem respeito, isto é, o fazem sem que existam intermediários para representá-los nas dimensões de poder como o Parlamento, por exemplo.

Para tanto, é imprescindível, segundo a análise de Bobbio, que a sociedade desejando permitir maior participação dos seus estratos sociais, promova o instituto do representante revogável. Dito de outro modo, é necessário que se introduzam novos mecanismos no processo de eleição ao Parlamento, por exemplo, para que haja maior diversidade dos representados nesses espaços. Ocorre, contudo, que democracia direta e democracia representativa, ambas estão inscritas em sistemas alternativos que se integram. "De qualquer modo, se a representação por mandato não é propriamente a democracia direta, é uma estrada intermediária entre a democracia representativa e a democracia direta. O que me permite repetir… onde termina a primeira e onde começa a segunda".[113]

O que nos é possível observar na sociedade brasileira contemporânea é que os mecanismos de exclusão social, apoiados em práticas racistas, conforme já observado tanto por Munanga quanto por Wieviorka, são eles que operam o sistema para manter os negros confinados e afastados dos espaços de poder.

Por outro lado, não ignoramos que vivemos outros tempos e muito distintos da Atenas de outrora, onde era possível reunir grande parte de sua populaçao em assembleia. O que estamos dizendo é que o modelo de democracia existente atualmente no Brasil não atende, entre outros, às expectativas políticas, de oportunidades e de ascensão social em médio prazo dos mais pobres e negros, por conta deste sistema que mantém, por conveniência e interesse político, o mesmo estrato social, ou seja, as minorias dominantes à frente dos espaços de poder.

---

113 BOBBIO, 2004.

Bobbio diz que esse sistema que não consegue permitir que os estratos mais vulneráveis socialmente participem de modo a exercerem a sua efetiva cidadania, também por meio de sua real representação política no Parlamento, deve-se ao fato de existirem dois blocos descendentes e hierárquicos dentro de sociedades complexas e heterogêneas como a sociedade brasileira.

> De qualquer modo uma coisa é certa: os dois grandes blocos de poder descendentes e hierárquicos das sociedades complexas – a grande empresa e a administração pública – não foram até agora sequer tocados pelo processo de democratização. E enquanto estes dois blocos resistirem à agressão das forças que pressionam a partir de baixo a transformação democrática da sociedade não pode se dar por completo. Não podemos sequer dizer que esta transformação é realmente possível. Podemos apenas dizer que, se o avanço da democracia for de agora em diante medida pela conquista dos espaços até então ocupados por centro de poder não democrático, tantos e tão importantes ainda são estes espaços que a democracia integral (posto que seja meta desejável e possível) ainda está distante e é incerta. O deslocamento do ângulo visual do Estado para a sociedade civil nos obriga a considerar que existem outros centros de poder além do Estado. Nossas sociedades não são monocráticas mas policráticas.[114]

A partir das análises criteriosas deste autor podemos inferir que as resistências impostas à democratização da sociedade brasileira não estão apenas os dois blocos formados pelas grandes empresas e a administração pública. Subjacentes a estes dois obstáculos encontram-se também questões atreladas às práticas racistas estruturadas, aqui já apontadas por Wieviorka.

Em que pese os esforços dos mais pobres para se inserirem como cidadãos de modo a prevalecer a sua cidadania, notam-se as minorias dominantes que se encontram alocadas de forma estanque no topo da pirâmide e se empenham para que a democracia não possa se materializar para essa população, em razão de permanecer confinada a postos subalternos da vida política e econômica, portanto, sem a desejável mobilidade social.

Assim, ao analisarmos as contradições da democracia no Brasil na perspectiva da teoria de Norberto Bobbio, damos conta de que existem de fato outros centros de poder subjacentes que podem dificultar aos mais pobres perceberem as sutilezas de um sistema que opera em várias frentes para mantê-los longe da estrutura de poder em todas as suas formas, por meio de mecanismo de derrotas consecutivas, o que

---

114 BOBBIO, 2004, p. 70.

pode contribuir para que esta população, ao invés de se organizar para ampliar a sua participação nas esferas de poder, é sutilmente encorajada a não almejar assumir postos de comando e controle na sociedade, deixando que eles possam permanecer concentrados nas mãos das classes brasileiras brancas dominantes.

As constantes derrotas nas urnas fazem com que certos candidatos e eleitores negros, ao invés de observarem as estruturas que estão estrategicamente engrenadas para não lhes permitirem ao menos que eles pudessem concorrer em condições de igualdade com seus oponentes, pelo contrário, servem para desestimulá-los para não desejarem ousar parte da estrutura de poder na sociedade, tornando-se úteis aos propósitos daqueles que desejando tê-los apenas como seus eleitores e jamais como seus concorrentes, afinal, para as minorias dominantes vale a máxima sobre democracia de Joseph Schumpeter: "as várias elites concorrem entre si para disputarem o voto popular".

Bobbio ao se referir à apatia política, esclarece: "O efeito do excesso de politização pode ser a revanche do privado. A participação multidirecional tem o seu reverso da medalha, que é a apatia política. O custo que se deve pagar pelo empenho de alguns poucos é com frequência a indiferença de muitos".[115] Portanto, no caso brasileiro existem diferentes fatores sociais que concorrem para afastar os negros dos espaços de poder.

Se a teoria democrática, como sustenta Norberto Bobbio, toma em consideração o poder democrático, isto é, o poder que vem de baixo, não conseguimos observar em nossa sociedade a distribuição do poder, resultando, destarte, em uma democracia autocrática, pois apenas um grupo, a rigor permanece à frente das estruturas de poder o que a faz também uma democracia monocrática, em face à sua previsibilidade.

Do mesmo modo, se democracia na concepção bobbiosiana pressupõe o pluralismo de onde se pode extrair que nessa perspectiva seria desejável a participação de vários atores oriundos dos diferentes estratos da sociedade nos espaços de poder e tomada de decisões políticas, no atual estágio desse sistema político no Brasil esta pluralidade não se configura plenamente, principalmente para os brasileiros mais pobres e negros.

---

[115] BOBBIO, 2004, p. 69.

3.16. DEMOCRACIA NO BRASIL: UM JOGO POLÍTICO NADA DEMOCRÁTICO E MUITO PREVISÍVEL

A democracia brasileira parece desafiar a teoria apresentada na obra de N. Bobbio, O Futuro da Democracia, pois trafega em sentido oposto à policracia, uma vez que aqueles que sempre estiveram à sua frente e por detrás do controle que a opera, tudo fazem para torná-la policrática apenas no discurso, enquanto nos seus bastidores a operam para preservá-la monocrática.

Este comportamento que reduz e impede que a democracia no Brasil possa ser mais inclusiva do ponto de vista da maioria, torna-se muito prejudicial para esse grupo em razão das minorias dominantes que de nenhuma forma não desejam abrir mão de seu controle e não se incomodam que as suas ações excludentes possam contradizer a pluralidade que se desejaria encontrar na democracia brasileira.

A máxima, segundo a qual, para que exista uma democracia basta o consenso da maioria, definitivamente não é possível dizer que exista consenso quando a maioria dos brasileiros desejando participar e colaborar nas várias esferas de poder e nas dimensões de tomada de decisões políticas em nossa sociedade, em face das razões estruturais já mencionadas anteriormente, bem como das sutilezas de um racismo que subjaz práticas evidentes de dominação e subordinação política como as apontadas por Clovis Moura, logo, se a maioria não estando presente por conta dos inúmeros artifícios que a afastam desses espaços, pode-se dizer que, pelo menos no que diz respeito à sociedade brasileira contemporânea, infelizmente, esta máxima que dimensiona a democracia não se aplica.

Revela-se, desta maneira, mais uma contradição da democracia brasileira que opera para que não possa prosperar o consenso, mas o dissenso que tem justificado a sua permanência à frente de todas as esferas de poder na sociedade brasileira.

Torna-se ainda mais evidente a contradição a que nos referimos acima a partir do momento em que se admite o dissenso na democracia quando se verifica a sua existência a partir de minorias; quando no Brasil o dissenso, numa inversão da regra democrática, impõe uma subordinação da maioria à idiossincrasia de minorias dominantes, conforme explica Bobbio, que costumam não apenas impor as regras do jogo, mas o modo como se deva jogá-lo, sendo bem possível que possam residir no *modus operandi* desse jogo que beneficia as minorias dominantes permanecerem isoladamente à frente das estruturas de poder no Brasil.

Inúmeros podem ser os motivos, contudo, acreditamos que essas distorções tão acentuadas que permitem apenas que os mais ricos e brancos no Brasil ocupem a maior parte das instâncias de poder na sociedade brasileira, estão subjacentes às regras do jogo político e especialmente como e por quem deve ser jogado e em quais condições essas regras acabam sendo determinantes para o afastamento artificial da maioria desses lugares. Vale a pena observar a assertiva do jusfilósofo italiano Norberto Bobbio.

> A segunda razão pela qual é necessário introduzir o debate sobre as regras do jogo num discurso sobre os sujeitos e sobre os instrumentos de "fazer política" está no fato de que é impossível desconsiderar que existe um estreitíssimo nexo entre as regras dadas e aceitas do jogo político, de um lado, e os sujeitos que deste jogo são os atores e os instrumentos com os quais se pode conduzi-lo a bom termo, de outro. Para insistir na metáfora, existe um estreitíssimo nexo que liga as regras do jogo aos jogadores e a seus movimentos. Mais precisamente: um jogo consiste exatamente no conjunto de regras que estabelecem quem são os jogadores e como devem jogar, com a consequência de que, uma vez dado um sistema de regras do jogo, estão dados também os jogadores e os movimentos que podem ser feitos. Qualquer pessoa pode preferir um jogo no qual os dois adversários troquem não apenas socos, mas também pontapés, desde que perceba que está simplesmente propondo um jogo diverso, contrapondo a luta livre ao pugilato. (A ninguém porém seria lícito, caso não queira ser tido por louco, inventar e defender um jogo no qual um dos dois jogadores tenha direito de dar apenas socos e o outro também pontapés: entretanto, no debate político isto ocorre com frequência.).[116]

Constata-se no caso em análise que definir as regras do jogo político com precisão objetiva é fundamental para se determinar como elas poderão ser aplicadas e para todos os envolvidos de maneira a não permitir privilégios e vantagens de uns sobre os outros, mas buscar estabelecer uma justa igualdade entre os vários *players*.

Ora, as regras do jogo político no Brasil já estavam postas, elaboradas e definidas por e para a ocupação majoritária exclusivamente dos mais ricos e brancos nas instituições e à frente do poder em todas as suas instâncias.

Desse modo, torna-se evidente, ainda que parte dessas regras tenha sido parcialmente modificada ou ajustada com a finalidade de se reduzir as diferenças estruturais, educacionais, econômicas e jurídicas entre os mais ricos e os mais pobres, é impossível ignorar e não considerar que o longo período de escravização de seres humanos por eu-

---

[116] BOBBIO, 2004, p. 80.

ropeus e seus descendentes no Brasil por mais de três séculos e meio, tenha gerado imensuráveis prejuízos à tardia inserção do negro como sujeito parcial de direitos na sociedade brasileira. Dizemos sujeito parcial de direitos, em razão de, não obstante, existirem leis no Brasil que asseguram igualdade jurídica entre todos os brasileiros; contudo, na realidade das relações sociais cotidianas, os negros brasileiros ainda têm enormes dificuldades para se realizarem integralmente como tais, por conta de artifícios que os impedem de gozar efetivamente essa prerrogativa legal.

Não levar em conta esse vergonhoso período da História do Brasil, onde seres humanos foram submetidos à tortura e toda sorte de violência por conta de sua incontestável humanidade, mas, sobretudo, em razão da cor de sua pele, em sociedades socialmente justas, as regras que estabelecem a disputa para ocupação de espaços políticos, deveria, no mínimo, ser revistas com o fulcro de, senão reduzir, pelo menos minimizar as enormes diferenças existentes entre esses dois grupos de brasileiros.

Aliás, como bem sinalizou Bobbio, "uma vez dado um sistema de regras de jogo, estão dados também os jogadores e os movimentos que podem ser feitos".

Neste particular, não se poderia exigir que os negros pudessem ou devessem se submeter às mesmas regras de um sistema onde eles não participaram efetivamente de sua construção em razão de a maioria deles se encontrar escravizada, portanto, privada de liberdade e principalmente sem o direito elementar e fundamental à sua cidadania nacional que outrora lhe fora negada por longo tempo pelo Estado imperial.

Não nos parece existirem quaisquer dúvidas que possam suscitar que os Legisladores Constitucionais não tenham se preocupado em corrigir as distorções que as regras do jogo político produziram benefícios exclusivamente para uns e enormes prejuízos para outros.

Corrigir essas distorções seculares pressupõe ou pressupunha reconhecer que essas regras são imorais, a partir do momento em que se admitiu a presença de novos *players*, e principalmente injustas, já que elas nunca foram modificadas ou corrigidas a fim de promoverem uma disputa mais justa com os novos competidores, uma vez que a eleição pressupõe uma competição e esta por sua vez exige, em geral, uma igualdade de condições entre os diversos grupos de jogadores envolvidos nessa disputa.

Pois, do contrário, como bem sinalizou Norberto Bobbio, tratou-se no Brasil de organizar uma regra do jogo político com possibilidades de os vencedores serem exclusivamente oriundos de um único grupo social, ou seja, os mais ricos e brancos. Todos os demais já ingressam nessa disputa injusta e previamente na condição de derrotados.

Nesta ótica, o sistema que fixou as regras do jogo político no Brasil partiu do princípio de que todos os jogadores estariam uniformemente em iguais condições, certamente para não reconhecer oficialmente a existência de diferenças estruturais seculares tão visíveis entre as minorias dominantes e a maioria da população brasileira, esta composta pelos mais pobres e negros.

A escravização de negros no Brasil é também responsável pelo grande fosso social que realimenta e naturaliza a exclusão dos descendentes de escravizados da maioria dos espaços de visibilidade positiva e poder no Brasil. Assim, leciona Norberto Bobbio:

> o que é absurdo (ou melhor, inconcludente) é imaginar um modo diverso de fazer política com atores e movimentos diversos sem levar em conta que, para fazê-lo, é preciso mudar as regras que previram e criaram aqueles atores e organizaram aqueles movimentos inclusive nos mínimos detalhes.[117]

Ou seja, para se fazer política de modo a não permitir que alguns possam levar vantagens não pactuadas entre as partes, os atores e movimentos, por sua vez, não podem agir em separado, mas em conjunto e segundo as regras convencionadas entre os *players* previamente.

3.17. A DESTINAÇÃO DE SUPOSTAS IGUALDADES JURÍDICAS PARA NÃO SE RECONHECER AS IMENSURÁVEIS DIFERENÇAS SOCIAIS EXISTENTES ENTRE BRANCOS E NEGROS NO BRASIL

No Brasil, os Legisladores Constitucionais, para preservarem seus próprios interesses econômicos e principalmente aqueles privilégios decorrentes do longo período de exploração da mão de obra de escravizados, podem, por esse motivo, intencionalmente, jamais ter aprovado textos legislativos que levassem em consideração as desvantagens estruturais e principalmente econômicas dos afrodescendentes. Para aprovar textos legislativos que levassem em conta essas diferenças históricas, seria preciso que os Legisladores encarregados da aprovação dos textos legislativos reconhecessem as diferenças sociais que a ilegítima escravização de seres humanos no Brasil produziu e reproduz

---

[117] BOBBIO, 2004, p. 81.

até os nossos dias iguais privilégios para as minorias dominantes e imensuráveis injustiças para os negros.

Ao invés de trazerem o tema da escravidão para o debate legislativo constitucional, tratavam logo de não somente o ignorar, mas principalmente de excluí-lo de suas pautas.

Nessa perspectiva os legisladores ao estatuírem uma igualdade jurídica entre os antigos exploradores de seres humanos e suas vítimas, ao contrário desta igualdade jurídica transformar-se em um benefício para os antigos escravizados e seus descendentes, pode ter se transformado, na prática, em um malefício social para essa população.

Dito de outro modo, reconhecê-los como iguais pressupunha igualmente não reconhecer a existência de imensuráveis diferenças sociais e econômicas, as quais separam grande parte dos brancos, especialmente os mais ricos, dos mais pobres e negros do país.

A Norma Constitucional, estatuída pela Constituição Federal de 1988, segundo a qual "brasileiros são iguais em direitos", pode sim ter sido constituída com o propósito de ocultar também diferenças e privilégios das minorias dominantes e, ao mesmo tempo, a partir dessa igualdade constitucional não produzir efeitos de uma devida reparação tão necessária para os negros brasileiros, mas encobrir as diferenças por meio de uma igualdade que se configura apenas na obrigação de cumprir deveres, jamais para se igualar em benefícios decorrentes de seculares privilégios destinados exclusivamente aos brasileiros mais ricos e brancos no Brasil.

Nota-se que o propósito de os legisladores constitucionais não tocarem no tema da escravidão objetivava não apenas não o debater, mas, sobretudo, imputar responsabilidade e solução para se reparar as diferenças estruturais que, segundo dados estatísticos do IBGE, ainda persistem nos dias atuais em nossa sociedade.

Honneth, ao afirmar que a todo tipo de reconhecimento estão subjacentes tratamentos oriundos de uma violência, por esse prisma, podemos inferir que a solução encontrada pelos Legisladores Constitucionais que estatuíram igualdade jurídica entre os brasileiros, somos de opinião que eles não ignoravam as enormes diferenças sociais que sempre separaram os brasileiros descendentes de escravizados dos brasileiros descendentes de europeus, bem como também não ignoravam tanto os motivos como não poderiam ignorar os autores e produtores dessas imensuráveis diferenças sociais no Brasil.

Assim, ao invés de apontarem e responsabilizarem aqueles particulares que apoiados e em conjunto com o Estado brasileiro operaram um sistema que lhes assegurava privilégios e benefícios diretos, particulares e Estado, ambos são, portanto, inegavelmente os responsáveis por essas distorções. Ainda assim, os legisladores constitucionais optaram por fazer uma total inversão do ônus, transferindo-o de maneira muito sutil, exclusivamente para os ombros das vítimas da escravização de seres humanos, pois ao estatuírem uma igualdade jurídica entre os beneficiários da escravidão, os antigos escravizados e seus descendentes são, a partir de sua formal libertação introduzidos na sociedade brasileira, obrigados a participarem e competirem na nova ordem econômica em condições de igualdade com seus antigos exploradores e beneficiários de seu confinamento involuntário no cativeiro, bem como participarem de um sistema político, do qual desconheciam o funcionamento completamente.

E, assim, passam a disputar o jogo político mesmo estando ainda vulneráveis e em desvantagem estrutural; exigem deles a mesma competência e desempenho daqueles que iniciaram o jogo cerca de quatro séculos à sua frente. Tornar os negros juridicamente iguais, pode ter sido um estratagema para não se fazerem as necessárias reparações sociais, como especialmente não se fazer jamais distribuição de bens, serviços, ocupação de espaços de visibilidade positiva e, sobretudo, de privilégios, nos moldes já salientados por Nancy Fraser.

Desta forma, as elites dominantes no Brasil se viram, pela via legal, livres de suas responsabilidades, podendo inclusive imputar responsabilidade pelo insucesso dos negros nas urnas, devido exclusivamente às suas supostas incompetências "naturais" ou suposta desídia.

A igualdade jurídica, à qual – é bom que se diga – não nos opomos, pois compreendemos que ela seria devida e necessária, destinada porém nos moldes como ela fora estatuída no Brasil, sem levar em consideração a vulnerabilidade e especialmente a origem dos *new players*, serviu também para as minorias dominantes poderem preservar os seus privilégios decorrentes das incomensuráveis diferenças estruturais e principalmente econômicas que lhes garantiram e ainda garantem seculares vantagens políticas e controle isolado das instituições do Estado brasileiro.

Nunca é demais lembrar que os negros escravizados foram sempre tidos como coisas e, portanto, objetificados, não obstante serem seres humanos aqueles que os submetiam ao rigor de extremada violência, não perdiam o sentido dessa humanidade e, ainda assim, não os reconheciam como sujeitos de direitos. Ou seja, negar-lhes o reconhecimento de iguais era crucial para manter os negros afastados e longe das esferas de poder controladas isoladamente pelas classes dominantes brancas no Brasil.

A democracia brasileira, portanto, inscreve-se em certos momentos em profunda ambiguidade no que diz respeito aos brasileiros negros. De um lado se recusa a destinar aos negros direitos e igualdade. Por outro lado, destina-lhes igualdade jurídica para não fazer as indispensáveis reparações e conceder-lhes efetivos direitos, sob alegação de que todos são iguais a partir da edição da Norma; contudo, antes eles não eram iguais, legalmente nem materialmente tampouco o eram juridicamente.

Assim, era preciso a todo custo procurar impor-lhes intransponíveis obstáculos à sua mobilidade, pois sabiam as minorias dominantes dos riscos que isso poderia representar, conforme explica Sergio Adorno em sua obra *Os Aprendizes do Poder*.

> Não foram raros os revolucionários que se adiantaram em esclarecer à opinião pública que a propriedade escrava seria preservada após a libertação do jugo colonial. O medo de que o envolvimento escravo tendesse para um massacre de brancos, não poupou sequer Cipriano Barata. A propósito não pareceu infundado esse temor, haja vista declarações de revolucionários, como a do mulato alfaiate João de Deus, para quem "a palavra de ordem seria que todos se fizessem franceses, porque uns e outros seriam chamados e admitidos a todos os ministérios e cargos" (Costa E., 1979: 113).[118]

Ao dilema da concessão do título de cidadão aos negros estão subjacentes outros interesses de controle na sociedade, além do medo destes que estando em maior número, livres poderiam representar um enorme perigo para as minorias dominantes que, mesmo após a libertação formal do jugo colonial era preciso não ter dúvidas de que "a propriedade" escravizada seria preservada e sob o seu rígido controle.

Por essa razão, parte dos chamados revolucionários se opunha em permitir que os escravizados pudessem ser inscritos como soldados, mesmo quando fosse para defender os seus interesses particulares de classe, o temor de eles deixarem de ser objetos para serem pessoas requeria cuidados redobrados por parte daqueles que os exploravam.

Aliás, segundo Adorno, ainda que pudessem ocorrer no seio das elites dominantes eventuais divergências de objetivos políticos, preservar a inviolabilidade de seu patrimônio familiar, incluindo-se nestes os próprios escravizados, era consenso entre elas.

---

[118] ADORNO, 1988, p. 48.

> Nos protestos e rebeliões liberais as divergências políticas entre minorias dominantes nunca ultrapassaram marcos rigidamente demarcados; prevaleceu sempre uma certa moderação: a defesa das liberdades públicas jamais comprometeu a inviolabilidade do patrimônio familiar ou pôs em risco os privilégios herdados e adquiridos. Nesses protestos e rebeliões, o temor do despotismo caminhou lado a lado ao medo da anarquia, motivo por que nos manifestos liberais se cuidou de qualificar criteriosamente a quem se divergiam e sobre o que falavam. Desses movimentos foram excluídos os escravos que constituíam, pelo menos na primeira metade do século XIX, a grande maioria da população brasileira. O velho receio de que a participação de negro cativo redundasse no avanço das conquistas populares acompanhou com certo desalento os protestos liberais.[119]

Na perspectiva de Adorno, podemos observar também que a democracia como sistema político, cuja regra principal é o consenso da maioria, não passa muitas vezes de uma eficiente técnica de persuasão retórica, pois sabem as minorias dominantes que para se manterem à frente dos espaços de poder e tomada de decisões políticas isoladamente no Brasil, antes seria preciso não permitir que os negros pudessem se tornar *real players*.

Subjacente à regra que estabelece que para que exista democracia é imprescindível o concurso da maioria, revela-se de um lado o temor e do outro o desejo das minorias dominantes no sentido de preservarem os seus privilégios.

Por esse motivo, pode-se observar igualmente os seus movimentos para permanecerem isoladamente à frente das instâncias de poder, tanto no passado quanto no presente. Torna-se evidente que o seu ideal de democracia é antes uma enorme contradição à definição de democracia clássica em que se espera ampla participação popular, não existindo, portanto, para as elites brasileiras dominantes qualquer tipo de contradição da democracia, uma vez que elas se baseiam exclusivamente nesse sistema político cujo conceito fora erigido por Joseph Schumpeter.

3.18. AS ELITES BRASILEIRAS BRANCAS DOMINANTES ERIGIRAM OBSTÁCULOS ARTIFICIAIS DA COLÔNIA AO IMPÉRIO, DO IMPÉRIO À REPÚBLICA VISANDO PÔR FREIOS À AUTODETERMINAÇÃO DOS NEGROS NO BRASIL

Desse modo, lançam mão dos mesmos expedientes de outrora para impedir no presente que os mais pobres e negros no Brasil possam progredir ou avançar nas suas demandas sociais, erigem-se artifícios de difícil percepção, os quais irão ou poderão, certamente, dificultar

---

[119] ADORNO, 1988, p. 53.

não somente a sua mobilidade na pirâmide social, como ao mesmo tempo constituirão obstáculos a fim de também desestimulá-los como especialmente por conta de sutis estratagemas para poder afastá-los de disputar, mesmo estando em desvantagem, os espaços de poder e tomada de decisões políticas no Brasil.

Sugerem-lhes cuidadosamente que a ocupação dessas dimensões, antes de mais nada, é uma prerrogativa exclusiva das elites dominantes. Afinal, como bem observou Adorno, tratava-se de uma sociedade cuja configuração assentava basicamente no tripé patriarcalismo, autoritarismo e extrema violência para impor a ordem e resolver conflitos de toda ordem.

> Assim, a configuração de uma economia associada a traços de patriarcalismo: a presença do autoritarismo e da violência como e enquanto modalidades específicas de resolução de conflitos sociais, a existência de uma forma de governo que combinou ambivalentemente a monarquia constitucional com um regime representativo e, além do mais, a apropriação dos privilégios e direitos pelas elites que, por essa via, acabaram por constituir em autênticos estamentos senhoriais, identificam os aspectos externos mais relevantes das relações entre economia, sociedade e Estado no Brasil imperial.[120]

A par de tudo isto e, não obstante as classes dominantes terem a aplicação da violência física e psicológica como regra para submeterem aqueles que por quaisquer motivos ousassem desafiar as suas ordens, mormente quando estes se insurgissem na busca por igualdade, direito e principalmente por liberdade como os antigos escravizados, a aplicação da extremada violência contra os negros, segundo registros históricos, dava-se com absoluta naturalidade.

A naturalização da violência aplicada pelos colonizadores desde os primeiros dias do sequestro de negros na África até o final do longo processo de escravização de seres humanos no Brasil, aos 13 de maio de 1888, pode ter contribuído para ampliação das resistências das classes dominantes para a concessão da indispensável cidadania aos antigos escravizados, libertados e libertos que, não obstante a desumanização a que eram submetidos, ainda assim esses indivíduos aspiravam ser livres.

Os libertos, por sua vez, tornaram-se livres por sua autodeterminação e sobretudo por desafiarem a própria vida em busca da liberdade. Eles podem, a um só tempo, ter cooperado diretamente para que as minorias dominantes colocassem freios às suas pretensões de concessão de cidadania e liberdade parciais por conta de sua imensurável capacidade de ampla resistência e obstinação pela liberdade; mesmo

---

[120] ADORNO, 1988, p. 54.

submetidos às desumanas violências ou mesmo tratados como objetos, os negros não abriam mão de sua humanidade.

Um povo assim, tão resistente, requer atenção redobrada e constante vigilância daqueles que desrespeitavam a sua dignidade de seres humanos, pois ele é guiado pelo desejo incontrolável de ser livre a qualquer custo. Portanto, reconhecê-los como cidadãos, antes, poderia representar enormes riscos à estrutura de poder controlado sob o império da violência e ao prazer das classes dominantes.

Nesse sentido assume acentuado sentido a frase do mulato João de Deus ao sugerir que todos se tornassem franceses, referindo-se à democracia na França que, segundo os registros históricos, era imbuída de ampla igualdade e fraternidade e principalmente se preocupava em assegurar total liberdade a todos os franceses.

Ao passo que no Brasil, da Colônia ao Império, era evidente a preocupação com as crescentes fugas em massa de escravizados e incontáveis rebeliões no interior das senzalas e fora delas, conforme já observado por Clovis Moura em sua extensa e primorosa obra.

Tornava-se evidente que para as minorias dominantes no Brasil, nessa época, as mesmas não tinham qualquer pretensão de transformar o país em uma democracia, por motivos óbvios, que vão desde a imperiosa necessidade de se destinar não apenas uma igualdade jurídica, mas especialmente reconhecer os negros até então objetificados como sujeitos de direitos e, portanto, numa democracia, seria imperioso reconhecê-los como seus iguais, investidos de plena cidadania.

Em outras palavras, as resistências à destinação da cidadania aos antigos escravizados e seus descendentes faziam sentido na premissa das classes dominantes desse período, pois tais concessões não somente colocavam em risco o controle de sua estrutura de poder, como poderiam significar o fim de seus seculares privilégios individuais e coletivos, os quais poderiam não ser tolerados ou tampouco poderiam ser admitidos explicitamente em uma DEMOCRACIA que, por sua vez, pressupõe igualdade de direitos entre todos os cidadãos.

Face a esses obstáculos que poderiam interromper todo um ciclo de poder e privilégios concentrados nas mãos de minorias poderosas em sentido amplo, não nos parece difícil compreender que subjacentes às mudanças previstas na República onde o sistema político baseia-se, a rigor, na regra da maioria, certamente, as minorias dominantes, em verdade, embora se digam muitas vezes democráticas, são outras vezes autocráticas ou monocráticas.

Aliás, como também sinalizou Adorno, os estratos sociais se esforçavam com vigor para retardar qualquer ruptura com a monarquia portuguesa que lhes assegurava privilégios.

Ademais, a maioria, não era à época, nem eleitor e muito menos cidadão. Logo, era preciso assegurar os privilégios e preservar os direitos das minorias dominantes. Mesmo que num outro regime político o estamento não poderia deixar-se sucumbir diante de uma maioria que as Minorias Dominantes (MD) não reconheceriam sequer como seus iguais, senão como sua propriedade ou suas coisas pretas que dotados de cérebro e sentimento, não possuíam quaisquer direitos, senão o de serem úteis àqueles que os violentaram para não os admitir como iguais.

Não se tratava obviamente de as elites dominantes reconhecerem os negros como seus iguais, o que elas tinham pavor, segundo nos contam os registros históricos, era a possibilidade de perderem para a democracia a prática da violência decorrente das relações senhor/escravizado por conta especialmente de uma relação de dominação onde fazendeiros se autoinvestiam ou avocavam para si funções de agentes ou de autoridades do Estado, assim como informa Sergio Adorno; embora não estivessem oficialmente autorizados, agiam como se fossem comissários de polícia ou magistrados, ao ponto de terem controle até mesmo do veredito do júri e influenciarem diretamente nas decisões judiciais.

Talvez, por isso mesmo, é possível que a expressão popular "sabes com quem estás falando?" tenha a sua origem nesse quadro de poder absoluto concentrado nas mãos de fazendeiros e latifundiários, razão pela qual desejavam preservar a todo custo os seus interesses e infindáveis privilégios. Por esse motivo se opunham tão firmemente não apenas à República, mas à democracia que os ameaçava e especialmente os atemorizava.

Democracia e o desejo de branqueamento da sociedade brasileira, portanto, às resistências das minorias dominantes à democracia subjazem outros aspectos, como o desejo de transformarem o Brasil de uma África nas Américas para uma Europa nos trópicos, com vistas a preservarem principalmente o controle político e social das instâncias de poder na sociedade brasileira.

A democracia, *grosso modo*, em que pese algumas das contradições já apontadas por nós ao longo deste trabalho, ser um sistema político que tem como propósito governos de maioria, essa exigência quantitativa era certamente um empecilho ao projeto de dominação das classes dominantes, uma vez que a maioria da população brasileira, à época, segundo registros históricos, era negra.

Logo, não nos surpreende que parte dos mais ricos e brancos, visando preservar o jogo que lhes permitia estar isoladamente à frente das estruturas de poder na sociedade brasileira, apoiasse, sem nenhum constrangimento e, quiçá, com alguma legitimidade, desejassem a perpetuação das ações de escravização de seres humanos no Brasil por particulares com total apoio do Estado.

A monarquia lhes assegurava o monopólio do poder e sem a necessidade de serem maioria, enquanto a democracia poderia vislumbrar riscos futuros e perda do monopólio do poder controlado exclusivamente por brancos num país com significativa aparência de África e de africanos.

3.19. EMERGE COM A DEMOCRACIA BRASILEIRA A NECESSIDADE DE INTRODUZIR MECANISMOS EUGENISTAS VISANDO MUDAR A APARÊNCIA ESTÉTICA DE UM BRASIL MUITO PARECIDO COM A ÁFRICA PARA UM PAÍS COM APARÊNCIA ESTÉTICA RIGOROSAMENTE EUROPEIA NOS TRÓPICOS

As constantes rebeliões e fugas de escravizados já mencionadas por Clovis Moura, devem, certamente, ter alertado as classes dominantes que para a perpetuação de seus privilégios e especialmente para a manutenção de seus direitos consagrados mesmo que num outro regime político como a democracia, antes era preciso atender ao pré-requisito desse novo sistema.

Torna-se premente, em face da possibilidade de mudança de regime político, da monarquia para a democracia, como já acontecera com outros países europeus influenciados pela França e, de igual modo com a Inglaterra, por interesses próprios, reafirmando decididamente cada vez mais a sua política de combater e não permitir o trafego interoceânico de escravizados; em face da emergência desses obstáculos geopolíticos, surge a necessidade de mudar rapidamente a aparência estética do Brasil que se parecia mais com a África para um país artificialmente mais parecido com a Europa, a fim de atender e legitimar, ainda que parcialmente, a regra fundamental da democracia.

Noutros termos, a democracia poderia interessar as minorias dominantes a partir do momento em que elas se tornem maioria no Brasil e, desse modo, poderem exercer o poder legitimadas pela regra basilar desse regime político.

Nessa perspectiva, o ideal de branqueamento da população brasileira não tem somente conotação estética, sendo também de dominação racial, ideológica e política.

A partir desse quadro instável que sugeria às classes dominantes a ocorrência no futuro de possíveis mudanças de rumos e das mãos daqueles grupos enraizados e prestigiados pela monarquia como corpo do Estado para a condução da política, a exploração da mão de obra escravizada, até então subordinada à tortura e extrema violência, sem pagamento de salário formal em espécie pelos serviços prestados, os pagamentos que não se admitia fazer aos trabalhadores escravizados, em face da possibilidade da mudança de regime político e, especialmente, em face da necessidade de preservar os privilégios das minorias dominantes, passam a ser considerados para os recém-chegados imigrantes europeus, contratados para substituir no campo a mão de obra escravizada.

Subjacente a esses novos trabalhadores está a necessidade de alterar a estética e a característica racial dos brasileiros para, enfim, estarem e se enquadrarem nos limites basilares impostos pelo jogo da democracia a ser jogado a partir do momento em que os imigrantes europeus na condição de trabalhadores livres e autorizados a jogar o jogo político no Brasil como *new players*, fossem estes majoritariamente brancos. Esse "jogo" para as MD só poderia ser jogado nessas circunstâncias. Qualquer outra hipótese ele poderia, na perspectiva de Schumpeter, não ser democrático.

Florestan Fernandes, em sua obra *A Integração do Negro à Sociedade de Classes*, leciona em profundidade os inúmeros prejuízos provocados aos negros escravizados com a chegada dos imigrantes europeus no Brasil no pós-abolição, com a desagregação do regime servil e na constituição de uma sociedade de classes. Com a chegada dos trabalhadores europeus no Brasil emergem mais nitidamente as situações de preferência racial, hierarquias e reconhecimento dos sujeitos na nova ordem social.

"Os donos da Terra" oferecem aos trabalhadores brancos o que sempre se recusaram oferecer aos trabalhadores escravizados negros: contrato de trabalho, tarefa a ser desenvolvida, prazo para sua execução, estabelecimento e preservação do núcleo familiar, direito à educação primária para seus filhos e pagamento de salários em espécie. A destinação e reconhecimento dessas "regalias" fundamentais como um direito elementar nas relações que inscrevem patrões e empregados, permitiriam que trabalhadores brancos e livres pudessem iniciar uma acumulação de patrimônio jamais oferecida aos trabalhadores negros escravizados.

Essas prerrogativas serão, no futuro, determinantes e, em parte, também responsáveis pelas diferenças de patrimônio que de um lado, irá revelar a riqueza acumulada dos imigrantes europeus e de outro a pauperização dos antigos trabalhadores escravizados dentro de uma nova ordem socioeconômica que de um instante para o outro passou a estabelecer uma injusta competição entre os antigos trabalhadores escravizados sem direitos e os trabalhadores de origem europeia com certos direitos trabalhistas reconhecidos, porém, jamais conferidos aos trabalhadores escravizados, conforme leciona Florestan Fernandes:

> O impacto da competição com o "estrangeiro" foi aniquilador para o negro e o mulato, porque eles não contavam com elementos: seja para resguardar as posições relativamente vantajosas, já adquiridas; seja para concorrer nas sucessivas redistribuições das oportunidades econômicas entre os grupos étnicos concorrentes, embora elas fossem, então, muita fluidas, acessíveis e elásticas, por causa da extrema mobilidade imperante no meio econômico e social.
> Enquanto o branco da camada dominante conseguia proteger e até melhor sua posição na estrutura de poder econômico, social e político da cidade e enquanto o imigrante trocava sucessivamente de ocupações, de áreas de especialização econômica e de posições estratégicas para a conquista de riqueza, prestigio social e de poder, o negro e o mulato tinham de disputar eternamente as oportunidades residuais com os componentes marginais do sistema com os que "não serviam para outra coisa ou com os que "estavam começando por baixo". [...] Na zona vital para a preservação do poder nas mãos das antigas famílias gradas e dos moradores influentes, as transformações da estrutura ocupacional são diminutas e irrelevantes. Nas esferas dos serviços essenciais para a exploração da economia urbana, da livre empresa e do capitalismo, prevalecia irrefreadamente a filosofia de "the right man in the right place".
> O "estrangeiro" aparecia, aí, como a grande esperança nacional de progresso por saltos. Nos demais setores, imperavam as conveniências e as possibilidades, escolhidas segundo um senso de barganha que convertia qualquer decisão em "ato puramente econômico". Desse ângulo, onde o imigrante aparecesse, eliminava fatalmente o pretendente negro ou "mulato", pois entendia-se que ele era o agente natural do trabalho livre.[121]

João Batista de Lacerda proferiu esta frase no "I Congresso Internacional das Raças na Universidade de Londres, em 1911, segundo a qual "O Brasil mestiço de hoje tem no branqueamento, em um século sua perspectiva, saída e solução".[122]

---

[121] FERNANDES, 1964, p. 14.

[122] SCHWARCZ, Lilia Moritz. Previsões são sempre traiçoeiras: João Baptista de Lacerda e seu Brasil branco. *História, Ciências, Saúde,* v. 18, n. 1, p. 225-242, Manguinhos, Rio de Janeiro, jan./mar. 2011.

Nota-se na lição de Fernandes que muito antes de Baptista ter proferido sua desastrosa frase eugenista, parte dos grupos dos mais ricos e brancos já operava estratégias com vistas a reduzir ou eliminar totalmente a maioria dos brasileiros por conta de sua estética e cor de sua pele negra e humana, a fim de que estes jamais pudessem estar à frente dos espaços de poder, visibilidade positiva e prestígio na sociedade brasileira.

O desejo expresso pela classe dominante de tornar inteiramente branca a sociedade brasileira permitia aos imigrantes que pudessem ter mobilidade, de modo que impedia não só a completa inserção do negro na nova ordem social competitiva, como de resto tudo fazia para bloquear a sua organização política e social, de modo que o negro não pudesse ter mobilidade e ocupar as posições estratégicas, as quais seriam no futuro naturalmente franqueadas aos imigrantes europeus, inclusive destinando-lhes precocemente a cidadania brasileira, sem impor quase nenhuma resistência a esse honroso título sistematicamente negado, à época, aos trabalhadores negros e seus descendentes.

Em outras palavras, erige-se no Brasil a adoção de regras objetivas as quais visavam determinar que os brancos, ainda que estrangeiros, pudessem ter completa mobilidade social para restringi-la totalmente aos negros. A preferência pelo trabalhador estrangeiro, isto é, de origem europeia, torna-se cristalina e a um só tempo demonstra a preferência destes e a rejeição pelos trabalhadores negros.

Com a ruptura de regimes autoritários na Europa e com a República batendo às portas do Brasil, as minorias dominantes compreendiam que tornar a maioria da população brasileira branca era crucial para a legitimação de seu projeto de dominação política com viés racial subjacente; afinal, se a regra da democracia é a maioria, então que esta maioria fosse sempre branca e em todas as instâncias de poder no Brasil. Não importava muitas vezes se para se conseguir alcançar o branqueamento se cometesse graves violações de direitos humanos e até mesmo crimes hediondos.

Para tornar o Brasil branco podia-se até mesmo aniquilar negros que, apesar das atrocidades a que foram subordinados e, portanto, mesmo não gozando de respeito social e integral solidariedade, ainda assim, para desespero das elites dominantes, resistiam, pois sabiam que o destino do Brasil, a julgar pelos recentes dados estatísticos divulgados pelo IBGE que reafirmava ser negra a maioria da sociedade brasileira, era ser um país mais parecido com a África do que com a Europa.

Sabe-se que, muitas vezes, resistir aos poderosos pode ser pagar um altíssimo preço, não sendo diferente para os antigos escravizados e seus descendentes.

> O imigrante aparece como lídimo agente do trabalho livre e assalariado, ao mesmo tempo que monopoliza, praticamente, as oportunidades reais de classificação econômica e de ascensão social, abertas pela desagregação do regime servil e pela constituição da sociedade de classes. Diante do negro e do mulato abrem-se duas escolhas irremediáveis, sem alternativas; vedado o caminho da classificação econômica e social pela proletarização, restava-lhes aceitar a incorporação gradual à escória do operariado urbano em crescimento ou abater-se penosamente, procurando no ócio dissimulado, na vagabundagem sistemática ou na criminalidade fortuita meios para salvar as aparências e a dignidade de HOMEM LIVRE.[123]

Vê-se nas palavras de Florestan Fernandes que subjacente ao término do trabalho servil está o temor das MD constituindo na maioria não formalmente educada, pobre e negra uma ameaça às suas pretensões de continuar controlando isoladamente todas as instâncias de poder no Brasil, mesmo com a destinação da miséria como uma regra a ser cumprida exclusivamente por negros; o desejo de tornar o Brasil branco não se sobrepôs à resistência dos brasileiros descendentes de escravizados. E, para tornar branco um Brasil que já nascera negro, podia-se criar situações artificiais que culminassem em drástica redução ou aniquilação proposital dos indivíduos negros no Brasil.

Por esse prisma, uma parte da História do Brasil escrita pelas mãos das minorias dominantes, para livrar e isentar os brancos mais ricos de qualquer responsabilidade objetiva, quiçá poderá um dia, ao invés de criminalizar antigos fazendeiros e latifundiários, imputar à democracia republicana o ônus pelo extermínio artificial de milhares de negros por particulares, com ampla assistência do Estado brasileiro.

Assim, se de fato a doutrina clássica da democracia na perspectiva de Joseph Schumpeter, configura-se na realização do bem comum, onde a filosofia desse sistema político, a partir do século XVIII, ainda segundo esse autor, assenta no método democrático por meio de um arranjo institucional para se chegar a certas decisões políticas visando à efetiva realização do bem comum, nota-se no caso dos antigos escravizados e seus descendentes no Brasil a inexistência de um arranjo institucional, devido e necessário, como já salientou Norberto Bobbio, indispensável para se agasalhar e promover uma justa distribuição das regras do jogo

---

123 FERNANDES, 1964, p. 15.

político aos *new players*[124], a fim de permitir que eles pudessem participar em condições de igualdade com os outros jogadores.

Por outro lado, se a doutrina clássica da democracia schumpeteriana pressupõe que cabe ao próprio povo o direito de decidir através de seus representantes eleitos para exercer sua vontade e determinação no Parlamento, para, nas palavras de Schumpeter, cumprir-lhe a vontade, como explicar, então, no caso brasileiro, a ampla ausência da maioria da população brasileira nessas dimensões, onde a sua vontade não é certamente cumprida, obviamente por interesses subjacentes daqueles que efetivamente não a representam integralmente e, portanto, não fazem valer a sua vontade enquanto maioria, tampouco *la volonté generale* em que se inscreve o bem comum.

Schumpeter deixa escapar que *o bem comum*, farol orientador da política, é facilmente compreendido por pessoas normais, contudo, sem explicar ou entrar no mérito de como seriam essas tais *pessoas normais*, ele sustenta que elas são capazes de discernir o que é bom do que é mau, capacidade humana que presumimos ser inerente a todos os seres humanos, independente de classe social, origem ou cor da pele.

O Parlamento brasileiro parece não refletir proporcionalmente a diversidade da sociedade brasileira e tampouco expressa a presença ou a estética dessas ditas pessoas normais, pois, em geral, reflete, em maior parte, as características étnicas de um único grupo social que nitidamente não é oriundo da maioria dos brasileiros, expressando, contudo, as características étnicas e estéticas das minorias dominantes.

> Sustenta-se, pois, que existe um bem comum, o farol da política, sempre fácil de definir e de entender por todas as pessoas normais, mediante uma explicação racional. Não há por conseguinte, razão para não entendê-lo e, de fato, nenhuma explicação para a existência dos que não compreendem, salvo a ignorância (que pode ser remediada), a estupidez e o interesse antissocial. Ademais, esse bem comum implica soluções definitivas de todas as questões, de maneira que todo fenômeno social e toda medida tomada ou a ser tomada podem inequivocamente ser tachados de bons ou maus. O povo deve admitir também, em princípio, pelo menos, que há também uma vontade comum (a vontade de todas as pessoas sensatas) que corresponde exatamente ao interesse, bem-estar ou felicidade comuns. O único fato, exceto a estupidez ou interesses sinistros, que pode causar divergência e explicar a existência de uma oposição é a diferença de opiniões quanto à rapidez com a qual deve ser procurada a concretização da meta comum a quase todos.

---

124 *New Players,* expressão derivada da Língua Inglesa para indicar "*Novos Jogadores*" ou novos participantes.

> Consequentemente, todos os membros da comunidade, conscientes da meta, sabendo o que querem, discernindo o que é bom do que é mau, tomam parte, ativa e honestamente, no fomento do bom e no combate do mau. Todos os membros, em conjunto, controlam os negócios públicos.
> É verdade que a administração de alguns desses assuntos requer qualidades e técnicas especiais e terá consequentemente, de ser confiada aos especialistas. Essa medida não afeta o princípio, contudo, pois esses especialistas agirão simplesmente no cumprimento da vontade do povo, exatamente como um médico age para executar a vontade do paciente de se curar.[125]

Portanto, na perspectiva de Joseph Alois Schumpeter, na qual o método da democracia presume que a decisão do povo seja expressa pela vontade da maioria, por consenso, para a realização da tomada de decisões visando ao bem comum, no caso em análise como explicar a ausência de parlamentares negros no Parlamento brasileiro, senão pela suposta superioridade de um grupo étnico sobre o "Outro", como já explicou Clóvis Moura, por conta da existência de um conteúdo subjacente de dominação político-ideológico.

Revela-se, também, por esse prisma, que a vontade do povo, característica que em hipótese alguma poderia ser desassociada do método democrático, de fato, pode muitas vezes não ser debatida e muito menos cumprida tal qual afirmara Schumpeter, por uma razão relativamente simples: o povo ou seus legítimos representantes; isto é, parlamentares oriundos das camadas mais socialmente vulneráveis da sociedade brasileira representadas em número proporcional à maioria expressa nas ruas.

Desse modo, para que sua vontade pudesse ser efetivamente realizada e cumprida, seria desejável que a maioria estivesse fisicamente presente no Parlamento. E não através de terceiros que, em face de seus interesses particulares de dominação e ocupação dos espaços de poder e visibilidade positiva na sociedade, podendo inclusive a maioria desses parlamentares que se recusam ou deixam de cumprir a sua vontade, presume-se, intencionalmente, não terem sido escolhidos por ela diretamente enquanto maioria.

Portanto, esses parlamentares poderiam não representar adequadamente a maioria, à altura de seus interesses e necessidades, além de poderem estar investidos de autoridade e representatividade questionáveis e possivelmente também ilegítimas do ponto de vista do cumprimento do método democrático, da vontade do povo; isto é, onde se pressupõe que esta vontade do povo fosse efetivamente a vontade da maioria dos cidadãos.

---

125 SCHUMPETER, Joseph A. *Capitalismo, Socialismo e Democracia*. Rio de Janeiro: Editora Fundo de Cultura, 1961, p. 300/301.

No caso brasileiro, o "método democrático", não obstante não ser capaz de incluir a maioria no Parlamento, tem servido apenas como veículo de reafirmação hierárquica, onde implicitamente reitera crenças racistas de que os brancos teriam por natureza o dom divino e biológico que os autorizariam a governar.

Em outras palavras, realizar o bem comum poderia ser uma prerrogativa e atribuição exclusivamente de brancos, pois ao observarmos a naturalização da ausência de negros não somente no Parlamento, como especialmente também nas outras instâncias inferiores de poder e tomada de decisões políticas no Brasil, pode-se inferir que outros estratos da sociedade não estariam, em tese, capacitados para a realização dessa tarefa em prol do "Outro", reservando a sua realização apenas aos mais ricos e brancos.

Estes últimos, ao contrário do que sugere a doutrina clássica da democracia schumpeteriana, a rigor, reúnem-se não para cumprir a vontade do povo, mas as suas vontades particulares enquanto minorias dominantes. Se, de fato, o método da democracia se destina a atender uma vontade comum a fim de proporcionar o bem-estar e felicidade de todos, realizá-lo, portanto, presume-se, seja uma tarefa que poderia ser realizada por quaisquer indivíduos, independentemente de sua classe social ou origem étnica.

Desse modo, seria de se esperar igualmente que a sociedade reclamasse pela ausência desses indivíduos, nos espaços de poder e tomada de decisões políticas, especialmente quando se tratar da ausência da maioria, como é o caso do Brasil contemporâneo. Talvez resida nessa ampla ausência naturalizada do negro nesses lugares, hipótese já sinalizada tanto por Axel Honneth quanto por Nancy Fraser, onde as minorias dominantes em nosso país ainda não reconhecem esses elementos como cidadãos, como seus iguais e, portanto, tampouco capacitados a realizarem o bem comum. Subjacente a essa hipótese está obviamente a não distribuição de assentos nesses lugares de modo que a minoria mais rica continue sendo maioria isolada nessas dimensões.

Por esse ângulo, torna-se mais evidente que toda forma de reconhecimento subjaz uma forma de tratamento de desrespeito, segundo a lição de Fraser e Honneth, ou ainda, a necessidade de tornar esses espaços como modelo de sua imagem e modo estético como exclusivamente aceitasse ser representado, portanto, não aceitando nenhum outro modelo que não fosse de sua imagem e semelhança.

Isto seria apenas um discurso frágil para tentar justificar o que não tem justificativa, como já salientou Clóvis Moura, sua finalidade é parte de um aparelho de dominação econômica, política, cultural e, acrescentamos nós, também ideológico, ideológico e racista, pois ainda segundo esse mesmo autor, na época da ascensão do nazismo e do fascismo na Europa, emergiu nesse mesmo período no Brasil a Liga da Higiene Mental, com suporte de renomados intelectuais brasileiros que ao invés de realizar uma abordagem científica, teria adotado uma abordagem ideológica de promoção do arianismo, chegando ao absurdo de sugerir ao Estado e aos particulares que concedessem maiores benefícios financeiros às famílias que procriassem indivíduos supostamente superiores, isto é, brancos.

> A pregação da Liga concentrou seus fogos particularmente na imigração : o Brasil deveria, nesse campo, adotar rigorosos critérios seletivos, em que se inseria a condenação à entrada de negros e asiáticos em nosso país – "rebotalho de raças inferiores", - alegando que "já nos bastam os nordestinos, os híbridos e os planaltinos miscigenados com negros", Xavier de Oliveira, um dos membros da Liga partidário do que entendia por eugenia, manifestava sua satisfação pela decadência incontestável e pela extinção não muito remota" dos índios da Amazônia. A condenação ao fim próximo alcançava, também, os mestiços, cuja proibição de entrada no Brasil era encomendada pela Liga em 1928.
> Outra de suas reivindicações: reforma eugênica em salários, privilegiando os brancos. Reivindicava também concessão de benefícios econômicos e financeiros às famílias que procriassem indivíduos "superiores" A mais audaciosa foi a criação de Tribunais de Eugenia, que decidiriam sobre a esterilização e confinamento de membros das raças inferiores. [126]

Em que pese aos argumentos teóricos fundamentados e apresentados por Joseph Alois Schumpeter acerca do bem comum, está nos parecendo, contudo, não ser necessário se empreender grandes esforços intelectuais para ter nítida compreensão de que parte daqueles que teriam diretamente explorado ou formulado os pressupostos apresentados acima por Clovis Moura e, possivelmente, sendo descendentes dos exploradores de escravizados no Brasil, certamente, jamais desejariam e menos ainda admitiriam ter indivíduos negros, supostamente inferiores, como seus representantes aonde quer que seja, muito menos no Parlamento, não os admitindo principalmente para tomar quaisquer tipos de decisões em seu nome, por considerá-los amplamente inferiores em todos os sentidos.

---

[126] MOURA, 2014, p. 11.

Por isso, é essencial compreender a excelsa lição de Kabengele Munanga, segundo a qual o racismo só pode ser exercido por pessoas ou grupos a partir do controle das estruturas de poder. Nesta perspectiva, podemos inferir que as resistências a maior presença de negros no Parlamento têm inúmeras situações às quais Munanga faz referência, que evidenciam as práticas racistas que erigem os obstáculos artificiais a fim de impedir que os negros possam ter qualquer tipo de mobilidade ascendente ou crescimento que possa comprometer nesses espaços controlados por brancos, pois estes últimos supõem e podem se autoatribuir como os únicos indivíduos capacitados e autorizados a realizar o "bem comum"; por isso justificariam a sua maior presença nas instâncias de poder e tomada de decisões políticas e, desse modo, atenderem subsidiariamente uma tal *"volonté generale"*.

3.20. UM REALINHAMENTO NECESSÁRIO DO JOGO POLÍTICO NO BRASIL

Ademais, se na perspectiva de Schumpeter *todos* os membros da comunidade em conjunto controlam os negócios públicos, como explicar então a ampla ausência de parlamentares negros no Parlamento nacional, especialmente quando levamos em consideração a teoria da democracia de Norberto Bobbio, onde, segundo este *scholar*, a democracia assenta nas decisões consensuais da maioria?

De igual modo, pode-se também questionar: Por quais razões os legisladores no Brasil jamais em tempo algum se preocuparam em promover um realinhamento das "regras do jogo" político, visando a uma adequação dos novos *players*?

Ocorreu que a elaboração da Constituição brasileira de 1824 sofreu significativamente forte influência da Constituição dos Estados Unidos da América, elaborada na Filadélfia na primavera de 1787, portanto, pouco mais de um século anterior à formal libertação dos escravizados no Brasil.

Alexander Keyssar, em sua obra *O Direito do Voto*, logo de início esclarece que os constitucionalistas norte-americanos não declinaram de lidar com temas tão caros quanto a escravidão, por exemplo. Ao contrário dos constitucionalistas brasileiros que só o fizeram sem, contudo, se aprofundarem nas consequências sociais que estavam e que a nosso ver ainda estão atreladas ao tema da escravidão no Brasil.

Se nos Estados Unidos da América questões como a representatividade da escravidão haviam sido parcialmente ajustadas, no Brasil essas questões permanecem atualmente ainda abertas, pois, as classes dominantes se negam, não somente em reconhecer os males produzidos pelo longo processo de escravização de seres humanos no Brasil, como se negam também a aprofundar a sua discussão, uma vez que elas não pretendem reconhecer os males produzidos nesse período para não ter que assumir o ônus de nenhuma forma de reparação para a população negra brasileira.

Os legisladores brasileiros da época passaram a transcrever alguns artigos da experiência constitucional americana para a Constituição brasileira, como por exemplo a exigência para ser eleitor, antes era preciso ser proprietário de terras. Àquela época, sabe-se por registros históricos, que os possuidores de grandes glebas de terras ou fazendas eram os mesmos que coincidentemente exploravam a mão de obra escravizada no Brasil.

As alegações de bem comum às quais se referiu Joseph Alois Schumpeter, os constitucionalistas americanos foram mais objetivos em relação às razões que colocaram obstáculos aos antigos escravizados negros como eleitores.

Segundo explica Keyssar, Henry Ireitan, no século XVII na Inglaterra já afirmava taxativamente: "Se alguma coisa é o fundamento da liberdade, é isso, que aqueles que escolhem os legisladores devem ser homens livres de dependência em relação aos outros". Ireitan associa voto à propriedade e esta por sua vez à liberdade que será associada à independência do outro.

Ou seja, estas qualificadoras tanto nos Estados Unidos nos anos de 1757 quanto no Brasil a partir de 14 de maio de 1888, não agasalhavam os negros ex escravizados e ou libertados e libertos.

> E a melhor maneira de ser "libertado" de tal dependência ou assim acreditava-se, era por meio da propriedade de bens, sobretudo bens imobiliários. Por outro lado, o voto não deveria ser confiado aos que eram dependentes em termos econômicos, porque estes poderiam ser controlados ou manipulados por outros com muita facilidade.[127]

Trata-se em verdade, de maneira bastante explícita, de um receio das elites americanas, o mesmo que se verificou e se verifica nas minorias dominantes no Brasil, de os mais pobres e negros, por conta das atrocidades a que outrora foram submetidos os antigos escravizados e seus descendentes, por legitimidade, não se alinharem com os descendentes de seus torturadores no Parlamento, de modo a preservarem a propriedade dos mais ricos e brancos. Daí a restrição imposta à concessão da cidadania tardia, com vistas a proteger e retardar o quanto podiam, de modo a manter os meios de produção que estão e sempre estiveram concentrados em suas mãos.

---

[127] KEYSSAR, Alexander. *O Direito de Voto*. São Paulo: Editora Unesp, 2014, p. 38.

Por esse prisma, é também possível de ser observar que as resistências em destinar a cidadania aos antigos escravizados negros no Brasil como nos Estados Unidos da América estão muito mais relacionadas com a fixação de manter a supremacia da raça branca em todos os espaços de poder e preservação de seus privilégios, principalmente dos mais ricos que, por esse motivo, implicitamente, opõem-se à democracia como governo da maioria, mas como governo exclusivamente das minorias dominantes, as quais agem em conjunto para preservar não apenas seus direitos mas muito especialmente as suas propriedades e seculares privilégios.

Desse modo, "*La volonté generale*", aliada à *Liberté, fraternité et egalité* fica muito bem no papel como um discurso por conta da resistência que certos grupos impõem à democracia, pois se acreditava que "os interesses" dos que não tinham propriedade, como as mulheres e crianças, poderiam ser representados, com eficácia, por homens brancos sábios, ricos e supostamente imparciais.

3.21. O BEM COMUM COMO UMA PRERROGATIVA DE SER REALIZADO EXCLUSIVAMENTE POR BRANCOS NO BRASIL

Na perspectiva schumpeteriana, o "bem comum" era restrito a pessoas com estas qualificadoras duvidosas, visivelmente racistas e desumanizadoras, pressupondo que os outros estratos da sociedade não tivessem vontade própria, tampouco tivessem capacidade de discernimento do que é bom e do que é mau para si e principalmente para "Os outros". Por esse motivo, possivelmente, presumiam as classes dominantes brasileiras, sua presença nos espaços de poder e tomada de decisões políticas como o Parlamento, por exemplo, poderia ser totalmente desprezível, pois subjacente às supostas qualidades que autorizariam os brancos mais ricos e supostamente mais sábios e imparciais, está o desejo de preservar a supremacia da raça branca, com a finalidade de poder ter total controle e poder de decisão isolado nessas dimensões.

Emerge implicitamente que o "bem comum" é uma prerrogativa machista, excludente e racista, sendo exclusiva de homens brancos e ricos, que se acreditava, por isso, fossem eles supostamente os mais sábios e principalmente imparciais. Qualidades aparentemente, só encontradas em homens brancos, portanto, talentos e aptidões exclusivas de brancos, supostamente não encontradas em outros estratos sociais, o que em tese, os impediriam e não os autorizariam a realizarem o "bem comum" exclusivamente por conta de não serem brancos. Ora, com tais qualidades superiores, supostamente só encontradas em "homens brancos e ricos", pode-se compreender mais nitidamente as razões "naturais" que os levam a estar isoladamente à frente dos espaços de poder e tomada de decisões políticas no Brasil.

Era necessário sugerir a todos inclusive aos próprios brancos para depois poder lhes atribuir "qualidades humanas superiores", obviamente, sugeridas sutilmente como se elas não fossem possíveis de ser encontradas nos demais grupos étnicos da sociedade, a fim de poderem justificar suas indevidas vantagens por conta do "mérito" de terem nascido brancos, supostamente sábios, imparciais e, por sua natureza, completamente insuspeitos, portanto, neutros e incapazes de realizar qualquer mal ao "Outro" e, por serem brancos, os únicos "naturalmente" autorizados a supostamente realizar o bem comum.

A finalidade subjacente é estabelecer uma hierarquia gradual e pigmentada entre humanos e segundo a tonalidade de sua pele, portanto, abertamente racializada para justificar o seu prestígio e poder desprestigiar os outros, também por conta destes não terem uma pele branca, conforme explicam Abdias do Nascimento e Elisa Larkin Nascimento sobre o desejo das classes dominantes em transformar a estética da sociedade brasileira em uma sociedade branca e europeia, refletia-se por completo na elite política nacional.

> A compulsão patológica da sociedade brasileira, sua ânsia de ser branca e europeia, está plenamente retratada na elite política de nosso país. Essa compulsão está imbricada no etnocentrismo europeu, instalado como parte da dominação colonial que ainda permeia o tecido social do país, induzindo intelectuais e populares a negar a existência da questão racial ou a reduzir sua dimensão e a subestimar o papel dos movimentos sociais negros antirracistas no processo histórico e na articulação no pensamento contemporâneo. [128]

O desejo intenso de transformar rapidamente o Brasil em uma sociedade esteticamente branca esconde a ânsia de as classes dominantes poderem controlar todas as dimensões de poder sem a evidência de elas serem racistas. Para tanto, elas precisariam contar com a conformação e muito especialmente com a colaboração da maioria para operar o sistema que irá afastá-la desses espaços e sem oferecer grandes resistências.

---

[128] NASCIMENTO, Abdias; NASCIMENTO, Elisa Larkin. História do Negro no Brasil. In: MUNANGA, Kabengele (Org.). *O Negro na Sociedade Brasileira, Resistência, Participação, Contribuição*. Brasília – DF: Fundação Cultural Palmares/Cnpq, Minc, 2004, p. 107. v. I.

Ainda segundo Abdias Nascimento e Elisa Nascimento, são essas sutilezas de um racismo subjacente que escondem a aspiração à brancura das elites dominantes.

> Esse processo ideológico de desracialização que esvazia de conteúdo racial hierarquias baseadas no supremacismo branco, já tive ocasião de denominar o sortilégio da cor (Larkin Nascimento, 2002). Nele, o racismo se concretiza na ideologia que busca a constituição social do branco virtual. A aspiração à brancura atinge a sociedade como um todo e a elite econômica e política em particular, inclusive o Congresso Nacional, compõe-se quase exclusivamente de indivíduos brancos e de brancos virtuais, mestiços de várias matizes de pigmentação que se consideram brancos e desejam que os outros lhes confirmem essa identidade. [129]

Para o professor Antonio Sérgio Alfredo Guimarães, no entanto, a questão do embranquecimento no Brasil transcendia o desejo de se estabelecer uma base demográfica homogênea e exclusivamente branca. Subjacente ao desejo e à necessidade premente das classes dominantes de tornar o Brasil mais parecido com a Europa de tez austro-germânica, estava a implantação de políticas raciais estruturalmente violentas, porém travestidas de sutilezas encobertas de uma suposta democracia racial. Isto é, políticas raciais restritivas, não apenas aquelas inscritas à restrição de liberdade, no sentido mais amplo deste termo para, de igual modo, estabelecer restrição de circulação e todo tipo de mobilidade, especialmente social e política aos negros, visando principalmente negar-lhes o reconhecimento de uma igualdade que pudesse lhes conferir os mesmos direitos e privilégios assegurados com significativa naturalidade aos mais ricos e brancos.

Afinal, ainda segundo Guimarães, não se pode olvidar que parte da elite nacional é "conservadora e racialmente cínica", ao ponto de, mesmo estando consciente da ampla exclusão que intencionalmente promove contra os brasileiros descendentes de escravizados, sugerir cinicamente a todos e, sem nenhuma vergonha ou constrangimento para poder afirmar peremptoriamente que vivemos no Brasil uma verdadeira democracia racial, cujas raízes e contradições podem ser extensamente observadas na Constituição do Império de 1824, na qual estes indivíduos já não podiam ser brasileiros, simplesmente por serem analfabetos e negros.

Da falácia de um paraíso racial nas Américas emergem as sutilezas de um racismo que persiste no estabelecimento e no desejo de manter os negros subordinados às relações servis, próprias das relações de desrespeito inscritas no escravismo brasileiro a partir do século XV.

---

129 NASCIMENTO, A.; NASCIMENTO, E., 2004, p. 107.

Em outros termos, a "democracia racial" só poderia funcionar bem, a partir do momento em que não contasse com a resiliência dos negros e sua estupenda capacidade de resistir às adversidades artificiais construídas para impor freios à sua mobilidade social. Isto é, negar-lhes não apenas a cidadania, mas principalmente a distribuição da honra decorrente de prestígios e privilégios, conforme explica Guimarães.

> No Brasil, onde as discriminações raciais (aquelas determinadas pelas noções de raças e cor) são amplamente consideradas, pelo senso comum, como discriminações de classe, o sentido pré-sociológico do termo nunca deixou de ter vigência. Este sentido ancien do termo "classe" pode ser compreendido como pertencendo à ordem das desigualdades de direitos, da distribuição da honra e do prestígio sociais, em sociedades capitalistas e modernas, onde permaneceu razoavelmente intacta uma ordem hierárquica de privilégios, e onde as classes médias não foram capazes de desfazer os privilégios sociais, e de estabelecer os ideários da igualdade e da cidadania.[130]

Desse modo, cabe-nos também observar que os negros antirracistas fazem do discurso propagado pelas classes dominantes sobre a suposta existência de uma democracia racial nos trópicos, um mote para sua luta, pois não só não reconheciam a sua existência como questionavam os seus parâmetros que não os inscreviam como sujeitos ou tampouco como sujeitos brasileiros de plenos direitos, como aliás já sinalizamos outras vezes.

Afinal, a falácia da democracia racial no Brasil sempre foi orientada no sentido de realimentar as discriminações sistematizadas através da preservação de hierarquias e privilégios seculares para os mesmos grupos. Decididamente isto não pode ser chamado de democracia, sobretudo quando os estratos mais populares da sociedade brasileira estão ausentes ou são artificialmente afastados dos espaços de tomadas de decisões políticas.

A "democracia racial brasileira" revela, antes de tudo, um desejo de se estabelecer uma hegemonia demograficamente homogênea com vistas às políticas de Estado nitidamente racializadas, a fim de poder alcançar os objetivos das elites dominantes, inscritos na ânsia de tornar o Brasil exclusivamente branco, principalmente nos espaços de poder e tomada de decisões políticas, como leciona Guimarães.

> Para ser claro: abstraia-se da história e das formas sociais, econômicas e culturais para reduzir a desigualdades de situação entre os povos a caracteres físicos e biológicos. No entanto, se é certo, como apontou Manoel Bomfim (1993 / 1995), em seu tempo, que a teoria racial tinha uma moti-

---

130 GUIMARÃES, 2012, p. 43.

vação claramente imperialista; no Brasil, os nossos cientistas introduziram à teoria das raças uma motivação política própria: a nova nação, como ensinara Von Martius, seria o resultado do entrecruzamento entre três raças (a caucasoide, a africana e a americana), mas tal produto resultaria num povo homogêneo de cultura latina. Tal processo de miscigenação, potencializado pelo estímulo à novas ondas imigratórias de povos europeus, ficou conhecido como embranquecimento.

Longe de ser simples especulação de intelectuais, a mestiçagem e o embranquecimento, como processo que dotariam a jovem nação brasileira de uma base demográfica homogênea, se firmaram como verdadeiras políticas raciais no Brasil (Park, 1942), mesmo quando o conceito de raça e as teorias que a utilizavam caíram em total descrédito no mundo científico e intelectual. Apenas para exemplificar o digo: a Revolução de 1930 e, posteriormente, o Estado Novo, assim como a Segunda República brasileira, dotarão a nação de uma óbvia política cultural, baseada nesses dois pilares – mestiçagem e hegemonia da língua e das tradições portuguesas e latinas. O desenvolvimento capitalista brasileiro, depois de 1930, se fará procurando homogeneizar mercados nacionais (de capitais, de circulação de mercadorias e de trabalho), facilitando também a homogeneização cultura e racial.

Regiões como o Norte e Nordeste (ou alguns bolsões do sudeste) em que apenas um quarto da população se autodeclarava branca, serão os grandes celeiros de mão de obra para o Sul e o Sudeste) onde fora maior o impacto da grande imigração europeia entre 1880 e 1940.[131]

Longe de esgotarmos esta nossa abordagem preliminar sobre a democracia no Brasil, antes de tudo, é preciso não deixar quaisquer dúvidas de que estas nossas análises foram realizadas com o intuito de denunciar que o atual modelo da democracia brasileira é socialmente excludente e contraditório do ponto de vista da representação política da maioria dos brasileiros.

Portanto, o atual modelo da democracia brasileira se encontra, no nosso entendimento, em desacordo com a regra básica do sistema político, segundo a qual as deliberações e decisões deste sistema pressupõem que elas sejam tomadas e devem ser subordinadas à vontade consensual da maioria representada nas instâncias de poder e tomada de decisões políticas, de modo que elas sejam emanadas e necessariamente legitimadas pela maioria.

Contudo, no caso em análise, onde, não obstante a população negra ser atualmente maioria dos brasileiros que, não estando fisicamente presentes no Parlamento nacional e muito especialmente em razão de

---

[131] GUIMARÃES, 2012, p. 62.

sua representação artificial nessas dimensões, portanto, sem ter delegado ou jamais autorizado a terceiros para representá-la nesses espaços, nesta perspectiva, as decisões tomadas em seu nome no Parlamento e enquanto maioria, pelo menos do ponto de vista da regra fundamental da democracia sustentada na teoria bobbiosiana, essas decisões ficam prejudicadas e podem em face dos muitos motivos já mencionados ao longo deste texto ser ilegítimas e moralmente questionáveis, já que a regra básica da democracia pressupõe o aval consensual da maioria.

Assim, parte das várias teorias sobre a democracia que utilizamos na elaboração deste texto nos deram parâmetros para, de modo não conclusivo, podermos observar que o modelo de democracia aqui enraizado tem por objetivo a preservação da supremacia dos brasileiros mais ricos e brancos, por meio da manutenção de seus privilégios e controle isolado de todas as estruturas de poder, sejam elas administrativas, econômicas, educacionais, jurídicas e principalmente políticas, concentradas exclusivamente nas mãos de minorias demográficas dominantes na sociedade brasileira contemporânea.

Desse modo, afloram os mecanismos de exclusão social os quais Munanga classifica como conteúdos racializados com nítido objetivo de impedir que a maioria possa se realizar como sujeitos de plenos direitos legalmente consagrados.

Do mesmo modo é igualmente importante que esclareçamos que ao tomarmos a decisão por elaborarmos as nossas análises parciais sobre a democracia, o fizemos e intencionalmente as limitamos ao escopo de algumas teorias das Ciências Sociais voltadas para as análises socioantropológicas com a inestimável colaboração do Direito, da História e dos Direitos Humanos, com vistas a demonstrar as distorções da democracia no Brasil, especialmente do ponto de vista da maioria.

Por essa razão, fizemos mais uso das teorias sobre democracia de Norberto Bobbio e Joseph Schumpeter, deixando de abordar neste texto as teorias sobre democracia de Maurice Duverger, de Giovanni Sartori, de Robert Alan Dahl, de Maria Dalva Gil Kinzo, ou as teorias de Lijphart Arend, por exemplo, por julgar que os trabalhos de Bobbio e Schumpeter, num primeiro momento, poderiam ser mais profícuos para o foco e para o propósito que pretendíamos dar às nossas análises comparativas com a democracia brasileira, a partir de um cenário de profunda exclusão social e política dos brasileiros descendentes de escravizados, com significativo viés racista.

Assim, estamos interessados nestas nossas análises iniciais em estabelecer um comparativo entre o senso de democracia no imaginário coletivo e a ausência injustificada da maioria dos brasileiros nos espaços de poder e tomada de decisões políticas, não se tratando, portanto, de uma análise aprofundada sobre este sistema político, mas do conceito de governo de maioria onde a maioria é artificialmente afastada e impedida de se fazer representar fisicamente nesses espaços.

Analisamos de igual modo as suas consequências, as suas regras que pressupondo um governo consensual da maioria, as razões que levam a sociedade brasileira, contudo, a não reclamar pela sua ausência ou tampouco reclamar pela sua pouca representatividade e quase insignificante presença nos diferentes espaços de poder em nosso país, onde a naturalização de sua ausência assume a aparência de uma norma regulamentar e consensual.

No atual cenário da sociedade brasileira, esses pressupostos não estão presentes nos diversos fóruns de debates, tampouco há consenso quanto ao modo de representação política no Parlamento que não contempla a maioria dos brasileiros. O silêncio é a norma.

Sabe-se que a luta por inclusão política democrática dos negros, no sentido mais amplo deste termo, remonta à Frente Negra Brasileira desde a década de 30, como me contou anos atrás um de seus mais ilustres militantes, o jornalista Henrique Cunha, ou como podemos encontrar relatos primorosos nas obras de Clovis Moura, de Abdias do Nascimento, passando pelo *Ciclo Vicioso*, de Hélio Santos à *Globalização do Racismo*, de Dennis de Oliveira, para citar alguns exemplos.

Centramos as nossas análises também nas contradições da democracia como governo de maioria, com significativa colaboração da obra de Florestan Fernandes, Sergio Adorno e Antonio Sergio Alfredo Guimarães. Este último pode corroborar com parte de nossas análises na medida em que encontrarmos em sua obra alguns dos muitos argumentos de que fizemos uso, por acreditarmos igualmente que parte das distorções sociais que vivemos tem sua origem na escravização de seres humanos no Brasil por europeus e seus descendentes brasileiros a partir do século XV, cujos reflexos desse período triste da História do Brasil podem ainda ser observados com facilidade nos dias atuais.

Enfim, compactuamos integralmente com Guimarães quando afirma que parte das minorias dominantes é *politicamente conservadora e racialmente cínica*, ou, dizemos nós, estariam as minorias dominantes brasileiras supostamente acometidas de grave deficiência visual, estando, portanto, aparentemente "cegas", pois ao invés de buscarem mecanismos legais que possam assegurar maior presença da maioria, ao contrário, esforçam-se cada vez mais para recrudescer o acesso dessa população nessas dimensões, tornando a democracia brasileira circunscrita ao exercício de alguns poucos.

É possível que parte dessa elite a que se referiu Guimarães tenha sido mal forjada na sua educação intramuros, onde ter direito era naturalmente uma prerrogativa de alguns poucos. E tenham, por isso mesmo, aprendido que o exercício da cidadania era, antes de qualquer coisa, também uma prerrogativa e atribuição daqueles povos que se autoatribuíam uma suposta superioridade congênita e civilizadora, o que não combina em nenhum momento com a definição mínima de democracia, justificados a partir da construção de falácias e mitologias para defender as suas práticas de violências e exclusão naturalizada do "Outro", conforme, aliás, apontaram Nancy Fraser e Axel Honneth.

O cinismo das classes dominantes brasileiras que se reservam o direito de dar à democracia um entendimento particular com a finalidade de preservar as suas "honras e privilégios" assenta no direito de propriedade como asseverou Alexander Keyssar.

Todas essas ponderações alicerçadas por renomados *scholars* não nos impedem de observarmos também na obra de Leon Poliakov, *O Mito Ariano,* que as elites brasileiras economicamente consolidadas ainda se apoiam em antigas práticas racistas em que se acreditava no branco europeu de tez austro-germânica como o prometeu do gênero humano, visando justificar as suas atrocidades contra aqueles que por sua natureza humana tivessem o seu fenótipo diferente dos povos de origem europeia.

Sabe-se que dentre outros objetivos políticos subjacentes estava o estabelecimento de normas ou suas variantes com viés político-legal questionáveis com a finalidade específica de erigir critérios de julgamentos políticos e sociais, sempre com nítidas vantagens para aqueles indivíduos com tez de uma brancura pálida austro-germânica

A História recente da humanidade pode ser conclusiva para compreendermos o real significado da exclusão da maioria dos brasileiros dos espaços de poder e tomada de decisões políticas no Brasil contemporâneo. À noção de bem comum externada por Joseph Schumpeter podem estar outros interesses subjacentes ao controle isolado das instituições e principalmente dos espaços de poder e tomada de decisões políticas, guardando estreitas semelhanças com o pensamento racista externado por Adolf Hitler em sua discutível obra *Mein Kampf*.

> O ariano é o prometeu do gênero humano; a centelha divina do gênio sempre jorrou de sua fronte luminosa; sempre acendeu de novo este fogo que, sob a forma do conhecimento, aluminava a noite... Conquistando, submeteu os povos de raça inferior e ordenou a atividade prática destes sob seu comando, segundo sua vontade e de acordo com seus objetivos. Mas, impondo-lhes uma atividade útil embora penosa, não só poupou a vida de seus súditos; talvez tenha chegado mesmo a proporcionar-lhes uma sorte melhor do que aquela que lhes era reservada quando gozavam daquilo que se chama sua antiga "liberdade". Enquanto manteve rigorosamente a sua situação moral de senhor, continuou sendo não somente o senhor mas também o conservador da civilização que continuou a desenvolver... Se repartíssemos a humanidade em três espécies: aquela que criou a civilização, aquela que conservou seu depósito e aquela que a destruiu, só o ariano poderia ser citado como representante da primeira... Se o deixássemos desaparecer, uma profunda obscuridade desceria sobre a terra; em alguns séculos a civilização humana desapareceria e o mundo se tornaria um deserto. [132]

Se o bem comum a que fez referência Schumpeter também se apoiar, ainda que em parte, nesses pressupostos de exclusão social, faz todo sentido o cinismo das elites brasileiras ao qual se referiu Guimarães, pois se assemelha às práticas subjacentes na teoria hitleriana, por conta da crença em sua suposta superioridade; sentem-se, por isso mesmo, no direito de negar aos afro-brasileiros o direito de estes gozarem os benefícios da democracia representativa enquanto governo de maioria.

Nesta perspectiva, estamos inclinados a acreditar que a pergunta por nós formulada no início deste texto pode ser respondida de modo afirmativo que o atual modelo de democracia no Brasil é sim um sistema de governo excludente e antidemocrático, controlado exclusivamente por minorias dominantes, não existindo, portanto, e, por exclusão, decisões políticas que obedecessem aos aspectos majoritários e menos ainda o consensual, pois a maioria, como já dissemos anteriormente, não se encontra fisicamente alocada nesses espaços para ela própria tomar as decisões que julgar mais apropriadas aos interesses da maioria dos brasileiros e poder, enfim, atender às regras fundamentais da democracia.

---

132 HITLER, Adolf. Mein Kampf *apud* POLIAKOV, Leon. *O Mito Ariano*. São Paulo: Editora Perspectiva; Edusp, 1974, XVI -Introdução Ibid., p. 289-295.

CAPÍTULO 4
- AS DIFERENÇAS SOCIOECONÔMICAS, ESTRUTURAIS E RACIAIS ENTRE OS CANDIDATOS BRANCOS E NEGROS AO LEGISLATIVO -
Assembleia Legislativa e Câmara Municipal de São Paulo vistas a partir de nossas pesquisas de campo

4.1. CONCORRÊNCIAS DESLEAIS E DESIGUALDADES SOCIAIS

Ao realizarmos nossa pesquisa de campo, fizemos uso de diferentes formas de análise com vistas a apurar se exclusivamente as diferenças patrimoniais existentes entre os candidatos brancos, geralmente os mais ricos e os candidatos negros mais pobres são de fato responsáveis o bastante ou não para determinar a sub-representação parlamentar da população negra paulista nas dimensões da Assembleia Legislativa e Câmara Municipal de São Paulo.

Desse modo, elaboramos um amplo questionário que pudesse nos auxiliar na apuração de algumas possíveis variáveis que, por sua vez, pudessem apontar parte das razões desse epifenômeno da sub-representação parlamentar da população negra paulista, supostamente com possíveis reflexos para o cenário nacional, especialmente se levarmos em conta a pujança do estado de São Paulo que, geralmente, em razão de neste momento ser o estado mais rico da federação, costuma, de certa forma, influenciar seriamente os demais estados coirmãos.

As nossas análises iniciam-se pela descrição da situação das candidaturas postuladas onde os Tribunais Regionais Eleitorais e o Tribunal Superior Eleitoral indicam a situação de deferimento ou indeferimento das candidaturas, as quais não indicam uma relação direta dos deferimentos ou indeferimentos das candidaturas com a cor dos postulantes, parecendo ser uma questão eminentemente técnica onde os indeferimentos ocorrem, em geral, por falta da submissão de documentos exigidos pelo Tribunal no período que antecede as eleições para o deferimento ou não das candidaturas postuladas.

Tabela 01 – Nível de escolaridade e atividade profissional

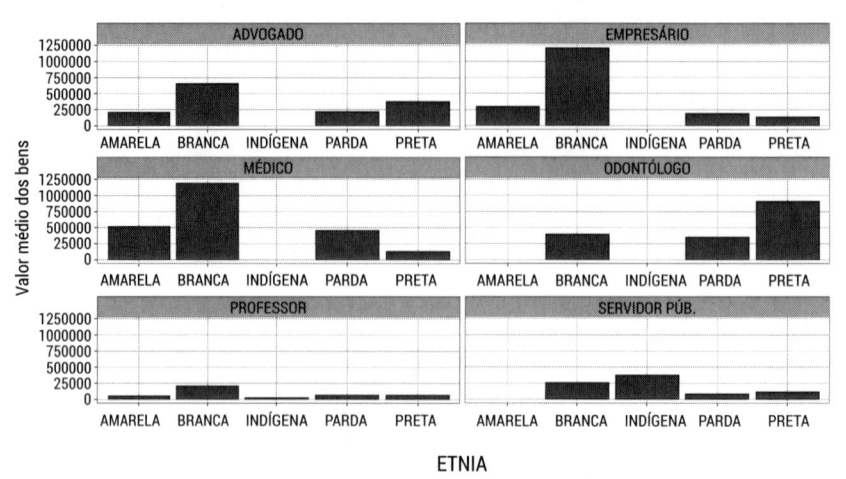

Fonte: Pesquisa do autor, 2014/2017.

A tabela 01 demonstra que as diferenças patrimoniais são extremamente relevantes para o sucesso ou não de certas candidaturas ao Legislativo, demonstra igualmente que o nível de escolaridade pode ter significativa influência no resultado das campanhas dos postulantes, segundo o seu grupo étnico.

Essas discrepâncias se mantêm inalteradas quando são examinadas por gênero; os brasileiros brancos têm maior acumulação de patrimônio na maioria das variáveis analisadas.

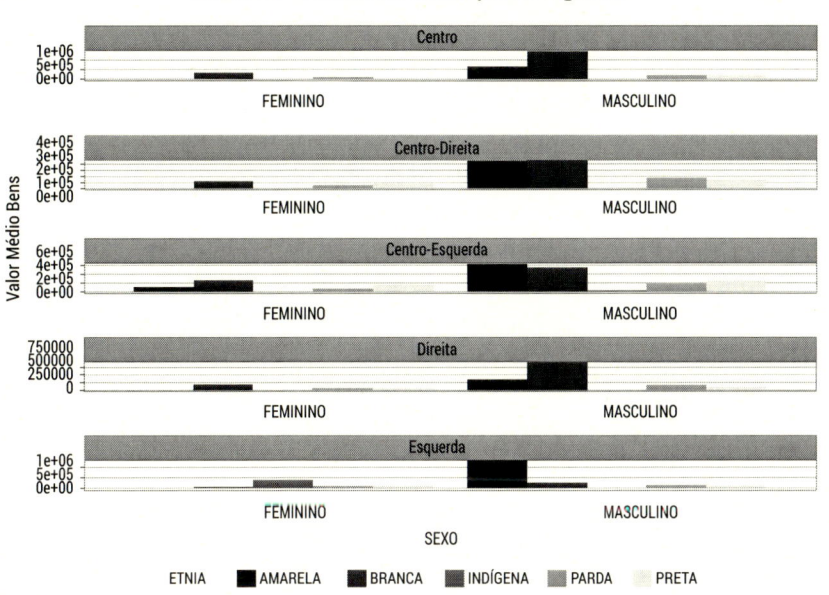

Tabela 02 – Patrimônio médio por cor / gênero

[Gráfico: Valor Médio Bens por Sexo (Feminino/Masculino) em cinco espectros políticos: Centro, Centro-Direita, Centro-Esquerda, Direita, Esquerda. Etnia: Amarela, Branca, Indígena, Parda, Preta]

Fonte: Pesquisa do autor, 2014/2017.

Observamos em nossas pesquisas que há uma enorme discrepância em relação ao número de candidatos concorrentes ao Legislativo por gênero, onde os homens são representados em números muito superiores às mulheres na postulação dos cargos para deputado estadual e deputado federal, ocorrendo o mesmo para a vereança, o que pode certamente ter motivado a alteração contida na Lei nº 13.165/2015.

O total dos candidatos negros tanto para os cargos de deputado estadual, deputado federal e vereador, não alcança 26%. Portanto, a maioria dos candidatos para os cargos de deputado estadual, deputado federal e vereador são brancos, amarelos e indígenas.

Esse percentual maior de candidatos brancos poderá ser relevante para, atraves da metodologia do sistema de distribuição de cadeiras legislavas – "siscadlegis" – determinar maior presença de parlamentares brancos nas dimensões do Legislativo, eleitos por quociente eleitoral.

4.2. A RACIALIZAÇÃO DAS URNAS NO BRASIL

Se por um lado, maior número de candidatos negros, aparentemente, tende a dividir o eleitorado negro, por outro lado, a maior presença de candidatos brancos parece colaborar para consolidar a sua supremacia nas dimensões de tomada de decisões políticas e poder no Brasil, em razão de estarem politicamente mais organizados e com estrutura de apoio econômico-financeiro suficiente para as disputas eleitorais.

Embora, neste momento, ainda não existam meios para se apurar estatisticamente, de modo confiável, os resultados das votações nominais no Brasil através da identificação étnica dos eleitores e seus respectivos candidatos, contudo, a julgar pela composição étnica das Casas Legislativas em nosso país, pode-se presumir que os candidatos brancos recebem votos não exclusivamente de eleitores brancos, mas possivelmente, boa parte deles recebe também votação expressiva de eleitores negros.

Aparentemente, essa situação de transferência voluntária de votos dos eleitores negros para os candidatos brancos ao Parlamento não ocorre o inverso na mesma proporção com os candidatos negros concorrentes ao mesmo cargo, o que deixa transparecer a existência de uma nítida racialização das urnas que, por sua vez, parece implicar também numa evidente racialização do voto. Poderá ser essa suposta racialização do voto que, a rigor, irá determinar a maior presença de brancos nessas dimensões de poder no Brasil.

Neste aspecto, ao contrário do que tem sistematicamente ocorrido com o eleitorado negro, o qual tem se dividido na hora da votação eleitoral, esse epifenômeno, contudo, parece não ocorrer com frequência no seio dos eleitores brancos, uma vez que esses eleitores conseguem eleger a maioria dos seus candidatos, sendo certo, contudo, a partir da composição final das Casas Legislativas no Brasil, que a maioria dos eleitores brancos não escolhem como seus candidatos ao Legislativo os postulantes negros.

Possivelmente não existe apenas uma identificação de propostas políticas entre eleitores brancos e candidatos também brancos, muitas dessas propostas políticas são genéricas e, portanto, podem igualmente ter sido apresentadas também por candidatos negros.

Desse modo, ao que tudo indica, parece existir antes da identificação das propostas políticas, uma identificação racial entre candidatos e eleitores brancos, a qual se expressa no resultado final das urnas.

Portanto, nos últimos resultados apurados nas eleições proporcionais a partir da Constituição de 1988, pode ser observado a partir deste período que há no Brasil certa concentração racial dos brasileiros brancos na hora de efetivarem o seu voto nas urnas, pois na composição das Casas de Leis em nosso país, verifica-se uma ampla ausência proporcional de outros estratos étnicos de brasileiros que compõem a nossa rica diversidade social.

A escolaridade pode ser também um fator preponderante para facilitar a penetração de alguns candidatos mais ricos e brancos em certas dimensões da sociedade brasileira, como Legislativo, por exemplo, podendo explicar também a falta de escolaridade como responsável, em parte, pela transferência voluntária de votos da população negra brasileira para candidatos brancos.

A transferência voluntária de votos eleitorais da população negra pode ser explicada a partir das inúmeras e mais variadas situações intersubjetivas cotidianas, por exemplo.

4.3. INFLUÊNCIAS EXTERNAS, DEPENDÊNCIA ECONÔMICA E BAIXA ESCOLARIDADE CONCORREM PARA A TRANSFERÊNCIA DE VOTO DA POPULAÇÃO NEGRA PARA CANDIDATOS BRANCOS AO LEGISLATIVO

A vida e a saúde de um eleitor negro ou de um ente querido podem muitas vezes estar diretamente relacionadas aos objetivos políticos e ao resultado final do escrutínio de um determinado candidato branco médico ao Legislativo, por exemplo. O qual, no exercício de sua atividade profissional rotineira, em razão da relação médico-paciente que, nesta circunstância, extrapola os padrões mínimos da ética profissional, ainda assim, esse indivíduo acaba exercendo indiretamente uma pressão sutil de dependência implícita dos pacientes mais pobres e negros por longos períodos, pacientes que, em certos momentos, deixam de ser pacientes e passam a ser, aos olhos do candidato-médico, valorosos eleitores.

Essa relação de aparente dependência indireta não se limita exclusivamente ao paciente que não se inscreve exclusivamente na condição de paciente, pois essa relação se amplia para transformá-lo e inscrevê-lo também na categoria de eleitor disseminador dos objetivos políticos de seu médico-candidato não somente no interior de seu grupo familiar como também no interior do seu grupo de amigos, parentes mais próximos e também colegas de trabalho.

Nesta perspectiva, a pobreza extrema que gera a dependência oriunda da relação médico-paciente se transforma em obrigação de fazer do paciente-dependente de modo a tornar igualmente dependente sua família inteira, a qual, não obstante, não se encontra obrigada a atender a um pedido ou sugestão sutil de apoio político para si ou para seus amigos e conhecidos desse hipotético candidato médico; essa família pode não se sentir muito confortável em negar apoio político a quem se dedica tratar de algo imensuravelmente tão caro para ela, a saúde de um ente querido.

Nesta perspectiva, a angariação de votos antecipados pode ocorrer de forma indireta, muito antes da data fixada em lei para este procedimento. Possivelmente, sem que o poder público consiga identificar com precisão estas ações que, geralmente, inscrevem o privilégio de ser branco e a dependência de ser negro e pobre no Brasil.

Não se tratando apenas de uma questão ética entre médico e paciente. Trata-se de uma situação de privilégio e poder exercido de maneira bastante sutil entre os estratos mais ricos das elites brasileiras brancas dominantes que se apropriam dos espaços ocupados por elas, sejam estes públicos ou privados e aqueles que, por medidas extremas são obrigados a se subordinarem, em razão de não disporem de alternativas moralmente menos custosas.

A mesma situação, possivelmente em menor número, pode obviamente ocorrer também ao inverso, onde pacientes brancos pobres poderiam, supostamente, também ser submetidos a essa dependência moralmente questionável e possivelmente de maneira desproporcional já que, no Brasil contemporâneo, o número de médicos negros é infinitamente menor que o de seus colegas brancos.

Usamos esse exemplo fictício com o intuito de demonstrar que a formação escolar em todos os níveis não se limita exclusivamente ao diploma e renda, mas, sobretudo, ao exercício de certas atividades de prestígio como a atividade médica, por exemplo. Essas atividades podem ou não contribuir para certa transferência involuntária de votos válidos dos mais pobres e negros.

Contudo, os estratos mais ricos não deixam de exercer uma pressão política indireta visando beneficiar certos postulantes ao Legislativo mais ricos e brancos, apenas em razão de parte dos brasileiros negros ser socialmente vulnerável e politicamente dependente. A dependência econômica da população negra torna os eleitores negros dependentes também de delegados de polícia, promotores, juízes, fiscais, engenheiros, advogados, policiais, servidores públicos, diferentes agentes do Estado, de instituições particulares filantrópicas, tornando-os principalmente dependentes de seus empregadores e igualmente dependentes dos empregadores de seus familiares que também exercem pressão política coletiva indireta sobre os estratos mais pobres da sociedade brasileira contemporânea.

Portanto, para os negros brasileiros preservarem os seus empregos, a sua saúde, certos benefícios e direitos, mesmo que esses benefícios e direitos estejam legalmente assegurados na forma da Lei como um direito inalienável à sua condição de seres humanos e de cidadãos, ainda assim, os mais ricos e brancos no Brasil, indiretamente exigem dos mais pobres e negros uma contrapartida muitas vezes ilegal, antiética e imoral, do mesmo modo que exigem igualmente uma fidelidade político-partidária subserviente, por meio da destinação de apoio político na forma de captação e transferência de votos aos seus candidatos ou a si próprios.

Certamente, a histórica relação de dependência econômica dos afro-brasileiros e sua reduzida informação acerca do funcionamento regular dos partidos políticos no Brasil, fazem reproduzir com aparente naturalidade as estruturas que se constituem rigidamente para mantê-los sistematicamente longe e afastados dos espaços de tomada de decisão e poder político.

Associa-se a esse quadro de extrema dependência econômica de certos estratos da população negra a sua educação formal insuficiente e algumas vezes também incompleta, a inexistência de orientação política adequada para não fazer o jogo político das elites brasileiras dominantes. Ambos contribuem muito para a preservação de sua sub-representação parlamentar no Legislativo. Parte de sua ignorância política é que torna tão prevalente esse ciclo da reprodução da exclusão política dos negros dos espaços de poder.

4.4. A DEPENDÊNCIA ECONÔMICA DE CERTOS ELEITORES NEGROS SE TRANSFORMA EM OPRESSÃO POLÍTICA

Os negros, na sua maioria, esforçam-se para atender ao compromisso moralmente assumido com aqueles que de alguma forma exercem uma pressão na forma previamente comprometida da prospecção de novos eleitores e principalmente na efetivação dos votos destes, ainda que os mais pobres e negros possam não concordar integralmente com as propostas eleitorais desses candidatos mais ricos e brancos. Desse modo, parte da população negra pode se ver forçada a atender e assumir um compromisso político que pode não ser seu e, mais uma vez ela, indiretamente, se vê impedida de exercer livremente a sua cidadania.

A dependência econômica dos negros brasileiros se transforma em opressão política que por sua vez se transforma em votos para a preservação dos privilégios e concentração exclusivamente das elites brasileiras brancas dominantes à frente das dimensões de poder e tomada de decisões políticas no Brasil.

A opressão política ocorre também através da transferência de votos dos eleitores negros mais pobres, a partir do momento em que eles deixam de votar nos seus próprios candidatos para atender ao "pedido" formulado na forma de uma sutil persuasão que posteriormente irá induzi-los a declinar dos seus candidatos negros para acompanharem os votos dos mais ricos e brancos nas urnas.

Enfim, todos aqueles estratos que podem de alguma forma exercer uma pressão indireta sobre os mais pobres e negros acabam interferindo e auxiliando na transferência (in) voluntária dos votos da população negra que pode se sentir pressionada implícita e sutilmente ameaçada por conta de sua dependência econômica não explicitada ou mencionada por aqueles atores que se aproveitam de sua vulnerabilidade social.

Assim, por extensão, sua dependência econômica lhe causa seríssima dependência política. A pressão artificial se torna, porém, eficazmente ativa do ponto de vista da destinação de benefícios políticos aos brasileiros mais ricos e brancos para ocupação dos espaços de poder na sociedade brasileira.

Portanto, se por um lado para os candidatos negros mais pobres a sua campanha política, possivelmente em razão de suas dificuldades econômicas como também por conta de suas dificuldades de mobilidade social ascendente, inicia rigorosamente dentro dos prazos fixados pela lei, por outro lado, para os candidatos brancos mais ricos, suas campanhas políticas podem começar informalmente no interior dos consultórios, escritórios e gabinetes muito antes dos prazos fixados pela Justiça Eleitoral brasileira que, desse modo, torna a disputa eleitoral muito desigual e injusta quando seria desejável uma equidade entre os postulantes ao Legislativo.

Ainda que prevista em lei a data limite para se iniciar oficialmente o contato entre candidatos e eleitores, os mais ricos, pelas razões acima citadas, levam consideráveis vantagens sobre os candidatos negros mais pobres.

Cria-se uma situação na qual muitas vezes parte dos candidatos mais ricos não precisa ir até os longínquos bolsões de pobreza, geralmente lugares de moradia dos eleitores mais pobres e negros, bastando que eles exerçam uma das inúmeras atividades profissionais acima relacionadas, dentre tantas outras não mencionadas, para que os eleitores mais pobres e negros se desloquem até eles e possam ser "seduzidos" pelos candidatos mais ricos ou por profissionais a serviço destes ou, ainda, ser sutilmente aliciados por certos profissionais que se disponham a auxiliar os candidatos mais ricos por conta de supostos objetivos pessoais e políticos futuros não revelados.

Portanto, se for verdade que a escolaridade é um fator determinante para permitir maior acesso e ocupação dos espaços legislativos no Brasil, os nossos cálculos estatísticos sugerem que esta pode não ser uma variável constante ou determinante para essa ocupação, especialmente quando se compara os candidatos amarelos com os candidatos brancos, os primeiros têm nível de formação superior completo proporcionalmente superior aos segundos. Entretanto, os candidatos brancos mesmo com menor formação educacional em nível superior estão, ainda assim, em maior número no Parlamento.

Mesmo nessa condição de inferioridade de formação educacional proporcional em nível superior, quando analisados os grupos étnicos de candidatos em separado, pode ser observado que os candidatos amarelos concorrentes ao cargo de deputado estadual têm *proporcionalmente*, em relação aos candidatos brancos disputantes para o mesmo cargo de deputado estadual, os primeiros têm formação de nível universitário superior aos segundos, ainda assim, os candidatos brancos são maioria no Legislativo Estadual.

Revela-se, por esse prisma, que o modelo de democracia adotado no Brasil, está rigidamente ancorado para funcionar invariavelmente sempre em benefício dos brasileiros mais ricos e brancos.

A Educação é um fator muito importante, contudo não é imprescindível, uma vez que os candidatos a deputados federais brancos têm *proporcionalmente* um percentual de ensino superior menor que os amarelos que têm 65% de seus candidatos com ensino superior completo contra 59% dos candidatos brancos, seus concorrentes para o cargo de deputado estadual.[133] Enquanto que os candidatos negros (pretos e pardos) para o mesmo cargo de deputado estadual representam quando examinado separadamente esse grupo étnico, verificamos que 45% dos pretos e 34% dos pardos possuem formação com ensino superior completo.

---

133 Estes percentuais referem-se exclusivamente entre cada grupo étnico de candidatos episódicos, não se tratando, portanto, de uma análise da população brasileira.

Quando se analisa o grupo dos amarelos para o cargo de deputado federal, constata-se que seus candidatos têm 89% com formação educacional de nível superior completo, enquanto que seus colegas brancos têm 73%. Os candidatos negros para o mesmo cargo têm 25% com formação superior completa (pretos e pardos).

Há, portanto, uma significativa diferença de escolaridade *proporcionalmente* entre os candidatos brancos e amarelos para o mesmo cargo quando comparado com seus colegas negros, o que, de certa forma, pode revelar maiores dificuldades estruturais e econômicas desses candidatos negros para disputarem as eleições proporcionais analisadas por nós.

Assim, quando examinamos a variável etnia *versus* gênero e gênero *versus* bens dos candidatos, constatamos que os candidatos a deputados estaduais ou federais - homens brancos com ensino superior completo, têm em média por volta de R$ 1.000.000,00 (Um milhão de reais) de patrimônio. Ou seja, candidatos homens brancos com ensino superior são milionários ou muito próximo.

Por outro lado, constatamos igualmente que os candidatos que se autodeclaram negros (pretos e pardos) com ensino superior completo têm em média R$ 220.000,00 (duzentos e vinte mil reais) de patrimônio, enquanto que os candidatos pretos têm em média R$ 233.000,00 (duzentos e trinta e três mil reais) de patrimônio ou 5.9% superior ao patrimônio dos candidatos pardos.

A formação educacional de pretos e pardos pode estar diretamente relacionada e influenciar fundamentalmente na formação do patrimônio dos analisados, em que com maior formação educacional de nível superior possuem também patrimônio ligeiramente superior aos pardos. Contudo, quando examinamos apenas os candidatos brancos, observamos que 976 possuem formação com ensino superior completo. Nota-se que eles estão em número muito maior e são igualmente muito mais ricos que os negros (pretos ou pardos).

Brancos	R$ 977.348,00
Pretos	R$ 233.000,00
Pardos	R$ 219.460,75

Ao examinarmos o valor médio dos bens por ocupação profissional separado por etnia, porém, sem considerá-los por gênero, constatamos que certos estratos profissionais reproduzem as diferenças sociais existentes na sociedade brasileira contemporânea quando comparados com indivíduos negros do mesmo grupo profissional.

Assim, candidatos médicos seu patrimônio é da ordem de milhão, enquanto que o patrimônio médio de seus colegas negros (pretos e pardos) não chega a R$ 400.000,00; significa afirmar que os candidatos brancos ao Legislativo, médicos têm patrimônio médio duas vezes e meia superior ao patrimônio médio de seus colegas candidatos negros médicos. Portanto, nota-se que dentre os candidatos médicos há uma enorme desigualdade de patrimônio quando comparado com seus colegas negros.

Observamos o que no conjunto dos odontólogos, há uma discrepância em relação ao valor da renda apurada para os pretos em relação às outras profissões. No entanto, quando checamos a tabela selecionada de determinadas profissões, torna-se evidente que há apenas um único candidato com patrimônio de quase um milhão de reais. Trata-se de uma distorção pontual que, portanto, pode não refletir, no conjunto, a realidade dos demais candidatos ao Legislativo dos profissionais desse campo.

Este candidato ao Legislativo, negro, inscrito no campo profissional dos odontólogos, destoa significativamente de seus pares profissionais, já que os outros profissionais, os mais ricos, bem como os candidatos de seu mesmo grupo étnico têm patrimônio médio por volta de R$ 400.000,00 (quatrocentos mil reais). Portanto, estatisticamente falando esse indivíduo é um *outlier*, isto é, fora da curva ou está fora dos padrões de normalidade.

De igual modo observamos também que entre os candidatos servidores públicos acontece a mesma situação. Entretanto, o mais rico entre os seus pares servidores públicos candidatos ao Legislativo, este indivíduo ao assinalar a sua origem étnica, ele se autodeclara indígena. A tabela 03 deixa evidente que a formação educacional dos mais pobres e negros no Brasil contemporâneo se encontra altamente prejudicada, o que pode ser um componente muito relevante para parte de sua imobilidade política ascendente.

Tabela 03 – Formação educacional dos candidatos a deputado estadual por São Paulo, por gênero

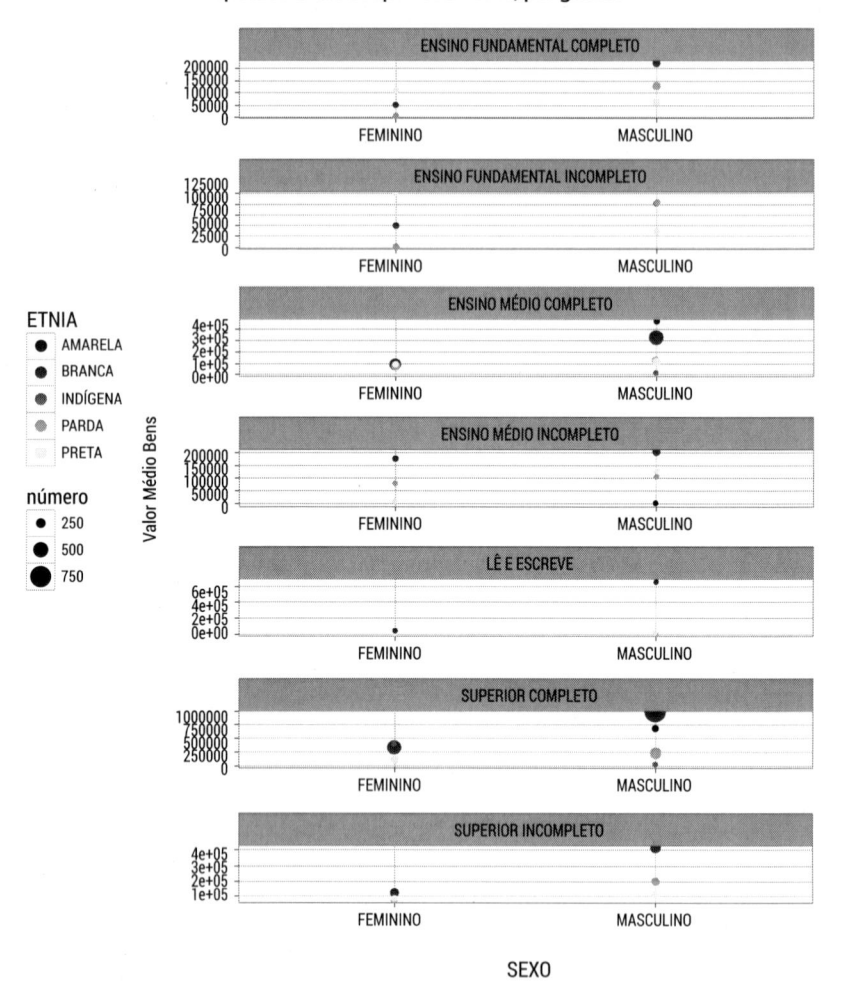

ETNIA
- AMARELA
- BRANCA
- INDÍGENA
- PARDA
- PRETA

número
- 250
- 500
- 750

Fonte: Pesquisa do autor, 2014/2017.

4.5. A ALOCAÇÃO DOS CANDIDATOS NEGROS NOS PARTIDOS POLÍTICOS

Inicialmente apuramos quais partidos têm mais candidatos negros em suas fileiras. Constatamos que os partidos com pouca expressão nacional, geralmente, oferecem mais espaços para negros concorrerem às eleições, vide tabela 04.

Tabela 04 - Partidos com maiores e menores números de negros em suas fileiras

■ Total de candidatos　　■ Candidatos negros (PRETA + PARDA)

Partido	Total de candidatos	Candidatos negros (PRETA + PARDA)
PARTIDO HUMANISTA DA SOLIDARIEDADE	213	120
PARTIDO SOCIALISMO E LIBERDADE	206	95
PARTIDO COMUNISTA DO BRASIL	96	64
PARTIDO PROGRESSISTA	40	4
DEMOCRATAS	45	1
PARTIDO DA REPÚBLICA	101	1

Fonte: Pesquisa do autor, 2014/2017.

A tabela 04 revela a grande discrepância existente entre o número de candidatos negros (preta+parda) e o total de candidatos inscritos para os 3 partidos com mais e menos negros em suas fileiras. Observe-se que os negros figuram com destaque nos partidos nomeados como socialista/comunista (PHS, PSL e PCB); em partidos notadamente com maiores representações na assembleia legislativa e na câmara dos deputados o candidato negro praticamente não se faz representar (PP, DEM e PR).

Ao examinarmos quantitativamente a população do estado de São Paulo, apuramos que a participação da população negra como candidata é da ordem de 25%.

Gráfico 01 - Composição da população paulista por cor e participação da população negra como candidata ao Legislativo

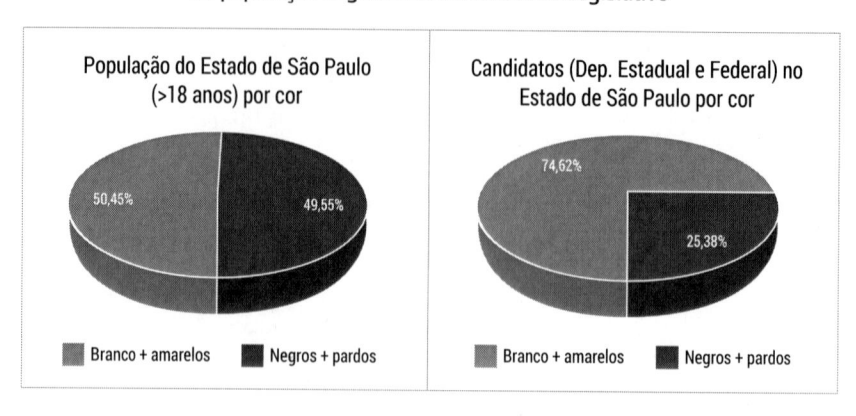

População do Estado de São Paulo (>18 anos) por cor
- Branco + amarelos: 50,45%
- Negros + pardos: 49,55%

Candidatos (Dep. Estadual e Federal) no Estado de São Paulo por cor
- Branco + amarelos: 74,62%
- Negros + pardos: 25,38%

Fonte: Pesquisa do autor, 2014/2017.

O gráfico 02 demonstra que dos 25% dos candidatos negros, apenas 7,45% conseguem lograr êxito em suas candidaturas sendo investidos como deputados estaduais por São Paulo, enquanto brancos e amarelos somados representam 92,55% dos deputados estaduais eleitos para a Assembleia Legislativa Paulista.

Gráfico 02 – Apenas 7,45% dos candidatos negros são exitosos em suas candidaturas ao legislativo

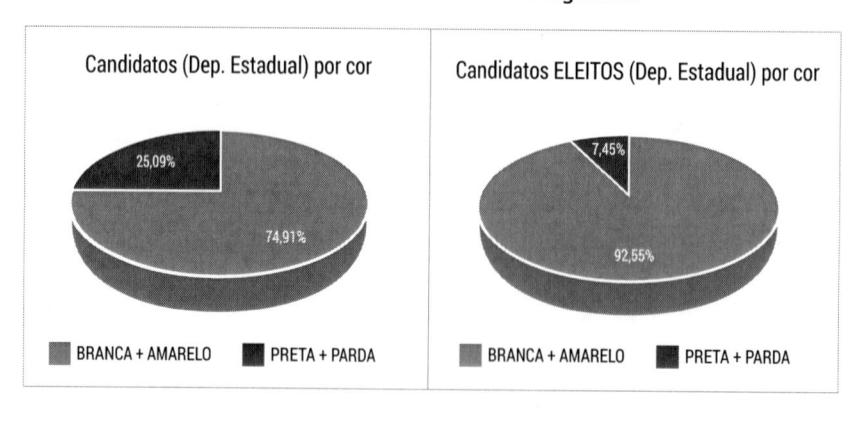

Candidatos (Dep. Estadual) por cor
- BRANCA + AMARELO: 74,91%
- PRETA + PARDA: 25,09%

Candidatos ELEITOS (Dep. Estadual) por cor
- BRANCA + AMARELO: 92,55%
- PRETA + PARDA: 7,45%

Fonte: Pesquisa do autor, 2014/2017.

Observamos que, geralmente, os homens negros se saem melhor nas disputas eleitorais; na última eleição para deputado estadual por São Paulo foram eleitos 5 homens contra apenas 2 mulheres.

Gráfico 03 – Votos válidos por gênero disputantes negros para deputados federais por São Paulo

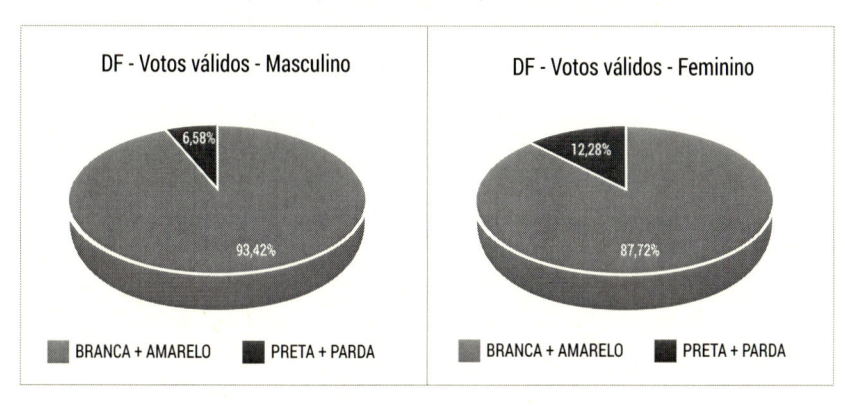

DF - Votos válidos - Masculino: 6,58% PRETA + PARDA; 93,42% BRANCA + AMARELO

DF - Votos válidos - Feminino: 12,28% PRETA + PARDA; 87,72% BRANCA + AMARELO

Fonte: Pesquisa do autor, 2014/2017.

Gráfico 04 – Votos válidos por gênero disputantes deputados estaduais por São Paulo

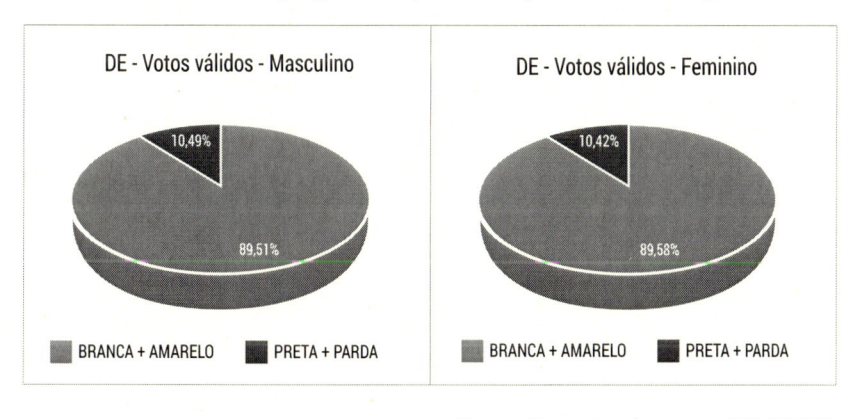

DE - Votos válidos - Masculino: 10,49% PRETA + PARDA; 89,51% BRANCA + AMARELO

DE - Votos válidos - Feminino: 10,42% PRETA + PARDA; 89,58% BRANCA + AMARELO

Fonte: Pesquisa do autor, 2014/2017.

Ao apurarmos os candidatos autodeclarados negros (pretos e pardos) constatamos que apenas 7 candidatos lograram êxito em suas candidaturas para deputado estadual, contra 87 candidatos brancos e amarelos concorrentes para os mesmos cargos na eleição de 2014, enquanto que para deputados federais as discrepâncias de sub-representação política da população negra se mantêm relativamente estáveis.

Deputado Estadual: Das 94 cadeiras disputadas para esse cargo na Assembleia Legislativa do Estado de São Paulo, temos:

- Negros: 7 eleitos
- Brancos e amarelos: 87 eleitos

Deputado Federal: Das 70 cadeiras disputadas para esse cargo no Estado de São Paulo, temos:
- Negros: 4 eleitos
- Brancos e amarelos: 66 eleitos

Observamos durante nossa pesquisa de campo que parte do eleitorado negro tem maior simpatia quando candidatos homens negros aspirantes a deputados estaduais fazem dobradinha com candidatas mulheres negras aspirantes ao cargo de deputado federal, ou vice-versa. A dobradinha de gênero, parece ser amplamente aceita pelos eleitores negros.

Não nos foi possível apurar se essa maior simpatia, no atual cenário político em que realizamos as nossas pesquisas, se essas dobradinhas poderiam resultar ou não em maior ou menor investidura de parlamentares negros para os dois cargos, como o sucesso de candidaturas vitoriosas observadas por Valente[134]. Constatamos que os negros (pretos e pardos) se distribuíram como aspirantes ao Legislativo por São Paulo, da seguinte forma:

DEPUTADO FEDERAL:
- **MULHER: 140 mulheres disputantes para esse cargo**
    - CONCORRENTES: PARDA=77 e PRETA=63
    - ELEITAS: Não tivemos nenhuma eleita por média ou quociente eleitoral
- **HOMEM: 248 homens disputantes para esse cargo**
    - CONCORRENTES: PARDO=169 e PRETO=79
    - ELEITOS:
        - PARDO = 1 – Por média
        - PRETO = 3 – Todos por quociente eleitoral

DEPUTADO ESTADUAL: CONCORRENTES PRETAS E PARDAS
- **MULHER: 170 mulheres disputantes para esse cargo**
    - CONCORRENTES: PARDA=104 e PRETA=66
    - ELEITAS:
        - PARDA=0
        - PRETA=2 – Todas eleitas por quociente eleitoral
- **HOMEM: 363**
    - CONCORRENTES: PARDO=243 e PRETO=120
    - ELEITOS:
        - PARDO=4 - 1 por média e 3 por quociente eleitoral
        - PRETO=1 – por quociente eleitoral

---

134 VALENTE, 1984.

4.6. APÊNDICE E: ANÁLISE DE QUESTIONÁRIO – RESPOSTAS DE EX-CANDIDATOS NEGROS AO LEGISLATIVO (ESTADUAL E MUNICIPAL)

As perguntas analisadas a seguir são referentes às respostas de 8 (oito) ex-candidatos (não necessariamente eleitos) ao Legislativo, estadual e municipal, do estado e da cidade de São Paulo.

Questão 03: Qual era sua renda mensal à época de sua candidatura?

Gráfico 05 - Questão 03: Salário mensal dos ex-candidatos negros na época da eleição (em s.m.)

- De 3 a 6 s.m.: 50,0%
- De 6 a 9 s.m.: 25,0%
- Acima de 10 s.m.: 12,5%
- Não respondeu: 12,5%

Fonte: Pesquisa do autor, 2014/2017.

Dentre os oito (8) respondentes, sete (7) deles ganhavam pelo menos 3 salários mínimos à época da eleição e, somente um ganhava acima de três salários mínimos; logo, pode haver um piso mínimo como critério informal para o lançamento de uma candidatura entre os postulantes ao Legislativo, pretos e pardos. Estes dados são extremamente relevantes, pois eles explicitam, segundo dados estatísticos recentes publicados pelo IBGE, as imensuráveis diferenças de renda, entre os disputantes mais ricos e brancos e seus concorrentes mais pobres e negros (pretos e pardos) no Brasil.

Questão 05: Eleitores negros votam em candidatos negros?

Gráfico 06 - Questão 05: Menções para as categorias pelos ex-candidatos negros

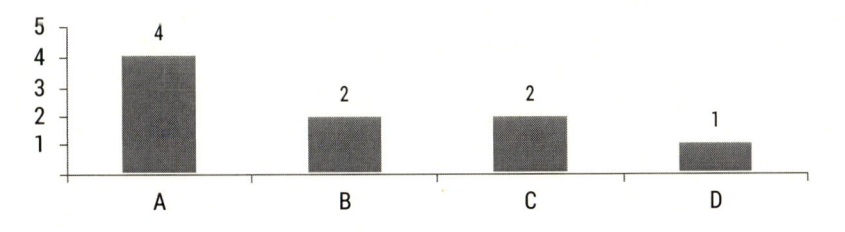

Categoria	Menções
A	4
B	2
C	2
D	1

Fonte: Pesquisa do autor, 2014/2017.

Para essa questão, um mesmo respondente pode ter marcado mais de uma alternativa. Metade dos respondentes acredita que o eleitor negro vota em candidatos negros.

Questão 06: Quais foram as principais dificuldades surgidas no curso de sua candidatura a deputado estadual / vereador(a)?

Gráfico 07 - Questão 06: Dificuldades enfrentadas à época da eleição

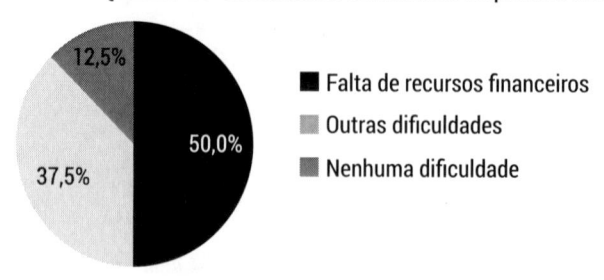

- Falta de recursos financeiros: 50,0%
- Outras dificuldades: 37,5%
- Nenhuma dificuldade: 12,5%

Fonte: Pesquisa do autor, 2014/2017.

Na categoria "Outras dificuldades" são citadas as dificuldades para locomoção em todos os espaços de campanha, para conquistar o voto dos eleitores e o fato de ser mulher negra e não ter o apoio da comunidade negra.

Questão 09: Na sua opinião, quais são os principais equívocos cometidos pelos candidatos negros ao Legislativo? Não há um equívoco que predomine dentre os citados pelos respondentes para os candidatos negros. Mencionou-se o despreparo em geral dos candidatos negros, o foco exclusivo em políticas específicas para a população negra (duas menções cada), o personalismo, a visão do poder apenas como meio de enriquecer, a dissociação da luta contra o racismo da luta de classes, a falta de transmissão de confiança e credibilidade e a falta de sinceridade na defesa das demandas da população negra (uma menção cada). Por fim, um dos respondentes acredita que os candidatos negros ao Legislativo não cometem equívocos por si mesmos.

Questão 11: O Sr.(a) acredita que os eleitores negros, em geral, têm informações suficientes sobre o jogo político que exige representação parlamentar para aprovar suas demandas sociais no Poder Legislativo? 7 dos 8 respondentes responderam a esta pergunta. Todos eles acreditam que o eleitor negro não tem informação suficiente acerca do jogo político.

Questão 13: Quais são os caminhos para os candidatos negros conquistarem também votos de eleitores brancos? Não há um caminho apontado que predomine nas respostas dos entrevistados(as). Os respondentes citam como caminhos: apresentar propostas de interesse da população em geral (três menções); posicionar-se firmemente como ativista negro; ter uma boa estratégia de campanha; ter carisma; ter um bom *marketing*; ter um preparo cultural e educacional para ingresso na política; construir diálogo para fora da comunidade negra, mas sem perder de vista sua origem cultural e social; defender os segmentos marginalizados da sociedade e haver comprometimento do partido com a questão social (uma menção cada).

Questão 14: A abordagem da questão racial brasileira é um argumento capaz de angariar mais votos ou afastar os candidatos negros de possíveis eleitores?

A maioria dos respondentes, diferentemente do que apurou Valente[135], acredita que abordar a questão racial pode sim angariar votos para candidatos negros, mesmo fora da comunidade negra. Os respondentes, contudo, não explicaram por quais razões a questão racial não foi abordada explicitamente em suas campanhas se sua abordagem poderia angariar mais votos e, portanto, ampliar as suas chances de se elegerem parlamentares.

Gráfico 08 - Questão 14: Abordagem da questão racial segundo ex-candidatos negros

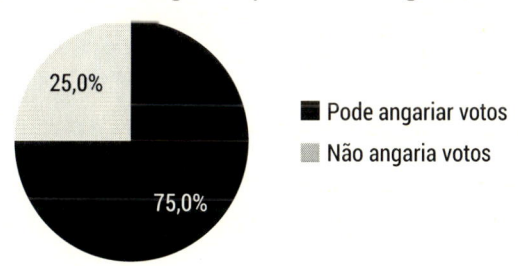

- 25,0% Não angaria votos
- 75,0% Pode angariar votos

Fonte: Pesquisa do autor, 2014/2017.

---

135 VALENTE, 1984.

Questão 15: Qual a implicação de seu partido no resultado final de sua candidatura?

Gráfico 09 - Questão 15: Implicação do partido no resultado eleitoral

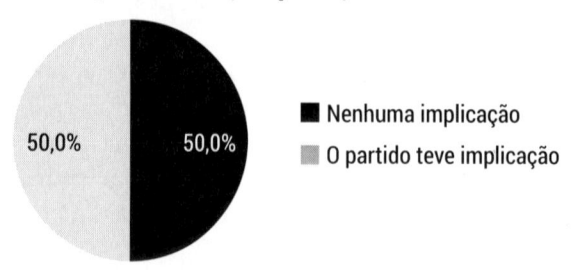

- Nenhuma implicação: 50,0%
- O partido teve implicação: 50,0%

Fonte: Pesquisa do autor, 2014/2017.

Para metade dos respondentes, o partido não tem nenhuma implicação na votação final.

Questão 16: Na sua opinião de que forma os partidos políticos poderiam contribuir efetivamente para ampliar a representação parlamentar da população negra no Legislativo Nacional?

Gráfico 10 - Questão 16: Como o partido pode contribuir para elevar a representação de negros no Legislativo

- Através de cotas ou lançando mais candidatos negros: 62,5%
- Oferecer os mesmos recursos dados a outros candidatos: 12,5%
- Não respondeu: 25,0%

Fonte: Pesquisa do autor, 2014/2017.

Mais da metade dos respondentes acredita que os partidos contribuiriam aumentando a participação de candidatos negros, em termos absolutos ou através de cotas.

Questão 19: A adoção de cotas étnicas de representação legislativa para negros e indígenas no Parlamento brasileiro seria uma forma de reduzir consideravelmente a sub-representação da população negra nas três esferas do Poder Legislativo? 6 dos 8 respondentes responderam a esta pergunta. Todos eles acreditam que as cotas de representação étnica negra e indígena no Parlamento são uma forma efetiva de se reduzir a sub-representação destas etnias nas três esferas do Legislativo.

Questão 21: De quais maneiras se poderia motivar consideravelmente a população negra brasileira sobre a importância e necessidade de se fazer representar proporcionalmente no Legislativo? Observamos que os respondentes, em geral, indicaram que não existe uma maneira predominante. Dentre as respostas citadas, encontram-se: organizar o ativismo negro dentro dos partidos; discursar sobre a importância da representatividade em todos os veículos de comunicação e redes sociais; criar um partido que represente a população descendente da diáspora africana (sem limitar seu legado sociocultural); conscientizar a população negra de seus direitos de cidadania; atender às demandas da população negra (uma vez que o candidato/a negro é eleito/a); educar politicamente desde o ensino básico; priorizar propostas programáticas e ter posição política firme (para os candidatos negros/as); aprovar propostas específicas para a população negra com o concurso de políticos negros comprometidos com a questão racial dos negros, com auxílio de parlamentares brancos parceiros e éticos.

Questão 23: Quantas pessoas compunham a sua equipe de trabalho?

Gráfico 11 - Questão 23: Tamanho da equipe de campanha dos ex-candidatos negros

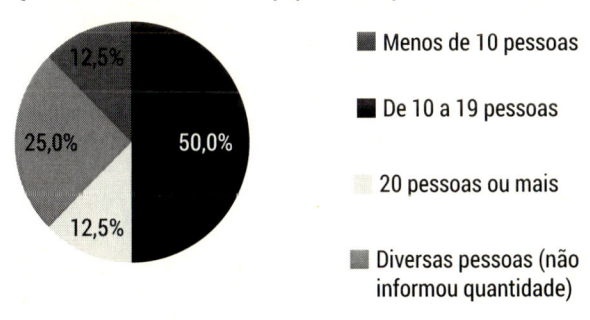

- Menos de 10 pessoas — 50,0%
- De 10 a 19 pessoas — 12,5%
- 20 pessoas ou mais — 12,5%
- Diversas pessoas (não informou quantidade) — 25,0%

Fonte: Pesquisa do autor, 2014/2017.

Metade dos respondentes afirmou ter uma equipe com tamanho de 10 a 19 pessoas.

Questão 24: Quem assumia o custo de sua equipe de trabalho?

Gráfico 12 - Questão 24: Menções para as fontes de custo pelos ex-candidatos negros

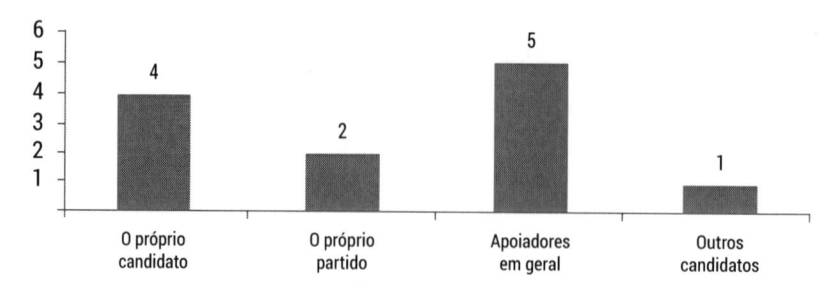

O próprio candidato	O próprio partido	Apoiadores em geral	Outros candidatos
4	2	5	1

Fonte: Pesquisa do autor, 2014/2017.

Na categoria "Apoiadores em geral" estão inclusos amigos, empresários e outros doadores.

Questão 25: Qual o percentual das doações legalmente recebidas pelo seu partido foi destinado para pagamento das despesas de sua campanha?

Gráfico 13 - Questão 25: Participação do partido nos custos da campanha

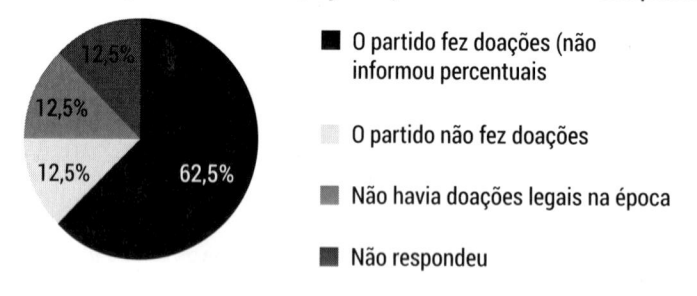

- O partido fez doações (não informou percentuais): 62,5%
- O partido não fez doações: 12,5%
- Não havia doações legais na época: 12,5%
- Não respondeu: 12,5%

Fonte: Pesquisa do autor, 2014/2017.

Na categoria majoritária estão inclusas doações diretas ou pagamento de material de campanha.

Questão 27: Quanto dos colaboradores de sua campanha foram custeados por seu partido político / coligação?

Gráfico 14 – Questão 27: Membros da equipe de campanha custeados pelo partido

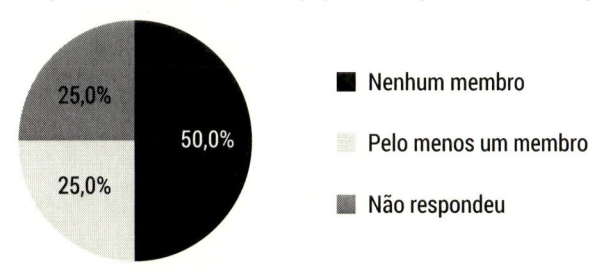

- Nenhum membro: 50,0%
- Pelo menos um membro: 25,0%
- Não respondeu: 25,0%

Fonte: Pesquisa do autor, 2014/2017.

Para metade dos respondentes, nenhum dos membros da equipe de campanha foi custeado pelo partido.

Questão 28: Quantos comitês em via pública com grande movimento de transeuntes o /a Sr.(a) teve ao longo de sua campanha?

Gráfico 15 – Questão 28: Número de comitês em vias de grande circulação de pessoas

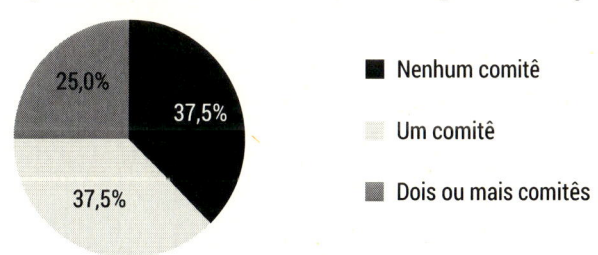

- Nenhum comitê: 37,5%
- Um comitê: 37,5%
- Dois ou mais comitês: 25,0%

Fonte: Pesquisa do autor, 2014/2017.

Mesmo São Paulo sendo uma cidade cosmopolita, mais da metade dos candidatos negros não tem mais do que um comitê em vias de grande circulação de pessoas.

Questão 34: O Sr.(a) diria que a sua (s) eleição (ões), suplência(s) ou derrota(s) nas urnas foi / foram decorrentes de quais motivos?

Gráfico 16 - Questão 34: Menções para causas do resultado eleitoral alcançado

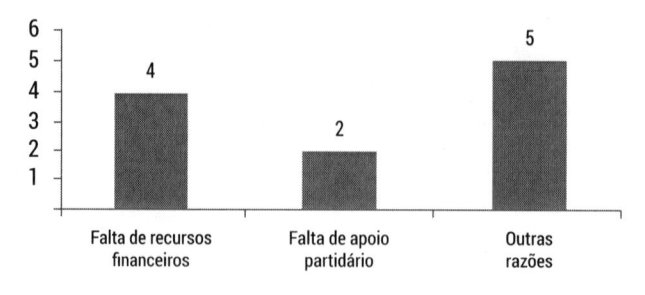

Causa	Menções
Falta de recursos financeiros	4
Falta de apoio partidário	2
Outras razões	5

Fonte: Pesquisa do autor, 2014/2017.

Dentre as demais causas citadas ("Outras razões"), para derrota ou vitória, do candidato estão: a migração para novos partidos (desagradando antigos eleitores); a ingratidão dos beneficiados com o mandato; a falta de recursos humanos; o engajamento da militância e o contexto político (todas com uma menção cada).

Questão 37: Quantas inserções teve sua campanha nos jornais de grande circulação?

Gráfico 17 - Questão 37: Inserções em jornais de grande circulação na época da campanha

Categoria	Percentual
Nenhuma inserção	75,0%
Poucas inserção	12,5%
Várias inserção	12,5%

Fonte: Pesquisa do autor, 2014/2017.

A maioria dos candidatos negros não tem acesso ou não fez uso de propagandas em grandes jornais de circulação.

Questão 42: Quais medidas o Sr.(a) acredita que seriam necessárias e indispensáveis para se ampliar significativamente a representação parlamentar da população negra no Legislativo?

Gráfico 18 – Questão 42: Medidas indispensáveis para ampliar a representação parlamentar negra

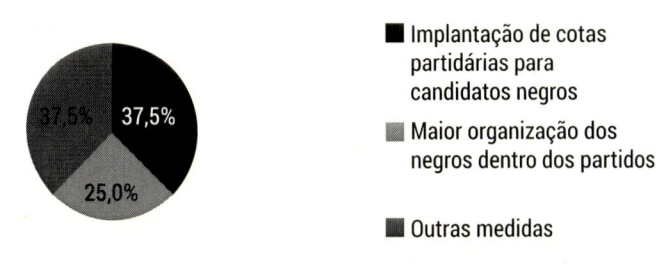

- Implantação de cotas partidárias para candidatos negros: 37,5%
- Maior organização dos negros dentro dos partidos: 25,0%
- Outras medidas: 37,5%

Fonte: Pesquisa do autor, 2014/2017.

A categoria "Outras medidas" compreende como medidas: o trabalho permanente em várias frentes; a alocação de mais recursos para a comunidade negra e a maior organização dos negros dentro dos partidos (uma menção cada).

Questão 44: Com a apuração final dos resultados de sua candidatura, o Sr. (a) tem planos de submeter novamente ou não o seu nome para avaliação dos eleitores? Quais motivos levam-no (a) a tomar essa atitude?

Gráfico 19 – Questão 44: Planos para a nova candidatura

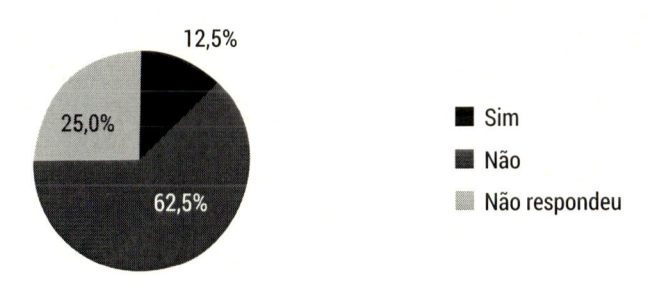

- Sim: 12,5%
- Não: 62,5%
- Não respondeu: 25,0%

Fonte: Pesquisa do autor, 2014/2017.

A maioria dos ex-candidatos não pretende se candidatar novamente. Nessa categoria, as razões alegadas são: a necessidade de renovação dos candidatos negros a cada eleição e a estrutura eleitoral não permitir que candidaturas populares (com poucos recursos) se sobressaiam (uma menção cada). Para o único respondente que respondeu afirmativamente, este acredita que terá mais recursos e apoio no novo partido em que se filiou.

4.7. APÊNDICES A E B: ANÁLISE DOS QUESTIONÁRIOS SUBMETIDOS AOS RESPONDENTES ELEITORES BRANCOS E NEGROS.
GRÁFICOS PARA ELEITORES BRANCOS E ELEITORES NEGROS

Os gráficos a seguir são referentes às perguntas do questionário feito entre eleitores brancos e negros sobre a forma como eles veem o negro na política, com destaque para a sua representação no Poder Legislativo do Estado de São Paulo e da Capital. Para os gráficos de barras, os quais se referem as respostas múltiplas (ao menos um entrevistado escolheu mais de uma alternativa), a quantidade de não respondentes é indicada logo abaixo. Neste caso, não é possível trabalhar com proporções para as respostas dadas, se tratadas isoladamente.

O gráfico 20 reflete as respostas dadas por eleitores brancos à questão nº 5 de nosso questionário, quando desejamos saber destes se os **eleitores brancos, geralmente, votam em candidatos negros**. O questionário oferece aos respondentes as seguintes alternativas.

Nas eleições para a Assembleia Legislativa ou para a Câmara Municipal de São Paulo (se residir na capital), o / a respondente considera a possibilidade de votar em candidatos(as) negros(as) ou pardos(as)?

(A) Sim, certamente
(B) Sim, desde que concorde com as propostas apresentadas
(C) Sim, dependendo do partido ou da coligação pela qual ele(a) se candidata
(D) Sim, se for ligado à região ou cidade onde moro
(E) Não

Gráfico 20 – Questão 05: Percentual de respostas para os eleitores brancos

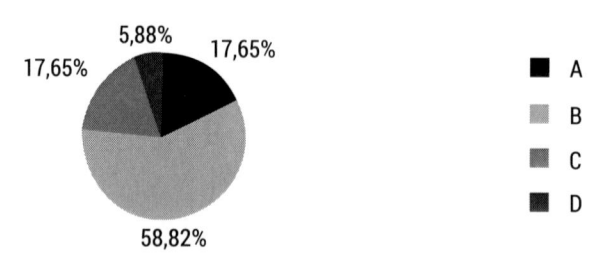

- A: 17,65%
- B: 58,82%
- C: 17,65%
- D: 5,88%

Fonte: Pesquisa do autor, 2014/2017.

Efetuamos outra questão para os respondentes eleitores negros para saber qual *a sua percepção em relação aos votantes negros*, se estes votam ou não em candidatos negros.

Questão 05 do Questionário - Eleitores negros votam em candidatos negros?

Oferecemos aos respondentes negros as seguintes alternativas:
A) Sim
B) Não
C) Depende de sua proposta
D) Depende do partido / coligação

A percepção dos respondentes negros pesquisados por nós, supõe-se que geralmente, eleitores negros *não* votam em candidatos negros.

Não foi possível trabalhar com proporções para as respostas dadas, se tratadas isoladamente.

Gráfico 21 – Questão 05: Percentual de respostas para eleitores negros

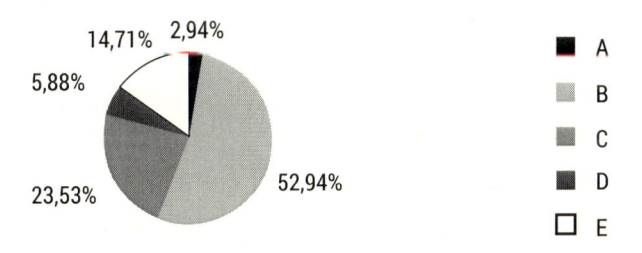

- A: 2,94%
- B: 52,94%
- C: 23,53%
- D: 5,88%
- E: 14,71%

Fonte: Pesquisa do autor, 2014/2017.

Questão 06: O que levaria você a votar nos candidatos negros?

Gráfico 22 – Questão 06: Percentual de respostas para os eleitores brancos

- A: 82,35%
- B: 5,88%
- E - Homem: 5,88%
- E - Mulher: 5,88%

Fonte: Pesquisa do autor, 2014/2017.

Gráfico 23 – Questão 06: Percentual de respostas para os eleitores negros

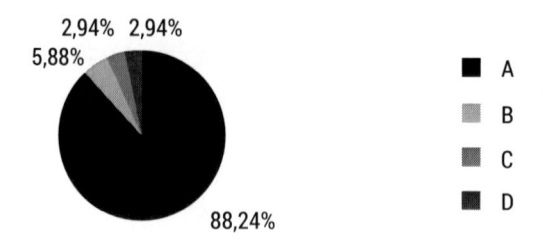

- 2,94%
- 2,94%
- 5,88%
- 88,24%

■ A
■ B
■ C
■ D

Fonte: Pesquisa do autor, 2014/2017.

Questão 07: A questão racial é relevante para a escolha do candidato?

Gráfico 24 – Questão 07: Percentual de respostas para os eleitores brancos

- 5,88%
- 94,12%

■ A
■ B

Fonte: Pesquisa do autor, 2014/2017.

Gráfico 25 – Questão 07: Percentual de respostas para os eleitores negros

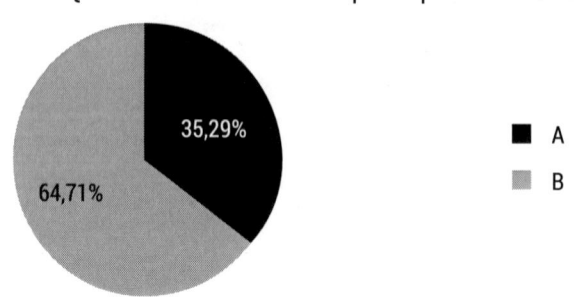

- 35,29%
- 64,71%

■ A
■ B

Fonte: Pesquisa do autor, 2014/2017.

Questão 12: A questão religiosa é relevante para a escolha do candidato?

Gráfico 26 – Questão 12: Percentual de respostas para os eleitores brancos

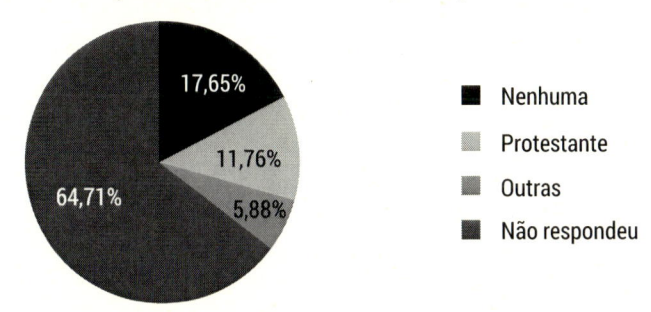

- 17,65% Nenhuma
- 11,76% Protestante
- 5,88% Outras
- 64,71% Não respondeu

Fonte: Pesquisa do autor, 2014/2017.

Gráfico 27 – Questão 12: Percentual de respostas para os eleitores negros

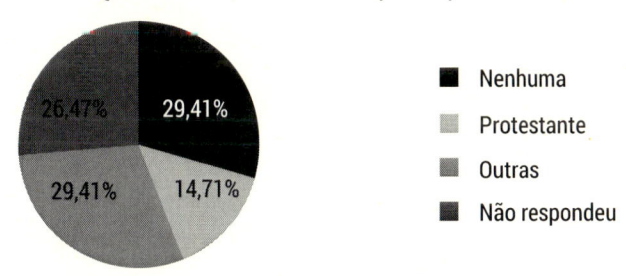

- 29,41% Nenhuma
- 14,71% Protestante
- 29,41% Outras
- 26,47% Não respondeu

Fonte: Pesquisa do autor, 2014/2017.

Questão 13 – Supondo que a maioria dos eleitores negros votassem em candidatos negros, na sua opinião quais são os principais motivos que impediriam maior representação de parlamentares negros na Assembleia Legislativa e Câmara Municipal de São Paulo?

A) Excesso de candidatos negros
B) Candidatos pouco conhecidos ou inexpressivos
C) Falta de estrutura econômica /financeira
D) Falta de estrutura partidária
E) Mobilidade reduzida do candidato
F) Concentração de suas campanhas em microrregiões (Bairro, Cidade, Região)
G) Falta de propostas consistentes
H) Pouca visibilidade nos programas partidários

Gráfico 28 – Questão 13: Menções para as categorias pelos eleitores brancos

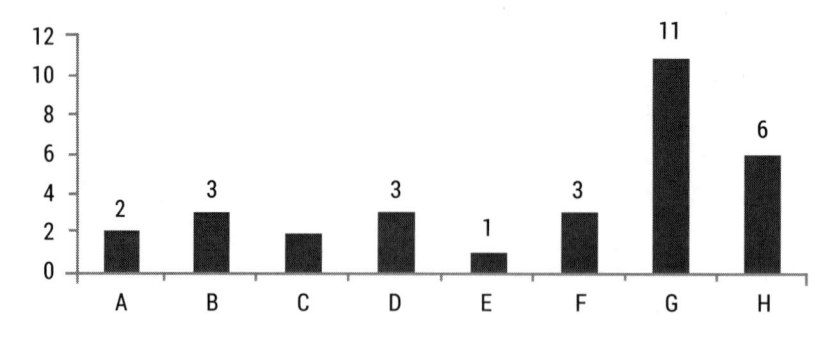

Categoria	A	B	C	D	E	F	G	H
Menções	2	3	3	3	1	3	11	6

Fonte: Pesquisa do autor, 2014/2017.
Nota: Houve um único caso não respondente entre os brancos.

Gráfico 29 – Questão 13: Menções para as categorias pelos indivíduos negros

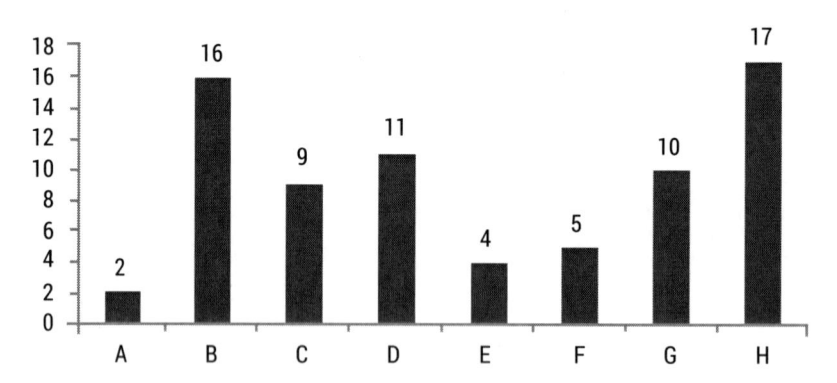

Categoria	A	B	C	D	E	F	G	H
Menções	2	16	9	11	4	5	10	17

Fonte: Pesquisa do autor, 2014/2017.
Nota: Todos os entrevistados negros responderam.

Questão 16: Responsabilidades dos partidos políticos sobre a sub-representação parlamentar da população negra na Assembleia e Câmara Municipal de São Paulo

Gráfico 30 - Questão 16: Percentual de respostas para os eleitores brancos

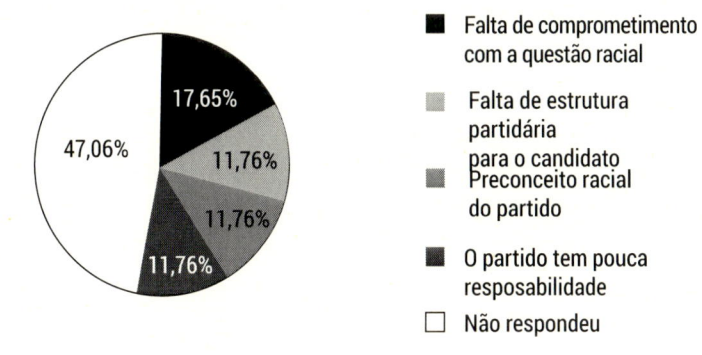

- Falta de comprometimento com a questão racial — 17,65%
- Falta de estrutura partidária para o candidato — 11,76%
- Preconceito racial do partido — 11,76%
- O partido tem pouca resposabilidade — 11,76%
- Não respondeu — 47,06%

Fonte: Pesquisa do autor, 2014/2017.

Gráfico 31 – Questão 16: Percentual de respostas para os eleitores negros

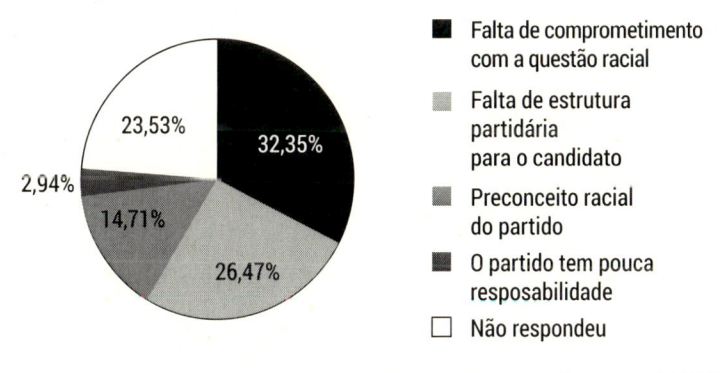

- Falta de comprometimento com a questão racial — 32,35%
- Falta de estrutura partidária para o candidato — 26,47%
- Preconceito racial do partido — 14,71%
- O partido tem pouca resposabilidade — 2,94%
- Não respondeu — 23,53%

Fonte: Pesquisa do autor, 2014/2017.

Questão 17: Sobre a preferência dos partidos políticos por determinados candidatos

Gráfico 32 – Questão 17: Percentual de respostas para os eleitores brancos

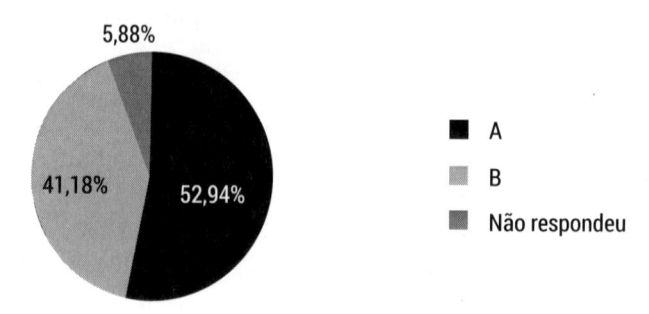

- A: 52,94%
- B: 41,18%
- Não respondeu: 5,88%

Fonte: Pesquisa do autor, 2014/2017.

Gráfico 33 – Questão 17: Percentual de respostas para os eleitores negros

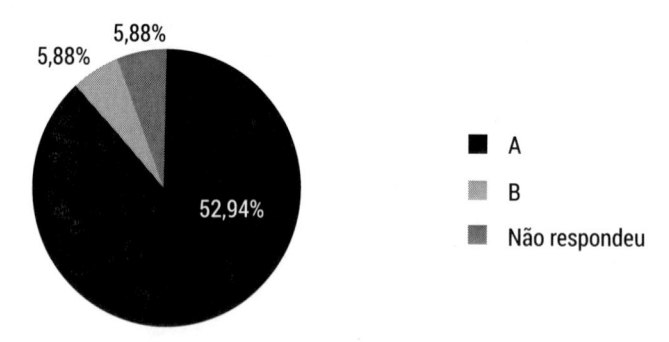

- A: 52,94%
- B: 5,88%
- Não respondeu: 5,88%

Fonte: Pesquisa do autor, 2014/2017.

Questão 18: Influência dos resultados eleitorais sobre maior ou menor exposição dos candidatos negros nas campanhas eleitorais

Gráfico 34 – Questão 18: Percentual de respostas para os eleitores brancos

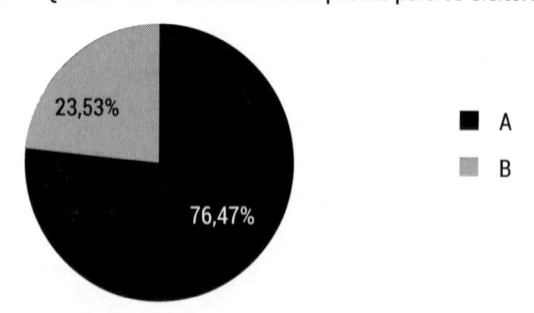

- A: 76,47%
- B: 23,53%

Fonte: Pesquisa do autor, 2014/2017.

Gráfico 35 – Questão 18: Percentual de respostas para os eleitores negros

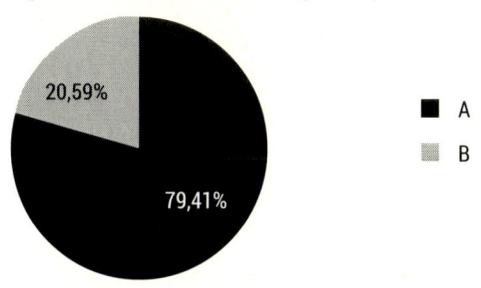

- A: 79,41%
- B: 20,59%

Fonte: Pesquisa do autor, 2014/2017.

Questão 19: Se você fosse um candidato(a) negro(a) ao cargo de deputado estadual ou vereador, qual seria sua principal plataforma política para conquistar o maior número de eleitores negros? (Vide Gráficos 36/37)

Gráfico 36 – Questão 19: Menções pelos eleitores brancos

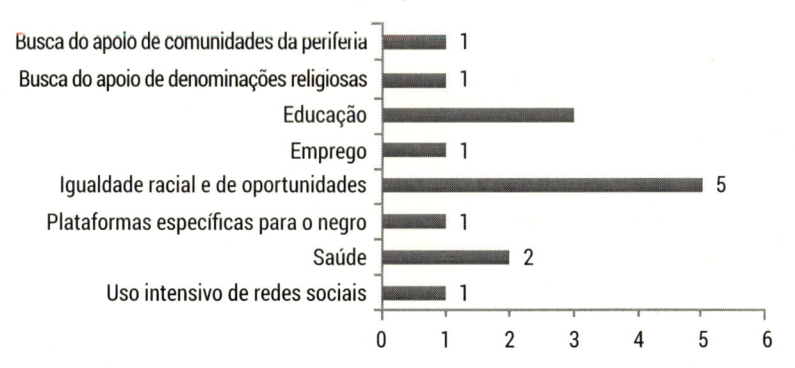

- Busca do apoio de comunidades da periferia: 1
- Busca do apoio de denominações religiosas: 1
- Educação: 3
- Emprego: 1
- Igualdade racial e de oportunidades: 5
- Plataformas específicas para o negro: 1
- Saúde: 2
- Uso intensivo de redes sociais: 1

Fonte: Pesquisa do autor, 2014/2017.

Nota: Houve cinco casos de não respondentes entre os brancos

Gráfico 37 – Questão 19: Menções pelos eleitores negros

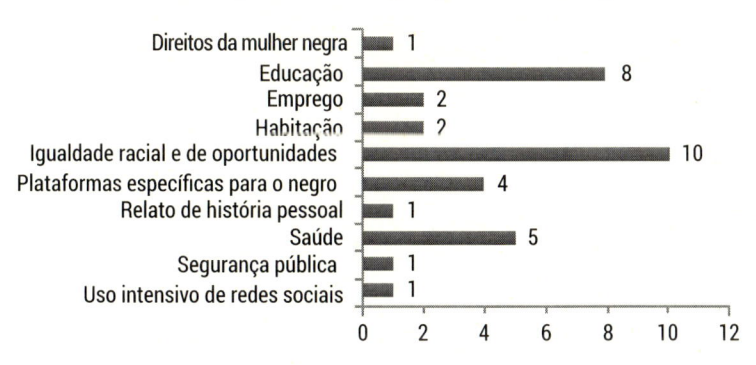

- Direitos da mulher negra: 1
- Educação: 8
- Emprego: 2
- Habitação: 2
- Igualdade racial e de oportunidades: 10
- Plataformas específicas para o negro: 4
- Relato de história pessoal: 1
- Saúde: 5
- Segurança pública: 1
- Uso intensivo de redes sociais: 1

Fonte: Pesquisa do autor, 2014/2017.

Nota: Houve dez casos de não respondentes entre os negros

Questão 24: De que maneira os candidatos populares são prejudiciais ou produzem benefícios para os outros candidatos negros (as)? (Vide gráficos 38 / 39)

Gráfico 38 – Questão 24: Percentual de respostas para os eleitores brancos

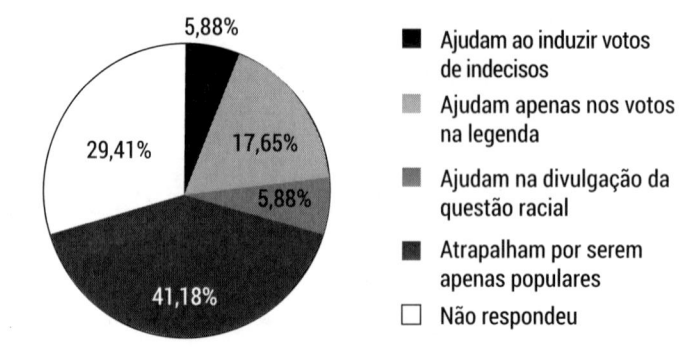

- 5,88% ■ Ajudam ao induzir votos de indecisos
- 17,65% ▫ Ajudam apenas nos votos na legenda
- 5,88% ■ Ajudam na divulgação da questão racial
- 41,18% ■ Atrapalham por serem apenas populares
- 29,41% ☐ Não respondeu

Fonte: Pesquisa do autor, 2014/2017.

Gráfico 39 – Questão 24: Percentual de respostas para os eleitores negros

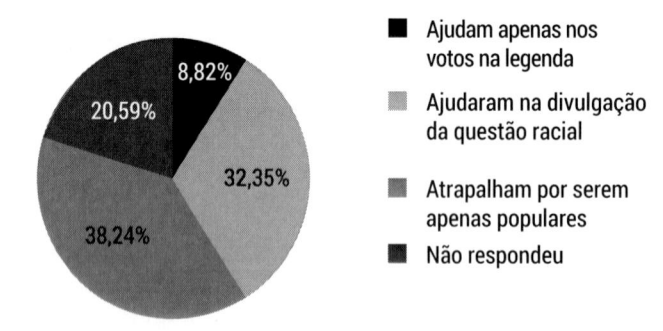

- 8,82% ■ Ajudam apenas nos votos na legenda
- 32,35% ▫ Ajudaram na divulgação da questão racial
- 38,24% ■ Atrapalham por serem apenas populares
- 20,59% ■ Não respondeu

Fonte: Pesquisa do autor, 2014/2017.

Questão 25: O voto da população negra pode muitas vezes ser determinante para certos candidatos não negros. Na sua opinião o que explicaria a pouca ou inexpressiva presença de negros em cargos comissionados nos gabinetes desses parlamentares? (Vide gráficos 40 e 41)

Gráfico 40 – Questão 25: Percentual de respostas para os eleitores brancos

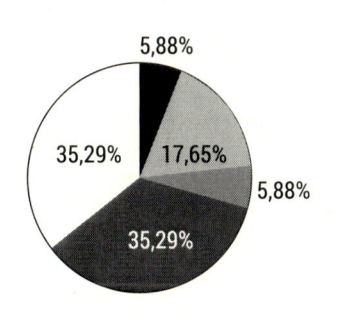

- Baixa presença de negros no partido: 5,88%
- Falta de comprometimento do candidato eleito com a questão racial: 17,65%
- Falta de interesse do negro na política: 5,88%
- Preconceito racial do candidato eleito: 35,29%
- Não respondeu: 35,29%

Fonte: Pesquisa do autor, 2014/2017.

Gráfico 41 – Questão 25: Percentual de respostas para os eleitores negros

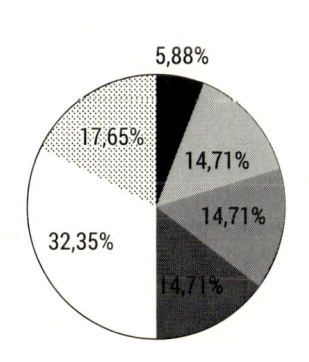

- Baixa presença de negros no partido: 5,88%
- Falta de comprometimento do candidato eleito com a questão racial: 14,71%
- Falta de informação do negro sobre a política: 14,71%
- Falta de interesse do negro na política: 14,71%
- Preconceito racial do candidato eleito: 32,35%
- Não respondeu: 17,65%

Fonte: Pesquisa do autor, 2014/2017.

Questão 26: Apêndice B - Na sua opinião quais são os principais motivos para os candidatos brancos possivelmente eleitos também com o auxílio de eleitores negros, não admitirem estes últimos em cargos comissionados em seus gabinetes? Escolha duas opções que considere relevante) (**Vide Gráficos 42 / 43**)

A) Voto da população negra é muito útil e sem exigência de contrapartida ou compromisso
B) Esses parlamentares não estão comprometidos com a questão racial
C) Não tem como eles saberem
D) A culpa é do sistema eleitoral que os beneficia
E) Naturalizam a ausência de negros nesses espaços
F) Escolaridade
G) Honestidade

Gráfico 42 – Questão 26: Menções para as categorias pelos eleitores brancos

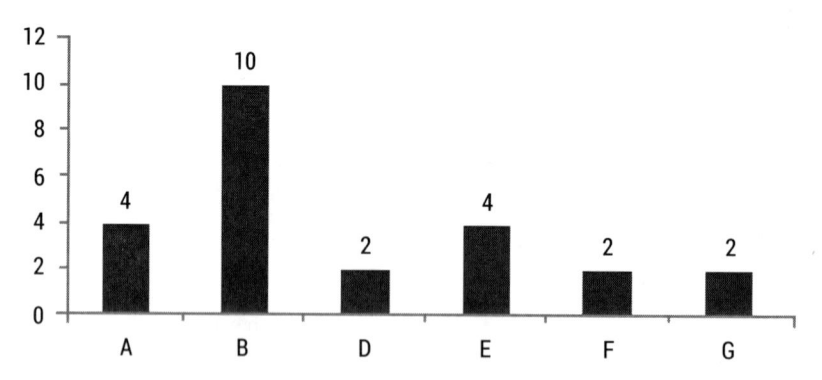

Categoria	A	B	D	E	F	G
Menções	4	10	2	4	2	2

Fonte: Pesquisa do autor, 2014/2017.

Nota: Houve um único caso de não respondente entre os brancos.
A categoria "H" foi renomeada como "G", inexistente no questionário original.

Gráfico 43 – Questão 26: Menções para as categorias pelos eleitores negros

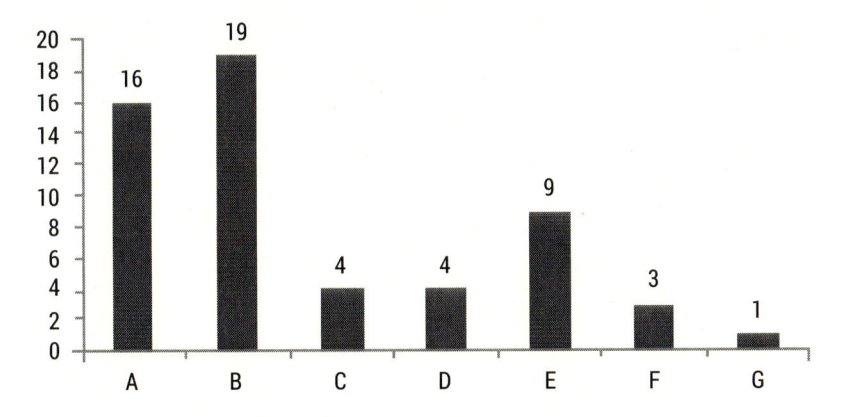

Categoria	A	B	C	D	E	F	G
Menções	16	19	4	4	9	3	1

Fonte: Pesquisa do autor, 2014/2017.

Nota: Não houve não respondentes entre os negros.
A categoria "H" foi renomeada como "G", inexistente no questionário original.

Questão 27 - Apêndices A e B: Na sua opinião, a pouca representatividade da população negra nos espaços de poder como a Assembleia Legislativa e Câmara Municipal de São Paulo, é um reflexo de:

Gráfico 44 – Questão 27: Menções para as categorias pelos eleitores brancos

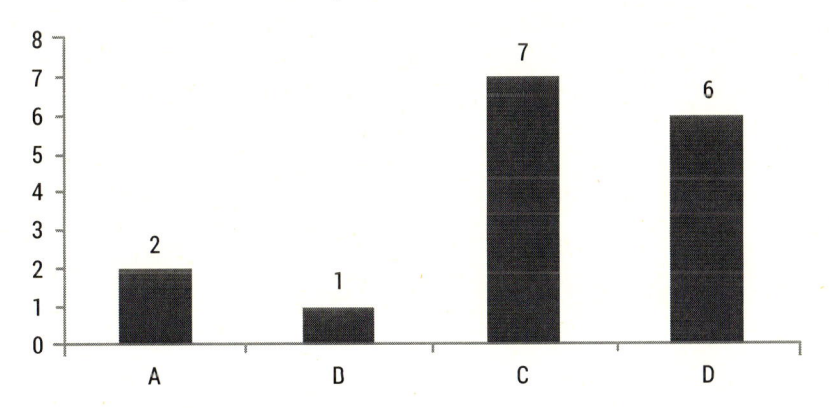

Categoria	A	B	C	D
Menções	2	1	7	6

Fonte: Pesquisa do autor, 2014/2017.

Nota: Houve dois casos de não respondentes entre os brancos.

Gráfico 45 – Questão 27: Menções para as categorias pelos eleitores negros

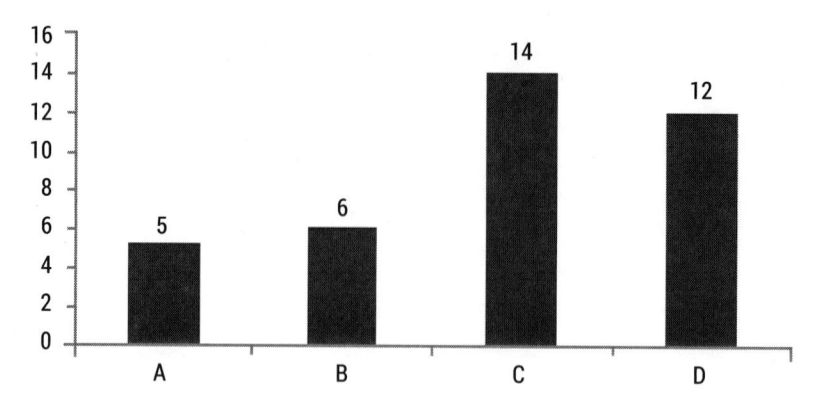

A	B	C	D
5	6	14	12

Fonte: Pesquisa do autor, 2014/2017.

Nota: Não houve não respondentes entre os negros.

Questão 30: Apêndices A e B - Neste quesito o autor procurou saber dos respondentes brancos e negros se o fato de os brasileiros de origem japonesa conseguirem eleger nas últimas eleições mais parlamentares que os brasileiros negros, este fato era decorrente deles, supostamente, serem mais: ricos, organizados, coesos e solidários entre si, esforçados, dedicados, competentes?

Gráfico 46 – Questão 30: Menções para as categorias pelos eleitores brancos

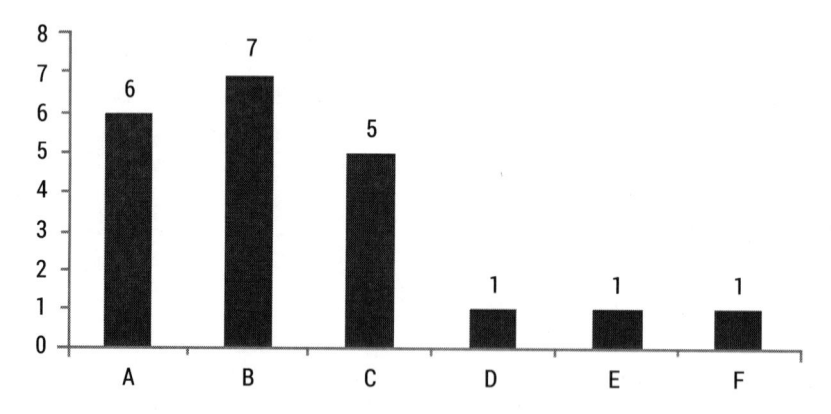

A	B	C	D	E	F
6	7	5	1	1	1

Fonte: Pesquisa do autor, 2014/2017.

Nota: Houve um único caso de não respondente entre os brancos.

Gráfico 47 – Questão 30: Menções para as categorias pelos eleitores negros

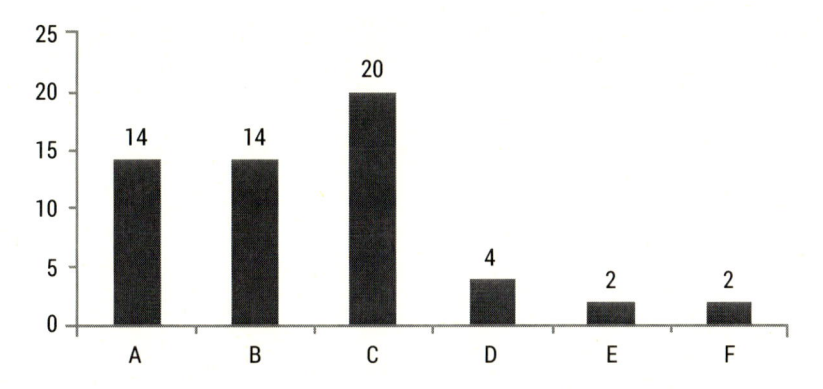

Categoria	A	B	C	D	E	F
Menções	14	14	20	4	2	2

Fonte: Pesquisa do autor, 2014/2017.

Nota: Houve um único caso de não respondente entre os negros.

Questão 31: Apêndices A e B - O pesquisador nesse quesito procurou saber dos respondentes brasileiros brancos e negros se seria correto se afirmar que parte da sub-representação dos negros no Legislativo é decorrente de eles também serem, supostamente, os mais pobres, os menos organizados, menos coeso e solidários entre si, menos esforçados, menos dedicados, menos competentes. Os respondentes puderem escolher até duas alternativas dentre as questões apresentadas aos respondentes:

Gráfico 48 – Questão 31: Menções para as categorias pelos eleitores brancos

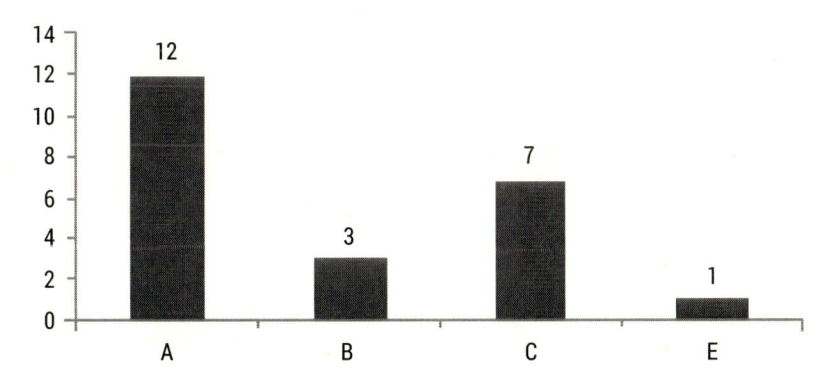

Categoria	A	B	C	E
Menções	12	3	7	1

Fonte: Pesquisa do autor, 2014/2017.

Nota: Houve um único caso de não respondente entre os brancos.

Gráfico 49 – Questão 31: Menções para as categorias pelos eleitores negros

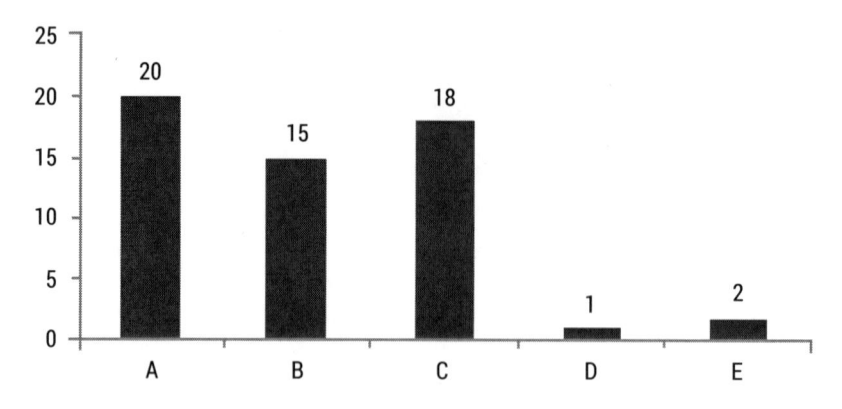

Categoria	Menções
A	20
B	15
C	18
D	1
E	2

Fonte: Pesquisa do autor, 2014/2017.

Nota: Houve um único caso de não respondente entre os negros.

Questão 34: Apêndices A e B - Neste quesito, o autor quis saber dos respondentes brancos e negros se a aparente apatia política de parte do pequeno grupo de negros que ascendeu à classe média, em parte, graças à luta de seus ancestrais, outra parte por seus próprios méritos parece

A) Desestimular as lutas e demandas política dos negros mais pobres?
B) Tornar os negros mais pobres indiferentes às suas necessidades de maior representação parlamentar no Legislativo?

Gráfico 50 – Questão 34: Menções para as categorias pelos eleitores brancos

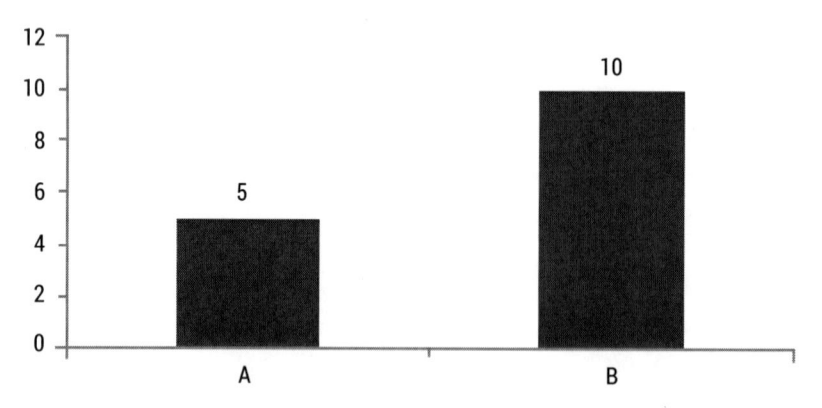

Categoria	Menções
A	5
B	10

Fonte: Pesquisa do autor, 2014/2017.

Nota: Houve três casos de não respondentes entre os brancos.

Gráfico 51 – Questão 34: Menções para as categorias pelos eleitores negros

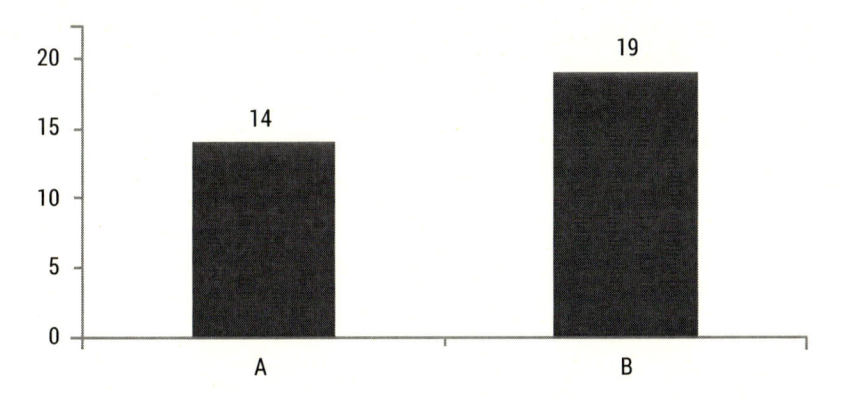

	A	B
	14	19

Fonte: Pesquisa do autor, 2014/2017.

Nota: Houve um único caso de não respondente entre os negros.

Questão 36: Apêndice B – Neste quesito o autor procurou saber se os respondentes concordavam com parte das alegações dos negros aparentemente mais ricos, os quais, a rigor, evitam expor suas convicções ideológicas para preservarem os seus espaços conquistados em decorrência destes possuírem educação formal em nível superior. Procurou saber igualmente dos respondentes se este comportamento poderia representar uma forma de luta, resistência e de combate ao racismo institucional brasileiro.

Gráfico 52 – Questão 36: Percentual de respostas para os eleitores brancos

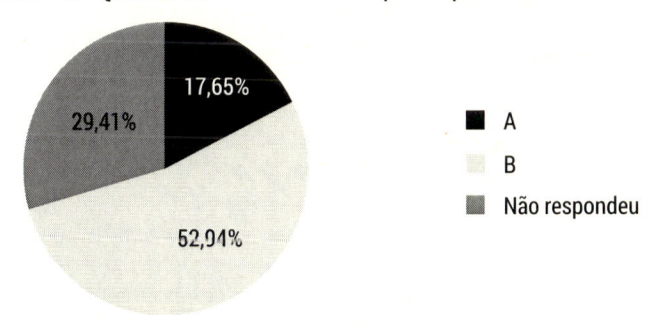

- A: 17,65%
- B: 52,94%
- Não respondeu: 29,41%

Fonte: Pesquisa do autor, 2014/2017.

Gráfico 53 – Questão 36: Percentual de respostas para os eleitores negros

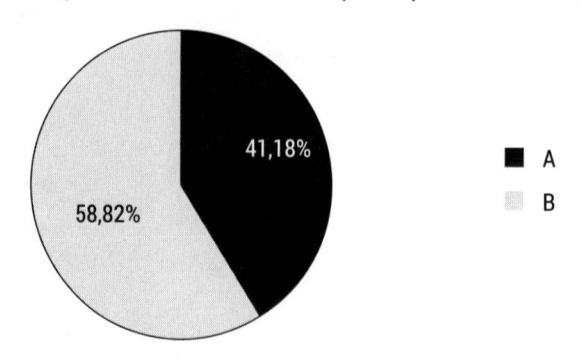

- 41,18% A
- 58,82% B

Fonte: Pesquisa do autor, 2014/2017.

Questão 40: as respostas desta questão estão diretamente associadas à questão 39 do apêndice B para os respondentes eleitores brancos. Se procurou saber dos respondentes brancos se alguma vez eles votaram por influência direta de parentes, amigos, colegas de trabalho, vizinhos, patrão ou patroa. A questão 40 pediu para que os respondentes e eleitores brancos indicassem a cor do(a) candidato(a) escolhido por eles nas urnas, resultando no gráfico 54, abaixo:

Gráfico 54 – Questão 40: Percentual de respostas para os eleitores brancos

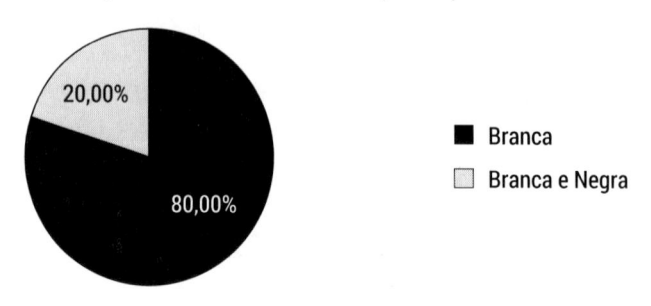

- 80,00% Branca
- 20,00% Branca e Negra

Fonte: Pesquisa do autor, 2014/2017.

Gráfico 55 – Questão 40: O pesquisador tratou de reproduzir para os respondentes negros, as mesmas questões anteriormente aplicadas aos respondentes brancos. Percentual de respostas para os eleitores negros

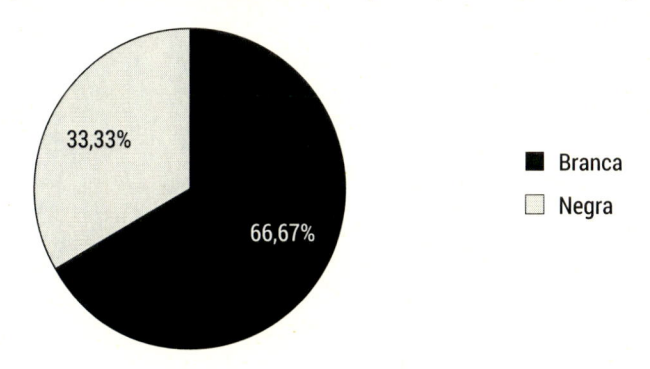

- Branca: 66,67%
- Negra: 33,33%

Fonte: Pesquisa do autor, 2014/2017.

Questão 42: Apêndice B – Nesta questão o autor quis saber dos respondentes brancos e negros como eles veem a democracia brasileira. Foi solicitado para que os respondentes escolhessem, entre as quatro alternativas, até duas respostas.

A) A democracia reserva para os mais pobres e negros o direito de elegerem exclusivamente os mais ricos e brancos que irão governá-los

B) A democracia no Brasil preserva o direito de apenas os mais ricos e brancos poderem disputar o voto popular

C) A democracia não se efetiva para os mais pobres e negros em razão do elevado custo das campanhas para o Legislativo

D) O atual modelo da democracia brasileira realimenta as diferenças sociais e preserva as antigas práticas racistas em nosso país.

Gráfico 56 – Questão 42: Menções para as categorias pelos eleitores brancos

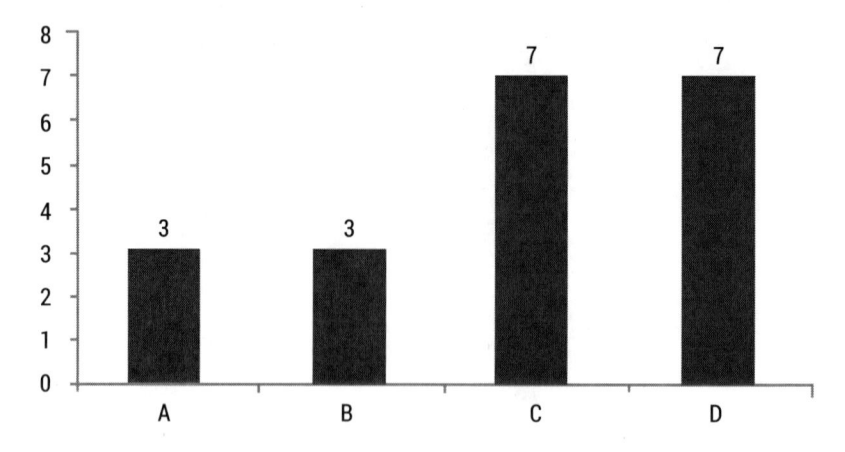

Categoria	Menções
A	3
B	3
C	7
D	7

Fonte: Pesquisa do autor, 2014/2017.

Nota: Houve dois não respondentes entre os brancos.

Gráfico 57 – Questão 42: Reproduziu-se neste quesito as mesmas alternativas oferecidas anteriormente aos respondentes brancos. Menções para as categorias pelos eleitores negros

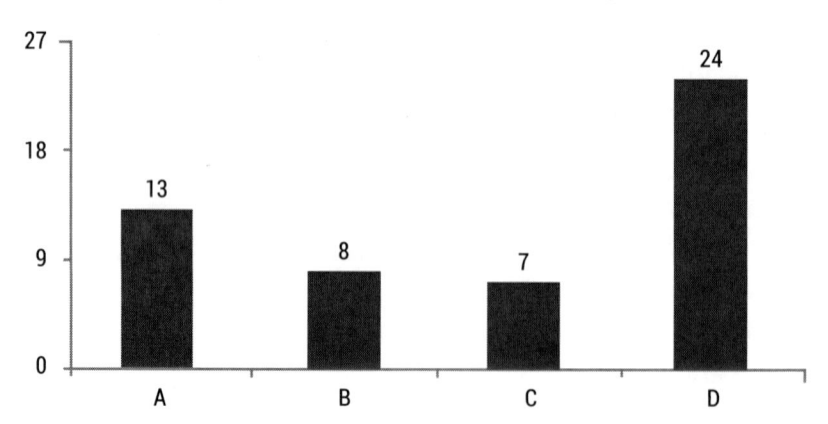

Categoria	Menções
A	13
B	8
C	7
D	24

Fonte: Pesquisa do autor, 2014/2017.

Nota: Todos os negros entrevistados responderam.

Questão 44: Apêndice B – Nesta questão o autor procurou saber dos respondentes brancos e negros a opinião destes sobre o banimento pela Justiça Eleitoral brasileira da tradicional figura dos cabos eleitorais e sua consequência para os disputantes negros e brancos ao Legislativo.

A) Reduzir as diferenças estruturais no dia da eleição entre os candidatos mais ricos e os mais pobres
B) As diferenças estruturais não somente permaneceram como se ampliaram
C) Os mais ricos transferiram o ativismo de seus cabos eleitorais dos postos de votação para o ativismo político pago nas redes sociais
D) O município e os eleitores foram os mais beneficiados com essa proibição

Gráfico 58 – Questão 44: Menções para as categorias pelos eleitores brancos

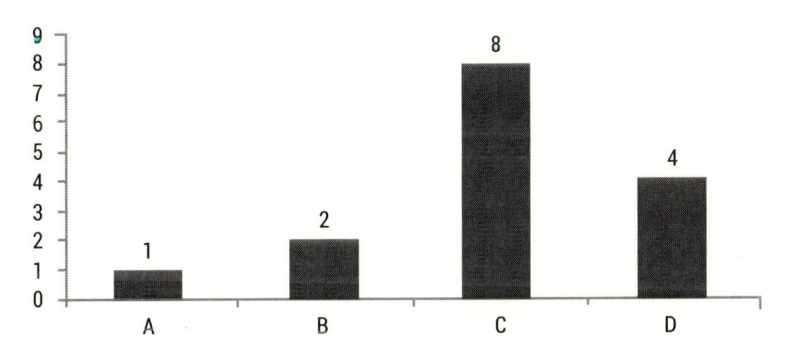

Categoria	A	B	C	D
Menções	1	2	8	4

Fonte: Pesquisa do autor, 2014/2017.
Nota: Houve dois casos de não respondentes entre os brancos

Gráfico 59 – Questão 44: Menções para as categorias pelos eleitores negros

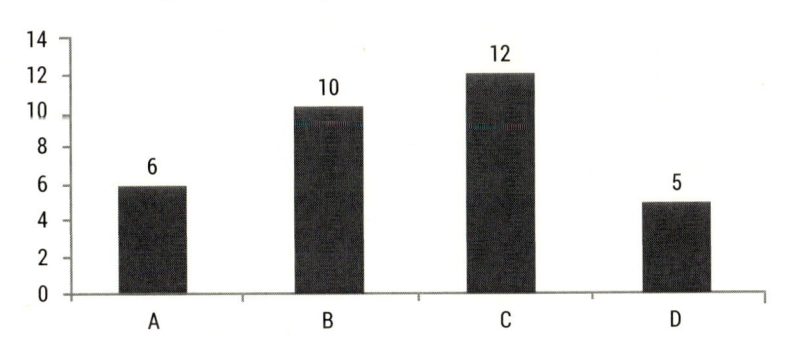

Categoria	A	B	C	D
Menções	6	10	12	5

Fonte: Pesquisa do autor, 2014/2017.
Nota: Houve dois casos de não respondentes entre os negros

Questão 46: Apêndice B – Nesta questão o pesquisador procurou saber a opinião dos respondentes selecionados a respeito das Rebeliões Juvenis Urbanas, - RJU - manifestações coletivas que eclodiram no Brasil nos grandes centros urbanos a partir de 2013. E, quais eram, nas suas opiniões, os motivos pela reduzida presença de negros nestes eventos.

A) Negros brasileiros não se solidarizam politicamente com os mais ricos e brancos
B) Não reconhecem legitimidade nas queixas e demandas dos mais ricos e brancos
C) Seu entendimento sobre democracia pode não ser o mesmo dos maios ricos e brancos
D) Sua pequena participação nessas manifestações reafirma as enormes desigualdades estruturais, raciais e sociais existentes no Brasil entre os negros mais pobres e os brancos mais ricos

Gráfico 60 – Questão 46: Percentual de respostas para os eleitores brancos

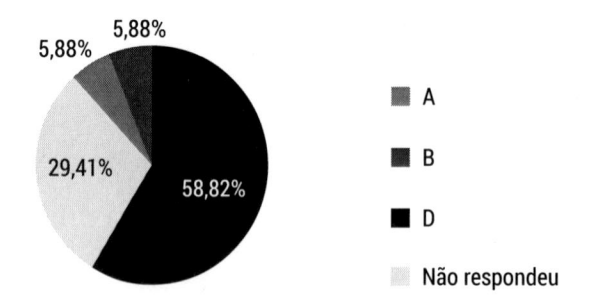

Fonte: Pesquisa do autor, 2014/2017.

Gráfico 61 – Questão 46: Percentual de respostas para os eleitores negros

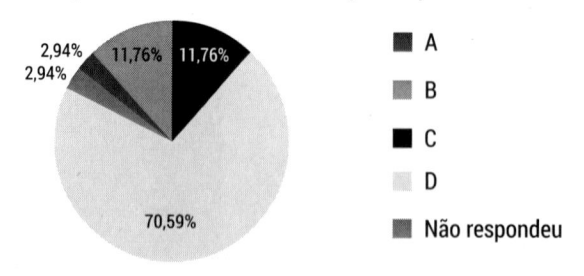

Fonte: Pesquisa do autor, 2014/2017.

Questão 47: Apêndice B - Neste quesito o pesquisador quis saber dos respondentes brancos e negros sobre a influência ou não do grupo socialmente dominante sobre os demais estratos da sociedade brasileira contemporânea.

A) Os mais ricos e brancos no Brasil já não conseguem exercer completamente influência política sobre os mais pobres e negros
B) Os mais pobres e negros têm optado mais pelas propostas políticas dos partidos ditos de esquerda
C) Os mais pobres e negros, de uma maneira geral, rejeitam as propostas políticas dos partidos ditos de direita
D) Os mais pobres e negros exteriorizam nas eleições o seu desapontamento com parte dos mais ricos e brancos os quais, em geral, também não costumam apoiá-los em suas demandas políticas tampouco os apoiam em suas lutas por igualdade de direitos

Gráfico 62 – Questão 47: Percentual de respostas para os eleitores brancos

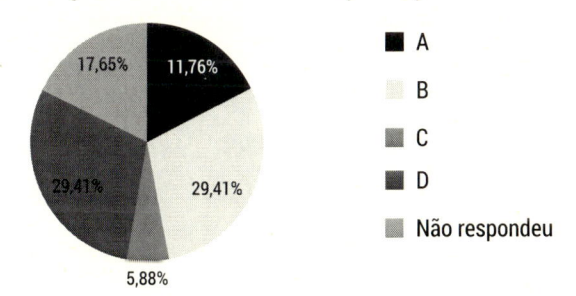

- A: 11,76%
- B: 29,41%
- C: 29,41%
- D: 5,88%
- Não respondeu: 17,65%

Fonte: Pesquisa do autor, 2014/2017.

Gráfico 63 – Questão 47: Percentual de respostas para os eleitores negros

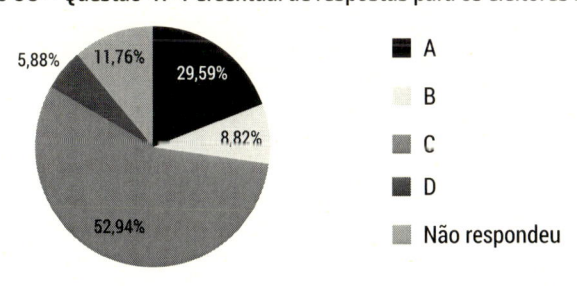

- A: 29,59%
- B: 8,82%
- C: 52,94%
- D: 11,76%
- Não respondeu: 5,88%

Fonte: Pesquisa do autor, 2014/2017.

4.8. DISTRIBUIÇÃO ÉTNICA DOS CANDIDATOS A CARGO POLÍTICO EM SÃO PAULO NAS ELEIÇÕES DE 2014 POR AGREMIAÇÃO PARTIDÁRIA

Observação: cada gráfico compõe uma parte do espectro ideológico. A classificação de cada espectro foi feita com base na escala ideológica da tabela 2 do artigo *Os partidos brasileiros segundo seus estudiosos*, para os partidos criados até 2010 e no programa estatutário do partido para os criados a partir de 2011 (marcados por *). Para a média de um dado partido, a classificação segue o critério abaixo:

De 1,0 a 1,5: o partido é de extrema-esquerda;
De 1,6 a 3,0: o partido é de esquerda;
De 3,1 a 4,0: o partido é de centro-esquerda;
De 4,1 a 5,0: o partido é de centro-direita;
De 5,1 a 6,5: o partido é de direita;
De 6,6 a 7,0: o partido é de extrema-direita.

Não houve partidos classificados como de extrema-direita. Entretanto, há mais de seis partidos de centro-direita e de direita, logo serão criados dois gráficos para cada um desses espectros. Ao todo, serão sete gráficos.

Gráfico 64 – Distribuição étnica nos partidos de extrema-esquerda

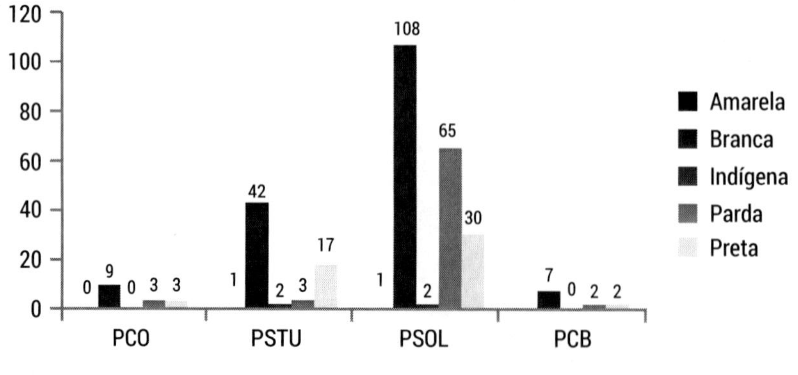

Fonte: Pesquisa do autor, 2014/2017.

Em todos os partidos de extrema-esquerda, as candidaturas de pretos e pardos representam mais de 30% do total de candidatos apresentados dentro de cada partido.

Gráfico 65 – Distribuição étnica dos partidos de esquerda

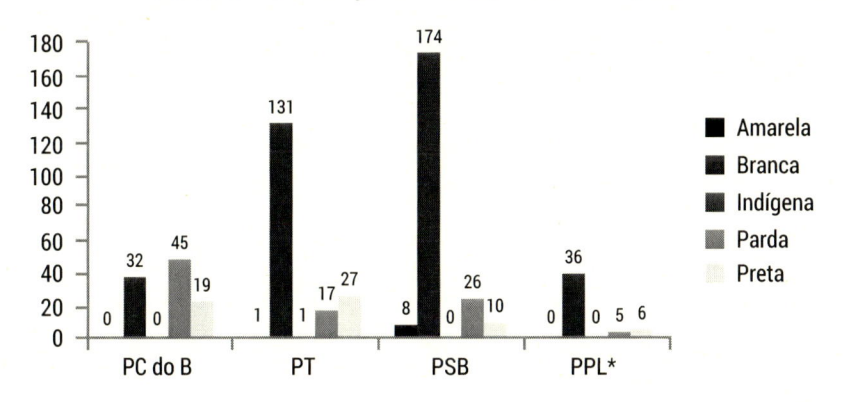

	Amarela	Branca	Indígena	Parda	Preta
PC do B	0	32	0	45	19
PT	1	131	1	17	27
PSB	8	174	0	26	10
PPL*	0	36	0	5	6

Fonte: Pesquisa do autor, 2014/2017.

O destaque neste gráfico fica por conta do PC do B, no qual as candidaturas de pretos e pardos representam exatos dois terços do total do partido (o único acima de 50%). Por outro lado, os demais partidos de esquerda têm taxas inferiores a 30% para as candidaturas de pretos e pardos (para o PSB, a taxa é inferior a 20%).

Gráfico 66 – Distribuição étnica nos partidos de centro-esquerda

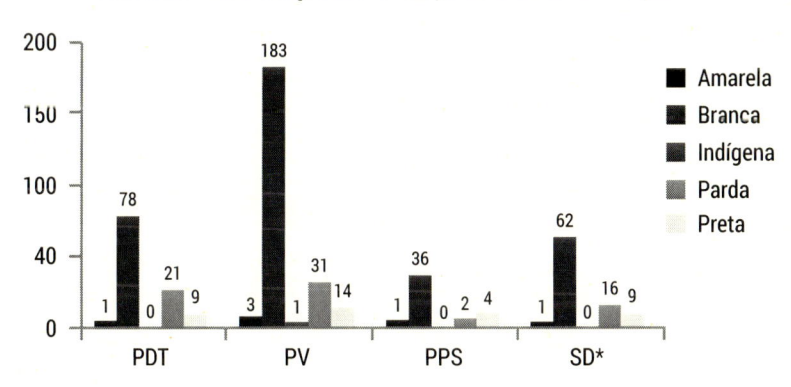

	Amarela	Branca	Indígena	Parda	Preta
PDT	1	78	0	21	9
PV	3	183	1	31	14
PPS	1	36	0	2	4
SD*	1	62	0	16	9

Fonte: Pesquisa do autor, 2014/2017.

Nos partidos de centro-esquerda todos têm taxas inferiores a 30% para participação de pretos e pardos nas candidaturas de cada partido (para o PV e o PPS, taxas inferiores a 20%).

Gráficos 67 e 68 – Distribuição étnica nos partidos de centro-direita

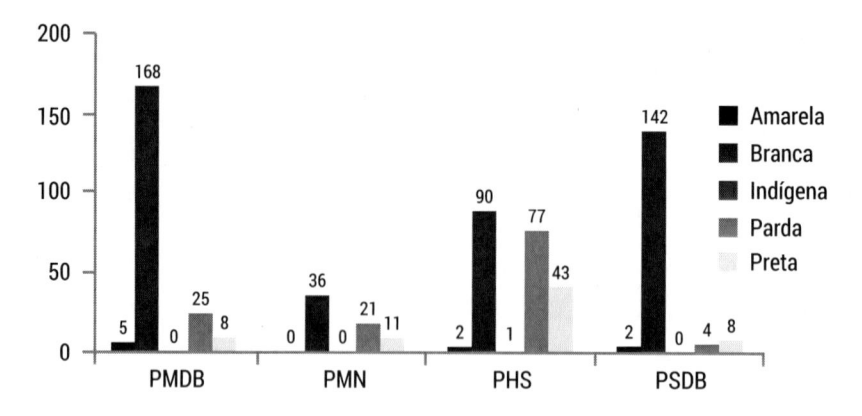

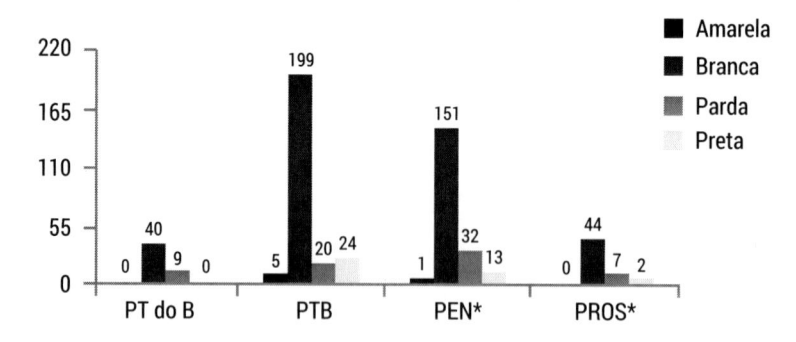

Partido	Amarela	Branca	Indígena	Parda	Preta
PMDB	5	168	0	25	8
PMN	0	36	0	21	11
PHS	2	90	1	77	43
PSDB	2	142	0	4	8

Fonte: Pesquisa do autor, 2014/2017.

Partido	Amarela	Branca	Parda	Preta
PT do B	0	40	9	0
PTB	5	199	20	24
PEN*	1	151	32	13
PROS*	0	44	7	2

Fonte: Pesquisa do autor, 2014/2017.

Dentre os partidos de centro-direita, o destaque fica para o PHS, para o qual a representatividade de pretos e pardos supera os 50%. Dentre os demais, somente o PMN possui taxa acima de 30%.

Gráfico 69 – Distribuição étnica dos partidos de direita

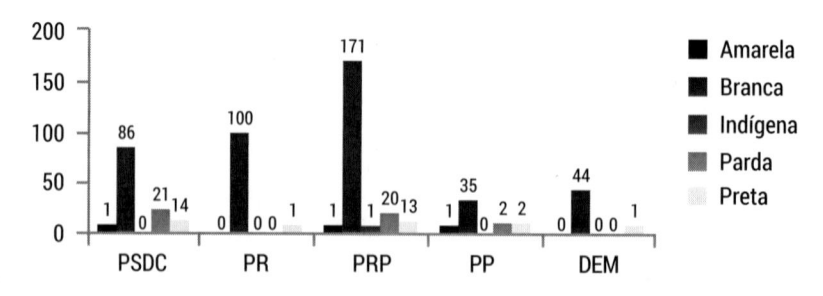

Partido	Amarela	Branca	Indígena	Parda	Preta
PSDC	1	86	0	21	14
PR	0	100	0	0	1
PRP	1	171	1	20	13
PP	1	35	0	2	2
DEM	0	44	0	0	1

Fonte: Pesquisa do autor, 2014/2017.

No espectro da direita, só o PSC tem taxa de representatividade superior a 30% para as candidaturas de pretos e pardos. Para os partidos PR e DEM, essa taxa sequer chega a 10%.

O Analfabetismo e o Encarceramento de Jovens negros também provocam um considerável Déficit Eleitoral para a População Negra Paulista e Paulistana

Gráfico 70 – Eleitorado total de pretos e pardos

- São Paulo (Capital): 2.872.252
- São Paulo (Estado): 9.788.908

Fonte: Pesquisa do autor, 2014/2017.

Observação: Foram considerados os eleitores entre 18 e 70 anos (inclusive), não incluindo aqueles entre 16 e 17 anos (inclusive) ou acima de 70 anos, por não haver dados disponíveis dessas duas faixas etárias.

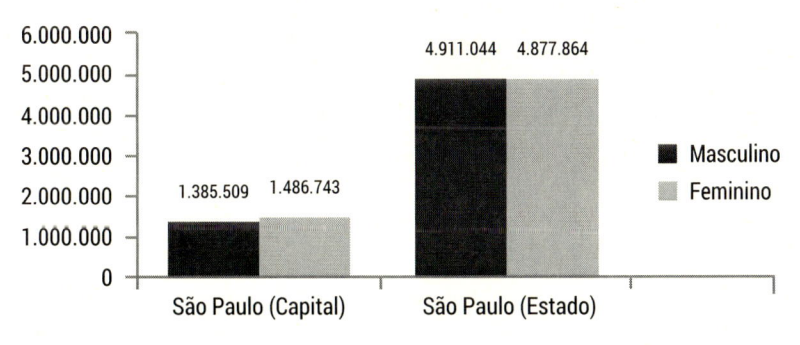

Gráfico 71 – Eleitorado total de pretos e pardos por sexo

- São Paulo (Capital): Masculino 1.385.509; Feminino 1.486.743
- São Paulo (Estado): Masculino 4.911.044; Feminino 4.877.864

Fonte: Pesquisa do autor, 2014/2017.

Observação: Novamente, foram considerados os eleitores entre 18 e 70 anos (inclusive), não incluindo aqueles entre 16 e 17 anos (inclusive) ou acima de 70 anos, por não haver dados disponíveis dessas duas faixas etárias.

Gráfico 72 – Alfabetização de pretos e pardos por sexo em São Paulo (capital)

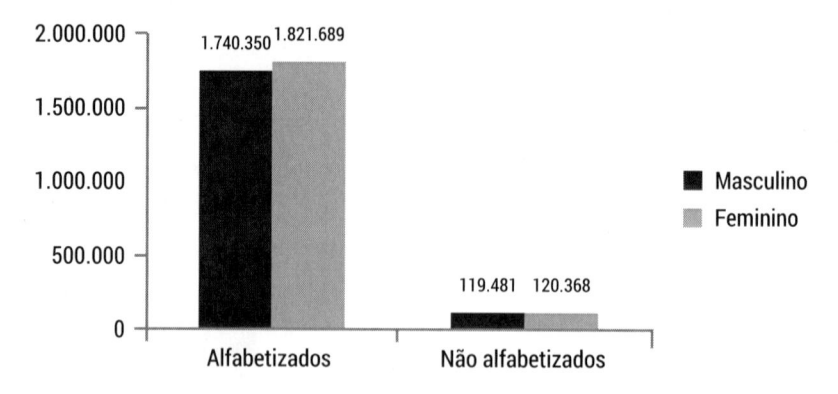

	Masculino	Feminino
Alfabetizados	1.740.350	1.821.689
Não alfabetizados	119.481	120.368

Fonte: Pesquisa do autor, 2014/2017.

Observação: Foram consideradas somente as respostas válidas para aqueles entre 5 e 70 anos (inclusive) para construção do gráfico acima, dentro da população negra e parda residente na capital paulista.

Gráfico 73 – Alfabetização de pretos e pardos por sexo no interior de São Paulo

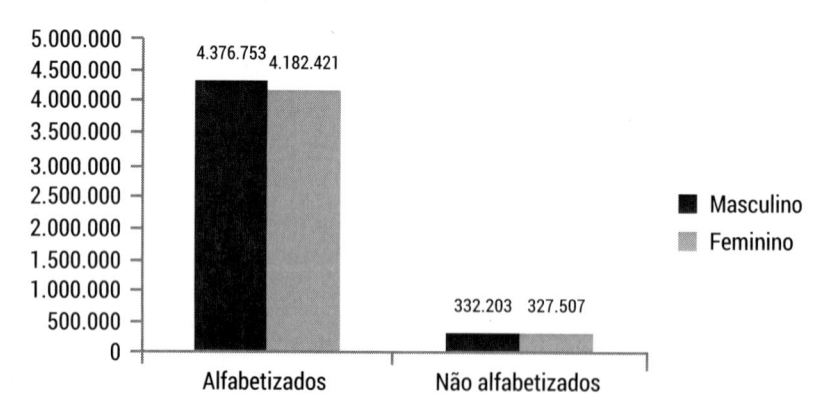

	Masculino	Feminino
Alfabetizados	4.376.753	4.182.421
Não alfabetizados	332.203	327.507

Fonte: Pesquisa do autor, 2014/2017.

Observação: Foram consideradas somente as respostas válidas para aqueles entre 5 e 70 anos (inclusive) para construção do gráfico acima, dentro da população negra e parda residente no interior paulista.

Gráfico 74 – Proporção de analfabetos por sexo e faixa etária nos pretos e pardos em São Paulo (capital)

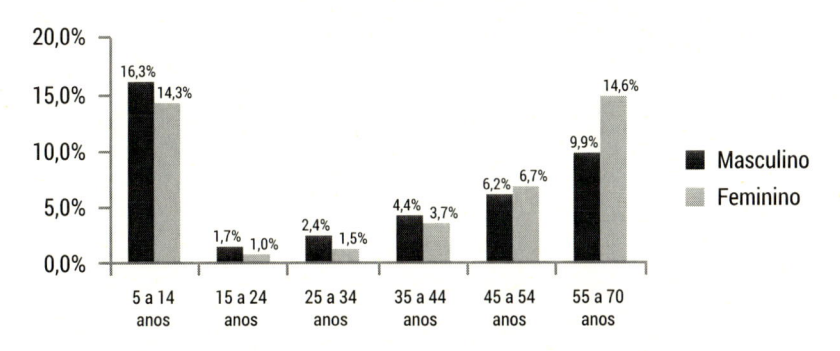

Faixa etária	Masculino	Feminino
5 a 14 anos	16,3%	14,3%
15 a 24 anos	1,7%	1,0%
25 a 34 anos	2,4%	1,5%
35 a 44 anos	4,4%	3,7%
45 a 54 anos	6,2%	6,7%
55 a 70 anos	9,9%	14,6%

Fonte: Pesquisa do autor, 2014/2017.

Observação: Foram consideradas somente as respostas válidas para aqueles entre 5 e 70 anos (inclusive) para construção do gráfico acima, dentro da população negra (pretos e pardos) residente na capital paulista.

Gráfico 75 – Proporção de analfabetos por sexo e faixa etária para pretos e pardos no interior de São Paulo

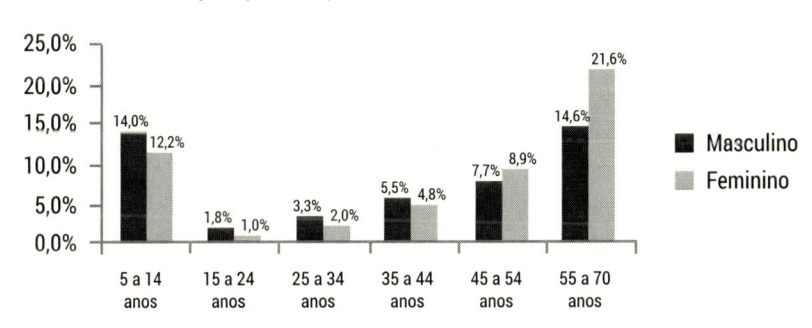

Faixa etária	Masculino	Feminino
5 a 14 anos	14,0%	12,2%
15 a 24 anos	1,8%	1,0%
25 a 34 anos	3,3%	2,0%
35 a 44 anos	5,5%	4,8%
45 a 54 anos	7,7%	8,9%
55 a 70 anos	14,6%	21,6%

Fonte: Pesquisa do autor, 2014/2017.

Observação: Foram consideradas somente as respostas válidas para aqueles entre 5 e 70 anos (inclusive) para construção do gráfico acima, dentro da população negra (pretos e pardos) residente no interior paulista. (ref. Gráficos nº 74/75, fonte IBGE).

4.9. APÊNDICE C: GRÁFICOS PARA O QUESTIONÁRIO – NEGROS EVANGÉLICOS

Com um total de 13 casos, todos residentes na cidade de Guarulhos, este questionário se destaca pelo fato de conter menos respostas faltantes para algumas perguntas com relação às análogas do 1º questionário. Algumas questões tiveram uma baixa taxa de respondentes:

Questão 14: A maioria dos respondentes não soube escolher exatamente dois motivos que impedem a maior representatividade de negros nos cargos parlamentares (alguns escolheram apenas um, outros escolheram três ou mais motivos).

Questões 16 e 17: A falta da opção negativa na pergunta 16 desencadeou uma alta taxa de não respondentes (que não necessariamente responderiam dessa forma se a opção negativa estivesse presente). Quem respondeu (cinco casos) é influenciado por parentes (dois casos) ou amigos (três casos). De forma surpreendente, a maioria das indicações (quatro de seis casos) era para um candidato negro.

Questões 25 e 26: A questão 25 possui o mesmo problema da questão 16. Dos três casos que responderam a ambas, todas as indicações vieram de pastores e para candidatos homens e negros. Em dois dos três casos o candidato era membro do PT.

Para as questões pedidas, seguem os gráficos abaixo. A numeração adotada corresponde apenas ao 2º questionário, podendo diferir da adotada no questionário anterior para perguntas similares. Para todos os gráficos de barras, há a possibilidade de respostas múltiplas, mas em nenhum deles houve resposta faltante.

Questão 05: Neste quesito, o autor quis saber dos respondentes negros evangélicos se os eleitores negros votam em candidatos negros.

Gráfico 76 – Questão 05: Percentual de respostas para os eleitores negros evangélicos

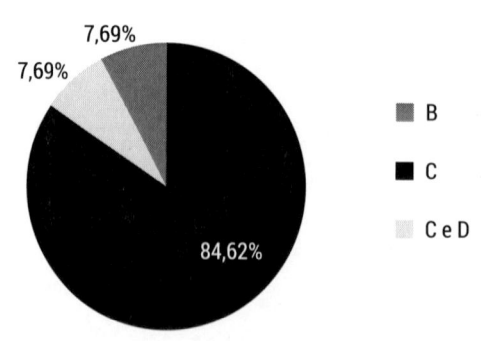

- B: 7,69%
- C: 84,62%
- C e D: 7,69%

Fonte: Pesquisa do autor, 2014/2017.

Questão 06: Neste quesito o pesquisador quis saber dos respondentes negros evangélicos o que os levariam votar em candidatos negros.

Gráfico 77 – Questão 06: Percentual de respostas para os eleitores negros evangélicos

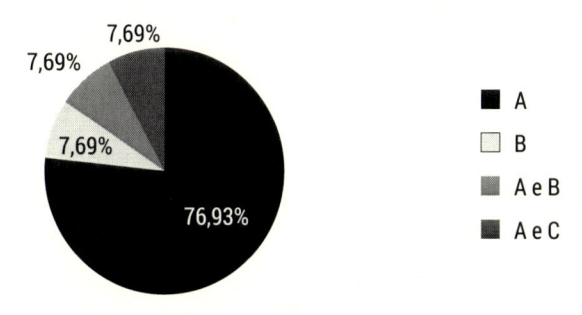

- A: 76,93%
- B: 7,69%
- A e B: 7,69%
- A e C: 7,69%

Fonte: Pesquisa do autor, 2014/2017.

Questão 07: Neste quesito o pesquisador quis saber dos eleitores negros evangélicos se a questão racial era relevante para a escolha do candidato ao Legislativo.

Gráfico 78 – Questão 7: Percentual de respostas para os eleitores negros evangélicos

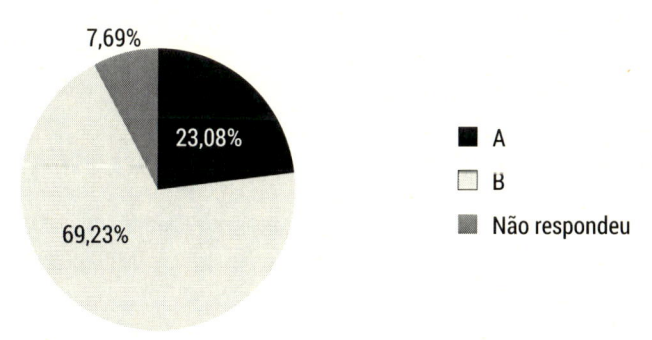

- A: 23,08%
- B: 69,23%
- Não respondeu: 7,69%

Fonte: Pesquisa do autor, 2014/2017.

Questão 12: Neste quesito o pesquisador quis saber dos respondentes e eleitores negros evangélicos em candidatos de quais religiões eles não votariam em hipótese alguma.

Gráfico 79 – Questão 12: Percentual de respostas para os eleitores negros evangélicos

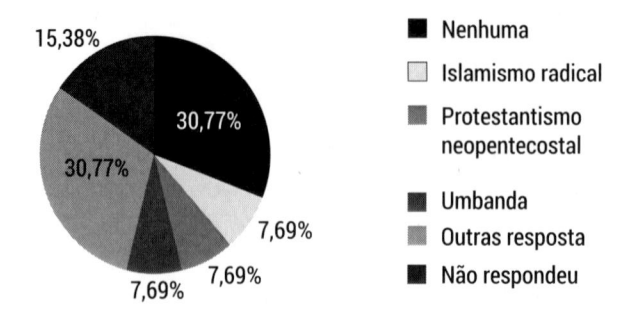

- Nenhuma: 30,77%
- Islamismo radical: 7,69%
- Protestantismo neopentecostal: 30,77%
- Umbanda: 7,69%
- Outras resposta: 7,69%
- Não respondeu: 15,38%

Fonte: Pesquisa do autor, 2014/2017.

A categoria "Outras respostas" engloba respostas genéricas, que não apontam para uma religião ou grupo específico, podendo conter respostas múltiplas para o mesmo respondente. A categoria "Nenhuma" indica que o respondente não se importa com a religião do candidato ao votar, mesmo se distinta da sua.

Questão 13: Neste quesito o autor quis saber dos respondentes e eleitores negros evangélicos quais seriam os motivos pela pouca representatividade da população negra nas dimensões do Legislativo.

Gráfico 80 – Questão 13: Menções para as categorias pelos eleitores negros evangélicos

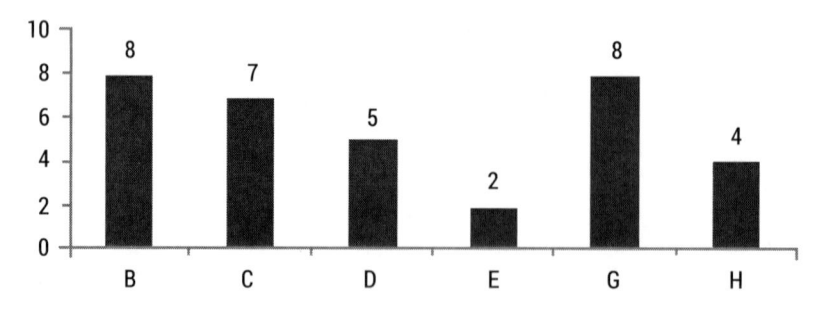

Categoria	B	C	D	E	G	H
Menções	8	7	5	2	8	4

Fonte: Pesquisa do autor, 2014/2017.

Questão 15: Neste quesito o autor quis saber dos respondentes e eleitores negros evangélicos se eles se lembravam do nome do candidato e do partido que eles teriam votado na última eleição para os cargos de deputado estadual e vereador.

Gráfico 81 – Questão 15: Percentual de respostas para os eleitores negros evangélicos

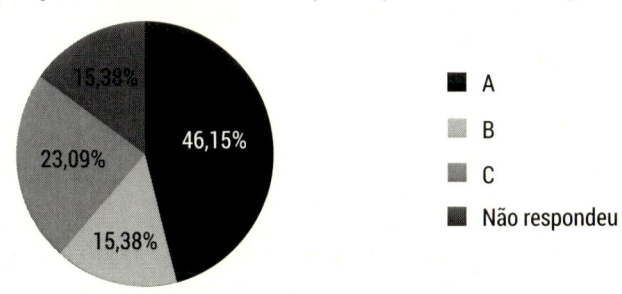

- A: 46,15%
- B: 15,38%
- C: 23,09%
- Não respondeu: 15,38%

Fonte: Pesquisa do autor, 2014/2017.

Questão 18: Neste quesito o pesquisador desejou saber dos respondentes e eleitores negros evangélicos se a adoção de cotas legislativas para as mulheres negras e indígenas brasileiras é indispensável para a ampliação da atuação política dessas mulheres nas dimensões do Legislativo nacional.

Gráfico 82 – Questão 18: Percentual de respostas para os eleitores negros evangélicos

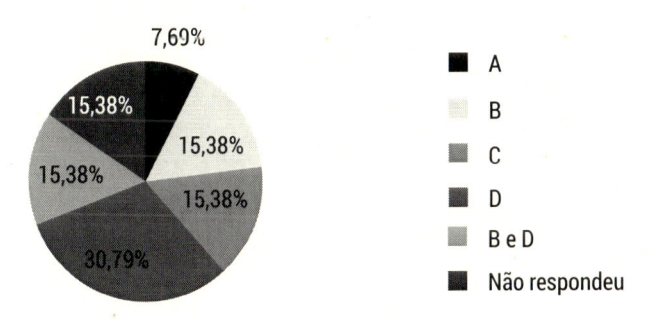

- A: 7,69%
- B: 15,38%
- C: 15,38%
- D: 15,38%
- B e D: 15,38%
- Não respondeu: 30,79%

Fonte: Pesquisa do autor, 2014/2017.

Questão 19: Apêndice C - Nesta pergunta o pesquisador desejou saber dos respondentes e eleitores negros evangélicos qual o entendimento deles sobre a democracia brasileira contemporânea.

Gráfico 83 – Questão 19: Menções para as categorias pelos eleitores negros evangélicos

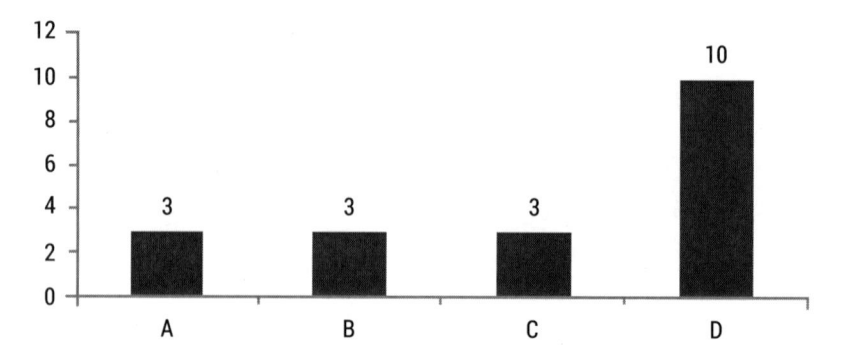

Fonte: Pesquisa do autor, 2014/2017.

Questão 20 Apêndice C: Neste item o autor procurou saber dos respondentes e eleitores negros evangélicos quais seriam, na opinião deles, os caminhos para reduzir as diferenças e ampliar a participação de negros e negras no Legislativo.

Gráfico 84 – Questão 20: Percentual de respostas para os eleitores negros evangélicos

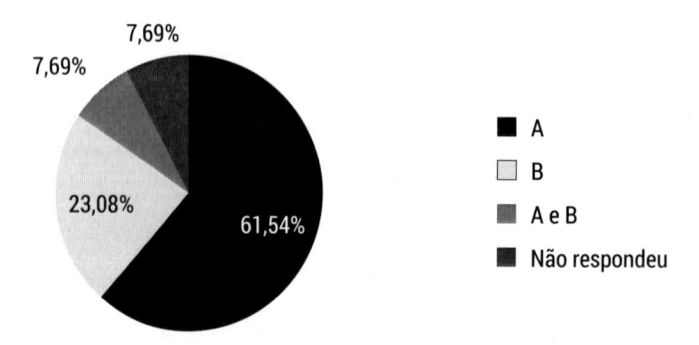

Fonte: Pesquisa do autor, 2014/2017.

Questão 21: Neste quesito o autor quis saber dos respondentes e eleitores negros evangélicos se é possível se afirmar que vivemos ou não em uma democracia.

Gráfico 85 – Questão 21: Percentual de respostas para os eleitores negros evangélicos

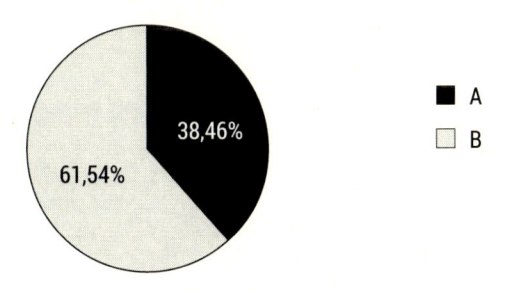

- A: 38,46%
- B: 61,54%

Fonte: Pesquisa do autor, 2014/2017.

Questão 22: Nesta pergunta o pesquisador procurou saber dos respondentes e eleitores negros evangélicos, quais seriam as implicações para a população negra brasileira em decorrência de sua baixa representatividade no Legislativo.

A) Assuntos de seus interesses acabam muitas vezes sendo tratados por parlamentares que discordam de suas demandas políticas
B) Parlamentares que têm no voto da população negra uma utilidade são por isso mesmo contrários à ampliação de sua representação parlamentar
C) Parlamentares preocupados na preservação do modelo que assegura maior representação política apenas aos mais ricos e brancos no Legislativo
D) São os negros que, a rigor, delegam e autorizam que parlamentares não negros, muitas vezes descompromissados com suas lutas, tratem de seus interesses no Legislativo

Gráfico 86 – Questão 22: Menções para as categorias pelos eleitores negros evangélicos

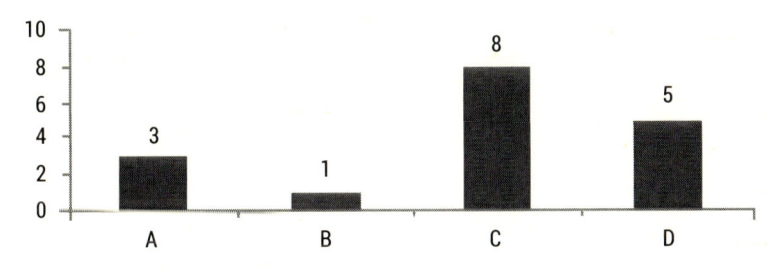

Categoria	Menções
A	3
B	1
C	8
D	5

Fonte: Pesquisa do autor, 2014/2017.

Gráfico 87 – Média do patrimônio declarado por etnia para os candidatos ao Legislativo

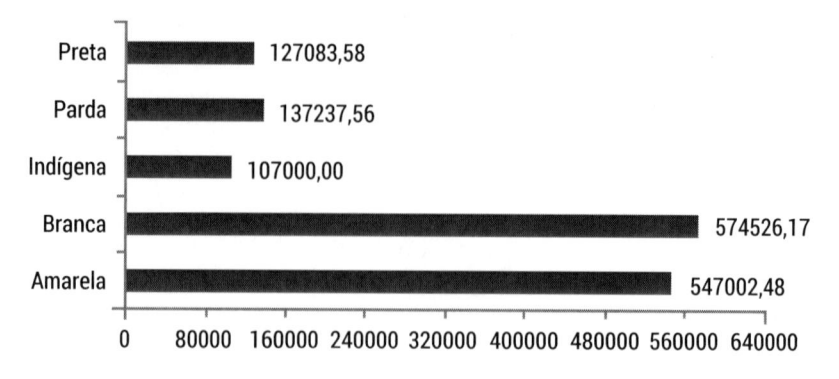

Etnia	Média
Preta	127083,58
Parda	137237,56
Indígena	107000,00
Branca	574526,17
Amarela	547002,48

Fonte: Pesquisa do autor, 2014/2017.

Gráfico 88 – Média do patrimônio declarado por etnia e sexo para os candidatos ao Legislativo

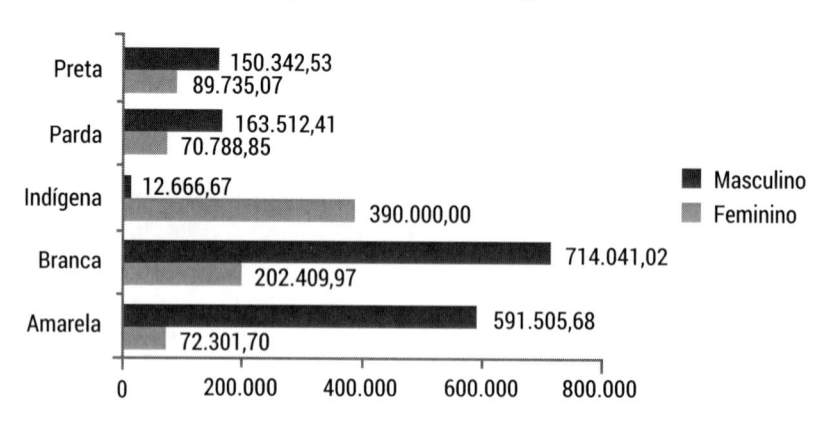

Etnia	Masculino	Feminino
Preta	150.342,53	89.735,07
Parda	163.512,41	70.788,85
Indígena	12.666,67	390.000,00
Branca	714.041,02	202.409,97
Amarela	591.505,68	72.301,70

Fonte: Pesquisa do autor, 2014/2017.

Gráfico 89 – Média do patrimônio declarado por etnia e grau de instrução para os candidatos ao Legislativo

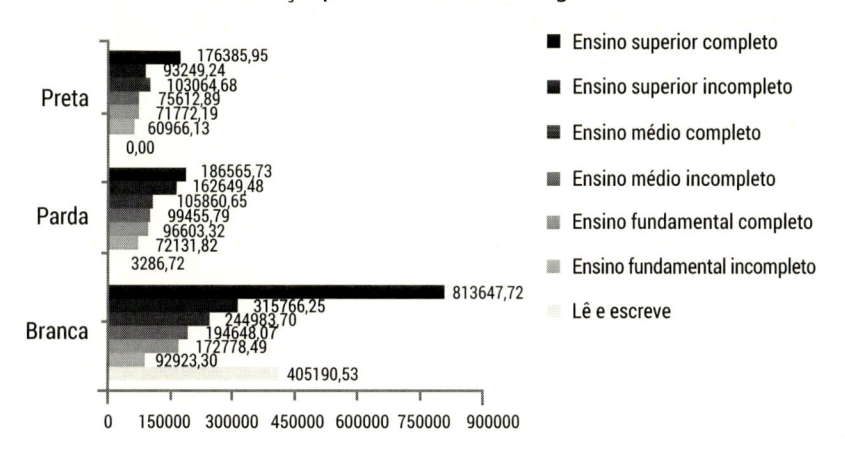

- Ensino superior completo
- Ensino superior incompleto
- Ensino médio completo
- Ensino médio incompleto
- Ensino fundamental completo
- Ensino fundamental incompleto
- Lê e escreve

Preta
- 176385,95
- 93249,24
- 103064,68
- 75612,89
- 71772,19
- 60966,13
- 0,00

Parda
- 186565,73
- 162649,48
- 105860,65
- 99455,79
- 96603,32
- 72131,82
- 3286,72

Branca
- 813647,72
- 315766,25
- 244983,70
- 194648,07
- 172778,49
- 92923,30
- 405190,53

Fonte: Pesquisa do autor, 2014/2017.

CONSIDERAÇÕES FINAIS

Ao finalizarmos este nosso trabalho de Doutorado em Direito, concluímos que o corolário que inscreve o epifenômeno da sub-representação parlamentar da população negra brasileira é muito mais extenso e complexo do que imaginávamos no início de nossa pesquisa.

A baixa representatividade política da população negra no Poder Legislativo nacional em suas três esferas é resultado de uma ampla marginalização política dos negros e dos candidatos negros tanto pelos partidos quanto por parte de eleitores, os quais acabam sendo envolvidos pelos partidos políticos que visando preservar suas ideologias, reproduzem o discurso neoliberal que tende a não reconhecer as diferenças sociais coletivas existentes entre brasileiros.

Desse modo, os eleitores, em geral, acabam sendo também responsáveis pelos resultados de um jogo político previsível, rigidamente constituído com o propósito de exclusivamente preservar os mais ricos e brancos à frente dos espaços de poder e tomada de decisões políticas no Brasil. A sub-representação parlamentar dos brasileiros negros, a exemplo do racismo brasileiro, não deve ser uma tarefa particularmente dos negros solucioná-la, senão da sociedade como um todo.

Portanto, a naturalização da ausência dos brasileiros negros nas três instâncias do Legislativo no Brasil, antes de qualquer coisa, deve ser compreendida como uma violência coletiva da sociedade brasileira que, por sua vez, não se esforça para buscar pela via legal mecanismos políticos de solução coletiva consensual, visando reduzir estas enormes discrepâncias de representatividade política, em que os negros, não obstante serem maioria na sociedade brasileira, paradoxalmente são minorias nas dimensões das Casas Legislativas.

À sub-representação parlamentar da população negra brasileira no Legislativo estão relacionados outros fatores que auxiliam e concorrem diretamente para a preservação desse estado de imobilidade política ascendente dos brasileiros negros nessas dimensões, como por exemplo, a falta de foco político e solidariedade política coletiva, também por parte da própria população negra que se mostra politicamente apática e aparentemente indiferente às suas derrotas ou às suas pequenas conquistas e importantes vitórias nas dimensões do Legislativo.

Os brasileiros negros, por conta de não compreenderem o jogo político estatuído no Brasil que, para ser jogado corretamente exige representação parlamentar proporcional nas Casas Legislativas, a população negra, de certa forma, é seduzida pelas propostas políticas dos candidatos mais ricos e brancos, servindo desta maneira para pôr freios à sua própria mobilidade política ascendente e realimentar o sistema de representatividade política que tem obstaculizado e impedido de ampliar a sua representação parlamentar nos espaços de poder.

A sub-representação parlamentar da população negra, ao contrário do que muitos estudos a respeito dessa temática apontaram, não é decorrente exclusivamente de fatores econômico-financeiros, as sutilezas do racismo brasileiro concorrem e auxiliam diretamente nessa sua sub-representação política.

É possível que reflexos do longo período de escravização de seres humanos no Brasil colaborem para ampliar as resistências da ampliação legislativa da população negra, em razão do pavor das classes brasileiras hegemônicas de se submeterem a quem, outrora, seus antepassados sequer reconheciam como humanos.

O Poder Legislativo se transforma em lócus de resistências dos estratos mais privilegiados em nosso país; afinal, é do Legislativo que saem as leis e produzir leis no Brasil parece ser uma prerrogativa exclusivamente de brancos mais ricos, os quais tudo fazem para preservar em suas mãos e controlar rigidamente todo o sistema político para afastar os mais pobres desses espaços de tomada de decisões políticas, administrativas, econômicas e principalmente jurídicas.

Os fatores econômico-financeiros são sim muito importantes, contudo, ao lado deles devemos considerar também a negação subjacente das elites brasileiras dominantes que se recusam a reconhecer os negros como *players*, reconhecendo-os exclusivamente como seus eleitores. O jogo político no Brasil foi estatuído, como mencionado por Fernandes e Adorno, com o propósito de preservar à frente das instituições de poder um único grupo de brasileiros, formado pelos europeus e descendentes.

Assim, torna-se indispensável que os brasileiros não negros reconheçam os brasileiros negros como parte de um estrato importante da sociedade, portanto, como seus iguais e capazes também de propor e apresentar soluções políticas para o conjunto da sociedade.

Reduzir os negros à condição de eleitores dos mais ricos e brancos apenas é uma forma de violência política coletiva desse grupo de brasileiros, de profunda desconsideração social e igualmente de desrespeito coletivo, como sinalizou Honneth.

Para tanto, será preciso que se exclua totalmente os estereótipos constituídos pelos mais ricos acerca desta população que sempre colaborou e ainda colabora muito para o desenvolvimento do Brasil, atuando diretamente também para preservação de nossas raízes culturais. Se na formação da identidade nacional o negro é um componente indispensável, assim como os brancos, indígenas, mestiços e amarelos, não é razoável que essa população fique representada no Legislativo desproporcionalmente à sua representatividade na sociedade brasileira, onde, segundo o último Censo de 2010, é maioria entre os brasileiros.

Desse modo, torna-se imperativo que levemos em consideração parte das respostas dos respondentes negros de nossa pesquisa, os quais se mostraram profundamente incomodados com o fato de suas questões de ordem política não serem tratadas adequadamente no Parlamento, possivelmente em razão da ausência desproporcional de parlamentares, oriundos de seu próprio meio, mas tratadas ou mal tratadas por parlamentares brancos, supostamente contrários às suas lutas políticas por reconhecimento e igualdade de direitos.

Essa inconformação de certos respondentes negros parece ter muito sentido, a partir do momento em que nossas pesquisas apontam a existência de uma racialização das urnas e, consequentemente, dos votos no Brasil, onde os brancos em maior número votam em candidatos brancos quase que exclusivamente, acompanhados de seus compatriotas negros que também racializam as urnas e seus votos em menor número, já que estes últimos votam, não exclusivamente em candidatos negros, mas alegam votar também em candidatos brancos, como atestou nossa pesquisa de campo.

Os resultados das eleições no Brasil indicam a composição dos espaços legislativos, onde essa racialização das urnas, do voto, de certos candidatos e seus eleitores se cristaliza, não obstante os candidatos negros muitas vezes apresentarem similarmente as mesmas propostas políticas genéricas apresentadas também pelos candidatos mais ricos e brancos; estes, em geral, não costumam lograr êxito em suas disputas por espaços no Legislativo, possivelmente por conta das inúmeras dificuldades analisadas por nós ao longo desta Tese de Doutorado em Direito.

A racialização silenciosa das urnas é verificada na cor dos eleitos que formam o Parlamento, algumas vezes com significativo auxílio da própria população negra que, de forma indireta, como explicamos ao longo deste texto, também colabora para a ampliação dessa racialização do Legislativo nacional. Essa racialização das urnas e do voto no Brasil serve também para desvelar as sutilezas do racismo brasileiro que atua igualmente para a preservação da sub-representação parlamentar da população negra, especialmente quando observamos parte dos respondentes brancos afirmarem que votam em candidatos negros.

Portanto, se for verdade que parte dos respondentes brancos votam de fato em candidatos negros ao Legislativo, como explicar então essa racialização na composição estética do Parlamento em suas diferentes instâncias, especialmente quando consideramos que boa parte dos respondentes negros também afirmam votar em candidatos negros?

Parece existir nas afirmações de ambos os estratos de eleitores brancos e negros uma equação matemática que não é conclusiva a partir dos resultados das urnas e da branquitude das Casas Legislativas no Brasil, pois, nestas circunstâncias, era de se esperar uma significativa ampliação de parlamentares negros e uma maior diversidade étnica nessas dimensões. Ao contrário, vê-se exclusivamente uma ampliação cada vez maior dos estratos mais ricos e brancos em todos os espaços de poder e tomada de decisões políticas em nosso país.

Revela-se não somente a organização em bloco dos mais ricos como se demonstram, igualmente, as resistências políticas dos estratos mais privilegiados, os quais, por se nutrirem das desvantagens sociais dos negros, não desejam que se possa efetuar mudanças significativas que reduzam os seus benefícios e privilégios decorrentes dessas discrepâncias sociais e políticas. Essas enormes discrepâncias sociais que opõem socialmente negros e brancos em lados opostos no Brasil, agem não somente para colocá-los muitas vezes em lados opostos nas questões políticas, mas essencialmente opostos na busca de soluções coletivas dos problemas brasileiros.

Consideramos extremamente relevantes as respostas dos respondentes negros, segundo as quais, eleitores negros, a rigor, votam em candidatos negros. Por outro lado, suas respostas parecem acentuar o que apontamos nesta tese às questões relativas à proliferação de candidatos negros pobres, supostamente com pouca ou nenhuma chance de saírem vencedores num jogo político tão difícil que previamente exige rígida estruturação política e econômico-financeira.

O jogo político no Brasil exige igualmente que os aspirantes negros ao Legislativo, além de amplo apoio popular às suas propostas políticas, tenham também uma estrutura política minimamente eficiente.

Portanto, não basta apenas lutar por votos, é preciso que se constituam estruturas de apoios eficientes para a captação de votos suficientes para elegê-los parlamentares. Desse modo, certos candidatos negros, por conta das dificuldades estruturais, são presumivelmente, inelegíveis e ardilosamente transformados pelos partidos políticos brasileiros em candidatos cabos eleitorais visando exclusivamente auxiliar potenciais candidatos mais ricos e brancos em suas candidaturas potencialmente vitoriosas.

Portanto, se a proliferação de candidatos negros pobres serve em extensa medida como forma de denúncia e resistência da população negra brasileira ao sistema político edificado para não permitir sua ampliação nos espaços de poder, por outro lado, também em extensa medida, serve para dividir o eleitorado negro e reduzir as chances de potenciais candidatos negros mais bem estruturados lograrem êxito em suas disputas ao Legislativo.

Assim, concluímos que proliferação de candidaturas negras pobres é também muito prejudicial aos propósitos de ampliação legislativa da população negra brasileira, contudo, sua sub-representação legislativa é muito útil aos partidos políticos na composição das bancadas partidárias via quociente eleitoral. Os poucos votos dos candidatos negros pobres são, muitas vezes, decisivos para as agremiações partidárias ampliarem as suas bancadas e barganharem o seu quinhão na estrutura de poder.

Desse modo, dos prejuízos de muitos negros brasileiros decorrem os benefícios de poucos brasileiros brancos mais ricos, ao mesmo tempo em que esses prejuízos estruturais atuam e contribuem também para a preservação da hegemonia e dominação político-ideológica das classes brasileiras brancas dominantes nas dimensões do Poder Legislativo nacional.

Os partidos políticos brasileiros, os mesmos que se recusaram a responder as nossas questões, certamente se negaram a respondê-las para não revelarem as suas estratégias políticas e os benefícios decorrentes da sub-representação parlamentar da população negra brasileira, uma vez que eles, os partidos políticos, nutrem-se das dificuldades estruturais e políticas da população negra brasileira para tirarem proveitos eleitorais, os quais, em geral, resultam na ampliação de suas representações políticas no Legislativo.

Por fim, chegamos à conclusão que se a legislação eleitoral brasileira não for modificada com o firme propósito de reduzir as enormes diferenças de representação nas Casas Legislativas, a médio prazo, esse problema da sub-representação política dos brasileiros mais pobres e negros tende a se manter inalterado.

As cotas raciais parlamentares são, no nosso modesto entendimento, neste momento em que encerramos esta Tese de Doutorado em Direito, a forma mais célere para reduzir as diferenças étnicas no Legislativo brasileiro, visando à promoção de justiça e assegurar a igualdade de direitos tão necessária em uma sociedade que, sendo extremamente tão excludente socialmente, ousa, ainda assim, intitular-se democrática e de direito.

REFERÊNCIAS

ADORNO, Sergio. *Os Aprendizes do Poder* – O Bacharelismo Liberal na Política Brasileira. Rio de Janeiro: Editora Paz e Terra, 1988.

AREND, Lijphart. *Patterns of Democracy.* Yale Universy Press, 2012.

AZEVEDO, Célia Marinho. *Onda Negra, Medo Branco.* São Paulo: Editora Paz e Terra, 1987.

BASTIDE, Roger; FERNANDES, Florestan. *Brancos e Negros em São Paulo.* 4. ed. São Paulo: Editora Global, 2008.

BENTO, Maria Aparecida Silva. Branqueamento e Branquitude no Brasil. In: CARONE, Iray. *Psicologia Social do Racismo.* Petrópolis: Vozes, 2002.

BOBBIO, Norberto. *O Futuro da Democracia.* 9. ed. São Paulo: Editora Paz e Terra, 2004.

———. *O Futuro da Democracia.* 9. ed. São Paulo: Editora Paz e Terra, 2000.

BORDIEU, Pierre *A Economia das Trocas Simbólicas.* São Paulo: Editora Perspectiva, 2007.

———. *O Poder Simbólico.* Rio de Janeiro: Editora Bertrand Russel, 1998.

BRASIL. *Constituinte de 1823.* Disponível em: <www.planalto.gov.br>. Acesso em: 18 mar. 2015.

———. *Constituição do Império do Brasil de 1824.* Disponível em: <www.planalto.gov.br>. Acesso em: 18 mar. 2015.

———. *Constituição da República Federativa do Brasil de 1988.* Disponível em: <www.planalto.gov.br>. Acesso em: 20 mar. 2015.

CAGGIANO, Mônica Hermann Salem. *Engenharia Eleitoral e Partidária.* São Paulo: FDUSP, 2007.

———. *Sistemas Eleitorais X Representação Política.* Barueri, São Paulo: Editora Manole, Barueri, 2004.

CARDOSO, Fernando Henrique. *Capitalismo e Escravidão no Brasil Meridional.* São Paulo: Editora Paz e Terra, 1977.

CARMICHAEL, Stockely; HAMILTON, Charles. *"Black Power" The Politic of Liberation in América.* London: Pinguin Books, 1967.

CARNEIRO, Sueli. *GAP – Banespa- Censo Demográfico de 1980 suas curiosidades e preocupações.* Sao Paulo: Geledés /Instituto Ethos, 2002

———. Expectativas de Ação das Empresas para Superar a Discriminação Racial. *Caderno Reflexão*, ano 3, n. 8, Instituto Ethos – Empresas e Responsabilidade Social, set. 2002.

CARVALHO, José Murilo. *Cidadania no Brasil, o Longo Caminho.* São Paulo: Editora Civilização Brasileira, 2004.

CHAUÍ, Marilena. *Representação política e enfrentamento ao racismo.* Trabalho apresentado na III Conferência Nacional de Promoção da Igualdade Racial, Salvador, Bahia, 19 de abril de 2013.

COMPARATO, Fábio Konder. *A Afirmação Histórica dos Direitos Humanos*. São Paulo: Editora Saraiva, 1999.

———. *Afirmação Histórica dos Direitos Humanos*. 2. ed. São Paulo: Editora Saraiva, 2001.

———. "*Ética*" – Direito Moral e Religião no Mundo Moderno. São Paulo: Editora Companhia das Letras, 2006.

COSTA, Emilia Viotti da. *Da Monarquia à República – momentos decisivos*. São Paulo: Livraria Editora Ciências Humanas, 1979.

———*Da Senzala à Colônia*. São Paulo: Editora UNESP, 1966.

———. *Da Senzala à Colônia*. 5. ed. São Paulo: Editora UNESP, 2012.

CUNHA JUNIOR, Henrique. *Textos para o Movimento Negro*. São Paulo: Edicon, 1992.

DAHL, Robert A. *Poliarquia – Participação e Oposição*. São Paulo: EDUSP, 1997.

DALARI, Dalmo de Abreu. *Diretos Humanos e Cidadania*. São Paulo: Editora Moderna, 2004.

DIÁRIO DE MARÍLIA. São Paulo. Disponível em: <http://www.diariodemarilia.com.br/noticia/147473/ justica-aumenta-rigor-para-a-cota-de-30-de-mulheres-nas-eleicoes>. Acesso em: 27 nov. 2016.

DIÁRIO OFICIAL DA UNIÃO, Edição Extra do dia 29/09/2015.

DUVERGER, Maurice. *Os Partidos Políticos*. 2. ed. Brasília: Editora Universidade de Brasília, 1980.

DWORKIN, Ronald. *Uma Questão de Princípios*. São Paulo: Editora Martins Fontes, 2001.

ELIAS, Norbert; SCOTSON, John L. *Os Estabelecidos e os Outsiders*, sociologia das relações de poder a partir de uma pequena comunidade. Rio de Janeiro: Editora Zahar, 2000.

ENRIQUES, Ricardo. *Desigualdade Racial no Brasil*. Brasília: IPEA – Instituto de Pesquisa Econômica Aplicada, 2001.

FANON, Franz. *Pele Negra Mascara Branca*. Salvador: EDUFBA, 2008

FERNANDES, Florestan. *A Integração do Negro À Sociedade de Classes*. Centro Brasileiro de Pesquisas Educacionais – Instituto Nacional de Estudos Pedagógicos. Rio de Janeiro: MEC, 1964.

———. O Mito Revelado. *Jornal Folha de São Paulo*, Caderno Folhetim, São Paulo, 08 jun. 1980.

———. The Weight of the Past. In: FRANKLIN, J. H. (Rd.). *Color And Race*. Boston: Beacon, 1969. p. 282-301.

FISICHELLA, Domenico. *La Representanza*. Milão: Editora Giufre, 1983.

———. *La Representanza in Engenharia Eleitoral e Partidária*. São Paulo: FD-USP, 2007.

FONTANA, Celso Martins. *Os Negros na Assembléia dos Brancos*. São Paulo: UNESP, 2005.

FRASER, Nancy. Da Redistribuição ao Reconhecimento? Dilemas da justiça numa era "pós-socialista". In: SOUZA, J. (Org.). *Democracia Hoje*. Brasília: Editora Universidade de Brasília, 2001.

———. *Reconhecimento Sem Ética?* Artigo originalmente publicado na revista Theory, Culture & Society, v. 18, p. 21-42, 2001. Tradução de Ana Carolina Freitas Lima Ogando e Mariana Prandini Fraga Assis. São Paulo: Editora Lua Nova, 2007, p. 101-138.

———. Reenquadrando a justiça em um mundo globalizado. São Paulo: Editora Lua Nova, 2009.

FREYRE, Gilberto. *Casa Grande e Senzala.* Rio de Janeiro: Nova Aguilar, 1977.

———. *Sobrados e Mucambos.* Rio de Janeiro: José Olympio, 1977.

FURTADO, Celso. *Formação Econômica do Brasil.* São Paulo: Companhia Editora Nacional, 1980.

GASPAR, Osmar Teixeira. *Mídias Concessão e Exclusão.* 2010. Dissertação de Mestrado apresentada na Faculdade de Direito da Universidade de São Paulo em 2010.

GAUER, Ruth M. Chittó. *Violência e Medo na Fundação do Estado Nação.* Porto Alegre: PUC-RS, 2007.

GENOVESE, Eugene Dominic. *Red and Black Marxian Explotation in Southern and Afroamerican History.* University of Tennessee Press, 1971.

GONZALEZ, Lélia; HASENBALG, Carlos. *Lugar de Negro.* Barueri-SP: Editora Marco Zero, 1982.

GORDON-REED, Anette. *The Hemingses of Montecello.* An American Family. Partus Sequitur Ventrem New York USA: W.W. Norton and Company Inc., 2008.

GRAMSCI, Antonio. *Maquiavel, a Política e o Estado Moderno.* Rio de Janeiro: Editora Civilização Brasileira, 1968.

GUIMARÃES, Antonio Sergio Alfredo. *Classes, Raças e Democracia.* São Paulo: Editora 34, 2012.

HABERMAS, Jürgen. *Teoria e Praxis.* São Paulo: Editora Unesp, 2013.

HASENBALG, Carlos Alfredo. *Discriminação e Desigualdades Raciais no Brasil.* Belo Horizonte: Editora UFMG, 2005.

———. *Raça e Política no Brasil.* Rio de Janeiro: Editora Graal, 1979.

HENRIQUES, Ricardo. *Desigualdade Racial no Brasil.* Brasília: IPEA, 2001.

HOFBAUER, Andreas. *Uma História de Branqueamento ou o Negro em Questão.* São Paulo: editora UNESP, 2003.

HOLANDA, Sérgio Buarque de. *Raízes do Brasil.* São Paulo: Companhia das Letras, 1995.

———. *Raízes do Brasil.* 2. ed. São Paulo: Companhia das Letras, 2006.

HONNETH, Axel. *A Luta por Reconhecimento.* A gramática moral dos conflitos sociais. São Paulo: Editora 34, 2003.

———. Reconhecimento ou Redistribuição? A mudança de perspectivas na ordem moral da sociedade. In: SOUZA, Jessé; MATTOS, Patrícia (Org.). *Teoria Crítica no Século XXI.* São Paulo: Editora Annablume, 2007.

HOUAISS, Antonio. *Dicionário Houaiss da Língua Portuguesa.* Rio de Janeiro: Editora Objetiva, 2001.

IBGE – Instituto Brasileiro de Geografia e Estatística. *Censo 2010.* Brasília - DF.

JORNAL ESTADO DE MINAS. Disponível em: <http://www.em.com.br/app/noticia/politica/2013/09/01/interna_politica,442856/frente-negra-brasileira-tem-ideais-sufocados.shtml>. Acesso em: 15 out. 2016.

KEYSSAR, Alexander. *O Direito de Voto*. São Paulo: Editora Unesp, 2014.

KINZO, Maria Dalva; BRAGA, Maria do Socorro (Org.). *Eleitores e Representação Partidária no Brasil*. São Paulo: Editora Humanitas, 2007.

KIRCHHEIMER, Otto. A transformação dos sistemas partidários da Europa Ocidental. *Revista Brasileira de Ciência Política*, n. 7, 1996. Disponível em: <http://www.scielo.br/scielo.php?script=sci_arttext&pid=S0103-33522012000100014>. Acesso em: 05 maio 2015.

LAFER, Celso. *A Reconstrução dos Direitos Humanos*. São Paulo: Editora Companhia das Letras, 1988.

LEAL, Victor Nunes. *Coronelismo, Enxada e Voto*. Rio de Janeiro: Editora Forense, 1948.

LEMBO, Claudio Salvador. *Culturalismo Jurídico*. O Voto nas Américas. Barueri, São Paulo: Editora Manole, 2008.

LUCIO, Antonio. *Palestra proferida na Audiência Pública da Comissão de Relações Exteriores e Defesa Nacional da Câmara dos Deputados*. Brasília, 11 ago. 2009. Disponível em <http://www2.camara.leg.br/ atividade-legislativa/comissoes/comissoes-permanentes/credn/audiencias-publicas/2009/Palestra%20 proferida%20 pelo%20Jornalista% 20Antonio%20Lucio.pdf>. Acesso em: 22 mar. 2015.

MEINERS, Crhistoph. *Über die Natur der Afrikanischen Neger und die davon abhagende Befreyung, oder Einschränkung der Schwarzen*. Hannover, Alemanha: Wehrhahn-Verlag, 1790. Disponível em: <www.wewhrhahn-verlag.de>. Acesso em: 22 abr. 2015.

MELLO, Celso Antonio Bandeira de. *O Conteúdo jurídico do Princípio da Igualdade*. São Paulo: Malheiros, 2009.

MELO, Rúrion. Da Teoria À Praxis Axel Honneth, e As Lutas por Reconhecimento na Teoria Política Contemporânea. *Revista Brasileira de Ciência Política*, n. 15, Brasília, p. 17-36, p. 22, set./dez. 2014. DOI: http://dx.doi.org/10.1590/0103-335220141502.

MILL, John Stuart. *Considerações* sobre o *Governo Representativo*. São Paulo: Editora Escala, 2006.

MILLER, Frederic P.; VANDOME, Agnes; MCBREWSTER, John. *White Privilege*. USA: Alphascript Publishing, 2010.

MOURA, Clovis. *Rebeliões da Senzala*. A questão social no Brasil. São Paulo: Livraria Editora Ciências Humanas, 1981.

————. Pensador das raízes da opressão e do protesto negro no Brasil. *Revista Princípios*, Encarte da Edição 129, Editora e Livraria Anita, São Paulo, p. 5, jan./fev. 2014.

MUNANGA, Kabengele, entrevistado por Nilva Souza. *Revista Fórum*. Disponível em: <jornalggn.com.br/blog/luisnassif/o-racismo-velado-por-kabengele-munanga?page=1, seg.>. Acesso em: 19 set. 2011.

——. *Teorias sobre o racismo, discurso e políticas de combate ao racismo.* São Paulo: FFLCH- USP, 2007.

——. (Org.). *História do Negro no Brasil.* O Negro na Sociedade Brasileira. Brasília: Fundação Cultural Palmares – Ministério da Cultura, 2004a.

——. *Rediscutindo a Mestiçagem no Brasil.* Belo Horizonte: Ed. Autêntica, 2004b.

NASCIMENTO, Abdias; NASCIMENTO, Elisa Larkin. História do Negro no Brasil. In: MUNANGA, Kabengele (Org.). *O Negro na Sociedade Brasileira, Resistência, Participação, Contribuição.* Brasília – DF: Fundação Cultural Palmares/Cnpq, Minc, 2004, p. 107. v. I.

——. *O Quilombismo.* Petrópolis: Editora Vozes, 1980.

NOGUEIRA, Oracy. *Negro Político e Político Negro.* São Paulo: Editora Universidade de São Paulo, 1992.

——. *"Preconceito de Marca"* As relações raciais em Itapetininga. São Paulo: Edusp, 1988.

NUNES, Rizzatto. *Manual da Monografia Jurídica.* São Paulo: Saraiva, 2007.

OLIVEIRA, Cloves Luiz Pereira. *O que acontece quando um cavalo de cor diferente entra na corrida?* O painel das estratégias eleitorais dos políticos afro-americanos nas eleições municipais nos Estados Unidos. Trabalho apresentado no XXVI ANPOCS, Caxambu, MG, 26 out. 2002.

OLIVEIRA, Dennis. *Globalização e Racismo no Brasil.* Estratégias políticas de combate ao racismo na sociedade capitalista contemporânea. São Paulo: Editora Legítima Defesa - Unegro, 2000.

ORDENAÇÕES AFONSINAS, Livro I – Portugal. Disponível em: <http://www1.ci.uc.pt/ihti/proj/afonsinas/>. Acesso em: 28 maio 2015.

PARKER, Peter K. J. *Africa, Asia and the History of Philosofy*: Racism in the Formation of the Philosophical Canon – 1780-1830. Nova York, Estados Unidos: Suny Press Universty of The State of New York, 2013.

PEREIRA, João Batista Borges. Aspectos do comportamento político do negro em São Paulo. *Ciência e Cultura*, v. 34, n. 10, São Paulo, 1982.

——. Parâmetros ideológicos de projeto político de negros em São Paulo. *Revista do Instituto de Estudos Brasileiros da Universidade de São Paulo*, n. 24, 1982.

PIOVESAN, Flávia. *Direitos Humanos e O Direito Constitucional Internacional.* São Paulo: Editora Max Limonad, 1997.

POCHMANN, Márcio. *Desigualdade Econômica no Brasil.* São Paulo: Editora Ideias e Letras, 2015.

POLIAKOV, Leon. *O Mito Ariano.* São Paulo: Editora Perspectiva; Edusp, 1974.

PRAGER, Jeffrey. White Racial Privilege and Social Change. *Berkeley Journal of Sociology*, p. 117-150, 1973.

PRUDENTE, Eunice Aparecida de Jesus. *Preconceito Racial e Igualdade Jurídica no Brasil.* São Paulo: Editora Julex, 1989.

RAMOS, Arthur. O negro na Política. In: ——. *O negro na cultura brasileira.* São Paulo: C.E.B., 1971.

RAWLS, John. *O Direito dos Povos*. São Paulo: Editora Martins Fontes, 2004.

———. *Véu da Ignorância* – Uma Teoria Sobre Justiça. São Paulo: Editora Martins Fontes, 1971.

REVISTA APARTES. Câmara Municipal de São Paulo, n. 10, p. 31-38, set./out. 2014.

ROBESPIERRE, Maximilien François Marie Isidore. *Liberdade, Igualdade, Fraternidade*. Brasília: Embaixada da França no Brasil. [s.d.]. Disponível em: <https://br.ambafrance.org/Liberdade-Igualdade-Fraternidade>. Acesso em: 19 abr. 2016.

SALVADORI, Mateus. Lutas por Reconhecimento em Honneth. *Revista Conjecturas*, Caxias do Sul, v. 16, n. 1, jan. 2011.

SANTOS, Gislene. *A invenção do ser negro*. Um percurso das ideias que naturalizaram a inferioridade dos negros. São Paulo: Editora Educ; Fapesp, 2002.

———. *Medo e Preconceito no Paraíso*. Presidente Prudente, São Paulo: LASA / UNESP, 2000.

SANTOS, Hélio de Souza. *A busca de um caminho para o Brasil*. A trilha do círculo vicioso. São Paulo: Editora SENAC, 2002.

SANTOS, Ivair Augusto Alves dos. *Direitos Humanos e as Práticas de Racismo*. Brasília, DF: Fundação Cultural Palmares, 2012.

SANTOS, Theobaldo Miranda. *História da Educação*. São Paulo: Cia. Editora Nacional, 1945.

SARTORI, Giovanni. *Elementos de Teoria Política*. Buenos Aires: Alianza Editorial, 1999.

———. *Partidos e Sistema Partidário*. Brasília: Editora UnB, 1988.

SCHUCMAN, Lia Vainer. Sim Nós Somos Racistas. Estudo Psicossocial da Branquitude Paulistana. *Revista Psicologia e Sociedade*, n. 26, p. 83-94, 2014.

SCHUMPETER, Joseph A. *Capitalismo, Socialismo e Democracia*. Rio de Janeiro: Editora Fundo de Cultura, 1961.

SCHWARCZ, Lilia Moritz. *História, Ciências, Saúde Manguinhos*. Rio de Janeiro: Editora, 2011.

———. Previsões são sempre traiçoeiras: João Baptista de Lacerda e seu Brasil branco. *História, Ciências, Saúde*, v. 18, n. 1, p. 225-242, Manguinhos, Rio de Janeiro, jan./mar. 2011.

SEVERINO, Antonio Joaquim. *Metodologia do Trabalho Científico*. São Paulo: Editora Cortez, 1992.

SIMONSEN, R. *História Econômica do Brasil*. 3. ed. São Paulo: Companhia Editora Nacional, 1957.

SODRÉ, Muniz. *Claros e Escuros* – Identidade, povo e mídia no Brasil. Petrópolis: Vozes, 2000.

———. *O Monopólio da Fala*. Petrópolis: Vozes, 1977.

SOUZA, Jessé; MATTOS, Patrícia. *Teoria Crítica no Século XXI*. São Paulo: Editora Annablume, 2007.

SOVIK, Liv. Aqui ninguém é branco: hegemonia branca no Brasil. In: WARE, Vron (Org.). *Branquidade*: identidade branca e multiculturalismo. In: JESUS, Camila Moreira de. *Branquitude x Branquidade* - Uma análise conceitual do ser branco. Rio de Janeiro: Garamond, 2004, p. 363-386. Disponível em: <http://www3.ufrb.edu.br/ebecult/wp-content/uploads/2012/05/Branquitude-x-branquidade-uma-ana-%C3%83%C3%85lise-conceitual-do-ser-branco-.pdf>. Acesso em: 28 maio 2016.

SPITZCOVSKY, Celso; MORAES, Fabio. *Direito Eleitoral*. São Paulo: Saraiva, 2007.

TAGUIEFF, Pierre Andre. *La Force Du Préjugé*. Paris: Ed. Galimard, 1987.

TAROUCO, Gabriela da Silva; MADEIRA, Rafael Machado. *Os Partidos Brasileiros Segundo Seus Estudiosos*. Disponível em: <http://dx.doi.org/10.15448/1984-7289.2015.1.18077>. Acesso em: 12 jan. 2015.

TRE - TRIBUNAL REGIONAL ELEITORAL DE PERNAMBUCO. Disponível em: <www.tre-pe.jus.br>. Acesso em: 03 jun. 2016.

TRE - TRIBUNAL REGIONAL ELEITORAL DE SÃO PAULO. Disponível em: <www.tre-sp.jus.br>. Acesso em: 22 mar. 2015.

TSE. Tribunal Superior Eleitoral. *AgRgRESPE nº 25.906*, de 09.08.2007 e *AgRgRESPE nº 25.652*, de 31.10.2006. Brasília, DF – 2006/2007.

———. Departamento de Estatística. Disponível em: <http://www.tse.jus.br/imprensa/noticias-tse/2014/Junho/partidos-e-coligacoes-devem-estar-alertas-para-cotas-de-genero-nas-candidaturas>. Acesso em: 11 jul. 2015.

TWINE, France Winndance. *Racism in a Racial Democracy"* The maintenance of White supremacy in Brazil. New Jersey and London: Rutgers University Press, 1988.

VALENTE, Ana Lúcia Eduardo Farah. *Política e Relações Raciais*: os negros e as eleições paulistas de 1982. 1984. Dissertação (Mestrado) – Faculdade de Filosofia, Letras e Ciências Humanas da USP, Departamento de Antropologia, 1984.

WEST, Cornel. *Questão de Raça*. São Paulo: Companhia das Letras, 1994.

WIEVIORKA, Michel. *Racismo, uma introdução*. São Paulo: Editora Perspectiva, 2007.

WOLKMER, Antonio Carlos. *História do Direito no Brasil*. 4. ed. Rio de Janeiro: Editora Forense, 2007.

APÊNDICES

APÊNDICE A - Questionário de pesquisa com eleitores negros

APÊNDICE B - Questionário de pesquisa com eleitores brancos

APÊNDICE C - Questionário de pesquisa com eleitores evangélicos

APÊNDICE D - Questionário de pesquisa com parlamentares, ex-parlamentares, suplentes e candidatos derrotados ao Legislativo Estadual e Municipal de São Paulo

APÊNDICE E - Questionário de pesquisa com os partidos políticos

APÊNDICE F - Questionário de pesquisa com casais inter-raciais (homens negros x mulheres brancas - mulheres negras x homens brancos)

APÊNDICE G - Correspondência eletrônica para os partidos políticos

APÊNDICE A - QUESTIONÁRIO DE PESQUISA COM ELEITORES NEGROS
FACULDADE DE DIREITO DA UNIVERSIDADE DE SÃO PAULO
TESE DE DOUTORADO – OTG/FDUSP
QUESTIONARIO DE PESQUISA - **ELEITORES NEGROS** (Pretos e Pardos)
MUNICIPIO DE SÃO PAULO / GRANDE SÃO PAULO – 2016

1. Idade _____ Profissão _____ Sexo - (M) (F)
2. **NIVEL DE ESCOLARIDADE**
   - **(A)** Fundamental completo   **(B)** Incompleto
   - **(C)** Ensino médio Completo   **(D)** Incompleto
   - **(E)** Superior Completo   **(F)** Incompleto
3. **RENDA:**
   - A) De 1 a 3 salários mínimos/mês
   - B) De 3 a 6 salários mínimos/mês
   - C) De 6 a 9 salários mínimos/mês
   - D) Acima de 10 salários mínimos/mês
4. **REGIÃO DA CAPITAL ONDE RESIDE?**
   - A) ZONA CENTRO _____ BAIRRO _____
   - B) ZONA SUL _____ " _____
   - C) ZONA NORTE _____ BAIRRO _____
   - D) ZONA LESTE _____ " _____
   - E) ZONA OESTE _____ " _____
5. **ELEITORES NEGROS VOTAM EMCANDIDATOS NEGROS?**
   - A) SIM
   - B) NÃO
   - C) DEPENDE DE S/PROPOSTA
   - D) DEPENDE DO PARTIDO/COLIGAÇÃO
6. **O QUE LEVARIA VOCÊ A VOTAR EM CANDIDATOS(AS) NEGROS(AS)?**
   - A) Propostas políticas do candidato
   - B) Partido / Coligação?
   - C) Escolaridade
   - D) Popularidade
   - E) Gênero

7. **A QUESTÃO RACIAL É RELEVANTE PARA A ESCOLHA DO CANDIDATO?**
A) SIM
B) NÃO

8. **O QUE LEVARIA VOCÊ A NÃO VOTAR EM CANDIDATOS NEGROS(AS)?**
A) Propostas políticas do candidato
B) Partido / Coligação?
C) Escolaridade
D) Popularidade
E) Gênero

9. **A ORIGEM OU A CLASSE SOCIAL É RELEVANTE PARA A ESCOLHA DO CANDIDATO?**
A) SIM
B) NÃO
C) Indiferente
D) Muito importante
E) Nenhuma Importância

10. **A RELIGIÃO DO CANDIDATO É RELEVANTE PARA SUA ESCOLHA?**
A) SIM
B) NÃO
C) INDIFERENTE

11. **CONSIDERANDO QUE, EM GERAL, A MAIORIA DOS BRASILEIROS AFIRMA TER UMA RELIGIAO, VOCÊ VOTARIA EM CANDIDATO COM RELIGIAO DECLARADA DIFERENTE DA SUA?**
A) SIM
B) NÃO

12. **CANDIDATOS DE QUAIS RELIGIÕES VOCÊ NÃO VOTARIA EM HIPÓTESE ALGUMA?**
_____
_____
_____
_____
_____

13. **SUPONDO QUE A MAIORIA DOS ELEITORES NEGROS VOTASSEM EM CANDIDATOS NEGROS, NA SUA OPINIÃO QUAIS SÃO OS PRINCIPAIS MOTIVOS QUE IMPEDIRIAM MAIOR REPRESENTAÇÃO DE PARLAMENTARES NEGROS NA ASSEMBLEIA LEGISLATIVA E CÂMARA MUNICIPAL DE SÃO PAULO?**
   A) Excesso de candidatos negros?
   B) Candidatos pouco conhecidos ou inexpressivos?
   C) Falta de estrutura econômica/financeira?
   D) Falta de estrutura partidária
   E) Mobilidade reduzida do candidato
   F) Concentração de suas campanhas em Microrregiões (**Bairro, Cidade, Região**)
   G) Falta de propostas consistentes
   H) Pouca visibilidade nos programas partidários

14. **DAS ALTERNATIVAS CITADAS ACIMA NO ITEM 13, ESCOLHA DUAS QUE VOCÊ CONSIDERA AS MAIS IMPORTANTES PARA O INSUCESSO DOS CANDIDATOS NEGROS**

   _____
   _____
   _____
   _____
   _____

15. **QUAL A IMPORTANCIA E IMPLICAÇÃO DOS PARTIDOS POLITICOS NO RESULTADO ELEITORAL DOS CANDIDATOS(AS) NEGROS(AS)?**
   A) Muita
   B) Pouca
   C) Total
   D) Nenhuma

16. **NA SUA OPINIAO, QUAIS SERIAM AS RESPONSABILIDADES DOS PARTIDOS POLITICOS NA BAIXA REPRESENTAÇÃO PARLAMENTAR DA POPULAÇÃO NEGRA NESTES ESPAÇOS DE PODER (Assembleia Legislativa e Câmara Municipal de SP)?**

   _____
   _____
   _____
   _____
   _____

17. AINDA SOBRE OS PARTIDOS POLITICOS NO BRASIL, NA SUA OPINIÃO, EXISTE ALGUMA RELAÇÃO DIRETA ENTRE A PREFERÊNCIA EXPLÍCITA DE CERTOS PARTIDOS POLITICOS POR DETERMINADOS CANDIDATOS(AS) E O RESULTADO DAS ELEIÇÕES?

A) (SIM)
B) (NÃO)

18. MAIOR OU MENOR O TEMPO DE EXPOSIÇÃO DOS CANDIDATOS NEGROS(AS) NA PROPAGANDA ELEITORAL, NA SUA OPINIÃO, INFLUENCIA NO RESULTADO DA ELEIÇÃO OU NÃO DESSES CANDIDATOS(AS)?

A) SIM
B) NÃO

19. SE VOCÊ FOSSE UM CANDIDATO(A) NEGRO(A) AO CARGO DE DEPUTADO ESTADUAL OU VEREADOR, QUAL SERIA SUA PRINCIPAL PLATAFORMA POLÍTICA PARA CONQUISTAR O MAIOR NÚMERO DE ELEITORES NEGROS?

_____
_____
_____
_____

20. A EXISTÊNCIA DE CANDIDATOS POPULARES NOS PARTIDOS POLITICOS (cantores, atrizes, atores e jogadores de futebol por exemplo), NA SUA OPINIAO ESTES CANDIDATOS SÃO:

A) Úteis à população negra
B) Úteis aos partidos políticos
C) Alguns se utilizam da propaganda eleitoral para se autopromoverem
D) São utilizados pelos partidos políticos para ampliar o voto na legenda

21. NA SUA OPINIÃO, O APOIO OU A REJEIÇÃO DESSES CANDIDATOS POPULARES É CAPAZ DE INFLUENCIAR DECIDIDAMENTE O ELEITOR NA ESCOLHA DE SEU/SUA CANDIDATO(A)?

A) SIM
B) NÃO

22. VOCÊ ALGUMA VEZ VOTOU INFLUENCIADO(A) POR ESSES INDIVIDUOS?

A) SIM
B) NÃO

23. **NA SUA OPINIÃO, ESSES CANDIDATOS POPULARES SÃO PREJUDICIAIS OU PROMOVEM MAIS BENEFÍCIOS PARA OS OUTROS CANDIDATOS(AS) NEGROS COM REDUZIDA POPULARIDADE?**

A) São prejudiciais
B) Promovem mais benefícios aos outros candidatos

24. **DE QUE MANEIRA ELES SÃO PREJUDICIAIS OU PRODUZEM BENEFICIOS PARA OS OUTROS CANDIDATOS(AS)?**

_____
_____
_____
_____

25. **O VOTO DA POPULAÇÃO NEGRA PODE MUITAS VEZES SER DETERMINANTE PARA CERTOS CANDIDATOS NÃO NEGROS. NA SUA OPINIÃO O QUE EXPLICARIA A POUCA OU INEXPRESSIVA PRESENÇA DE NEGROS EM CARGOS COMISSIONADOS NOS GABINETES DESTES PARLAMENTARES?**

_____
_____
_____
_____

26. **NA SUA OPINIÃO QUAIS SÃO OS PRINCIPAIS MOTIVOS PARA OS CANDIDATOS BRANCOS POSSIVELMENTE ELEITOS TAMBÉM COM O AUXÍLIO DE ELEITORES NEGROS, NÃO ADMITIREM ESTES ÚLTIMOS EM CARGOS COMISSIONADOS EM SEUS GABINETES? (Escolha duas opções que considere relevantes)**

A) Voto da população negra lhes é muito útil e sem qualquer exigência de contrapartida ou compromisso
B) Esses parlamentares não estão comprometidos com a questão racial
C) Não tem como eles saberem
D) A culpa é do sistema eleitoral que os beneficia
E) Naturalizam a ausência de negros nesses espaços
F) Escolaridade
G) Honestidade

27. Na SUA OPINIÃO, A POUCA REPRESENTATIVIDADE DA POPULAÇÃO NEGRA NOS ESPAÇOS DE PODER COMO A ASSEMBLEIA LEGISLATIVA E CÂMARA MUNICIPAL DE SÃO PAULO, É UM REFLEXO DE:

A) Distribuição de recursos financeiros e materiais insuficientes para os candidatos negros
B) Candidatos brancos, em geral, parecem ter maiores recursos financeiros e materiais disponíveis o que lhes facilitaria ocuparem esses lugares em maior número
C) A maior presença de parlamentares brancos nos espaços de poder e tomada de decisões políticas é decorrente de seus históricos privilégios
D) Privilégios e maior acesso aos recursos financeiros distribuídos são, a rigor, determinantes para a maior presença de brancos nos espaços de poder no Brasil.

28. DE IGUAL MODO, TAMBEM É CORRETO SE AFIRMAR QUE A SUB-REPRESENTAÇÃO PARLAMENTAR DOS NEGROS NAS DIMENSÕES DO PODER LEGISLATIVO DE SÃO PAULO OCORRE EM RAZÃO DE:

A) Falta de estrutura econômico-financeira
B) Falta de patrocínio p/ suas campanhas
C) Pouco empenho dos partidos
D) Pouco empenho dos candidatos

29. APURAMOS QUE ALGUNS CANDIDATOS NEGROS MANTÊM SUA JORNADA REGULAR DE TRABALHO NA INICIATIVA PRIVADA DURANTE O PERÍODO QUE ANTECEDE AS ELEIÇÕES. NA SUA OPINIÃO ESTA SITUAÇÃO SE CARACTERIZA PRINCIPALMENTE EM RAZÃO DE:

A) Reafirmação das desigualdades existente entre brancos e negros no Brasil
B) Reafirmação dos privilégios exclusivos dos mais ricos e brancos ocuparem os espaços de poder no Brasil
C) Culpa da legislação eleitoral brasileira
D) Eleição política no Brasil é uma prerrogativa exclusiva dos mais ricos

30. **OS BRASILEIROS DE ORIGEM JAPONESA REPRESENTAM POUCO MAIS DE 1% DA POPULAÇÃO NACIONAL. EM SÃO PAULO ELES TÊM CONSEGUIDO ELEGER MAIS PARLAMENTARES QUE OS NEGROS. NA SUA OPINIÃO, ISTO SE DEVE EM RAZÃO DE ELES SEREM: (escolha duas alternativas que considera as mais importantes):**
A) Mais ricos
B) Mais organizados
C) Mais coesos e solidários entre si
D) Mais esforçados
E) Mais dedicados
F) Mais competentes

31. **NA SUA OPINIÃO, PORTANTO, É CORRETO SE AFIRMAR QUE PARTE DA SUB-REPRESENTAÇÃO DOS NEGROS NO LEGISLATIVO É DECORRENTE DE ELES TAMBEM SEREM: (escolha duas alternativas que melhor refletem este quadro).**
A) Os mais pobres
B) Os menos organizados
C) Menos coesos e solidários entre si
D) Menos esforçados
E) Menos dedicados
F) Menos competentes

32. **DOCUMENTOS DA EXTINTA FRENTE NEGRA BRASILEIRA INDICAM QUE NO PASSADO OS NEGROS SE REUNIAM MAIS FREQUENTEMENTE PARA DISCUTIREM QUESTÕES POLÍTICAS. NA SUA OPINIÃO, O APARENTE DESINTERESSE DE PARTE DOS JOVENS NEGROS POR POLÍTICA ATUALMENTE É DECORRENTE DE:**
A) Aparente redução do racismo no Brasil
B) Parte dos jovens negros tem pouca compreensão do jogo político no Brasil
C) Parte deles tem pouca ou nenhuma referência a respeito do ativismo negro
D) Questões ligadas à sua sobrevivência, ao seu próprio desenvolvimento intelectual e financeiro estão acima do interesse coletivo do seu grupo étnico

33. **NA SUA OPINIÃO, O REDUZIDO ATIVISMO POLÍTICO DE PARTE DOS JOVENS NEGROSA NA LUTA ANTIRRACISTA É RESULTADO DE:** (escolha duas alternativas que melhor refletem esse quadro).
A) Parte deles não consegue compreender nitidamente as sutilezas do racismo à brasileira
B) Os poucos benefícios conseguidos por seus ancestrais no passado, por conta de muita luta, pode ter tornado parte desses jovens negros politicamente menos ativos no combate ao racismo institucional no Brasil contemporâneo.
C) O custo do transporte público é um obstáculo para sua mobilidade e ativismo político
D) O Movimento Negro Brasileiro não tem, em parte, um trabalho eficiente de arregimentação visando atrair os jovens negros para substituírem antigas lideranças

34. **A APARENTE APATIA POLÍTICA DE PARTE DO PEQUENO GRUPO DE NEGROS QUE ASCENDEU À CLASSE MÉDIA, EM PARTE, GRAÇAS À LUTA DE SEUS ANCESTRAIS, OUTRA PARTE POR SEUS PRÓPRIOS MÉRITOS PARECE:**
A) Desestimular as lutas e demandas política dos negros mais pobres
B) Tornar os negros mais pobres indiferentes às suas necessidades de maior representação parlamentar no Legislativo

35. **NA SUA OPINIÃO É CORRETO SE AFIRMAR QUE PARTE DOS BRASILEIROS NEGROS MAIS RICOS E COM FORMAÇÃO SUPERIOR NÃO OFERECE À POPULAÇÃO NEGRA UMA CONTRIBUIÇÃO À ALTURA DE SUA LUTA EMPREENDIDA NO PASSADO PARA AMPLIAÇÃO DE SUA REPRESENTAÇÃO NO LEGISLATIVO E COMBATE A TODAS AS FORMAS DE RACISMO?**
A) Sim
B) Não

36. **VOCÊ CONCORDA COM AS ALEGAÇÕES DE PARTE DOS NEGROS MAIS RICOS QUE:**
A) Não expõe as suas convicções políticas explicitamente para poder preservar essas poucas, porém importantes conquistas decorrentes da luta de outras gerações.
B) A formação superior que lhe permite ocupar certos espaços na sociedade brasileira é também uma forma indireta de luta e de combate ao racismo institucional

37. NA SUA OPINIÃO, É CORRETO SE AFIRMAR QUE A APARENTE FALTA DE ENGAJAMENTO E INDIFERENÇA POLÍTICA DE PARTE DOS NEGROS MAIS RICOS É TAMBÉM:

A) Responsável pela reduzida e ineficiente mobilidade política dos afro-brasileiros
B) Contribui para que a população negra não consiga ampliar a sua representação no Poder Legislativo
C) Colabora para a perpetuação da maioria dos mais ricos e brancos à frente do Poder Legislativo
D) São as sutilezas do racismo à brasileira que operam para manter os negros mais ricos longe e afastados dos negros mais pobres

38. VOCÊ SE LEMBRA DO NOME DO CANDIDATO E SEU PARTIDO PARA O QUAL VOCÊ VOTOU NA ÚLTIMA ELEIÇÃO PARA DEPUTADO ESTADUAL E VEREADOR?

A) Sim - indique o nome(s) e partido(s) _____
B) Não me lembro
C) Sei apenas o nome do candidato. Não me lembro do partido _____
D) Me lembro apenas do partido _____

39. ALGUMA VEZ VOTOU EM CANDIDATO A DEPUTADO ESTADUAL OU VEREADOR A PEDIDO DE:

A) Parente
B) Amigo
C) Colega de trabalho
D) Vizinho
E) Patrão/Patroa

40. CASO TENHA ASSINALADO ALGUMA DAS ALTERNATIVAS NO ITEM ANTERIOR, INDIQUE A COR DO CANDIDATO

_____
_____
_____
_____
_____

41. A LEGISLAÇÃO ELEITORAL (LEI 9504/97) ASSEGUROU ÀS MULHERES 30% DAS CANDIDATURAS DOS PARTIDOS POLITICOS. NA SUA OPINIÃO SERIA NECESSÁRIO QUE O LEGISLADOR TAMBÉM:

A) Adotasse nesse percentual cota para as mulheres negras e indígenas
B) Adotar cotas ou não é uma questão interna de cada partido político
C) As cotas são indispensáveis para ampliação da representação política das mulheres negras e indígenas no Parlamento brasileiro
D) As cotas para as mulheres são indispensáveis para redução das diferenças de gênero e etnia no Legislativo nacional

42. NA SUA OPINIÃO É CORRETO SE AFIRMAR QUE O MODO COMO A DEMOCRACIA É OPERADA ATUALMENTE NO BRASIL: (escolha até duas das alternativas abaixo).

A) A democracia reserva para os mais pobres e negros o direito de elegerem exclusivamente os mais ricos e brancos que irão governá-los
B) A democracia no Brasil preserva o direito de apenas os mais ricos e brancos poderem disputar o voto popular
C) A democracia não se efetiva para os mais pobres e negros em razão do elevado custo das campanhas para o Legislativo
D) O atual modelo da democracia brasileira realimenta as diferenças sociais e preserva as antigas práticas racistas em nosso país

43. NA SUA OPINIÃO QUAIS SERIAM OS CAMINHOS PARA SE REDUZIR PARTE DAS DIFERENÇAS E AMPLIAR A REPRESENTAÇÃO DOS MAIS POBRES E NEGROS NO LEGISLATIVO BRASILEIRO?

A) Adoção de cotas parlamentares mínimas por grupos étnicos, segundo dados do IBGE
B) Impor uma sobretaxa às grandes fortunas para financiar os candidatos mais pobres

44. A LEGISLAÇÃO ELEITORAL BRASILEIRA BANIU DAS ÚLTIMAS ELEIÇÕES A TRADICIONAL FIGURA DO CABO ELEITORAL. NA SUA OPINIÃO, ESTA MEDIDA LEGAL CONTRIBUIU MAIS PARA:

A) Reduzir as diferenças estruturais no dia da eleição entre os candidatos mais ricos e os mais pobres
B) As diferenças estruturais não somente permaneceram como se ampliaram
C) Os mais ricos transferiram o ativismo de seus cabos eleitorais dos postos de votação para o ativismo político pago nas redes sociais
D) O município e os eleitores foram os mais beneficiados com essa proibição

45. A REGRA FUNDAMENTAL DA DEMOCRACIA É O GOVERNO DA MAIORIA. NA SUA OPINIÃO, SE NO BRASIL A MAIORIA (PRETOS E PARDOS = NEGROS) NÃO SE ENCONTRA PROPORCIONALMENTE REPRESENTADA NO LEGISLATIVO, PORTANTO, AINDA ASSIM, É CORRETO SE AFIRMAR QUE

A) Vivemos em uma democracia
B) Não vivemos em uma democracia

46. MANIFESTAÇÕES COLETIVAS QUE ASSOLARAM AS GRANDES METRÓPOLES BRASILEIRAS NOS ÚLTIMOS TEMPOS REVELARAM QUE OS MAIS POBRES E NEGROS, EM PARTE:

A) Não se solidarizam politicamente com os mais ricos e brancos
B) Não reconhecem legitimidade nas queixas e demandas dos mais ricos e brancos
C) Seu entendimento sobre democracia pode não ser o mesmo dos maios ricos e brancos
D) Sua pequena participação nessas manifestações reafirma as enormes desigualdades estruturais, raciais e sociais existentes no Brasil entre os negros mais pobres e os brancos mais ricos

47. OS RESULTADOS DAS ELEIÇÕES TÊM REVELADO QUE:

A) Os mais ricos e brancos no Brasil já não conseguem exercer completamente influência política sobre os mais pobres e negros
B) Os mais pobres e negros têm optado mais pelas propostas políticas dos partidos ditos de esquerda
C) Os mais pobres e negros, de uma maneira geral, rejeitam as propostas políticas dos partidos ditos de direita
D) Os mais pobres e negros exteriorizam nas eleições o seu desapontamento com parte dos mais ricos e brancos os quais, em geral, também não costumam apoiá-los em suas demandas políticas tampouco os apoiam em suas lutas por igualdade de direitos

48. NA SUA OPINIÃO, É CORRETO SE AFIRMAR QUE A BAIXA REPRESENTAÇÃO PARLAMENTAR DA POPULAÇÃO NEGRA NO LEGISLATIVO IMPLICAR QUE:

A) Assuntos de seus interesses acabam muitas vezes sendo tratados por parlamentares que discordam de suas demandas políticas

B) Parlamentares que têm no voto da população negra uma utilidade são por isso mesmo contrários à ampliação de sua representação parlamentar

C) Parlamentares preocupados na preservação do modelo que assegura maior representação política apenas aos mais ricos e brancos no Legislativo

D) São os negros que, a rigor, delegam e autorizam que parlamentares não negros, muitas vezes descompromissados com suas lutas, tratem de seus interesses no Legislativo

49. COM OS RESULTADOS DAS ÚLTIMAS ELEIÇÕES EMERGIRAM NAS GRANDES METRÓPOLES BRASILEIRAS DISCRIMINAÇÕES RACIAIS CONTRA NEGROS E NORDESTINOS. NA SUA OPINIÃO ESSAS VIOLÊNCIAS SÃO DECORRENTES DE: (escolha até duas alternativas)

A) Os mais ricos e brancos descobriram que já não gozam da confiança e tampouco conseguem subordinar os mais pobres e negros a votarem nos seus candidatos

B) A violência racial decorre da constatação de que as classes dominantes são cada vez mais dependentes dos mais pobres para elegerem os seus candidatos

C) Os mais ricos e brancos não reconhecem a autonomia dos mais pobres e negros poderem escolher candidatos diferentes dos seus

D) A emergência das tensões raciais é decorrente da desobediência e subversão da ordem nas urnas pelos mais pobres e negros que exercem a sua liberdade de escolha.

50. ALGUMA VEZ VOTOU EM CANDIDATO POR INDICAÇÃO DE:

A) Padre/Sacerdotisa

B) Pastor

C) Ialorixás / Babalorixás

D) Líder religioso

51. SE ASSINALOU ALGUMA DAS ALTERNATIVAS ACIMA, INDIQUE:

A) Cor e sexo do candidato(a) _____

B) Partido / coligação do candidato _____

APÊNDICE B - QUESTIONÁRIO DE PESQUISA COM ELEITORES BRANCOS

FACULDADE DE DIREITO DA UNIVERSIDADE DE SÃO PAULO
TESE DE DOUTORADO – OTG/FDUSP
QUESTIONARIO DE PESQUISA - **ELEITORES BRANCOS**
MUNICIPIO DE SÃO PAULO / GRANDE SÃO PAULO – 2016

1. Idade _____ Profissão _____ Sexo (M) (F)
2. **NIVEL DE ESCOLARIDADE**
   - (A) Fundamental completo
   - (B) Incompleto
   - (C) Ensino Médio Completo
   - (D) Incompleto
   - (E) Superior Completo
   - (F) Incompleto
3. **RENDA:**
   - A) Até 1 salário mínimos/mês
   - B) De 1 a 3 salários mínimos/mês
   - C) De 3 a 6 salários mínimos/mês
   - D) De 6 a 9 salários mínimos/mês
   - E) Acima de 10 salários mínimos/mês
4. **REGIÃO DA CAPITAL/ ESTADO ONDE RESIDE?**
   - A) ZONA CENTRO _____
   - B) ZONA SUL _____
   - C) ZONA NORTE _____
   - D) ZONA LESTE _____
   - E) ZONA OESTE _____
5. **NAS ELEIÇÕES PARA A ASSEMBLEIA LEGISLATIVA OU PARA A CÂMARA MUNICIPAL DE SÃO PAULO (se residir na capital), O (A) RESPONDENTE CONSIDERA A POSSIBILIDADE DE VOTAR EM CANDIDATOS (AS) NEGROS(AS) OU PARDOS(AS)?**
   - A) Sim, certamente
   - B) Sim, desde que concorde com as propostas apresentadas
   - C) Sim, dependendo do partido ou da coligação pela qual ele(a) se candidata
   - D) Sim, se for ligado à região ou cidade onde moro
   - E) Não

6. **O QUE LEVARIA VOCÊ A VOTAR EM CANDIDATOS(AS) NEGROS(AS)?**
A) Propostas políticas do candidato
B) Partido / Coligação
C) Escolaridade
D) Popularidade
E) Homem ( ) Mulher ( )

7. **A QUESTÃO RACIAL É RELEVANTE PARA A ESCOLHA DO CANDIDATO**
(A) SIM (B) NÃO

8. **8- O QUE LEVARIA VOCÊ A NÃO VOTAR EM CANDIDATOS NEGROS(AS)?**
Propostas políticas do candidato
A) Partido / Coligação?
B) Escolaridade
C) Popularidade
D) Homem ( ) Mulher ( )

9. **A ORIGEM OU A CLASSE SOCIAL É RELEVANTE PARA A ESCOLHA DO CANDIDATO?**
A) SIM
B) NÃO
C) Indiferente
D) Muito importante
E) Nenhuma importância

10. **A RELIGIÃO DO CANDIDATO É RELEVANTE PARA SUA ESCOLHA?**
A) SIM
B) NÃO
C) Indiferente

11. **CONSIDERANDO QUE, EM GERAL, A MAIORIA DOS BRASILEIROS AFIRMA TER UMA RELIGIÃO, VOCÊ VOTARIA EM CANDIDATO COM RELIGIÃO DECLARADA DIFERENTE DA SUA?**
A) SIM B) NAO

12. **EM CANDIDATOS DE QUAIS RELIGIÕES VOCÊ NÃO VOTARIA EM HIPÓTESE ALGUMA**

_____
_____
_____
_____

13. **SUPONDO QUE A MAIORIA DOS ELEITORES NEGROS VOTASSEM EM CANDIDATOS NEGROS, NA SUA OPINIÃO, QUAIS SÃO OS PRINCIPAIS MOTIVOS QUE IMPEDIRIAM MAIOR REPRESENTAÇÃO DE PARLAMENTARES NEGROS NA ASSEMBLEIA LEGISLATIVA E CÂMARA MUNICIPAL DE SÃO PAULO?**
A) Excesso de candidatos negros
B) Candidatos pouco conhecidos ou inexpressivos
C) Falta de estrutura econômica /financeira
D) Falta de estrutura partidária
E) Mobilidade reduzida do candidato
F) Concentração de suas campanhas em microrregiões (**Bairro, Cidade, Região**)
G) Falta de propostas consistentes
H) Pouca visibilidade nos programas partidários

14. **DAS ALTERNATIVAS CITADAS ACIMA NO ITEM 13, ESCOLHA DUAS QUE VOCÊ CONSIDERA AS MAIS IMPORTANTES PARA O INSUCESSO DOS CANDIDATOS NEGROS.**

_____
_____
_____
_____
_____

15. **QUAL A IMPORTÂNCIA E IMPLICAÇÃO DOS PARTIDOS POLÍTICOS NO RESULTADO ELEITORAL DOS CANDIDATOS(AS) NEGROS(AS)**
A) Muita
B) Pouca
C) Total
D) Nenhuma

16. **NA SUA OPINIÃO, QUAIS SERIAM AS RESPONSABILIDADES DOS PARTIDOS POLÍTICOS NA BAIXA REPRESENTAÇÃO PARLAMENTAR DA POPULAÇÃO NEGRA NESSES ESPAÇOS DE PODER (Assembleia Legislativa e Câmara Municipal de SP)**

_____
_____
_____
_____
_____

17. AINDA SOBRE OS PARTIDOS POLÍTICOS NO BRASIL, NA SUA OPINIÃO, EXISTE ALGUMA RELAÇÃO DIRETA ENTRE A PREFERÊNCIA EXPLÍCITA DE CERTOS PARTIDOS POLÍTICOS POR DETERMINADOS CANDIDATOS(AS) E O RESULTADO DAS ELEIÇÕES?

A) SIM   B) NÃO

18. MAIOR OU MENOR O TEMPO DE EXPOSIÇÃO DOS CANDIDATOS NEGROS(AS) NA PROPAGANDA ELEITORAL, NA SUA OPINIÃO, INFLUENCIA NO RESULTADO DA ELEIÇÃO OU NÃO DESSES CANDIDATOS(AS)?

A) SIM   B) NÃO

19. SE VOCÊ FOSSE UM CANDIDATO(A) NEGRO(A) AO CARGO DE DEPUTADO ESTADUAL OU VEREADOR, QUAL SERIA SUA PRINCIPAL PLATAFORMA POLÍTICA PARA CONQUISTAR O MAIOR NÚMERO DE ELEITORES NEGROS?

_____
_____
_____
_____
_____

20. A EXISTÊNCIA DE CANDIDATOS POPULARES NOS PARTIDOS POLÍTICOS (cantores, atrizes, atores e jogadores de futebol, por exemplo), NA SUA OPINIÃO ESSES CANDIDATOS SÃO:

A) Úteis à população negra
B) Úteis aos partidos políticos
C) Alguns se utilizam da propaganda eleitoral para se autopromoverem
D) São utilizados pelos partidos políticos para ampliar o voto na legenda

21. NA SUA OPINIÃO, O APOIO OU A REJEIÇÃO DESSES CANDIDATOS POPULARES É CAPAZ DE INFLUENCIAR DECIDIDAMENTE O ELEITOR NA ESCOLHA DE SEU/SUA CANDIDATO(A)?

A) SIM   B) NÃO

22. VOCÊ ALGUMA VEZ VOTOU INFLUENCIADO(A) POR ESSES INDIVÍDUOS?

A) SIM   B) NÃO

23. NA SUA OPINIAO, ESSES CANDIDATOS POPULARES SÃO PREJUDICIAIS OU PROMOVEM MAIS BENEFÍCIOS PARA OS OUTROS CANDIDATOS(AS) NEGROS COM REDUZIDA POPULARIDADE?

A) São prejudiciais
B) Promovem mais benefícios aos outros candidatos

24. **DE QUE MANEIRA ELES SÃO PREJUDICIAIS OU PRODUZEM BENEFÍCIOS PARA OS OUTROS CANDIDATOS(AS)?**

_____
_____
_____
_____

25. **O VOTO DA POPULAÇÃO NEGRA PODE MUITAS VEZES SER DETERMINANTE PARA CERTOS CANDIDATOS NÃO NEGROS. NA SUA OPINIÃO O QUE EXPLICARIA A POUCA OU INEXPRESSIVA PRESENÇA DE NEGROS EM CARGOS COMISSIONADOS NOS GABINETES DESSES PARLAMENTARES?**

_____
_____
_____
_____

26. **NA SUA OPINIÃO QUAIS SÃO OS PRINCIPAIS MOTIVOS PARA OS CANDIDATOS BRANCOS POSSIVELMENTE ELEITOS TAMBEM COM O AUXÍLIO DE ELEITORES NEGROS, NÃO ADMITIR ESTES ÚLTIMOS EM CARGOS COMISSIONADOS EM SEUS GABINENTES? (Escolha duas opções que considere relevante).**

A) Voto da população negra lhes é muito útil e sem qualquer exigência de contrapartida ou compromisso
B) Esses parlamentares não estão comprometidos com a questão racial
C) Não tem como eles saberem
D) A culpa é do sistema eleitoral que os beneficia
E) Naturalizam a ausência de negros nesses espaços?
F) Escolaridade
G) Honestidade

27. NA SUA OPINIÃO, A POUCA REPRESENTATIVIDADE DA POPULAÇÃO NEGRA NOS ESPAÇOS DE PODER COMO A ASSEMBLEIA LEGISLATIVA E CÂMARA MUNICIPAL DE SÃO PAULO, É UM REFLEXO DE:

A) Distribuição de recursos financeiros e materiais insuficientes para os candidatos negros

B) Candidatos brancos, em geral, parecem ter maiores recursos financeiros e materiais disponíveis o que lhes facilitaria ocuparem esses lugares em maior número

C) A maior presença de parlamentares brancos nos espaços de poder e tomada de decisões políticas é decorrente de seus históricos privilégios

D) Privilégios e maior acesso aos recursos financeiros distribuídos são, a rigor, determinantes para a maior presença de brancos nos espaços de poder no Brasil.

28. DE IGUAL MODO, TAMBEM É CORRETO SE AFIRMAR QUE A SUB-REPRESENTAÇÃO PARLAMENTAR DOS NEGROS NAS DIMENSÕES DO PODER LEGISLATIVO DE SÃO PAULO OCORRE EM RAZÃO DE:

A) Falta de estrutura econômico-financeira

B) Falta de patrocínio p/ suas campanhas

C) Pouco empenho dos partidos

D) Pouco empenho dos candidatos

29. APURAMOS QUE ALGUNS CANDIDATOS NEGROS MANTÊM SUA JORNADA REGULAR DE TRABALHO NA INICIATIVA PRIVADA DURANTE O PERÍODO QUE ANTECEDE AS ELEIÇÕES. NA SUA OPINIÃO ESTA SITUAÇÃO SE CARACTERIZA PRINCIPALMENTE EM RAZÃO DE:

A) Reafirmação das desigualdades existente entre brancos e negros no Brasil

B) Reafirmação dos privilégios exclusivos dos mais ricos e brancos ocuparem os espaços de poder no Brasil

C) Culpa da legislação eleitoral brasileira

D) Eleição política no Brasil é uma prerrogativa exclusiva dos mais ricos

30. **OS BRASILEIROS DE ORIGEM JAPONESA REPRESENTAM POUCO MAIS DE 1% DA POPULAÇÃO NACIONAL. EM SÃO PAULO ELES TÊM CONSEGUIDO ELEGER MAIS PARLAMENTARES QUE OS NEGROS. NA SUA OPINIÃO, ISTO SE DEVE EM RAZÃO DE ELES SEREM:** (escolha duas alternativas que considera as mais importantes):

A) Mais ricos
B) Mais organizados
C) Mais coesos e solidários entre si
D) Mais esforçados
E) Mais dedicados
F) Mais competentes

31. **NA SUA OPINIÃO, PORTANTO, É CORRETO SE AFIRMAR QUE PARTE DA SUB-REPRESENTAÇÃO DOS NEGROS NO LEGISLATIVO É DECORRENTE DE ELES TAMBEM SEREM:** (escolha duas alternativas que melhor refletem este quadro):

A) Os mais pobres
B) Os menos organizados
C) Menos coesos e solidários entre si
D) Menos esforçados
E) Menos dedicados
F) Menos competentes

32. **DOCUMENTOS DA EXTINTA FRENTE NEGRA BRASILEIRA INDICAM QUE NO PASSADO OS NEGROS SE REUNIAM MAIS FREQUENTEMENTE PARA DISCUTIREM QUESTOES POLÍTICAS. NA SUA OPINIÃO, O APARENTE DESINTERESSE DE PARTE DOS JOVENS NEGROS POR POLÍTICA ATUALMENTE É DECORRENTE DE:**

A) Aparente redução do racismo no Brasil
B) Parte dos jovens negros tem pouca compreensão do jogo político no Brasil
C) Parte deles tem pouca ou nenhuma referência a respeito do ativismo negro
D) Questões ligadas à sua sobrevivência, ao seu próprio desenvolvimento intelectual e financeiro estão acima do interesse coletivo do seu grupo étnico

33. **NA SUA OPINIÃO, O REDUZIDO ATIVISMO POLÍTICO DE PARTE DOS JOVENS NEGROS NA LUTA ANTIRRACISTA É RESULTADO DE: (escolha duas alternativas que melhor refletem este quadro):**
A) Parte deles não consegue compreender nitidamente as sutilezas do racismo à brasileira
B) Os poucos benefícios conseguidos por seus ancestrais no passado, por conta de muita luta, pode ter tornado parte desses jovens negros politicamente menos ativos no combate ao racismo institucional no Brasil contemporâneo
C) O custo do transporte público é um obstáculo para sua mobilidade e ativismo político
D) O Movimento Negro Brasileiro não tem, em parte, um trabalho eficiente de arregimentação visando atrair os jovens negros para substituírem antigas lideranças

34. **A APARENTE APATIA POLÍTICA DE PARTE DO PEQUENO GRUPO DE NEGROS QUE ASCENDEU À CLASSE MÉDIA, EM PARTE, GRAÇAS À LUTA DE SEUS ANCESTRAIS, OUTRA PARTE POR SEUS PROPRIOS MÉRITOS PARECE:**
A) Desestimular as lutas e demandas políticas dos negros mais pobres
B) Tornar os negros mais pobres indiferentes às suas necessidades de maior representação parlamentar no Legislativo

35. **NA SUA OPINIAO É CORRETO AFIRMAR QUE PARTE DOS BRASILEIROS NEGROS MAIS RICOS E COM FORMAÇÃO SUPERIOR NÃO OFERECE À POPULAÇÃO NEGRA UMA CONTRIBUIÇÃO À ALTURA DE SUA LUTA EMPREENDIDA NO PASSADO PARA AMPLIAÇÃO DE SUA REPRESENTAÇÃO NO LEGISLATIVO E COMBATE A TODAS AS FORMAS DE RACISMO?**
A) SIM B) NÃO

36. **VOCÊ CONCORDA COM AS ALEGAÇÕES DE PARTE DOS NEGROS MAIS RICOS QUE:**
A) Não expõe as suas convicções políticas explicitamente para poder preservar essas poucas, porém, importantes conquistas decorrentes da luta de outras gerações
B) A formação superior que lhe permite ocupar certos espaços na sociedade brasileira é também uma forma indireta de luta e de combate ao racismo institucional

37. NA SUA OPINIÃO, É CORRETO AFIRMAR QUE A APARENTE FALTA DE ENGAJAMENTO E INDIFERENÇA POLÍTICA DE PARTE DOS NEGROS MAIS RICOS É TAMBÉM:

A) Responsável pela reduzida e ineficiente mobilidade política dos afro-brasileiros
B) Contribui para que a população negra não consiga ampliar a sua representação no Poder Legislativo
C) Colabora para a perpetuação da maioria dos mais ricos e brancos à frente do Poder Legislativo
D) São as sutilezas do racismo à brasileira que operam para manter os negros mais ricos longe e afastados dos negros mais pobres, a fim de preservar ambos longe das dimensões de poder no Brasil

38. VOCÊ SE LEMBRA DO NOME DO CANDIDATO E SEU PARTIDO PARA O QUAL VOCÊ VOTOU NA ÚLTIMA ELEIÇÃO PARA DEPUTADO ESTADUAL E VEREADOR?

A) Sim. Indique o nome(s) e partido(s) _____
B) Não me lembro
C) Sei apenas o nome do candidato. Não me lembro do partido _____
D) Me lembro apenas do partido _____

39. ALGUMA VEZ VOTOU EM CANDIDATO A DEPUTADO ESTADUAL OU VEREADOR A PEDIDO DE:

A) Parente
B) Amigo
C) Colega de trabalho
D) Vizinho
E) Patrão/Patroa

40. CASO TENHA ASSINALADO ALGUMA DAS ALTERNATIVAS NO ITEM ANTERIOR, INDIQUE A COR DO CANDIDATO.

_____
_____
_____
_____
_____

41. A LEGISLAÇÃO ELEITORAL (LEI 9504/97) ASSEGUROU ÀS MULHERES 30% DAS CANDIDATURAS DOS PARTIDOS POLÍTICOS. NA SUA OPINIÃO SERIA NECESSÁRIO QUE O LEGISLADOR TAMBÉM:

A) Adotasse nesse percentual cota para as mulheres negras e indígenas

B) Adotar cotas ou não é uma questão interna de cada partido político

C) As cotas são indispensáveis para ampliação da representação política das mulheres negras e indígenas no Parlamento brasileiro

D) As cotas para as mulheres são indispensáveis para redução das diferenças de gênero e etnia no Legislativo nacional

42. NA SUA OPINIÃO É CORRETO AFIRMAR QUE O MODO COMO A DEMOCRACIA É OPERADA ATUALMENTE NO BRASIL: (escolha até duas das alternativas abaixo).

A) A democracia reserva para os mais pobres e negros o direito de elegerem exclusivamente os mais ricos e brancos que irão governá-los

B) A democracia no Brasil preserva o direito de apenas os mais ricos e brancos poderem disputar o voto popular

C) A democracia não se efetiva para os mais pobres e negros em razão do elevado custo das campanhas para o Legislativo

D) O atual modelo da democracia brasileira realimenta as diferenças sociais e preserva as antigas práticas racistas em nosso país.

43. NA SUA OPINIÃO QUAIS SERIAM OS CAMINHOS PARA SE REDUZIR PARTE DAS DIFERENÇAS E AMPLIAR A REPRESENTAÇÃO DOS MAIS POBRES E NEGROS NO LEGISLATIVO BRASILEIRO?

A) Adoção de cotas parlamentares mínimas por grupos étnicos, segundo dados do IBGE

B) Impor uma sobretaxa às grandes fortunas para financiar os candidatos mais pobres

44. A LEGISLAÇÃO ELEITORAL BRASILEIRA BANIU DAS ÚLTIMAS ELEIÇÕES A TRADICIONAL FIGURA DO CABO ELEITORAL. NA SUA OPINIÃO, ESTA MEDIDA LEGAL CONTRIBUIU MAIS PARA:

A) Reduzir as diferenças estruturais no dia da eleição entre os candidatos mais ricos e os mais pobres

B) As diferenças estruturais não somente permaneceram como se ampliaram

C) Os mais ricos transferiram o ativismo de seus cabos eleitorais dos postos de votação para o ativismo político pago nas redes sociais

D) O município e os eleitores foram os mais beneficiados com essa proibição

45. A REGRA FUNDAMENTAL DA DEMOCRACIA É O GOVERNO DA MAIORIA. NA SUA OPINIÃO, SE NO BRASIL A MAIORIA (PRETOS E PARDOS = NEGROS) NÃO SE ENCONTRA PROPORCIONALMENTE REPRESENTADA NO LEGISLATIVO, PORTANTO, AINDA ASSIM, É CORRETO SE AFIRMAR QUE

A) Vivemos em uma democracia
B) Não vivemos em uma democracia

46. MANIFESTAÇÕES COLETIVAS QUE ASSOLARAM AS GRANDES METRÓPOLES BRASILEIRAS NOS ÚLTIMOS TEMPOS REVELARAM QUE OS MAIS POBRES E NEGROS, EM PARTE:

A) Não se solidarizam politicamente com os mais ricos e brancos
B) Não reconhecem legitimidade nas queixas e demandas dos mais ricos e brancos
C) Seu entendimento sobre democracia pode não ser o mesmo dos maios ricos e brancos
D) Sua pequena participação nessas manifestações reafirma as enormes desigualdades estruturais, raciais e sociais existentes no Brasil entre os negros mais pobres e os brancos mais ricos

47. OS RESULTADOS DAS ELEIÇÕES LEGISLATIVAS TÊM REVELADO QUE:

A) Os mais ricos e brancos no Brasil já não conseguem exercer completamente influência política sobre os mais pobres e negros
B) Os mais pobres e negros têm optado mais pelas propostas políticas dos partidos ditos de esquerda
C) Os mais pobres e negros, de uma maneira geral, rejeitam as propostas políticas dos partidos ditos de direita
D) Os mais pobres e negros exteriorizam nas eleições o seu desapontamento com parte dos mais ricos e brancos os quais, em geral, também não costumam apoiá-los em suas demandas políticas tampouco os apoiam em suas lutas por igualdade de direitos

48. NA SUA OPINIÃO, É CORRETO AFIRMAR QUE A BAIXA REPRESENTAÇÃO PARLAMENTAR DA POPULAÇAO NEGRA NO LEGISLATIVO IMPLICAR QUE:
A) Assuntos de seus interesses acabam muitas vezes sendo tratados por parlamentares que discordam de suas demandas políticas
B) Parlamentares que têm no voto da população negra uma utilidade são por isso mesmo contrários à ampliação de sua representação parlamentar
C) Parlamentares preocupados na preservação do modelo que assegura maior representação política apenas aos mais ricos e brancos no Legislativo
D) São os negros que, a rigor, delegam e autorizam parlamentares não negros, muitas vezes descompromissados com suas lutas, a tratarem de seus interesses no Legislativo

49. COM OS RESULTADOS DAS ÚLTIMAS ELEIÇÕES EMERGIRAM NAS GRANDES METRÓOPOLES BRASILEIRAS DISCRIMINAÇÕES RACIAIS CONTRA NEGROS E NORDESTINOS. NA SUA OPINIAO ESSAS VIOLÊNCIAS SÃO DECORRENTES DE: (escolha até duas alternativas):
A) Os mais ricos e brancos descobriram que já não gozam da confiança e tampouco conseguem subordinar os mais pobres e negros a votarem em seus candidatos
B) A violência racial decorre da constatação de que as classes dominantes são cada vez mais dependentes dos mais pobres para elegerem os seus candidatos
C) Os mais ricos e brancos não reconhecem a autonomia dos mais pobres e negros poderem escolher candidatos diferentes dos seus
D) A emergência das tensões raciais é decorrente da desobediência e subversão da ordem nas urnas pelos mais pobres e negros que exercem a sua liberdade de escolha na hora de votarem

50. ALGUMA VEZ VOTOU EM CANDIDATO POR INDICAÇÃO DE:
A) Padre/Sacerdotisa
B) Pastor
C) Ialorixás / Babalorixás
D) Líder religioso

51. SE ASSINALOU ALGUMA DAS ALTERNATIVAS ACIMA, INDIQUE:
A) Cor e sexo do candidato(a) _____
B) Partido / coligação do candidato _____

52. **NAS ELEIÇÕES DE 2008, O (A) RESPONDENTE VOTOU EM ALGUM(A) CANDIDATO(A) NEGRO(A) OU PARDO(A) PARA A CÂMARA MUNICIPAL DE SÃO PAULO?**
A) Sim
B) Não, pois votei em candidato de outro grupo étnico (branco, amarelo ou indígena)
C) Não, pois votei em branco ou anulei o meu voto
D) Não, pois não tenho domicilio eleitoral na cidade de São Paulo
E) Não me lembro

53. **NAS ELEIÇÕES DE 2010, O (A) RESPONDENTE VOTOU EM ALGUM(A) CANDIDATO(A) NEGRO(A) OU PARDO(A) PARA A ASSEMBLEIA LEGISLATIVA DO ESTADO DE SÃO PAULO?**
A) Sim
B) Não, pois votei em candidato de outro grupo étnico (branco; amarelo ou indígena).
C) Não, pois votei em branco ou anulei o meu voto.
D) Não me lembro.

54. **NAS ELEIÇÕES DE 2012, O(A) RESPONDENTE VOTOU EM ALGUM CANDIDATO(A) NEGRO(A) OU PARDO(A) PARA A CÂMARA MUNICIPAL DE SÃO PAULO?**
A) Sim
B) Não, pois votei em candidato de outro grupo étnico (branco, amarelo ou indígena)
C) Não, pois votei em branco ou anulei o meu voto.
D) Não, pois não tenho domicílio eleitoral na cidade de São Paulo.
E) Não me lembro.

55. **NAS ELEIÇÕES DE 2014, O (A) RESPONDENTE VOTOU EM ALGUM(A) CANDIDATO(A) NEGRO(A) OU PARDO(A) PARA A ASSEMBLEIA LEGISLATIVA DO ESTADO DE SÃO PAULO?**
A) Sim
B) Não, pois votei em candidato de outro grupo étnico (branco, amarelo ou indígena)
C) Não, pois votei em branco ou anulei o meu voto.
D) Não me lembro

APÊNDICE C - QUESTIONÁRIO DE PESQUISA COM ELEITORES EVANGÉLICOS

FACULDADE DE DIREITO DA UNIVERSIDADE DE SÃO PAULO

TESE DE DOUTORADO – OTG/FDUSP

QUESTIONARIO DE PESQUISA - **ELEITORES NEGROS EVANGÉLICOS**

(Pretos e Pardos)

MUNICIPIO DE SÃO PAULO / GRANDE SÃO PAULO – 2016

1. Idade _____ Profissão _____ Sexo (M) (F)
2. **NIVEL DE ESCOLARIDADE**
A) Fundamental completo
B) Incompleto
C) Ensino Médio Completo
D) Incompleto
E) Superior Completo
F) Incompleto
3. **RENDA**
A) De 1 a 03 salários mínimos/mês
B) De 3 a 6 salários mínimos/mês
C) De 6 a 9 salários mínimos/mês
D) Acima de 10 salários mínimos/mês
4. **REGIÃO DA CAPITAL / DO ESTADO ONDE RESIDE?**
A) ZONA CENTRO _____ BAIRRO _____
B) ZONA SUL _____ " _____
C) ZONA NORTE _____ BAIRRO _____
D) ZONA LESTE _____ " _____
E) ZONA OESTE _____ " _____
5. **ELEITORES NEGROS VOTAM EMCANDIDATOS NEGROS?**
A) SIM
B) NÃO
C) DEPENDE DE S/PROPOSTA
D) DEPENDE DO PARTIDO/COLIGAÇÃO
6. **O QUE LEVARIA VOCÊ A VOTAR EM CANDIDATOS(AS) NEGROS(AS)?**
A) Propostas políticas do candidato
B) Partido / Coligação?
C) Escolaridade
D) Popularidade
E) Gênero (homem ou mulher)

7. **A QUESTÃO RACIAL É RELEVANTE PARA A ESCOLHA DO CANDIDATO**
A) SIM   B) NÃO
8. **O QUE LEVARIA VOCÊ A NÃO VOTAR EM CANDIDATOS NEGROS(AS)?**
A) Propostas políticas do candidato
B) Partido / Coligação?
C) Escolaridade
D) Popularidade
E) Gênero (homem ou mulher)
9. **A ORIGEM OU A CLASSE SOCIAL É RELEVANTE PARA A ESCOLHA DO CANDIDATO?**
A) SIM
B) NÃO
C) Indiferente
D) Muito importante
E) Nenhuma importância
10. **A RELIGIÃO DO CANDIDATO É RELEVANTE PARA SUA ESCOLHA?**
A) SIM
B) NÃO
C) INDIFERENTE
11. **CONSIDERANDO QUE, EM GERAL, A MAIORIA DOS BRASILEIROS AFIRMA TER UMA RELIGIÃO, VOCÊ VOTARIA EM CANDIDATO COM RELIGIÃO DECLARADA DIFERENTE DA SUA?**
A) SIM   B) NÃO
12. **EM CANDIDATOS DE QUAIS RELIGIÕES VOCÊ NÃO VOTARIA EM HIPÓTESE NENHUMA?**

_____
_____
_____
_____
_____

13. **SUPONDO QUE A MAIORIA DOS ELEITORES NEGROS VOTASSEM EM CANDIDATOS NEGROS, NA SUA OPINIÃO QUAIS SÃO OS PRINCIPAIS MOTIVOS QUE IMPEDIRIAM MAIOR REPRESENTAÇÃO DE PARLAMENTARES NEGROS NA ASSEMBLEIA LEGISLATIVA E CÂMARA MUNICIPAL DE SÃO PAULO?**
A) Excesso de candidatos negros
B) Candidatos pouco conhecidos ou inexpressivos
C) Falta de estrutura econômica/financeira
D) Falta de estrutura partidária
E) Mobilidade reduzida do candidato
F) Concentração de suas campanhas em microrregiões (**Bairro, Cidade, Região**)
G) Falta de propostas consistentes
H) Pouca visibilidade nos programas partidários

14. **DAS ALTERNATIVAS CITADAS ACIMA NO ITEM 12, ESCOLHA DUAS QUE VOCÊ CONSIDERA AS MAIS IMPORTANTES PARA O INSUCESSO DOS CANDIDATOS NEGROS.**

_____
_____
_____
_____

15. **VOCÊ SE LEMBRA DO NOME DO CANDIDATO E SEU PARTIDO PARA O QUAL VOCÊ VOTOU NA ÚLTIMA ELEIÇÃO PARA DEPUTADO ESTADUAL E VEREADOR?**
A) Sim - indique o nome(s) e partido(s) _____
B) Não me lembro
C) Sei apenas o nome do candidato. Não me lembro do partido _____
D) Me lembro apenas do partido _____

16. **ALGUMA VEZ VOTOU EM CANDIDATO A DEPUTADO ESTADUAL OU VEREADOR A PEDIDO DE:**
A) Parente
B) Amigo
C) Colega de trabalho
D) Vizinho
E) Patrão/Patroa

17. **CASO TENHA ASSINALADO ALGUMA DAS ALTERNATIVAS NO ITEM ANTERIOR, INDIQUE A COR DO CANDIDATO.**

_____
_____
_____
_____

18. **A LEGISLAÇÃO ELEITORAL (LEI 9504/97) ASSEGUROU ÀS MULHERES 30% DAS CANDIDATURAS DOS PARTIDOS POLITICOS. NA SUA OPINIÃO SERIA NECESSÁRIO QUE O LEGISLADOR TAMBÉM:**
A) Adotasse nesse percentual cota para as mulheres negras e indígenas
B) Adotar cotas ou não é uma questão interna de cada partido político
C) As cotas são indispensáveis para ampliação da representação política das mulheres negras e indígenas no Parlamento brasileiro
D) As cotas para as mulheres são indispensáveis para redução das diferenças de gênero e etnia no Legislativo nacional

19. **NA SUA OPINIÃO É CORRETO AFIRMAR QUE O MODO COMO A DEMOCRACIA É OPERADA ATUALMENTE NO BRASIL: (escolha até duas das alternativas abaixo).**
A) A democracia reserva para os mais pobres e negros o direito de elegerem exclusivamente os mais ricos e brancos que irão governá-los
B) A democracia no Brasil preserva o direito de apenas os mais ricos e brancos poderem disputar o voto popular
C) A democracia não se efetiva para os mais pobres e negros em razão do elevado custo das campanhas para o Legislativo
D) O atual modelo da democracia brasileira realimenta as diferenças sociais e preserva as antigas práticas racistas em nosso país

20. **NA SUA OPINIÃO QUAIS SERIAM OS CAMINHOS PARA REDUZIR PARTE DAS DIFERENÇAS E AMPLIAR A REPRESENTAÇÃO DOS MAIS POBRES E NEGROS NO LEGISLATIVO BRASILEIRO?**
A) Adoção de cotas parlamentares mínimas por grupos étnicos, segundo dados do IBGE
B) Impor uma sobretaxa às grandes fortunas para financiar os candidatos mais pobres

21. **A REGRA FUNDAMENTAL DA DEMOCRACIA É O GOVERNO DA MAIORIA. NA SUA OPINIÃO, SE NO BRASIL A MAIORIA (PRETOS E PARDOS= NEGROS) NÃO SE ENCONTRA PROPORCIONALMENTE REPRESENTADA NO LEGISLATIVO, PORTANTO, AINDA ASSIM, É CORRETO SE AFIRMAR QUE**
A) Vivemos em uma democracia
B) Não vivemos em uma democracia

22. **NA SUA OPINIÃO, É CORRETO AFIRMAR QUE A BAIXA REPRESENTAÇÃO PARLAMENTAR DA POPULAÇAO NEGRA NO LEGISLATIVO IMPLICAR QUE:**
A) Assuntos de seus interesses acabam muitas vezes sendo tratados por parlamentares que discordam de suas demandas políticas
B) Parlamentares que têm no voto da população negra uma utilidade são por isso mesmo contrários à ampliação de sua representação parlamentar
C) Parlamentares preocupados na preservação do modelo que assegura maior representação política apenas aos mais ricos e brancos no Legislativo
D) São os negros que, a rigor, delegam e autorizam que parlamentares não negros, muitas vezes descomprometidos com suas lutas, tratem de seus interesses no Legislativo

23. **ALGUMA VEZ VOTOU EM CANDIDATO POR INDICAÇÃO DE:**
A) Padre/Sacerdotisa
B) Pastor
C) Ialorixás / Babalorixás
D) Líder religioso

24. **SE ASSINALOU ALGUMA DAS ALTERNATIVAS ACIMA, INDIQUE:**
A) Cor e sexo do candidato(a) _____
B) Partido / coligação do candidato _____

APÊNDICE D - QUESTIONÁRIO DE PESQUISA COM PARLAMENTARES, EX-PARLAMENTARES, SUPLENTES E CANDIDATOS DERROTADOS AO LEGISLATIVO ESTADUAL E MUNICIPAL DE SÃO PAULO

FACULDADE DE DIREITO DA UNIVERSIDADE DE SÃO PAULO

TESE DE DOUTORADO – OTG/FDUSP - 2016

QUESTIONÁRIO DE PESQUISA

PRESIDENTES E DIRIGENTES DE PARTIDOS POLITICOS BRASILEIROS

Nome_____

PARTIDO_____

Assinatura do Senhor (a) Presidente (a) /chancela do Partido _____

_____

1. A COMPOSIÇÃO PARLAMENTAR DAS CASAS LEGISLATIVAS NO BRASIL, EM GERAL, NÃO EXPRESSA COM FIDELIDADE A MESMA DIVERSIDADE ÉTNICA E ESTÉTICA DA POPULAÇÃO BRASILEIRA QUE SE VERIFICA NAS RUAS DAS GRANDES METRÓPOLES. A QUE SEU PARTIDO ATRIBUI ESTA DISPARIDADE ÉTNICA NO LEGISLATIVO BRASILEIRO?

_____
_____
_____
_____
_____

2. O PARTIDO QUE O (A) SENHOR (A) PRESIDE DESENVOLVE ALGUM TIPO DE AÇÃO CONCRETA VISANDO REDUZIR AS DISPARIDADES ÉTNICAS E DE GÊNERO NO LEGISLATIVO?

_____
_____
_____
_____
_____

3. O ÚLTIMO CENSO DE 2010 INDICA QUE OS NEGROS REPRESENTAM A MAIORIA DA SOCIEDADE BRASILEIRA. O ESTATUTO DE SEU PARTIDO POLÍTICO CONTEMPLA ALGUMA FORMA DE POLÍTICA DE AÇÃO AFIRMATIVA POSITIVA, COM A FINALIDADE DE ATRAIR OS MAIS POBRES E NEGROS PARA ELES PODEREM DISPUTAR AS ELEIÇÕES POR SUA LEGENDA E, PORTANTO, TAMBÉM COMPOREM O SEU QUADRO DE PARLAMENTARES?

4. NÃO OBSTANTE A POPULAÇÃO NEGRA SER MAIORIA EM NOSSA SOCIEDADE, ELA SE ENCONTRA, EM PARTE, SOCIALMENTE MARGINALIZADA E SUB-REPRESENTADA NAS DIMENSÕES DAS CASAS LEGISLATIVAS NO BRASIL. DE IGUAL MODO, ELA TAMBÉM SE ENCONTRA PRATICAMENTE AFASTADA DE OUTROS ESPAÇOS DE PODER E TOMADAS DE DECISÕES POLÍTICAS, ECONÔMICAS, ADMINISTRATIVAS E JURÍDICAS DA SOCIEDADE BRASILEIRA. CONSIDERANDO-SE QUE A DEMOCRACIA PRESSUPÕE IGUALDADE DE DIREITOS ENTRE TODOS OS CIDADÃOS, O QUE FAZ O SEU PARTIDO PARA REDUZIR ESSAS DIFERENÇAS ESTRUTURAIS E INCLUÍR MAIS NEGROS NAS ESFERAS DE PODER?

5. 5. A QUE O SEU PARTIDO ATRIBUI A BAIXA REPRESENTAÇÃO PARLAMENTAR DA POPULAÇÃO NEGRA BRASILEIRA NAS TRÊS ESFERAS DO LEGISLATIVO NACIONAL?

6. QUAL SERIA A POSIÇÃO DE SEU PARTIDO EM RELAÇÃO A UMA EVENTUAL ADOÇÃO DE COTAS RACIAIS PARA PARLAMENTARES, SEGUNDO A CLASSIFICAÇÃO OFICIAL DA POPULAÇÃO BRASILEIRA POR COR, GÊNERO E RENDA AUFERIDAS PELA PNAD DO IBGE?

7. QUAL SERIA A POSIÇÃO DE SEU PARTIDO QUANTO À POSSIBILIDADE DE, NO FUTURO, SE SOBRETAXAR AS GRANDES FORTUNAS NO BRASIL COM VISTAS AO FINANCIAMENTO DAS CAMPANHAS POLITICAS DOS CANDIDATOS MAIS POBRES AO LEGISLATIVO, SEGUNDO A CLASSIFICAÇÃO DE RENDA, COR E PATRIMÔNIO APURADAS PELO IBGE?

8. MUITOS DOUTRINADORES AFIRMAM QUE A DEMOCRACIA É UM SISTEMA POLÍTICO QUE IMPLICA EM TOMADA DE DECISÕES POR MAIORIA. A PRESENÇA MACIÇA DE PARLAMENTARES BRANCOS E A SUB-REPRESENTAÇÃO PARLAMENTAR DE NEGROS, INDIGENAS E MULHERES NAS CASAS LEGISLATIVAS NO BRASIL PARECE SUGERIR UMA CONTRADIÇÃO DA DEMOCRACIA EM NOSSO PAÍS. CONSIDERANDO-SE ESTE QUADRO QUE REVELA AS ENORMES DISPARIDADES ÉTNICAS, ECONÔMICAS E DE GÊNERO NA MAIORIA DAS CASAS LEGISLATIVAS, QUAL A DEFINIÇÃO QUE SEU PARTIDO FAZ SOBRE A ATUAL DEMOCRACIA BRASILEIRA?

9. A ATIVIDADE PARLAMENTAR PRESSUPÕE A REALIZAÇÃO DO BEM COMUM PARA TODOS INDISTINTAMENTE. NESTA PERSPECTIVA, QUE RAZÕES LEVAM PARTE DOS PARTIDOS POLITICOS NO BRASIL A IMPOREM SEVERAS RESISTÊNCIAS ÀS REFORMAS POLÍTICAS QUE PUDESSEM ESPECIALMENTE PERMITIR QUE OS ESTRATOS MAIS POBRES DA SOCIEDADE BRASILEIRA TAMBÉM PUDESSEM PRATICAR O BEM COMUM PARA TODOS OS DEMAIS BRASILEIROS, INCLUSIVE PARA OS MAIS RICOS, NAS DIMENSÕES DO PARLAMENTO NACIONAL?

APÊNDICE E - QUESTIONÁRIO DE PESQUISA
COM OS PARTIDOS POLÍTICOS

FACULDADE DE DIREITO DA UNIVERSIDADE DE SÃO PAULO

TESE DE DOUTORADO – OTG/FDUSP -2016

QUESTIONÁRIO DE PESQUISA

PARLAMENTARES, EX-PARLAMENTARES, SUPLENTES E CANDIDATOS NEGROS AOS CARGOS DE DEPUTADO ESTADUAL À ASSEMBLEIA LEGISLATIVA E VEREADOR (A) À CÂMARA MUNICIPAL DE SÃO PAULO

Nome: _____

1. Idade _____ Profissão _____ Sexo (M) (F)
2. **NÍVEL DE ESCOLARIDADE**

(A) Fundamental Completo (B) Incompleto

C) Ensino Médio Completo (D) Incompleto

(E) Superior Completo (F) Incompleto

3. **QUAL ERA SUA RENDA MENSAL À ÉPOCA DE SUA CANDIDATURA?**

A) De 1 a 03 salários mínimos/mês

B) De 3 a 6 salários mínimos/mês

C) De 6 a 9 salários mínimos/mês

D) Acima de 10 salários mínimos/mês

E) Desempregado (a)

4. **REGIÃO DA CAPITAL / DO ESTADO ONDE RESIDE?**
   MUNICÍPIO _____

A) ZONA CENTRO _____ BAIRRO _____

B) ZONA SUL _____ " _____

C) ZONA NORTE _____ BAIRRO _____

D) ZONA LESTE _____ " _____

E) ZONA OESTE _____ " _____

5. **ELEITORES NEGROS VOTAM EM CANDIDATOS NEGROS?**

A) SIM

B) NÃO

C) DEPENDE DE SUA PROPOSTA

D) DEPENDE DO PARTIDO/COLIGAÇÃO DO CANDIDATO

6. QUAIS FORAM AS PRINCIPAIS DIFICULDADES SURGIDAS NO CURSO DE SUA CANDIDATURA A DEPUTADO(A) ESTADUAL / VEREADOR (A)?

7. O QUE LEVOU O /A SR.(A) SER CANDIDATO(A)?

8. COMO, QUANDO E DE QUE FORMA O /A SR.(A) ANUNCIOU SUA CANDIDATURA PARA A SOCIEDADE? NESSA OPORTUNIDADE FEZ ALGUM APELO E APRESENTOU PROPOSTAS DE SUA CANDIDATURA DESTINADAS ESPECIFICAMENTE PARA OS ELEITORES NEGROS?

9. NA SUA OPINIÃO QUAIS SÃO OS PRINCIPAIS EQUÍVOCOS COMETIDOS PELOS CANDIDATOS NEGROS AO LEGISLATIVO?

10. SUPONDO QUE BOA PARTE DOS ELEITORES NEGROS VOTASSEM EM CANDIDATOS NEGROS, NA SUA OPINIÃO, QUAIS SÃO AS PRINCIPAIS RAZÕES PARA A SUB-REPRESENTAÇÃO LEGISLATIVA DA POPULAÇÃO NEGRA PAULISTA?

11. O SR./SRA. ACREDITA QUE OS ELEITORES NEGROS, EM GERAL, TÊM INFORMAÇÕES SUFICIENTES SOBRE O JOGO POLÍTICO QUE EXIGE REPRESENTAÇÃO PARLAMENTAR PARA APROVAR SUAS DEMANDAS SOCIAIS NO PODER LEGISLATIVO?

12. NA SUA OPINIÃO, O QUE LEVARIA OS ELEITORES NEGROS A VOTAREM OU NÃO VOTAREM EM CANDIDATOS NEGROS?

13. QUAIS SÃO OS CAMINHOS PARA OS CANDIDATOS NEGROS CONQUISTAREM TAMBÉM VOTOS DE ELEITORES BRANCOS?

14. A ABORDAGEM DA QUESTÃO RACIAL BRASILEIRA É UM ARGUMENTO CAPAZ DE ANGARIAR MAIS VOTOS OU AFASTAR OS CANDIDATOS DE POSSÍVEIS ELEITORES?

15. QUAL A IMPLICAÇÃO DE SEU PARTIDO NO RESULTADO FINAL DE SUA CANDIDATURA?

16. NA SUA OPINIÃO, DE QUE FORMA OS PARTIDOS POLÍTICOS PODERIAM CONTRIBUIR EFETIVAMENTE PARA AMPLIAR A REPRESENTAÇÃO PARLAMENTAR DA POPULAÇÃO NEGRA NO LEGISLATIVO NACIONAL?

17. QUANDO O/A SR(A) INICIOU O TRABALHO DE SUA CANDIDATURA AO PARLAMENTO?

18. QUAIS FORAM OS PRINCIPAIS ARGUMENTOS UTILIZADOS PARA CONVENCER O ELEITOR NEGRO A VOTAR E APOIAR SUA CANDIDATURA?

19. A ADOÇÃO DE COTAS ÉTNICAS DE REPRESENTAÇÃO LEGISLATIVA PARA NEGROS E INDÍGENAS NO PARLAMENTO BRASILEIRO SERIA UMA FORMA DE REDUZIR CONSIDERAVELMENTE A SUB-REPRESENTAÇÃO DA POPULAÇÃO NEGRA NAS TRÊS ESFERAS DO PODER LEGISLATIVO?

20. QUAL O IMPACTO DO AFASTAMENTO DOS CABOS ELEITORAIS DOS POSTOS DE VOTAÇÃO PARA OS CANDIDATOS NEGROS?

21. DE QUAIS MANEIRAS SE PODERIA MOTIVAR CONSIDERAVELMENTE A POPULAÇÃO NEGRA BRASILEIRA SOBRE A IMPORTÂNCIA E NECESSIDADE DELA SE FAZER REPRESENTAR PROPORCIONALMENTE NO LEGISLATIVO?

22. QUANTAS HORAS POR DIA O/A SR.(A) DEDICOU EFETIVAMENTE PARA SUA CAMPANHA E DURANTE QUANTO MESES?

23. QUANTAS PESSOAS COMPUNHAM A SUA EQUIPE DE TRABALHO?

24. QUEM ASSUMIA O CUSTO DE SUA EQUIPE DE TRABALHO?

25. QUAL PERCENTUAL DAS DOAÇÕES LEGALMENTE RECEBIDAS PELO SEU PARTIDO FOI DESTINADO PARA PAGAMENTO DAS DESPESAS DE SUA CAMPANHA?

26. QUEM FEZ A PRESTAÇÃO DE CONTAS DE SUA CAMPANHA JUNTO À JUSTIÇA ELEITORAL BRASILEIRA?

27. QUANTOS DOS COLABORADORES DE SUA CAMPANHA FORAM CUSTEADOS POR SEU PARTIDO POLÍTICO / COLIGAÇÃO?

28. QUANTOS COMITÊS EM VIA PÚBLICA COM GRANDE MOVIMENTO DE TRANSEUNTES O/A SR(A) TEVE AO LONGO DE SUA CAMPANHA?

29. EM QUAIS REGIÕES DO MUNICIPIO OU DO ESTADO SE LOCALIZAVAM ESSES COMITÊS?

30. QUEM FINANCIAVA OS CUSTOS DESSES COMITÊS? (aluguel, água, luz, telefones, pessoal, material, gráfica, transporte, alimentação, mobilidade, distribuição etc.).

31. DO TOTAL DE VOTOS OBTIDOS EM SUA CAMPANHA QUAL O PERCENTUAL QUE O /A SR(A) ATRIBUIU AO TRABALHO REALIZADO POR SEU (S) COMITÊ (S)?

32. EM QUAIS REGIÕES DO MUNICÍPIO E/OU DO ESTADO SUA CAMPANHA OBTEVE MELHORES RESULTADOS DAS URNAS?

33. QUAIS RAZÕES O/A SR(A) ATRIBUIU A ESSES RESULTADOS?

34. O / A SR(A) DIRIA QUE A SUA(S) ELEIÇÃO (ÕES), SUPLÊNCIA(S) OU DERROTA NAS URNAS FOI / FORAM DECORRENTES DE QUAIS MOTIVOS?

35. SE DURANTE A ELEIÇÃO EM QUE V. EXA. CONCORREU AO LEGISLATIVO, SEU PARTIDO / COLIGAÇÃO LOGROU-SE VENCEDOR NO PLEITO MAJORITARIO, O / A SR(A) ALGUMA VEZ OCUPOU CARGOS NO PRIMEIRO, SEGUNDO OU TERCEIRO ESCALÃO DO NOVO GOVERNO?

36. QUAL CARGO LHE FOI OFERECIDO?
_____
_____
_____

37. QUANTAS INSERÇÕES TEVE SUA CAMPANHA NOS JORNAIS DE GRANDE CIRCULÇÃO?
_____
_____
_____

38. QUANTAS INSERÇÕES O /A SR(A) TEVE NOS PROGRAMAS POLÍTICOS NO RÁDIO E NA TELEVISÃO AO LONGO DE SUA CAMPANHA E EM QUAIS HORÁRIOS OCORRERAM ESSAS INSERÇÕES?
_____
_____
_____
_____

39. QUAIS COMPOSIÇÕES - DOBRADINHAS COM DEPUTADOS FEDERAIS - TROUXERAM MELHORES RESULTADOS PARA A SUA CAMPANHA DE DEPUTADO ESTADUAL?
_____
_____
_____

40. SUPONDO QUE O/A SR.(A) TENHA FEITO DOBRADINHAS COM CANDIDATOS(AS) DE SEXO OPOSTO, SERIA CORRETO SE AFIRMAR QUE:
A) Há uma maior aceitação por parte do eleitor negro quando esta composição ocorre entre candidatos de seu grupo étnico
B) Candidatos(as) negros (as) dobrando com candidatas(os) mulheres / homens brancas (os), geralmente, produzem os mesmos resultados eleitorais apurados nas dobradinhas realizadas entre as /os candidatas (os) do mesmo grupo étnico
C) Após a campanha eleitoral, não realizei estudos visando apurar esta variável

41. SUA CAMPANHA CONTOU COM APOIO EXPLÍCITO DE INSTITUIÇÕES, ENTIDADES RELIGIOSAS, ASSOCIAÇÕES PROFISSIONAIS OU SINDICATOS? SE SUA RESPOSTA FOR POSITIVA, POR FAVOR, PODERIA INDICAR QUAIS INSTITUIÇÕES?

42. QUAIS MEDIDAS O / A SR(A) ACREDITA QUE SERIAM NECESSÁRIAS E INDISPENSÁVEIS PARA SE AMPLIAR SIGNIFICATIVAMENTE A REPRESENTAÇÃO PARLAMENTAR DA POPULAÇÃO NEGRA NO LEGISLATIVO?

43. NA SUA OPINIÃO, QUAIS SÃO OS DEVERES DOS PARTIDOS POLÍTICOS PARA SE AMPLIAR A REPRESENTAÇÃO PARLAMENTAR DA POPULAÇÃO NEGRA NO PODER LEGISLATIVO?

44. COM A APURAÇÃO FINAL DOS RESULTADOS DE SUA CANDIDATURA, O /A SR.(A) TEM PLANOS DE SUBMETER NOVAMENTE OU NÃO O SEU NOME PARA AVALIÇÃO DOS ELEITORES? QUAIS MOTIVOS LEVAM-NO (A) TOMAR ESSA ATITUDE?

APÊNDICE F - QUESTIONÁRIO DE PESQUISA COM CASAIS INTER-RACIAIS (HOMENS NEGROS X MULHERES BRANCAS - MULHERES NEGRAS X HOMENS BRANCOS)

FACULDADE DE DIREITO DA UNIVERSIDADE DE SÃO PAULO

TESE DE DOUTORADO – OTG/FDUSP

QUESTIONÁRIO DE PESQUISA: **CASAIS INTERÉTINICOS** (Pretos e Brancos)

MUNICÍPIO DE SÃO PAULO / GRANDE SÃO PAULO – 2016

1. Idade____ Profissão_____ Sexo (M) (F)
2. **NÍVEL DE ESCOLARIDADE**

Fundamental	(A) completo	(B) incompleto
Ensino médio	(C) completo	(D) incompleto
Superior	(E) completo	(F) incompleto

3. **RENDA:**
A) De 1a 03 salários mínimos/mês
B) De 3 a 6 salários mínimos/mês
C) De 6 a 9 salários mínimos/mês
D) Acima de 10 salários mínimos/mês

4. **REGIÃO DA CIDADE / ESTADO ONDE RESIDE?**
A) ZONA CENTRO   BAIRRO_____
B) ZONA SUL   BAIRRO_____
C) ZONA NORTE   BAIRRO_____
D) ZONA LESTE   BAIRRO_____
E) ZONA OESTE   BAIRRO_____

5. **É CORRETO SE AFIRMAR QUE ABORDAR A QUESTÃO RACIAL ENTRE CASAIS INTERÉTINCOS PODE REPRESENTAR:**
A) Instabilidade da relação / casamento
B) Disseminar um mal-estar capaz de promover uma ruptura do casal com os familiares de uma ou de ambas as partes
C) Somente casais que tenham a questão racial resolvida podem abordá-la sem o risco de uma eventual ruptura entre o casal, seus familiares e amigos
D) Discutir a questão racial entre casais interétnicos pode algumas vezes indicar preferência explícita por uma das partes por seu grupo de origem

6. **NA SUA OPINIÃO, QUEM PROCURA EXERCE MAIOR INFLUÊNCIA SOBRE O PARCEIRO PARA A ESCOLHA DOS CANDIDATOS A DEPUTADO ESTADUAL OU VEREADOR**

A) O marido / companheiro
B) A esposa / companheira

7. **A QUESTÃO RACIAL É RELEVANTE PARA ANÁLISE E DECISÃO DO VOTO DO CASAL SOBRE A ESCOLHA DE SEUS POSSÍVEIS CANDIDATOS?**

A) SIM   B) NÃO

8. **COSTUMA VOTAR NOS MESMOS CANDIDATOS DE S/ MARIDO / ESPOSA PARA O LEGISLATIVO?**

A) SIM   B) NÃO

9. **LEMBRA-SE DO NOME E PARTIDO DOS CANDIDATOS QUE VOTOU PARA DEPUTADO ESTADUAL OU VEREADOR NAS ÚLTIMAS ELEIÇÕES?**

A) Sim (indique o nome) _____
B) Não me lembro do nome
C) Lembro-me apenas do partido _____

10. **ALGUMA VEZ VOTOU EM CANDIDATO A DEPUTADO ESTADUAL OU VEREADOR A PEDIDO DE:**

A) Parente
B) Amigo
C) Colega de trabalho
D) Vizinho
E) Patrão/Patroa
F) Marido / Esposa (companheiro (a)

11. **CASO TENHA ASSINALADO ALGUMA DAS ALTERNATIVAS NO ITEM ANTERIOR, INDIQUE A COR DO CANDIDATO.**

_____
_____
_____
_____

12. **A LEGISLAÇÃO ELEITORAL (LEI 9504/97) ASSEGUROU ÀS MULHERES 30% DAS CANDIDATURAS DOS PARTIDOS POLÍTICOS. NA SUA OPINIÃO SERIA NECESSÁRIO QUE O LEGISLADOR TAMBÉM:**
    A) Adotasse nesse percentual cota para as mulheres negras e indígenas
    B) Adotar cotas ou não é uma questão interna de cada partido político
    C) As cotas são indispensáveis para ampliação da representação política das mulheres negras e indígenas no Parlamento brasileiro
    D) As cotas para as mulheres são indispensáveis para redução das diferenças de gênero e etnia no Legislativo nacional

13. **NA SUA OPINIÃO É CORRETO SE AFIRMAR QUE O MODO COMO A DEMOCRACIA É OPERADA ATUALMENTE NO BRASIL: (escolha até duas das alternativas abaixo).**
    A) A democracia reserva para os mais pobres e negros o direito de elegerem exclusivamente os mais ricos e brancos que irão governá-los
    B) A democracia no Brasil preserva o direito de apenas os mais ricos e brancos poderem disputar o voto popular.
    C) A democracia não se efetiva para os mais pobres e negros em razão do elevado custo das campanhas para o Legislativo.
    D) O atual modelo da democracia brasileira realimenta as diferenças sociais e preserva as antigas práticas racistas em nosso país.

14. **NA SUA OPINIÃO QUAIS SERIAM OS CAMINHOS PARA SE REDUZIR PARTE DAS DIFERENÇAS E AMPLIAR A REPRESENTAÇÃO DOS MAIS POBRES E NEGROS NO LEGISLATIVO BRASILEIRO?**
    A) Adoção de cotas parlamentares mínimas por grupos étnicos, segundo dados do IBGE
    B) Impor uma sobretaxa às grandes fortunas para financiar os candidatos mais pobres

15. **A LEGISLAÇÃO ELEITORAL BRASILEIRA BANIU DAS ÚLTIMAS ELEIÇÕES A TRADICIONAL FIGURA DO CABO ELEITORAL. NA SUA OPINIÃO, ESSA MEDIDA LEGAL CONTRIBUIU MAIS PARA:**
    A) Reduzir as diferenças estruturais no dia da eleição entre os candidatos mais ricos e os mais pobres
    B) As diferenças estruturais não somente permaneceram como se ampliaram
    C) Os mais ricos transferiram o ativismo de seus cabos eleitorais dos postos de votação para o ativismo político pago nas redes sociais
    D) O município e os eleitores foram os mais beneficiados com essa proibição

6. **NA SUA OPINIÃO, QUEM PROCURA EXERCE MAIOR INFLUÊNCIA SOBRE O PARCEIRO PARA A ESCOLHA DOS CANDIDATOS A DEPUTADO ESTADUAL OU VEREADOR**

A) O marido / companheiro
B) A esposa / companheira

7. **A QUESTÃO RACIAL É RELEVANTE PARA ANÁLISE E DECISÃO DO VOTO DO CASAL SOBRE A ESCOLHA DE SEUS POSSÍVEIS CANDIDATOS?**

A) SIM   B) NÃO

8. **COSTUMA VOTAR NOS MESMOS CANDIDATOS DE S/ MARIDO / ESPOSA PARA O LEGISLATIVO?**

A) SIM   B) NÃO

9. **LEMBRA-SE DO NOME E PARTIDO DOS CANDIDATOS QUE VOTOU PARA DEPUTADO ESTADUAL OU VEREADOR NAS ÚLTIMAS ELEIÇÕES?**

A) Sim (indique o nome) _____
B) Não me lembro do nome
C) Lembro-me apenas do partido _____

10. **ALGUMA VEZ VOTOU EM CANDIDATO A DEPUTADO ESTADUAL OU VEREADOR A PEDIDO DE:**

A) Parente
B) Amigo
C) Colega de trabalho
D) Vizinho
E) Patrão/Patroa
F) Marido / Esposa (companheiro (a)

11. **CASO TENHA ASSINALADO ALGUMA DAS ALTERNATIVAS NO ITEM ANTERIOR, INDIQUE A COR DO CANDIDATO.**

_____
_____
_____
_____
_____

12. **A LEGISLAÇÃO ELEITORAL (LEI 9504/97) ASSEGUROU ÀS MULHERES 30% DAS CANDIDATURAS DOS PARTIDOS POLÍTICOS. NA SUA OPINIÃO SERIA NECESSÁRIO QUE O LEGISLADOR TAMBÉM:**
A) Adotasse nesse percentual cota para as mulheres negras e indígenas
B) Adotar cotas ou não é uma questão interna de cada partido político
C) As cotas são indispensáveis para ampliação da representação política das mulheres negras e indígenas no Parlamento brasileiro
D) As cotas para as mulheres são indispensáveis para redução das diferenças de gênero e etnia no Legislativo nacional

13. **NA SUA OPINIÃO É CORRETO SE AFIRMAR QUE O MODO COMO A DEMOCRACIA É OPERADA ATUALMENTE NO BRASIL: (escolha até duas das alternativas abaixo).**
A) A democracia reserva para os mais pobres e negros o direito de elegerem exclusivamente os mais ricos e brancos que irão governá-los
B) A democracia no Brasil preserva o direito de apenas os mais ricos e brancos poderem disputar o voto popular.
C) A democracia não se efetiva para os mais pobres e negros em razão do elevado custo das campanhas para o Legislativo.
D) O atual modelo da democracia brasileira realimenta as diferenças sociais e preserva as antigas práticas racistas em nosso país.

14. **NA SUA OPINIÃO QUAIS SERIAM OS CAMINHOS PARA SE REDUZIR PARTE DAS DIFERENÇAS E AMPLIAR A REPRESENTAÇÃO DOS MAIS POBRES E NEGROS NO LEGISLATIVO BRASILEIRO?**
A) Adoção de cotas parlamentares mínimas por grupos étnicos, segundo dados do IBGE
B) Impor uma sobretaxa às grandes fortunas para financiar os candidatos mais pobres

15. **A LEGISLAÇÃO ELEITORAL BRASILEIRA BANIU DAS ÚLTIMAS ELEIÇÕES A TRADICIONAL FIGURA DO CABO ELEITORAL. NA SUA OPINIÃO, ESSA MEDIDA LEGAL CONTRIBUIU MAIS PARA:**
A) Reduzir as diferenças estruturais no dia da eleição entre os candidatos mais ricos e os mais pobres
B) As diferenças estruturais não somente permaneceram como se ampliaram
C) Os mais ricos transferiram o ativismo de seus cabos eleitorais dos postos de votação para o ativismo político pago nas redes sociais
D) O município e os eleitores foram os mais beneficiados com essa proibição

16. **A REGRA FUNDAMENTAL DA DEMOCRACIA É O GOVERNO DA MAIORIA. NA SUA OPINIÃO, SE NO BRASIL A MAIORIA (PRETOS E PARDOS= NEGROS) NÃO SE ENCONTRA PROPORCIONALMENTE REPRESENTADA NO LEGISLATIVO, PORTANTO, AINDA ASSIM, É CORRETO SE AFIRMAR QUE**
A) Vivemos em uma democracia
B) Não vivemos em uma democracia

17. **MANIFESTAÇÕES COLETIVAS QUE ASSOLARAM AS GRANDES METRÓPOLES BRASILEIRAS NOS ÚLTIMOS TEMPOS REVELARAM QUE OS MAIS POBRES E NEGROS, EM PARTE:**
A) Não se solidarizam politicamente com os mais ricos e brancos
B) Não reconhecem legitimidade nas queixas e demandas dos mais ricos e brancos
C) Seu entendimento sobre democracia pode não ser o mesmo dos maios ricos e brancos
D) Sua pequena participação nessas manifestações reafirma as enormes desigualdades estruturais, raciais e sociais existentes no Brasil entre os negros mais pobres e os brancos mais ricos

18. **OS RESULTADOS DAS ELEIÇÕES TÊM REVELADO QUE:**
A) Os mais ricos e brancos no Brasil já não conseguem exercer completamente influência política sobre os mais pobres e negros
B) Os mais pobres e negros têm optado mais pelas propostas políticas dos partidos ditos de esquerda
C) Os mais pobres e negros, de uma maneira geral, rejeitam as propostas políticas dos partidos ditos de direita
D) Os mais pobres e negros exteriorizam nas eleições o seu desapontamento com parte dos mais ricos e brancos os quais, em geral, também não costumam apoiá-los em suas demandas políticas tampouco os apoiam em suas lutas por igualdade de direitos

19. **NA SUA OPINIÃO, É CORRETO SE AFIRMAR QUE A BAIXA REPRESENTAÇÃO PARLAMENTAR DA POPULAÇÃO NEGRA NO LEGISLATIVO IMPLICA QUE:**
A) Assuntos de seus interesses acabam muitas vezes sendo tratados por parlamentares que discordam de suas demandas políticas
B) Parlamentares que têm no voto da população negra uma utilidade, são por isso mesmo contrários à ampliação de sua representação parlamentar
C) Parlamentares preocupados na preservação do modelo que assegura maior representação política apenas aos mais ricos e brancos no Legislativo
D) São os negros que, a rigor, delegam e autorizam que parlamentares não negros, muitas vezes descompromissados com suas lutas, tratem de seus interesses no Legislativo

20. **COM OS RESULTADOS DAS ÚLTIMAS ELEIÇÕES EMERGIRAM NAS GRANDES METRÓPOLES BRASILEIRAS DISCRIMINAÇÕES RACIAIS CONTRA NEGROS E NORDESTINOS. NA SUA OPINIÃO ESSAS VIOLÊNCIAS SÃO DECORRENTES DE: (escolha até duas alternativas).**
A) Os mais ricos e brancos descobriram que já não gozam da confiança e tampouco conseguem subordinar os mais pobres e negros a votarem nos seus candidatos
B) A violência racial decorre da constatação de que as classes dominantes são cada vez mais dependentes dos mais pobres para elegerem os seus candidatos
C) Os mais ricos e brancos não reconhecem a autonomia de os mais pobres e negros poderem escolher candidatos diferentes dos seus
D) A emergência das tensões raciais é decorrente da desobediência e subversão da ordem nas urnas pelos mais pobres e negros que exercem a sua liberdade de escolha.

21. **ALGUMA VEZ VOTOU EM CANDIDATO POR INDICAÇÃO DE:**
A) Padre/Sacerdotisa
B) Pastor
C) Ialorixás / Babalorixás
D) Líder religioso

22. **SE ASSINALOU ALGUMA DAS ALTERNATIVAS ACIMA, INDIQUE:**
A) Cor e sexo do candidato(a)_____
B) Partido / coligação do candidato_____

APÊNDICE G - CORRESPONDÊNCIA ELETRÔNICA
PARA OS PARTIDOS POLÍTICOS

De: osmarteixeiragaspar@usp.br **Para:** pmdb@pmdb.or.br, diretorionacional@pmdb.uol.com.br, ptb@ptb.org.br, secretarianacional@pdt.org.br, presidencia@pt.org.br, democratas25@democratas.org.br, comitecentral@pcdob.org.br, psb@psbnacional.org.br, juridico@psdb.org.br, pps23@pps.org.br, "nacional pv" <nacional.pv@gmail.com>, pp@pp.org.br, presidencianacional@psol150.org.br, secretariageral@psol150.org.br, juridico22pr@gmail.com, falecom@solidariedade.org.br, pros@pros.org.br, "organizacao"@sustentabilidade.org.br, pstu@pstu.org.br, pco@pco.org.br, contato@psd.org.br, pmb@pmb.org.br, pmn33@pmn.org.br, imprensa@phs.org.br **Enviadas:** Quinta-feira, 5 de Maio de 2016 15:41:02 **Assunto:** PESQUISA SOBRE REPRESENTAÇÃO PARLAMENTAR NAS CASAS LEGISLATIVA NO BRASIL

Excelentíssimo (a) Senhor (a) Presidente /Secretário(a) Geral

Vimos por este meio, mui respeitosamente, solicitar à Vossas Excelências a gentileza de nos fazerem o favor e, se assim entenderem em responder o questionário em anexo, cuja principal finalidade é obter dados dos partidos políticos no Brasil com vistas à representação parlamentar nas Casas Legislativas, em face de Tese de Doutorado que desenvolvemos no âmbito da Faculdade de Direito da Universidade de São Paulo.

O arquivo encontra-se no programa World, desprotegido, de modo que Vossas Excelências poderão responder as nossas questões, se desejarem, diretamente no próprio documento.

Solicitamos, outrossim, que Vossas Excelências, por favor, salvem suas respostas e, por gentileza, enviem-nas para este mesmo correio eletrônico, até o dia **18/05/2016**.

Solicitamos que V. Exas., por favor, assinem e/ou chancelem a primeira página com o logotipo de seu Partido.

No aguardo de vossas providências, antecipamos nossos melhores agradecimentos pela colaboração que Vossas Excelências emprestarão ao nosso singelo trabalho. Somos desde logo mui

Atenciosamente,

Osmar Teixeira Gaspar

Doutorando da Faculdade de Direito da Universidade de São Paulo

NOTAS

1. Os APÊNDICES D e F – Não há menções em razão de os respondentes, Presidentes e Dirigentes dos Partidos Políticos a quem solicitamos a gentileza de responder a nossa pesquisa. TODOS SE RECUSARAM a responder as nossas questões, razão pela qual o candidato julgou oportuno anexá-lo para conhecimento da Banca Examinadora, pois as respostas dos partidos políticos seriam muito relevantes para as nossas análises.

2. Similarmente os respondentes casais interétnicos também se negaram a responder as nossas pesquisas, embora o candidato tenha recebido inestimável auxílio de várias pessoas que lhe indicaram e forneceram contatos de casais interétnicos; estes por sua vez, sem dizer explicitamente, não desejavam abordar a questão racial abertamente. Alguns até se mostravam interessados (homens negros), porém alegavam que precisavam antes consultar as suas parceiras (mulheres brancas) que geralmente não aceitavam participar da pesquisa, ofertando ao candidato as mais diferentes evasivas. Mesmo assim, o candidato também julgou oportuno anexar o questionário para apreciação da Banca Examinadora, primeiro por considerar relevante que se apure o possível DESVIO DE VOTO para as candidaturas negras supostamente por conta do BRANQUEAMENTO DO VOTO NEGRO, a partir das relações interétnicas.

3. O questionário de pesquisa submetido aos eleitores negros evangélicos, encontramos também enormes resistências para sua realização, especialmente com adeptos das religiões evangélicas pentecostais, onde supomos existir também um grande DESVIO DE VOTOS para os aspirantes negros ao Legislativo que não façam parte desse grupo religioso. Os adeptos dessas religiões, supostamente, por orientação de seus líderes religiosos, também se negaram ao preenchimento de nossas questões.
Os respondentes de nosso questionário são da Igreja Baptista de Guarulhos, onde o pastor Joilson, muito gentilmente reuniu os seus fiéis que também gentilmente se dispuseram a preencher o questionário sem qualquer interferência do líder religioso presente no momento da coleta da pesquisa.

4. Para surpresa do candidato muitos ex-parlamentares negros também se recusaram a responder as nossas pesquisas; aparentemente, podem ter ficado incomodados com a nossa pergunta,

nos casos de alguns candidatos negros derrotados pelas urnas; mesmo com os repetidos resultados negativos de suas aspirações ao Legislativo se pretendiam, ainda assim, submeter os seus nomes para apreciação dos eleitores. Por outro lado, recebi apoios inestimáveis de outros ex-candidatos a parlamentar que se dispuseram desde o início a nos auxiliar nesta longa e árdua jornada para se constituir uma possível Tese de Doutorado em Direito.

- editoraletramento
- editoraletramento.com.br
- editoraletramento
- company/grupoeditorialletramento
- grupoletramento
- contato@editoraletramento.com.br

- editoracasadodireito.com
- casadodireitoed
- casadodireito

GRUPO ED.
LETRAMENTO